Situationistische Revolutionstheorie

Biene Baumeister Zwi Negator

Situationistische Revolutionstheorie

Eine Aneignung

Volume I: Enchiridion

Reihe
Theorie.org

Schmetterling Verlag

Bibliografische Informationen *Der Deutschen Bibliothek*
Die Deutsche Bibliothek verzeichnet diese Publikation in der
Deutschen Nationalbibliografie; detaillierte Daten sind im Internet über
http://dnb.ddb.de abrufbar

Schmetterling Verlag GmbH
Lindenspürstr. 38b
70176 Stuttgart
www.schmetterling-verlag.de
Der Schmetterling Verlag ist Mitglied von aLiVe, der assoziation
Linker Verlage

ISBN 3-89657-586-4
1. Auflage 2005
Printed in Germany
Alle Rechte vorbehalten
Satz und Reproduktionen: Schmetterling Verlag
Druck: GuS-Druck GmbH, Stuttgart
Binden: IDUPA, Owen

Inhalt

1 Einleitung

> «*Proletarische Revolutionen [...] kritisieren beständig sich selbst, unterbrechen sich fortwährend in ihrem eignen Lauf, kommen auf das scheinbar Vollbrachte zurück, um es wieder von neuem anzufangen, verhöhnen grausam-gründlich die Halbheiten, Schwächen und Erbärmlichkeiten ihrer ersten Versuche, [...] schrecken stets von neuem zurück vor der unbestimmten Ungeheuerlichkeit ihrer eignen Zwecke, bis die Situation geschaffen ist, die jede Umkehr unmöglich macht, und die Verhältnisse selbst rufen: Hic Rhodus, hic salta! Hier ist die Rose, hier tanze!*» [MEW8: 118]

> «*Zweifelsohne sind die Situationisten sehr angreifbar. Leider haben diese Kritiker bisher fast vollständig gefehlt. Wir meinen die kluge, genaue und ehrliche Kritik, wie sie von Revolutionären geübt werden könnte und wie sie diese eines Tages an vielen unserer Thesen und manchen Punkten unserer wirklichen Tätigkeit ausüben werden.*» [SI2: 433f.].

«*La* reprise du travail aux usines Wonder»[1] so heißt eine im Juni 1968 vor den Toren einer Batteriefabrik in Paris von zwei jungen Filmstudenten belichtete Filmrolle. Eindrucksvoll wird die Sterilisation, das Totlaufen und Brechen des wilden Streiks unter Mithilfe der gauchistischen[2] Funktionäre dokumentiert. Eingefangen wird die Szene, wie eine junge Arbeiterin versucht, ihre ehemaligen KollegInnen vom Abbruch des wilden Streiks, von der Wiederaufnahme (fr. «la reprise») der Arbeit abzuhalten: sie würde da nie wieder reingehen. Sie fragt die anderen, ob sie denn alle Träume der letzten Wochen vergessen haben; ob sie denn glauben, dass noch etwas besser werden kann, wenn sie jetzt wieder in die Fabrik gehen; ob es das nun gewesen sein soll, wofür sie gekämpft hätten – sie schreit, sie fleht, sie beschwört. Aber gegen den anwesenden CGT-Funktionär[3] kann sie sich nicht durchsetzen. Der fabuliert kalt

---

1   Zu diesem Film siehe Anm.1. (Siehe Situationistische Revolutionstheorie, Volume II: Kleines Organon)
2   gauchisme (fr.) in etwa: Linksradikalismus. In diesem Falle: linke Gewerkschaft (KP-nah).
3   Die CGT ist eine französische Gewerkschaft, die damals ein «Transmissionsriemen» der französischen kommunistischen Partei war.

lächelnd von einem bereits durch den Streik errungenen großartigen Sieg, den erkämpften Zugeständnissen und Errungenschaften, weshalb die Arbeit jetzt wiederaufgenommen werden könne; denn da draußen gebe es welche, die sich um die Belange der Belegschaft kümmern würden. Die Gewerkschaft und die Partei würden nun den Rest erledigen. Den Leuten gehen die Argumente aus. Jeden Einwand weiß der eloquente Apparatschik zu entkräften: was sie denn noch wollten, sie hätten doch schon gewonnen. Mit gesenkten Köpfen schlurfen nach und nach alle zurück in die Fabrik – und nehmen die Arbeit wieder auf. Die junge Frau bleibt schließlich alleine zurück. Jahrzehnte später machte sich ein Filmemacher auf, die «Hauptperson» von damals ausfindig zu machen; in «La Reprise» fand er alle 1968 auf der Filmrolle Festgehaltenen – aber nicht die Arbeiterin, die er hatte treffen wollen.

Das Verschwundensein dieser Frau und ihres revolutionären Begehrens kann als Metapher für das Verdrängtsein des revolutionären Proletariats und seiner Begierde, «alle Verhältnisse umzuwerfen, in denen der Mensch ein erniedrigtes, ein geknechtetes, ein verlassenes, ein verächtliches Wesen ist» [MEW1: 385], genommen werden. In Umkehrung von «la reprise du travail» – der Wiederaufnahme der Lohnarbeit – geht es im vorliegenden Buch um die Wiederaufnahme der verdrängten revolutionären proletarischen Kritik, speziell in ihrer Form der situationistischen Revolutionstheorie. Da ein erneuerndes Anknüpfen an das Projekt der Aufhebung der alten Welt auch immer eine *Aneignung der Geschichte*, eine Sichtung der Niederlagen und eine Entwendung verschütteter Kritiken ist, hätte in Erinnerung an jene Frau das vorliegende Buch auch einen anderen Untertitel tragen können: «La Reprise».

Als im Juli 1957 die «Situationistische Internationale» (SI) gegründet wurde, schien eine Revolution ferner denn je, vergleichbar der heutigen Situation. In den europäischen Ländern, aus denen die meisten der Akteure der SI kamen – v.a. Frankreich, Dänemark, Belgien, Italien, England und den Niederlanden –, war an Revolution zunächst nicht zu denken.[4] Im Gegenteil: Diese schien in mehr oder weniger abstoßenden «rohen» Formen in den «Ostblock» und in die anti- und postkolonialen Revolutionen der – damals so genannten – «unterentwickelten Länder» ausgewandert zu sein.[5]

---

4   Eine kleinere Anzahl Mitglieder kam aus den USA, Algerien, Westdeutschland, Rumänien, Schweden, Kongo, Tunesien, Israel, Venezuela und Ungarn.
5   Heute wiederum scheint es so, als ob die Option eines globalen revolutionären Umsturzes gänzlich verschwunden sei.

Ein Jahrzehnt nach dem Zweiten Weltkrieg war in den europäischen Industrieländern Wiederaufbau angesagt, es wurden aufs neue massenhaft Waren produziert und konsumiert, der Weltmarkt instandgesetzt und mit Konsum-Gadgets überschwemmt, sogar eine verstärkte Religiosität breitete sich wieder aus. Zugleich schien im Spektakel der «Blockkonfrontation» die Geschichte stillgestellt. Wie sich der Gründungsprozess der SI in jener historischen Konstellation gestaltete und was die daran Beteiligten für Leute waren, wird im zweiten Kapitel umrissen.

In ihrer konsequenten Suche nach den *Möglichkeitsbedingungen der Revolution* gelang es der SI in beeindruckender Weise, «Daseinsformen und Existenzbestimmungen» (Marx) revolutionärer Praxen kritisch auszudrücken. Ihre «Praxis der Theorie» lief auf eine «Theorie der Praxis» hinaus, die versucht hat, mit verschiedensten experimentellen Mitteln daran mitzuarbeiten, eine «unumkehrbare Situation»der Geschichte, d.h. eine Revolution im Sinne von Marx[6] herbeizuführen, welche eine Emanzipation des Menschen zu verwirklichen erlaubt. Sowohl den SkeptikerInnen als auch denjenigen, die – nach Meinung der SI – auf veraltete revolutionstheoretische Konzepte setzten, rief die SI trotzig und lakonisch entgegen: «Die Revolution ist aufs neue zu erfinden – das ist alles!» [BE: 91/SI1: 209][7]

Die situationistische «Praxis der Theorie» bestand nicht darin, in positivistischer Weise eine Revolutionstheorie zu schreiben, diese der Welt zu präsentieren und die Menschen damit missionarisch zu überzeugen. Es galt umgekehrt, das unbewusste, verdrängte, verloren geglaubte revolutionäre Begehren mit seinen subversiven Praxen innerhalb der spektakulären Warengesellschaft aufzuspüren, es illusionslos zu dechiffrieren und in einer kohärenten Sprache auszudrücken.[8] Wie es gesellschaftshistorisch zum Verdrängen der revolutionären Begierden und zum Unsichtbarwerden des Proletariats kommen konnte, welche gesellschaftlichen objektiven und subjektiven Mechanismen dabei am Wirken sind, welche gesellschaftlichen Verhältnisse und Praxisformen eine «Rückkehr des Verdrängten» [BE: 193/SI2: 200] tendenziell verhindern bzw. der Verdrängung zuarbei-

---

6   Vgl. Präambelzitat.
7   Anmerkung zur Zitierweise: Anm2 (s. Situationistische Revolutionstheorie. Vol.II: Kleines Organon. Stuttgart2005).
8   Der Terminus «Kohärenz» bezeichnet eine Vereinbarkeit mehrerer Aussagen, Handlungsziele und Lebenspläne, oder den vernünftigen Zusammenhang eines Argumentationsganges, im Gegensatz zur Zerrissenheit fragmentarischer Wahrnehmungs-, Handlungs- und Argumentationsweisen. Mehr zu diesem für die situationistische Kritik äußerst wichtigen Begriff siehe 3.4.8 .

ten, dies hundert Jahre nach der Marxschen Kritik wieder aufs Neue zu untersuchen und die objektiven wie subjektiven Verdrängungsmechanismen zu entschlüsseln und zur Sprache zu bringen, war eines der Forschungsprogramme der situationistischen «Praxis der Theorie», die in eine Kritik der «Gesellschaft des Spektakels» mündete. Die SI sah dabei die Notwendigkeit einer Bedürfnistheorie in Verbindung einer Theorie moderner Subjektivität mit historischem Klassenbewusstsein, die eine Art revolutionärer Psychoanalyse zur Grundlage haben muss. Es geht dabei v.a. darum, dem gesellschaftlichen und historischen Verdrängungswiderstand durch «Erinnern, Wiederholen und Durcharbeiten» (S. Freud) entgegenzuwirken.[9]

Eine Einführung in die Kritik der «Gesellschaft des Spektakels» sowie in spezifische Begrifflichkeiten der situationistischen «Praxis der Theorie» als auch ihrer «Theorie der Praxis» wird Thema des dritten Kapitels sein, einem Versuch der Rekonstruktion der situationistischen Revolutionstheorie. Dabei wird der meist vernachlässigte oder ignorierte direkte Bezug der situationistischen Kritik zur Marxschen Theorie, ihr spezifisches «Zurück zu Marx» (Lukács)[10] in den Mittelpunkt gerückt. Insbesondere geht es in diesem Kapitel um eine begrifflich-systematische Rekonstruktion der besonderen revolutionstheoretischen Zielsetzung der situationistischen Theorie, als einer strategisch-interventionistischen Kapitalismuskritik, die auf eine revolutionäre Praxis abzielt. Unabdingbar hierfür ist aber eine kursorische Rückführung auf die Marxsche Kritik der politischen Ökonomie in ihrem Kern, der Wertformanalyse, um das Begreifen des «Wertspiegel»-Verhältnisses zu ermöglichen – als bisher noch nicht freigelegten *missing link* zur situationistischen Spektakelkritik. Auch wenn sich inzwischen diese konkreten historischen Umstände weiter verändert haben, so soll doch hierbei gezeigt werden, dass die zyklischen Mechanismen und Formen, welche die objektive Möglichkeit einer proletarischen Revolution verhüllen, damals wie heute im wesentlichen dieselben geblieben sind.

Im vierten Kapitel soll deutlich werden, wie die situationistische Revolutionstheorie mit dem «Unsichtbarwerden» der Klassenkämpfe und des Proletariats in ihrer Zeit, mit den traumatischen Niederlagen der proletarischen Emanzipationsbewegung vor und während der beiden Weltkriege sowie mit einer Kette von Selbsttäuschungen und Desillusionierungen seit der ersten Internationale

---

9   In diesem gleichnamigen klassischen Text der Psychoanalyse geht es darum, zu zeigen, wie es möglich ist, die immer wiederkehrende Situation eines neurotischen, depressiven Teufelskreises aufzulösen. Mehr dazu: Anm3. [Vgl. FGW10: 126f.]
10   Georg Lukács (1885-1971) formulierte jene Parole zeitgleich, aber unabhängig von der SI für das Programm einer Marx-Renaissance.

der Ära Marx und Bakunin zusammenhängt. Die spezifischen Traumata der Niederlagen proletarischer Kämpfe in verschiedenen Weltregionen werden dort anhand ausgewählter Beispiele skizziert und die Stellungnahmen der SI zu jenen Ereignissen kurz erläutert.

Ausblickend und auf eine zukünftige weiterzutreibende Forschungsaufgabe abzielend, werden im fünften Kapitel einige «blinde Flecken» der situationistischen Kritik umrissen. Die fast durchgehende Ignoranz gegenüber der Bedeutung geschlechtlicher Zuschreibungen für die gesellschaftliche Arbeitsteilung und damit eine alle Gesellschaftlichkeit durchstrukturierende Dominanz- und Herrschaftsdimension ließe sich als zeitgenössisch typisches – dabei nicht weniger kritikwürdiges – Phänomen beschreiben. Aber die SI beim Wort zu nehmen, wenn sie wie keine andere radikale Vereinigung ihrer Zeit dem revolutionären Projekt im ersten Drittel des 20. Jahrhunderts eine vernichtende Niederlage bescheinigte, heißt auch zu sehen, was bei ihr selbst nicht zur Sprache kommt. Die Nichtwahrnehmung der Shoah als zentralem Bestandteil und barbarischer Konsequenz dieser Niederlage resultiert offenbar aus der Unfähigkeit der SI, den Antisemitismus als Todfeind der «Kritik der politischen Ökonomie» und ihrer Grundlagen angemessen zu begreifen – das allerdings hat sie mit der damaligen wie der heutigen «Linken» gemein.[11] Um so lieber könnte letztere sich aktuell mit dem vorliegenden Buch der SI zuwenden wollen in der Hoffnung, damit der schmerzhaften und «destruktiven» Auseinandersetzung mit der deutschen Misere ausweichen zu können – dieser Fluchtweg wird von uns im folgenden hoffentlich gründlich genug verstellt.

Zugleich aber wird zu untersuchen sein, ob innerhalb der situationistischen Theorie mögliche Anknüpfungspunkte über ihren Zeithorizont hinaus liegen. Die Kritik an der SI wird gepaart mit einer Verteidigung gegen Pseudokritiken an ihr, wie auch gegen ihre Versteinerung in einem lobpreisenden, spektakulären Bild, das von späten SituationistInnen schon von vornherein mit dem Begriff «Prosituationismus» belegt und kritisiert wurde. Es geht in diesem Kapitel also insgesamt um die offene Frage, wie die Kritik der SI angeeignet, nutzbar gemacht und weiterentwickelt werden kann, ohne insgesamt die Zielrichtung einer revolutionären Tendenz hin zu einer Gesellschaft der «generalisierten Selbstverwaltung» (SI), der Bewegung des Communismus,[12] zu verfehlen.

---

11   Eine Begründung für die von uns getroffene Unterscheidung zwischen «links sein» und «revolutionär sein» findet sich in Anm4.

12   Im Gegensatz dazu, was üblicher Weise – sowohl von «links» als auch von «rechts» – unter «Kommunismus» verstanden wird, schreiben wir

Der Titel des vorliegenden Buches «Situationistische Revolutionstheorie» scheint auf den ersten Blick dem Selbstverständnis der SI
zu widersprechen, wollte sie doch partout nicht als Revolutions-
theoretikerin, im Sinne einer Baumeisterin «von Theorien [...] einer
ausgetüftelten Architektur, in die man nur noch einzuziehen
braucht» [Debord1985: 34], verstanden werden. Wie in ihrem
Auflösungsdokument formuliert, war die SI «lediglich darin erfolgreich, daß sie ‹die wirkliche Bewegung, welche den jetzigen Zustand aufhebt› ,[13] ausgedrückt hat, und daß sie sie auszudrücken
verstanden hat: das heißt, daß sie es verstanden hat, damit zu
beginnen, bei dem subjektiv negativen Teil des Prozesses, seiner
‹Schattenseite› , seiner eigenen unbekannten Theorie Gehör zu
verschaffen, der Theorie, die diese Seite der sozialen Praxis hervor-
bringt, und die sie zunächst nicht kennt. Die SI gehörte selbst zu
dieser ‹Schattenseite› . Letztlich handelt es sich daher nicht um eine
Theorie der SI, sondern um die Theorie des Proletariats.» [DwS§3.]

Trifft also diese Selbsteinschätzung der SI zu – wovon auch wir
Autoren ein wenig sekundär-naiv «prosituationistisch» ausgehen
–, dann brachte die SI die untergründige, verdrängte Kritik zur
Sprache, und es wäre insofern nicht richtig, das Resultat dieser
«Praxis der Theorie» als gleichsam von außen heranzutragende
«situationistische Revolutionstheorie» zu bezeichnen. Gleichzeitig
bestand eine Konvergenzbewegung zwischen der Theorie der SI
und der proletarischen Kritik, welche, in die Bewegung der Besetzungen in Frankreich 1968 mündend, nahezu ineinanderfielen,
und eine wirkliche Bewegung bildeten, indem sie eine Situation
herbeiführten, die das Verdrängte dieser Kritik an den Tag brachte.
Daher sind wir der Meinung, dass die proletarische Revolutionstheorie jener Phase vom Resultat her als «situationistische Revolutionstheorie» bezeichnet werden kann.[14] Auch wenn unsere Ein-

---

Communismus immer dann mit «C», wenn wir auf den revolutionären
und seinem Anspruch nach wissenschaftlichen Communismus hinweisen möchten. Zur Begründung: Anm5.

13   Als «wirkliche Bewegung» wurde von Marx und Engels «Communismus» näher bestimmt: «Der Communismus ist für uns nicht ein
Zustand, der hergestellt werden soll, ein Ideal, wonach die Wirklichkeit
sich zu richten haben [wird]. Wir nennen Communismus die wirkliche
Bewegung, welche den jetzigen Zustand aufhebt. Die Bedingungen
dieser Bewegung ergeben sich aus der jetzt bestehenden Voraussetzung.» [MEGA Probeband1972: 60; vgl. MEW3: 35.]

14   Die Unterscheidung zwischen akademischer «Revolutionstheorie» – als
fachhistorischer Gegenstand positivistischer Forschung – und «revolutionäre Theorie» – im Sinne eines doktrinären idealistischen Verständ-
nisses der «revolutionären-Theorie-per-se» wird von uns abgelehnt, da
wir beide Verengungen aufzuheben versuchen. Zur Begründung siehe:
Anm6.

schätzung zunächst vielleicht großspurig erscheint, so geht es keineswegs um eine Stilisierung der SI zur Klassikerin der Revolutionstheorie, sondern lediglich darum, genau jenen Moment aufzuzeigen, bei dem die proletarische Kritik in jener historischen Phase mit der situationistischen Theorie zu ihrer radikalen Sprache und zu einem neuen Ausdruck finden konnte. Die spontane proletarische Kritik, das untergründige Wühlen der Begierden und sozialen Triebkräfte war die Voraussetzung der situationistischen Theorie, welche daran bewusst mitwirkte, diese untergründige Kritik «in den geistigen Tag der Gegenwart» (Hegel) zu bringen. Beide Bewegungsmomente sind nicht voneinander zu trennen; sie bedingen sich gegenseitig. Revolutionstheorie wäre so als Spannungsverhältnis zwischen der «Praxis der Theorie» und der «Theorie der Praxis» zu verstehen, die ein «Fertigwerden für alle Zeiten» (Engels) ausschließt.[15]

Das heißt aber: Mit dem Scheitern der revolutionären Bewegung muss sich nun eine noch nicht abzusehende revolutionäre Kritik in einer Weise verändern, wie die Gestalt der Marxschen Theorie sich veränderte, als sie von der situationistischen Kritik wieder neu ins Spiel gebracht wurde. Jede Revolutionstheorie besitzt ihren eigenen Zeitindex und Zeithorizont. Sie muss damit aber nicht sterben, sondern kann durch eine lebendige Kritik wieder aktualisiert in Gebrauch genommen werden.[16] Längst gilt: die spektakuläre Warengesellschaft hat gründlich gelernt, auf die proletarische Kritik jener Zeit zu reagieren, indem sie, etwa mittels spezialisierter Führungskräfte und Trendscouts, in zerstückelter Form Momente der situationistischen Kritik in sich aufnahm. Sie hat sich damit modernisiert und jeden revolutionären Stachel abgebrochen. Die situationistische Kritik wurde rekuperiert, wie die SI einen derartigen Integrationsprozess zu nennen pflegte. Seit dem Scheitern ihres letzten Ansturms in Westeuropa im Mai 1968 ist die proletarische Kritik nunmehr gezwungen, sich neu zu formieren. Der übliche, linke Aktionismus sowie die Kampagnenpolitik, «Realpolitik» oder Organisationsbastelei («Vernetzung», «linke Bündnispolitik», «neue Linkspartei») usw. sind jedoch bloße Pseudopraxis, mit welcher die längst fällige Praxis der Theorie nicht zu ersetzen ist.[17]

Ein erneuter Anlauf muss auch die Phase der situationistischen Kritik hinter sich lassen, jedoch ohne hinter jenes erreichte Niveau zurückzufallen.[18] Die «situationistische Revolutionstheorie» kann

15 Vgl. dazu auch die SI DwS§46 und zitiert in Anm7.
16 Vgl. Benjamin 1982,I: 501; zit in Anm8.
17 Vgl. Adorno 1997: 796 und zit. in Anm.9

somit als ein historisches Beispiel für die Tragödie der bisherigen geschichtlich halbwegs bewussten proletarischen Kämpfe gelten, die im widersprüchlichen Entstehen und anschließenden Scheitern, v.a. im Verdrängen bzw. Deformieren des proletarischen Klassenbewusstseins und der Enteignung seines Geschichtsbewusstseins besteht. Eine neue proletarische Kritik ist in einem ersten Schritt gezwungen, kritisch an ihr bis dato – wie wir meinen – höchstes Niveau anzuknüpfen und in einem zweiten Schritt dieses zu überflügeln. Insgesamt muss sie die rekuperierte situationistische Kritik dem weiterentwickelten Spektakel entwenden, um sie sich wieder aneignen zu können. Für den ersten Schritt der Wiederaneignung möchte diese Einführung einen Beitrag leisten, in dem sie die Zielrichtung des bis heute kohärentesten und höchstentwickelten Ausdrucks einer proletarischen Revolutionstheorie aus der Verschüttung herausholt und zugänglich macht, als Vorbedingung für den nachfolgenden Schritt, welcher die situationistische Revolutionstheorie angemessen kritisiert und wirklich aufhebt.

Aufgrund dieses Vorhabens kann unmöglich auf alle heterogenen Strömungen, die sich innerhalb der SI versammelt hatten, eingegangen werden, noch weniger auf Strömungen, welche von ihr direkt oder indirekt beeinflusst wurden. Sie werden allenfalls kurz erwähnt, wenn sie z.B. in Widerspruch zur skizzierten revolutionstheoretischen Zielrichtung der situationistischen Theorie stehen. Insofern wird v.a. die hegel-marxianisch-lukácsianisch und freudo-benjaminisch[19] orientierte Tendenz, die sich mit dem Namen Guy Debord[20] verbindet, stärker hervorgehoben werden als etwa die eher existenzialistisch-lebensphilosophisch orientierte eines Raoul Vaneigem[21] oder der ausgesprochen kunstfixierte Diskurs von Asger Jorn[22] bzw. der architekturbornierte von Constant[23], auch wenn alle diese Beiträge und ihre Leistungen durchaus zu würdigen wären. Der Ansatz unserer Darstellung der situationistischen Kritik in ihrem Grundriss soll zwar geschichtlich sein, aber nicht im Sinne eines Geschichtsbuches, welches der Erzählung bestimmter Anekdoten rund um die SI dient.[24]

---

18   Mit ihrem Auflösungsdokument trug die SI dieser Beobachtung selbst Rechnung: vgl. DwS§53 und zitiert in Anm10.
19   Die Einflüsse von Hegel, Marx, Lukács und Freud auf Debord sind offensichtlich; der Einfluss Walter Benjamins dagegen ist weniger augenscheinlich, eher indirekt, jedoch bei näherer Betrachtung überdeutlich. Mehr dazu: Anm11.
20   Näheres zur Person siehe Anm12.
21   Näheres zur Person siehe Anm13.
22   Näheres zur Person siehe Anm14.
23   Näheres zur Person siehe Anm15.
24   Wer mehr an Anekdoten rund um die Situationistische Internationale

Der Anspruch dieser Einführung kann daher weder ein konventionell wissenschaftlicher noch ein philologischer sein, der alle Aspekte der Situationistischen Internationalen offenzulegen vermag. Vielmehr zielt diese Einführung auf einen kritisch-praktischen Gebrauch durch die LeserInnen ab. D.h. die Autoren bescheiden sich damit, lediglich die Zielrichtung der situationistischen Revolutionstheorie darzulegen, damit diese kritisch in Gebrauch genommen werden kann.[25] Diese Zielsetzung muss prinzipiell offen bleiben für all jene Aspekte, die nicht berücksichtigt werden konnten. Sie können von allen, die sich an diesem revolutionstheoretischen Projekt beteiligen wollen, z.B. auf der Homepage des Schmetterling Verlages [www.theorie.org und auf unserer eigennen Website www.lareprise.org][26] nachgereicht bzw. kritisch aufgenommen werden. Dort lassen sich nicht nur die vielen im vorliegenden Buch ausgewiesenen Exkurse, symbolisiert als 💻 Ex, nachlesen, ausdrukken und dem Buch bei Bedarf hinzufügen; vielmehr wird dort die Arbeit an den – in diesem Buch erst angerissenen – Fragen und Problemknoten weitergehen. Auch später noch sollen auf dieser Seite Texte abgelegt werden, um eine Kommunikation zu ermöglichen, so dass die LeserInnen des vorliegenden Buches die passiv-rezeptive Rolle verlassen und zu einer wirklichen Beteiligung kommen können. Somit hat die Printfassung erst im Verbund mit der Website ihren Sinn, auf deren zahlreiche Exkurse und weiterführenden Literaturhinweise sie sich laufend bezieht. Die meisten Termini können überhaupt erst in diesem Raum, keineswegs schon in der Printfassung, richtig erklärt und konkreter erläutert werden (jeder Versuch, dies in das Bändchen zu pressen, wäre unseriös). Die umfassende Kritik, zu der wir auffordern, kann sowieso erst als kollektives *work in progress* entfaltet werden.

Erstmals in der Reihe theorie.org wird mit einem Extraband ein Apparat zur Verfügung gestellt, der eine handlichere Lektüreaneignung ermöglicht. Dieser enthält neben allen weiterführenden An-

---

und ihre Vorläuferorganisation die Lettristische Internationale, interessiert ist, kann diese z.B. nachlesen in: Metzger1988, Marcus1996, Ohrt1990, Andersen2001, Mension2002, Kaufmann2004 (siehe Literaturverzeichnis).

25 Dieser Anspruch stellt sich somit in Gegensatz zu jenen Arbeiten, welche bestimmte Einzelaspekte aus dem SI-Gesamtzusammenhang herausreißen, um darüber eine mehr oder weniger akademische Arbeit zu schreiben und sie z.B. in die beschränkten Rahmen einer Architektur-, Kunst- oder Poptheorie etc. einzugliedern.

26 An dieser Stelle sei auch auf ein im Internet zu findendes Archiv hingewiesen (www.si-archiv.tk), in dem sich u.a. zwei Einführungsreferate über die Situationistische Internationale wie auch Texte der SI selbst befinden.

merkungen (auf die mit dem nummerierten Kürzel «Anm» im vorliegenden Band jeweils hingewiesen wird) ein ausführliches Literaturverzeichnis, ein Sach- und Personenregister sowie eine selektive Chronologie der SI und ihrer Zeit. Zusammen lassen sich die beiden Bändchen gewissermaßen als «Enchiridion» und «Kleines Organon» (Apparateband) verwenden[27]

Insgesamt richtet sich diese Einführung somit an all diejenigen, die nicht daran glauben und sich nicht damit abfinden wollen, dass die bestehenden kapitalistischen Verhältnisse die ultima ratio der Menschheitsgeschichte darstellen und für die erst Recht keine Regression auf vormoderne Zustände in Frage kommt: «Il faut être absolument moderne.» (Rimbaud).[28] Wir stellen dieses Buch allen zur Verfügung, die sich daran machen wollen, die darin vertretenen Revolutionsvorstellungen zeitgemäß zu desillusionieren, den aktuellsten Entwicklungsstand der revolutionären Begierden und Möglichkeiten zu dechiffrieren und auf der «Schattenseite» (SI) der Gesellschaft, d.h. einem neuen revolutionären Proletariat, eine angemessene Sprache für die Selbstaufhebung der Proletarität zu entwickeln.

---

27 Enchiridion (altgriech.: «encheirídion»): Bezeichnung für: «Handbuch» (übrigens auch «Waffe») als Kompendium für eilige LeserInnen; [vgl. Epiktet1991: 9]. Für die LeserInnen empfiehlt es sich, das Gebrauchswert-Versprechen zu prüfen («Kritik»: altgriech. Beurteilung, Überprüfung)
   Ein Organon (altgriech. Werkzeug) galt der griechischen Philosophie als ein Instrument zum «richtigen Denken» und Forschen, zur Orientierung in Zeit und Raum. «Die Sterne heißen die Organe, die Werkzeuge der Zeit.» [Mauthner, Bd.II: 510].
28 «Es gilt absolut modern zu sein.» Arthur Rimbaud (1854-1891) nahm als jugendlicher Dichter an der Pariser Commune 1871 teil. Er revolutionierte die Lyrik und gilt als einer der Schöpfer der poetischen Moderne.

2 Die Situationistische Internationale in ihrer Zeit

«1952 [...] beschlossen vier, fünf wenig empfehlenswerte Personen aus Paris, nach der Aufhebung der Kunst zu suchen. Es ergab sich dabei durch die glücklichen Folgen eines gewagten Marsches auf diesem Weg, daß die alten Verteidigungslinien, an denen die vergangenen Offensiven der sozialen Revolution zerschellt waren, sich überflügelt und umgangen fanden. So entdeckte man die Gelegenheit für eine weitere Offensive. Diese Aufhebung der Kunst ist die ‹Nordwestpassage› der Geographie des wahren Lebens, die seit über einem Jahrhundert so oft gesucht worden war, insbesondere von der sich selbst zerstörenden modernen Poesie. Die früheren Versuche, in denen so viele Forscher sich verirrt hatten, waren niemals direkt auf eine derartige Perspektive gestoßen: wahrscheinlich, weil noch etwas in den alten Provinzen der Kunst für sie zu verwüsten übrigblieb, und vor allem, weil die Fahne der Revolution früher von anderen, sachkundigeren Händen gehalten zu werden schien. Jedoch hatte diese Sache niemals zuvor eine so vollständige Niederlage erlitten, noch hatte sie das Schlachtfeld so leer gelassen, wie in dem Augenblick, als wir antraten, um uns dort aufzustellen.»
[GdS: 289f.].

Am Wochenende des 27. und 28. Juli 1957 wurde in Cosio d'Arroscia in Italien von einer Hand voll Personen die «Situationistische Internationale» (SI) gegründet. Sie bildete einen Zusammenschluss von mehreren Gruppen, deren wichtigste die «Lettristische Internationale» (LI) und das «Mouvement pour un Bauhaus Imaginiste» (MIBI) waren. Das MIBI war vom dänischen Maler Asger Jorn gegründet worden, ging aus der Gruppe COBRA hervor und hatte das Anliegen, einen polemisch-theoretischen wie ästhetischen Gegenangriff auf die allgemein vorherrschende Ästhetik und Städteplanung zu starten.

Die LI ging aus einem «Stamm» [Mension2002: 29] von jugendlichen LebenskünstlerInnen hervor, einer rebellischen Bewegung, von der die LI das Adjektiv «lettristisch» übernahm (von «lettre» fr. der Buchstabe).[29] Maßgeblich daran beteiligt waren auch Jugendliche nordafrikanischer, russischer, jüdischer etc. Herkunft und junge Leute, die teilweise aus linken Elternhäusern stammten. [Vgl. Mension2002: 6ff.]. Gegründet wurde die lettristische Bewegung von dem jungen Rumänen Isidore Isou (mit bürgerlichem Namen Jean-Isidore Goldstein), der 1945 nach Paris gekommen war, um das – seiner Ansicht nach – zahnlos gewordene geistige Erbe des dadaistischen und surrealistischen Radikalismus[30] auf ein neues avantgardistisches Niveau zu bringen. Isou und andere junge SchriftstellerInnen und KünstlerInnen versuchten nach dem Zweiten Weltkrieg von Frankreich aus, die Kunst-Avantgarde erneut in eine Allianz mit der sozialen Revolution zu bringen. Ihr Ziel war eine Orientierung der Kunst weg vom «Bild» – der Domäne der SurrealistInnen – hin zum «Wort» und damit eher in eine «neo-dadaistische» Richtung.[31] Ein Teil des lettristischen Zusammenhangs, zu dem Guy Debord, Michèle Bernstein, Ivan Chtchegloff und Ralph Rumney gehörten,[32] radikalisierte sich bald über Isou hinaus.[33]

1954 wurde die «Lettristische Internationale» gegründet. Erste Ausschlüsse von Personen und Spaltungen folgten, welche selbst zu einem ästhetisch-politischen Ritual der Gruppierung wurden. [Vgl. Ohrt1990: 183].

2.1 Von der Lettristischen Internationale zur Situationistischen Internationale

Schon der LI ging es darum, die Herausforderungen anzunehmen, welche sich im Klima der französischen Nachkriegszeit allen radikaleren Menschen stellten, die die Staubkulturen der vor allem stalinistisch dominierten linken politischen Landschaft und der noch immer vom Surrealismus repräsentierten links-modernistischen Kunst- und Kultur-Szene als unerträglich empfanden. Diese beiden Ausformungen der revolutionären Ansprüche der Epoche waren ihrer Meinung nach konterrevolutionär oder steril geworden. Die LI stellte eine neue Anstrengung dar, beide bisher von einander säuberlich getrennten und verwalteten Sphären – Gesell-

---

29 Zum Einfluss der lettristischen Bewegung auf den Punk vgl. Marcus1996.
30 Dadaismus und Surrealismus: Revolutionäre Kunstavantgarden im Europa des ersten Drittels des 20. Jahrhunderts mit Schwerpunkten in Deutschland (Dada) und Frankreich (Surrealismus). Vgl. Anm16.
31 Zum Einfluss des Dadaismus und des Surrealismus auf die LI sagte Michèle Bernstein (Mitglied der LI und der SI): «Jeder ist das Kind vieler Väter. Es gab den Vater, den wir haßten, den Surrealismus. Und es gab den Vater den wir liebten: Dada. Wir waren die Kinder von beiden.» [Zit. n. Marcus 1996: 186.]
32 Zu den Personen Michèle Bernstein (*1932), Ivan Chtchegloff (alias Gilles Ivain) und Ralph Rumney (1935-2002): Anm17.
33 Zum Hintergrund dieser Entwicklung: Anm18.

schaft (Politik) und Kunst (Kultur) – zu vereinigen und in einer neuartigen Zuspitzung aufzuheben; und zwar so, dass endlich das *Alltagsleben* revolutioniert und dass individuell wie gesellschaftlich nicht bloß passiv *überlebt*, sondern aktiv *gelebt* werden könne.

Einem solchen Anspruch stellte sich als Herausforderung der Nachkriegszeit zunächst das Vermächtnis und die ambivalente Erfahrung der Résistance gegen die Okkupation und Präsenz NS-Deutschlands und der Kollaboration. Von dieser Erfahrung geprägt war auch die «Existenzphilosophie», die sich mit den Namen Jean-Paul Sartre (1905-1980) und Albert Camus (1913-1960) verbindet. Diese hatte die geistige Landschaft im Westen aufgerollt und trat mit dem Gestus eines Erben der Résistance auf: gegen den modernsten Kapitalismus, ausgehend von den USA mit ihrer Einbindung Europas und zugleich gegen das Imperium des Staatssozialismus im Osten, wo die Ära des Spätstalinismus gerade begonnen hatte. Zusätzlich zu dieser neu entstandenen philosophischen Richtung trat Anfang der 1950er eine «Kritik des Alltagslebens» hervor, formuliert von Henri Lefèbvre (1905-1991). Die Phänomene der «Entfremdung» des Individuums, besonders in der modernen Großstadt, wurden zum beherrschenden Thema.

Ein Wort aber bündelte all diese in der Luft liegenden geistig-politischen Einstellungen und durcheinander gebrachten materiellen Lebenslagen atmosphärisch: die *Situation*.[34] Doch gegenüber der rein existenzialistischen Verwendung dieses Begriffs im Sinne von «Entscheidung», «Wahl», «Entwurf» und «Sprung» hatte für die LI der Begriff zusätzlich die Implikation von «Revolution» und zwar im Sinne von Marx, als «die Situation [...], die jede Umkehr unmöglich macht» [MEW8: 118].

Die LI gab eine Zeitschrift namens «Potlatch» heraus. Dieses ursprünglich indigene Wort bezeichnet eine Art Anti-Ökonomie, die nicht auf Äquivalententausch beruht, sondern diesen negiert, was bis hin zur rituellen Zerstörungseskalation von eigenen und geschenkten Besitztümern reicht. Diese Zerstörungsorgie von eigenem Besitz gilt dabei als Zeichen und Genießen des Überflusses, als «überbietende» Form einer Kultur der Gabe, des Geschenks. Die Zeitschrift «Potlatch» wurde kostenlos verteilt, plakatiert und war mit einem «Anti-Copyright» versehen.

Neben diesem Versuch eines Eingriffs in die Tauschlogik experimentierte die LI mit unterschiedlichsten Methoden der Intervention, um die lohnarbeitende Bevölkerung aus dem alltäglichen Dämmerschlaf der Entfremdung zu wecken: Proteste gegen die

---

34 Näheres zum Begriff «Situation» und wie verbreitet und aufgeladen das Wort zwischen 1944-1960 in Frankreich war: Anm19.

Zerstörung bestimmter Stadtviertel, gegen die strafrechtliche Verfolgung von AntikolonialistInnen, gegen psychiatrische Internierung von GenossInnen oder durch Provokation von Skandalen. Häuserfassaden bestimmter Pariser Viertel wurden mit Inschriften versehen, die der wesentlichen Bedeutung dieser Orte entsprachen. So wurde etwa das Arbeiterviertel rund um die Renault-Werke mit der Parole «Ihr schlaft für den Chef» verziert.

Besonders bemerkenswert war der Wille der LI zur revolutionären Organisierung. Während sie die konventionellen und scheinbar naturgegebenen politischen Formen wie z.B. die Parteiform verwarf und sich direkt wieder auf das internationale Proletariat bezog, hatte die Bestimmung als «Internationale» zugleich auch einen gewissen parodistischen Effekt, indem eine Hand voll «zweifelhafter Personen» (Debord), mittelloser junger Bohèmiennes, KünstlerrebellInnen und lesender TagediebInnen sich gleich den «heiligen Namen» der höchsten Organisationsform der Arbeiterbewegung der Welt anmaßte.[35] Kein Zweifel: «Die LI organisierte sicherlich die unverschämteste Gruppe jener Jahre» [Ohrt1990: 170].

Die LI verstand ihren Stil nicht als das, was heute «Lifestyle» genannt wird, und ihre Praxis nicht als «politische Praxis» im Sinne der KP-FunktionärInnen.[36] Ganz im Gegensatz dazu begriffen sich ihre Mitglieder als «enfants perdu(e)s»[37], die sich inmitten der Trümmerlandschaft, in die das 20. Jahrhundert bis jetzt geführt hatte, erst erneut orientieren mussten. Sie mussten sich selbst völlig neu definieren, um den alten – scheinbar auf der ganzen Linie verlorenen – Krieg gegen die Mächte der alten Gesellschaft auf neu zu erfindende Weise wiederaufzunehmen. Die Ausgangssituation dieses verlorenen Häufleins im Paris der 1950er Jahre lässt sich auf jeden Fall intentional mit dem Schluss des Kommunistischen Manifests kennzeichnen: «dass ihre Zwecke nur erreicht werden können durch den gewaltsamen Umsturz aller bisherigen Gesellschaftsordnung» [MEW4: 493]. Ihre unbedingte Modernität duldete keinerlei Zugeständnisse, Anpassung oder gar Rückwendungen an irgendwelche vormodernen Zustände. Ihr Lebensgefühl ging nicht nach rechts, in den Nihilismus irgendeiner Form, im Sinne

---

35 Dies kann als ein Schlag ins Gesicht aller Bürokraten der 2., 3. und sogenannten 4. Internationalen zugleich aufgefasst werden. ⌨ Ex.: Internationale Arbeiter Association.

36 Zur Ablehnung traditionell verstandener Politik, vgl.SI2: 112f. und zit. in Anm20.

37 Wörtlich: «verlorene Kinder»; darüber hinaus ein Begriff aus der Militärsprache für eine Einheit, die auf feindlichem Gebiet, hoffnungslos von ihren Linien abgeschnitten, das Gelände erkunden muss.

einer Lust an der Selbstzerstörung und Zerstörung als Selbstzweck, sondern nach links, über «die Linke» hinaus und wurde revolutionär: als konsequente Radikalisierung der Anliegen ihrer gescheiterten, verschlissenen, aufgeopferten oder auch gewendeten linken Elterngeneration. Deren Weg wollten und konnten sie nicht weitergehen, aber «die Nordwestpassage der Revolution» (Debord) zu finden, das trauten sie sich schon zu.

Allerdings stagnierte diese konsequente Radikalisierung des communistisch-aktionistischen unruhigen Elements der LI an einem gewissen Punkt, wofür verschiedene externe wie interne Gründe verantwortlich gemacht werden können. Den Reflexionen Debords zufolge war v.a. der Mangel an aufgeschlossenen, aktionsfähigen und kompetenten Kräften entscheidend. Jedenfalls war klar, dass die zerbröselnde, stagnierende, sich aneinander aufreibende LI während der 1950er Jahre begonnen hatte, inaktiv und sektiererisch zu werden. Dagegen hätte es um eine «Erweiterung unserer Kräfte», um «die Möglichkeit und Notwendigkeit einer wirklichen internationalen Aktion» gehen müssen, was «zu einer grundlegenden Änderung unserer Taktik» zu führen hätte: «Wir müssen uns der modernen Kultur bemächtigen, um sie für unsere Zwecke zu benutzen, und nicht mehr von außen eine Opposition betreiben, die ausschließlich auf der zukünftigen Entwicklung unserer Probleme beruht» [Potlatch: 224]. Das heißt, es ging Debord um die Richtungsänderung der reinen negativ-oppositionellen kritischen Theorie und Praxis hin zu einer aktiven immanenten Kritik, welche auch organisatorisch auf die revolutionäre Gärung in der kapitalistischen Gesellschaft setzt.[38]

Um aus ihrer «strategischen Defensive» herauszukommen, lautete Debords Taktik zunächst: «ein Schritt zurück» [ebd.], um zwei Schritte nach vorne machen zu können. Das Bedürfnis, von der Lettristischen (dem-Namen-nach-) Internationale mit einem Schlag in eine wirkliche Internationale überzugehen, führte die Mitglieder der LI zum Zusammenschluss mit verschiedenen radikalen KünstlerInnen, zur Gründung der «Situationistischen Internationale» (SI). Der «Schritt zurück» hatte zunächst den Preis, dass es sich auf den ersten Blick jetzt gewissermaßen um eine halbe «KünstlerInnen-Internationale» handelte, war doch die LI u.a. auch angetreten, um die Ideologie der Kunst zu zerstören. Die Mitglieder der LI waren sich über «das Risiko einer Regression» im Klaren, das das Zusammengehen bedeutete, sich in «eine minoritäre Position» zu begeben gegenüber der zahlenmäßigen «Dominanz der Maler, [...]

---

38 ⊑ Ex.: Strategie und Taktik.

deren Verbindungen mit dem Kunsthandel ihnen als unauflöslich erscheint» [Potlatch: 225f.]. Allerdings erhofften sie sich, «so schnell wie möglich die Widersprüche der gegenwärtigen Phase dadurch zu überwinden, daß wir eine in sich zusammenhängende Theorie[39] vertiefen und zu Experimenten gelangen, deren Ergebnisse unbestreitbar sind.» [Potlatch: 226f.]. Es galt somit auch weiterhin die Forderung nach einer kohärenten revolutionären Kritik der gesellschaftlichen Totalität, die keine Zugeständnisse duldet. Hinter diesem Anspruch wollte v.a. Debord auch innerhalb der SI nie zurückfallen. Das Konfliktpotential war also vorgegeben und lag von vornherein offen.

2.2 Die Auseinandersetzungen der Situationistischen Internationale[40]

*I*nsgesamt bestand die SI im Zeitraum von ihrer Gründung 1957 bis zu ihrer Selbstzerschlagung 1972 aus nicht mehr als 70 GenossInnen, davon gerade mal 7 Frauen. Sie brachten die Unterschiede, Gegensätze und Antagonismen im gesellschaftlichen Sein ihrer Zeit und ihrer eigenen Lebenssituationen systematisch zur Sprache und drückten sie in expressiven, zum Teil neuen Formen aus. Dieser Formwille und Stil drückte sich schon in der Aufmachung ihrer Revue «internationale situationniste» aus, die in spiegelndem Chromolux – einer Art metallicfarbenem Einband, jede Nummer in einem anderen Farbton – erschien.[41] Die radikale Bewegungsform ihrer Auseinandersetzungen ging aufs Ganze und zielte darum nicht nur auf die Gesellschaft um sie herum ab, sondern auch auf sie selbst und führte notwendigerweise zu einer permanenten Dezimierung ihrer Mitgliederzahl. [Vgl. DwS: 81ff.].

Quasi eingebaut in die situationistische Selbstdefinition war von vornherein die Abweisung aller Elemente, die in der SI irgendeinen «Ismus» suchten, was die SI als Ausdruck von Ideologie, einen Fall von Sektenreligiosität, geistiger Unselbständigkeit und Selbstunterwerfungsbedürfnis deutete. Die strikte Weigerung, solche Bedürfnisse von «Anhängern» zu bedienen, geht aus ihrer Definition von «Situationismus» hervor: «Es gibt keinen Situationismus, was eine Doktrin zur Interpretation der vorhandenen Tatsachen bedeuten

---

39   Anm21.
40   Im Folgenden beschränken wir uns auf die «offizielle» Darstellung der Geschichte der SI, wie sie in ihrer Revue von 1958-1969 und ihren Publikationen bis 1972 quasi protokollarisch vorliegt.
41   Der damals durch Form und Inhalt irritierende und faszinierende Eindruck eines Exemplars der Revue wird eindrücklich bei Stephen Hastings-King geschildert [in: Ohrt2000: 74f.].

würde. Der Begriff des Situationismus wurde eindeutig von Anti-Situationisten aufgebracht.» [BE: 51/SI1: 18].[42]

Wie bei der LI bildete die Praxis der Ausschlüsse in der SI eine Art Ritual der Selbstreinigung, stets umstritten, das aber immer weiter eskalierte.[43] 1969 stellte die SI rückblickend fest, dass es schon dadurch unmöglich sei, «der SI vorzuwerfen, eine Organisation mit Führungsrolle zu sein. Denn wir haben alles getan, um es *fast unmöglich* zu machen, SI-Mitglied zu werden [...] was anscheinend jede konkrete Gefahr an der Wurzel fasst, gegenüber der geringsten Massenfraktion zu einer ‹Führung› zu werden. [...] Welche Rolle sollten wir uns also als ‹Elite› zugedacht haben? Die als Theoretiker? Wir haben gesagt, dass die Arbeiter *Dialektiker werden müssen* und künftig all ihre theoretischen und praktischen Probleme selbst lösen müssen. [...] Die hauptsächliche von uns befürwortete Methode – die zwar nicht gern bei uns entliehen, aber uns um so lieber vorgeworfen wird – ist eine bestimmte geistige und praktische Strenge. [...] Wenn die Tatsache, gleichzeitig mit der revolutionären Wirklichkeit da zu sein, die Elite kennzeichnet, dann sind wir eine. Eine solche ‹Elite› steht aber dem Proletariat näher, wenn es als historisches Subjekt wiedererscheint, als alle stolzen Spezialisten des Rückstands.» [SI2: 434f.].

Als derartiger Kampf um die *Aufhebung*[44] ihrer eigenen Organisation gedeutet, kann die turbulente SI-Geschichte ziemlich klar entlang von Forderungen an ihre Mitglieder eingeteilt werden, die sich in ihrer individuellen Lebenspraxis,[45] gesellschaftlichen Aktivität und gegenseitigen Beziehung jeden Moment den kritischen Fragenkodex auferlegen mussten:

Wie löst du das *Verhältnis von ästhetischer und gesamtrevolutionärer Praxis* (d.h. die Kritik der Trennungen von Kunst, Kultur, Politik und Ökonomie)?

Wie gehst du die *Vermittlung von revolutionärer Theorie und Praxis* an (d.h. die Kritik der kopflosen, blinden, routinemäßigen

---

42 Sich einem eigenen doktrinären «Ismus» zu verweigern, geht schon auf Marx zurück [vgl. MEW35: 388]. Näheres dazu: Anm22.

43 «Die neuesten Ausschlüsse» hieß sogar eine Rubrik in ihrer französischen Revue «internationale situationniste». ▣ Ex.: Zu Ritual und Sinn der Ausschlusspraxis der SI.

44 Der Hegelsche Terminus «Aufhebung» bedeutet dreierlei: a) Bewahrung, b) Beseitigung und c) (Wiederein-)Setzung auf einer «höheren», reflektierteren Stufe. Er bringt damit eine dialektische Bewegung zum Ausdruck, bei der sowohl *Form* als auch ihr *Inhalt* in einer wahrhaftigeren und veränderten Art und Weise auf erweiterter Stufenleiter wiederhergestellt werden.

45 Zur sozialen (Selbst-)Verortung der SI-Mitglieder siehe: SI2: 438f. und zitiert in Anm23.

oder aktionistischen Pseudopraxis und der kontemplativen, doktrinären oder akademischen Theorie)?

Wie behandelst du *die Organisationsfrage* (d.h. die Kritik des voluntaristischen Spontaneismus, des Verzichts auf die revolutionäre Organisation schlechthin, wie auch aller hierarchischen Organisationsformen, welche «*die Entfremdung in entfremdeten Formen bekämpfen*» (SI) wollen, was schließlich zur Konterrevolution bzw. zum Scheitern führt)?

Entlang diesen permanenten Entscheidungsfragen lassen sich die verschiedenen theoretischen, praktischen und personellen Auseinandersetzungen und Abspaltungen ebenso zuordnen wie die einzelnen Phasen der kurzen SI-Geschichte.

Phase 1: *Gründung und Künstlerdominanz (1957-1962)*

*D*ie SI fällte ihre Beschlüsse auf Konferenzen in wechselnden Städten Europas. In ihrer ersten Phase gliederte sie sich in verschiedene nationale Gruppen, die «auf der Basis einer sehr allgemeinen Übereinstimmung vollständig autonom gewesen» sind [SI2: 450]. Auf ihrer Londoner Konferenz 1960 wurde ein Zentralrat «als ein *Delegiertenrat* eingerichtet, der alle zwei bis drei Monate zusammenkommen sollte, um die Aktivitäten unserer Gruppen zu koordinieren, und *ausserhalb dieser Zusammenkünfte überhaupt nicht mehr existierte.*» [Ebd.].

Zunächst legte die SI in dieser Zeit den Schwerpunkt ihrer Aktivitäten auf die «Aufhebung der Kunst».[46] Hierfür wurden in theoretischer und experimenteller Praxis künstlerische Mittel überprüft im Hinblick auf ihre Eignung für die Kritik des Alltagslebens und die Konstruktion von Situationen.[47]

Aufgrund von Unstimmigkeiten bezüglich der strategischen Ausrichtung der SI kam es in dieser Zeit zur Gründung einer rein künstlerisch ausgerichteten «Zweiten Situationistischen Internationale», v.a. vorangetrieben durch das dänische SI-Mitglied Jørgen Nash,[48] dem Bruder von Asger Jorn. Die KritikerInnen dieser Abspaltung des «rechten Flügels» der SI sprachen in diesem Zusammenhang sogar von einem «Nationalsituationismus» [vgl. Ohrt1990: 262ff.], v.a. in Zusammenhang mit den deutschen Künstlern, der ebenfalls kurzzeitig in der SI vertretenen Schwabinger «Gruppe SPUR». In den Situa-

---

46 Siehe Kapitel 3.5.2 «Die Aufhebung der Kunst».
47 Siehe Kapitel 3.4.6 «Kritik des alltäglichen Lebens» und 3.6 «Die Konstruktion von Situationen».
48 Jørgen Nash (*1920, Pseudonym von Jørgen Jørgensen) zur Person: Anm24.

tionistischen Nachrichten 1962 ist zu lesen: «Um die Gruppe ‹Spur›
herum war der Plan einer Art ‹Nationalsituationismus› an die Oberfläche gekommen, der sich als autonome Kraft organisierte, sich auf
die Schweiz und Österreich erstrecken wollte und in Nord-Europa
bereits Unterstützung gefunden hatte.» [SI1: 312][49]

Ab der Göteborger Konferenz 1961 fand – wie die SI feststellte
– «eine lebhafte Auseinandersetzung innerhalb der SI statt, die
man allzusehr vereinfachen würde, wollte man sie als die Opposition zwischen den ‹Künstlern› und den ‹Revolutionären› bezeichnen, die sich aber im großen und ganzen mit einem derartigen
Zusammenstoß deckte. Die theoretische Diskussion wurde lange
und äusserst demokratisch geführt, jedoch führten 1962 schliess-
lich in der Praxis absolut abweichende Meinungen der ‹Künstler›,
ihr Bruch mit […] genauen Verpflichtungen – obwohl sie dabei in
der SI bleiben und […] ihre eigenen Entscheidungen […] wollten –
zu ihrem Ausschluss.» [SI2: 450f.].

Auf der Konferenz in Antwerpen 1962 stellte die SI fest, «daß
eine kohärente theoretische Vereinheitlichung stattgefunden hatte. Infolgedessen wurde die Frage aufgebracht, den Zentralrat
aufzulösen, der letztlich nur deshalb aufrechterhalten wurde, um
auf die Verbindung der Genossen mit der echten SI hinzuweisen,
die in Skandinavien mit dem Etikettenschwindel der Nashisten
kämpften, die eine Zeitlang noch behaupteten, in den Stockholmer
Kunstgalerien und Zeitungen die SI zu vertreten. Sobald der Nashis-
mus verschwunden war, wurde dieser Zentralrat nie mehr erwähnt,
bis er 1966 bei der Pariser Konferenz ohne Diskussion förmlich
abgeschafft wurde.» [Ebd.].

Nach dem ersten «Schritt zurück» läutete der Rauswurf der
Nur-KünstlerInnen eine Radikalisierungsphase ein, wobei zugleich
der internationale Charakter der SI aufrechterhalten blieb. Revolutionstheoretisch gesehen ging es somit zwei Schritte nach vorne:
von den künstlerischen Experimenten mit ihrem Ausschwärmen
und Provozieren-Wollen *im* internationalen Kunstbetrieb weg, hin
zur «Politisierung der Kunst», wie Walter Benjamin es vom Communismus gefordert hatte [Benjamin1963: 42ff.], und schließlich
zu ihrer Aufhebung. Zugleich forderte die SI die Aufhebung der
politischen Sphäre, wie von Marx postuliert [MEW1: 370]. Es ging
ihr also um ein Heraus aus den getrennten Sphären von Kunst und
Politik, darum, die *Totalität* des entfremdenden kapitalistischen
Alltagslebens zu bekämpfen, vermittels ästhetischer Formen wie
Schrift und Comics gegen die herrschende Architektur anzutreten

---

49   Näheres zum «Situationismus» der Gruppe SPUR: Anm25.

und durch Wort und Geste zur Zerstörung des herrschenden Stumpfsinns des Warenalltags beizutragen. Oberflächlich betrachtet, schien dies alles auch der Anspruch der KünstlerInnen gewesen zu sein. Der entscheidende Unterschied der nun eintretenden Phase der situationistischen «Praxis der Theorie» bestand darin, einen bei der LI noch vorhandenen entscheidenden Topos gegen den Mainstream wieder aufzugreifen: eine neue Form der revolutionären Theoriebildung der modernsten *Proletarität*. Die SI verstand sich – wie schon die LI – selbst als Teil der «Schattenseite» oder der «negativen Seite» der Gesellschaft, womit von ihr das moderne, aber verdrängte Proletariat bezeichnet wurde.

Phase 2:   Praxis der Theorie (1962-1966)

In ihrer theoretischen Praxis erarbeitete die SI bis 1966 Analysen der höchstentwickelten kapitalistischen Waren- und Bilderproduktion, d.h. einer Theorie des «Spektakels». 1963-1964 legte Raoul Vaneigem, ein belgisches Mitglied, seinen Essay «Basisbanalitäten» vor und erstellte dann bis 1966 ein umfassendes revolutionäres «Handbuch der Lebenskunst für die jungen Generationen». Guy Debord veröffentlichte 1967 seine 221 analytischen Thesen «Die Gesellschaft des Spektakels». In ihrer Revue beobachteten und analysierten die SI-TheoretikerInnen sehr genau die verschiedensten Regungen und «Gesten» der Proletarisierten, so vor allem wilde Streiks und Rebellionen wie z.B. den Arbeiteraufstand in Amsterdam vom Juni 1966, der sich von der spektakulären «Jugendrevolte» der sogenannten «Provos»[50] in der Mitte der 1960er Jahre qualitativ unterschied. [Vgl. SI2: 319f.]. Hervorzuheben ist vor allem die Analyse des afroamerikanischen Aufstandes in Watts 1965, eines Stadtteils von Los Angeles. Die SI deutete diesen Aufstand nicht allein als gegen Rassismus und Pauperismus gerichtet, sondern zugleich als Vorboten proletarischer Rebellion gegen die warenproduzierende Hierarchie des modernen Kapitalismus. [Vgl. BE: 174ff./SI2: 145ff.][51].

In ihrer «Adresse an die Revolutionäre Algeriens und aller Länder» (Algier, im Juli 1965) und 1966 in einer Analyse «Der Klassenkampf in Algerien» formulierte die SI, dass niemand mehr auf den «lügnerischen Schund» der sogenannten sozialistischen, falschen Systemalternative hereinfallen sollte, dass proletarische Selbständigkeit endlich überall angesagt sei, anstatt all der diversen nachholenden staatssozialistischen Kapitalisierungsmodelle. So

---

50   Näheres zur Provo-Bewegung: a.f.r.i.k.a.1997: 133 und Anm26.
51   Siehe Exkurs zu Kapitel 4.4 in diesem Buch.

wurde schon während der ersten Phase der maoistischen «Großen Proletarischen Kulturrevolution» in China von den SI-Mitgliedern René Viénet, der eine Zeit lang dort gearbeitet hatte, und Guy Debord eine Einschätzung über diesen konzentriert-spektakulären «Explosionspunkt der Ideologie» der chinesischen staatskapitalistischen Bürokratie in Broschürenform auch außerhalb Westeuropas verbreitet. [Vgl. BE: 196ff./SI2: 247ff.]. Des weiteren wurde die radikal linkskommunistische Liga und ZenGakuRen-Studentenbewegung in Japan von der SI aufmerksam registriert und bekannt gemacht [vgl. SI2: 109,123,161].[52] Umgekehrt zirkulierten dort grundlegende SI-Schriften wie «Die Situationisten und die neuen Aktionsformen in Politik und Kunst» und später in besonders hoher Auflage die Straßburger Broschüre «Über das Elend im Studentenmilieu» in japanischer Übersetzung. Dies sind nur die hervorstechendsten Beispiele für die theoriepraktische Aktivität der SI in jenen Jahren der Latenz proletarischer Revolution, eine Aktivität, die sich ab 1966 geradezu hektisch intensivierte.

Phase 3: Theorie der Praxis und Ansätze zur revolutionären Organisation (1966-1968)

Mit punktuellen praktischen Vorstößen aus der Phase ihrer aktiven Geduld, ihrer «Praxis der Theorie», heraus begann die SI nicht von ungefähr auf dem Terrain der Universität, dem Ort der ideologischen Theorieproduktion. Im Herbst 1966 war die SI an der Inszenierung des «Straßburger Skandals» beteiligt. Er katapultierte die SI mit einem Schlag ins Rampenlicht der spektakulären Öffentlichkeit. Als es an der Universität in Straßburg einer kleinen Gruppe von SI-SympathisantInnen gelang, die Mehrheit in der StudentInnenvertretung zu erlangen, wandten diese sich an die SI mit der Frage, wieviel Ärger man mit dem zugebilligten Jahresbudget machen könne. Zunächst verweigerte die SI eine Mitarbeit und forderte die StudentInnen zur Selbsttätigkeit auf. Als diese sich jedoch als mehr oder weniger unfähig erwiesen, eine angemessene Provokation zu starten, kam die SI schließlich der Bitte der StudentInnen nach und sandte mit Mustapha Khayati einen ihrer Vertreter nach Straßburg. In ihrer späteren Auswertung ihrer «Ziele und Methoden im Straßburger Skandal» reflektierte die SI jenen Vorgang: «Wir hatten es nicht für richtig gehalten, diesen Genossen

---

52 ZenGakuRen ist die Abkürzung für den japanischen Dachverband der StudentInnen (gakusei jap.: Studierende). Näheres dazu ⊟ Fx. Japan.

unsere Hilfe zu verweigern; sie wollten dem System einen Schlag versetzen, und leider hatte diese Hilfe *nicht geringer sein können*. Das Engagement der SI brachte uns für die Dauer der Operation selbst de facto in eine Führungsrolle, die wir auf keinen Fall über diese begrenzte gemeinsame Aktion hinaus verlängern wollten – wie sich jeder denken kann, liegt uns wenig am bedauernswerten *Studentenmilieu*. In diesem Fall wie sonst auch konnten wir nur mit dem Zweck handeln, die neue, zur Zeit entstehende soziale Kritik wieder zum Vorschein kommen zu lassen, und zwar durch die kompromißlose Praxis, das einzige, worauf diese Kritik sich stützen kann.» [BE: 235/SI2: 272].

Die Wirkung des Straßburger Skandals entfaltete sich durch die überraschende Verbreitung einer aus Geldern der gewählten Studentenvertretung aufwendig ausgestatteten Flugschrift mit dem parodistischen, bewusst sperrig-akademischen Titel: «Über das Elend im Studentenmilieu betrachtet unter seinen ökonomischen, politischen, psychologischen, sexuellen und besonders intellektuellen Aspekten und über einige Mittel, diesem abzuhelfen.» [BE: 216].[53] Die Broschüre wurde in hoher Auflage kostenlos verteilt. In provozierendem Sprachstil stellte sie eine Zusammenschau der SI dar, ausgehend von der Desillusionierung der studentischen Perspektiven im Kontext der Gesamtklassenkonstellation und der modernen spektakulären Kultur. Der gelungene situationistische Coup rührte nicht nur an den Nerv des universitären Ausbildungssystems, sondern sprach vor allem das sich damals global entwickelnde «Unbehagen in der Kultur» (S. Freud) der spektakulären Warengesellschaft an. Während in den meisten kapitalistischen Ländern die StudentInnenbewegung und Jugendrevolte jener Jahre schon weiter herangereift waren als in Frankreich, wo sich erst eine Gärung und ein mächtiger Stau abzeichnete, bohrten nun verstreute Grüppchen von SI-SympathisantInnen in einigen Universitäten wie Straßburg und vor allem Nanterre weiter am linksakademischen Nerv. Zugleich brachte die SI selbst – in einer fast hektischen Art von Parallelführung – zum einen ihre theoretischen Resultate zur Veröffentlichung, zum anderen versuchte sie die Organisationsfrage zu einer praktischen Entscheidung zu treiben.[54]

---

53 Diese komprimierte polemische Kurzfassung der globalen situationistischen Kapitalismuskritik gewann innerhalb der nächsten zwei Jahre den Bekanntheitsgrad revolutionärer Weltliteratur (mehrere rasch vergriffene hohe Auflagen noch 1967; in den folgenden Monaten Übersetzungen herausgegeben in England, USA, Schweden, Spanien, Italien, Niederlanden, BRD, Dänemark, etwas später auch Japan) [vgl. SI2: 447f.]. Weiteres zu diesem Pamphlet: Anm27.
54 Zur Frage der revolutionären Organisierung siehe Kapitel 3.4.7 und 3.7.

Zeitgleich brach eine Reihe kleinerer proletarischer Eruptionen aus – hier und da ein wilder Streik, eine Sabotageaktion oder Plünderungen durch die Arbeiterbevölkerung –, die nur von wenigen außer der SI überhaupt beachtet wurde. Als diese nicht abriss, regte die SI eine radikal räte-communistische autonom-proletarische Organisierungsinitiative an. Erste Tagesordnungspunkte der SI-Konferenz im Juli 1966 in Paris waren «die Organisation der SI – die Organisation im allgemeinen – die Weiterentwicklung unserer Beziehungen zu zur Zeit auftretenden revolutionären Strömungen» [SI2: 304]. Diese Konferenz beschloss eine «Minimale Definition der revolutionären Organisationen», die «bei ihrem Sieg ihr eigenes Ende als *getrennte* Organisation ausdrücklich anstreben» [SI2: 306] sollten. Aber zur Bildung einer solchen Organisation aus den revolutionären Elementen des Proletariats kam es vor der Krise des Mai 1968 nicht mehr; danach waren die Bedingungen für eine solche Organisierung – wie sich später zeigen wird – auf andere Weise nicht mehr gegeben.

Nach der Intervention in Straßburg und bis Ende 1967 konnte die SI ihr Profil als theoretisch sehr kohärent gewordene Gruppe ausbauen. Eine eindrucksvolle Bündelung von realpolitisch-weltpolitischen Analysen folgte, wie z.B. über den Nahostkrieg, den Vietnamkrieg, den chinesischen «kulturrevolutionären» Bürgerkrieg, die Revolution in den sogenannten unterentwickelten Ländern etc. Gleichzeitig entfaltete sie weiterhin eine Ästhetik-Kritik über «die neuen Aktionsformen *gegen* Politik und Kunst» [BE: 242ff./SI2: 279ff.] und eine mannigfaltige Auseinandersetzung mit Ideologie und Praxisformen der Linken, die dem damaligen sprunghaft gestiegenen Bekanntheitsgrad und medialen Bild der SI seit 1966 offensiv Rechnung trug.

Des weiteren versuchte sie gezielt überall die Organisationsfrage aus den Verknöcherungen fremdbestimmter Repräsentation und der Trennung von Theorie und Praxis freizusprengen. Genervt vom theoriefeindlichen voluntaristischen Spontaneismus einerseits und von der attentistischen, rein theoretisch verbleibenden Kritik andererseits stellte die SI in einer späteren Reflexion fest: [55] «Bis vor kurzem bedauerten sogar diejenigen, die bereit waren, einige Punkte unserer Theorie als interessant anzuerkennen, daß wir selbst die gesamte Wahrheit dieser Theorie von der Rückkehr der sozialen Revolution abhängig machten, die sie für eine unglaubwürdige ‹Hypothese› hielten. Umgekehrt konterten einige auf Leerlauf gestellte Aktivisten, die sich rühmten, für jegliche aktuelle

---

55 Ausführlich zur situationistischen Kritik des Spontaneismus und des Attentismus siehe 3.7.1.

Theorie unempfindlich zu sein, mit folgender schwachsinnigen Frage: ‹Was hat die SI für eine Praxis?› Unfähig, den dialektischen Prozeß der Begegnung zwischen der wirklichen Bewegung und ‹ihrer eigenen unbekannten Theorie› [Marx, Anm. BBZN] überhaupt zu verstehen, wollten sie alle das vernachlässigen, was sie für eine *Kritik ohne Waffen* hielten. Jetzt bewaffnet sich die Kritik.» [BE: 283/SI2: 363].

Exkurs: Die Ereignisse des Mai 1968[56]

Am Vorabend der Ereignisse des Mai 1968 kam es zur Fusion der theoretischen Impulse der SI mit den praktischen Aktionen einer winzigen Gruppe von Studenten in Nanterre, die ihre Rolle als «ordentlich Studierende» und Karrierebeflissene ablehnten; sie nannten sich «Enragés»[57] und provozierten monatelang «linke» Autoritäten des staatlich bezahlten Denkens, griffen sie wegen ihrer Ideologieproduktion und zugleich als schikanöse Prüfer an und artikulierten damit das verbreitete Unbehagen im «Studentenmilieu» gegen die einbetonierten Universitätszustände, wobei sie nicht die Frage einer «Studentenrevolte» im besonderen, sondern die der proletarischen Lebensbedingungen im allgemeinen aufwarfen. «Die Agitation, die in Nanterre von vier oder fünf Revolutionären [...] ausgelöst wurde, sollte nach Ablauf von fünf Monaten eine fast vollständige Liquidierung des französischen Staates nach sich ziehen.» [WuS: 18]. Von November 1967 bis Februar 1968 lösten die Enragés mit großer Beharrlichkeit und kreativer wie destruktiver Energie studentische Unruhen aus, die im Frühjahr 1968 auf die Sorbonne in Paris übersprangen.[58]

Nachdem sich die Pariser Hochschule Sorbonne und das StudentInnenviertel Quartier Latin in Paris vom 3.-10. Mai in aufstandsartigen Straßenschlachten erhoben und am 13. Mai die Sorbonne von den StudentInnen besetzt und für die ArbeiterInnen geöffnet worden war, kam es zum nächsten Sprung: GymnasiastInnen, Rocker, arbeitslose Jugendliche und ArbeiterInnen beteiligten sich in den folgenden Tagen zunehmend an der Rebellion – StudentInnen zu diesem Zeitpunkt allerdings schon weniger. Die Besetzungskomitees der Hochschulen in Paris und Nanterre mussten jetzt erst noch über den Tellerrand der «Hochschulreform» und «Volksuni» gezerrt werden, was den Enragés und weiteren revo-

---

56 Ausführlich: ⌨ Ex.: Mai 1968 in Frankreich.
57 Dt.: Wütende, Rasende, Entfesselte – in Anspielung an den äußersten, plebejisch-revolutionären und atheistischen Flügel der Linken in der Französischen Revolution um 1793.
58 Anm28.

lutionären Elementen unter den BesetzerInnen nicht zu gelingen schien.

Dann erfolgte ein weiterer Sprung: Am 14. Mai wurden die Fabrikwerke in Nantes von ihren ArbeiterInnen besetzt. Es folgten sofort weitere Fabrikbesetzungen und wilde Streiks, wie am 15. Mai in den Renault-Werken in Cléon und am 16. Mai in Boulogne-Billancourt, der größten Fabrik Frankreichs. Am selben Tag rief das erste und letzte auf einer Besetzungsvollversammlung gewählte Besetzungskomitee der Sorbonne, in dem sich die revolutionären Elemente befanden, öffentlich zur unverzüglichen Besetzung aller Fabriken und zur Bildung von Arbeiterräten auf. Da die erneute Vollversammlungswahl eines Besetzungskomitees an der Sorbonne nicht zustande kam, konnte man von nun an diese Art von StudentInnenbewegung vergessen, und die revolutionären Elemente des noch bestehenden ersten Besetzungskomitees bildeten zusammen mit weiteren RevolutionärInnen am 17. Mai den «Conseil pour le Maintien des Occupations» (CMdO), d.h. den «Rat zur Aufrechterhaltung der Besetzungen», der seine Arbeit in einem besetzten Universitätsgebäude aufnahm.

Vom 17. Mai bis 15. Juni 1968 arbeitete dieser Rat, und in ihm die SituationistInnen, an der Aufgabe, «das Programm der Rätedemokratie aufrechtzuerhalten, das untrennbar mit einer quantitativen und qualitativen Ausdehnung der Bewegung der Besetzungen verbunden war.» [WuS: 126].

Die Kettenreaktion der verschiedenen Streiks entwickelte sich nun zum größten «Generalstreik der jemals die Wirtschaft eines hochindustrialisierten kapitalistischen Landes zum Stillstand gebracht hat und der *erste wilde Generalstreik* der Geschichte» [BE: 253/SI2: 329], wobei die Staatsmacht während zweier Wochen rapide von Handlungslähmung zur Auflösung taumelte. «Der CMdO bemühte sich mit bemerkenswertem Erfolg, Verbindung mit den Betrieben, isolierten Arbeitern, Aktionskomitees und Gruppen in der Provinz einzurichten und aufrechtzuerhalten.» Dies geschah vor allem (in Kooperation mit besetzten Druckereibetrieben) durch Verbreitung riesiger Mengen von Flugblättern, Plakaten, Comic(-Wandanschlägen), durch Telegramme in alle Welt sowie durch Stimulieren der aufblühenden und um sich greifenden Graffiti-Bewegung.

Zwischen dem 20. und 25. Mai hatten Besetzungen und Streiks auf fast alle Sektoren übergegriffen. Angesichts der Bemächtigung der wirtschaftlichen Schlüsselzonen durch die ArbeiterInnen gab der CMdO am 22. Mai die Proklamation heraus: «Für die Macht der Arbeiterräte», während die gesellschaftliche Stimmung der aktivierten Proletarisierten mittlerweile deutlich aufs Ganze ging und ein Wiederaufflammen von Straßenkämpfen, die jetzt auch in Lyon, Bordeaux, Nantes und Straßburg eingesetzt hatten, von beiden Seiten als Vorspiel zu einem noch mächtigeren Aufstand gedeutet wurde. Das Verhandlungsergebnis zwischen Regierung, Unternehmerseite und Gewerkschaftsführungen, das die ArbeiterInnen im wesentlichen durch Lohnzugeständnisse wieder befrieden sollte, wurde von den Belegschaften brüsk zurückgewiesen, und die Besetzungs- und Streik-Bewegung ging einfach weiter. Nachdem der Staatspräsident General de Gaulle Ende Mai plötzlich abgetaucht war, trat er am nächsten Tag mit der offiziellen Drohung der bewaffneten Niederwerfung der Bewegung wieder auf den Plan. Das reformistische und gewerkschaftsbürokratische Lager schwenkte nun auf seinen «Vorschlag» für Wahlen unter der Bedingung der Streikbeendigung ein. Laut Radiokommentar vom 28. Mai wurde die «Gefahr von den situationistischen Linksradikalen» bereits jetzt als hauptsächliche beschworen. In dieser entscheidenden Situation richtete der CMdO am 30. Mai eine «Adresse an alle Arbeiter»: «Im jetzigen Augenblick gibt es für die Arbeiter mit der in ihrem Besitz vorhandenen Macht und mit den Parteien und Gewerkschaften, die man kennt, keinen anderen Weg als die Besitzergreifung der Wirtschaft und aller Aspekte der Rekonstruktion des sozialen Lebens durch einheitliche Basiskomitees, die ihre Selbständigkeit jeder politisch-gewerkschaftlichen Führung gegenüber behaupten, sich selbst verteidigen und auf regionaler und nationaler Ebene föderiert werden. Wenn sie diesen Weg gehen, müssen sie zur einzigen wirklichen Macht im Lande, zur Macht der *Arbeiterräte* werden. Wenn nicht, würde das Proletariat, da es ‹revolutionär ist oder nichts› [Marx, Anm. BBZN], wiedereinmal zum passiven Objekt werden. Es würde vor seine Fernsehschirme zurückkehren.» [WuS: 178]. Diese «offenkundig einzige Lösung» wurde im Folgenden konkreter gekennzeichnet, nicht zuletzt als sofortige «internationale Erweiterung und Koordination» [ebd.].

Doch der in den darauffolgenden Tagen einsetzende konterrevolutionäre Rollback war nicht mehr aufzuhalten; er zwang den Lohnabhängigen die Ergebnisse eines reformistischen Kuhhandels auf, an dem ganz wesentlich die sich kommunistisch nennenden Gewerkschaften und Parteiapparate mitwirkten. Diese Niederlage des Anlaufs einer Revolution wurde von der SI jedoch nicht als besonders katastrophaler Ausgang eingeschätzt: «In Frankreich ist sie zwar besiegt, aber nicht niedergeworfen worden.» [BE: 279/SI2: 359]. Die SI stellte sich nun in Frankreich auf eine weiter schwelende Streikbereitschaft und Stimmung der Rebellion bei allen Teilen der lohnabhängigen Bevölkerung auf lange Frist ein, auch wenn der Weg zum revolutionären Bewusstsein ein steiniger werden sollte: «Zweifellos sind die seit Mai zahlenmäßig gewachsenen radikalen Elemente immer noch vereinzelt, vor allem in den Fabriken. Die Kohärenz, zu der sie gelangen müssen, wird immer noch entweder durch alte Illusionen, Geschwätz oder sogar manchmal durch eine ungesunde, einseitige ‹pro-situationistische› Bewunderung verfälscht, da sie es nicht verstanden haben, eine echte autonome Praxis zu organisieren. Ihnen bleibt als einziges ein offensichtlich schwieriger und langer Weg: die Bildung von *Räte*-Organisationen revolutionärer Arbeiter, die sich auf der Grundlage der totalen Demokratie und der totalen Kritik zusammenschließen. Ihre erste theoretische Aufgabe besteht darin, die letzte Form der Ideologie zu bekämpfen und praktisch zu widerlegen, die die alte Welt ihnen entgegensetzen wird: die *Räte-Ideologie* [...]. Eine Räte-Organisation wird niemals ein anderes Ziel verfolgen: sie muß die handelnde Ausdrucksform einer Dialektik sein, die über die erstarrten und einseitigen Formen des Spontaneismus und der offen oder heimlich bürokratisierten Organisation hinausgeht. Sie muß eine Organisation sein, die *auf revolutionäre Weise* auf die Räterevolution abzielt – eine Organisation, die nach der Eröffnung des Kampfes weder auseinandergeht noch zur Institution wird. Diese Perspektive bleibt nicht auf Frankreich beschränkt, sondern sie ist international. Sie stellt den totalen Sinn der Bewegung der Besetzungen dar, der überall verstanden werden muß. Ihr Beispiel hat schon im Jahre 1968 ernste Unruhen in Europa, Amerika und Japan entfacht oder auf eine höhere Stufe gehoben.» [BE: 281/SI2: 360].

Phase 4:   *Spaltung und Selbstaufhebung (1968-1972)*

Dem proletarischen Revolutionsanlauf war jedenfalls in Frankreich die Luft ausgegangen. Aber global gesehen atmete die proletarische Subversion überall wieder kräftiger, und in Italien schien sie jetzt für den unmittelbar nächsten Revolutionsanlauf Luft zu holen, so die Einschätzung der SI, die nicht umsonst ihre nächste Konferenz für Ende September 1969 nach Venedig legte: «In Italien konnte die SI schon Ende 1967 – zur Zeit also, als die Besetzung der Turiner Universität eine breite Bewegung initiierte – gewissermaßen der revolutionären Strömung Hilfestellung geben, [...] auch wenn die gegenwärtige italienische Sektion der SI formell erst im Januar 1969 gebildet wurde. [...] Die Arbeiterkämpfe selbst begannen langsam, sie wuchsen 1969 stärker an, trotz aller Anstrengungen der stalinistischen Partei und der Gewerkschaften, diese Drohung aufzusplittern [...]. In den darauffolgenden Monaten haben die ‹wilden› Bewegungen in den Fiat-Werken und unter den Arbeitern Norditaliens gezeigt, mehr noch als die vollendete Auflösung der Regierung, wie nahe Italien einer *modernen* revolutionären Krise gekommen ist. Der Verlauf der wilden Streiks im August in den Pirelli-Werken in Mailand und in den Fiat-Werken in Turin deutet auf das unmittelbare Bevorstehen einer totalen Konfrontation hin.» [BE: 282f/SI2: 362f.].

Aber gerade der herrschenden Klasse in Italien gelang es in der Folge, die besonderen Taktiken einer Art präventiver Konterrevolution zu entwickeln und überraschend einzusetzen, die von Guy Debord 1988 im Rückblick als Herausbildung der Regierungstechnik des «integrierten Spektakulären» in der Periode seit den 1970er Jahren für den ganzen westlichen Kapitalismus gekennzeichnet worden ist. [Vgl. GdS: 199ff.]. Debord und Gianfranco Sanguinetti[59] hatten in Italien mit ansehen müssen, wie eine staatliche «Strategie der Spannung», unter gezieltem Einsatz von geheimdienstlichem und neofaschistischem Terror gegen widerständige Kräfte, aufgezogen worden war. [Vgl. Ohrt1998: 35.] In Italien, wie überall in Europa, kam in diesem Szenario bewaffneten Aktionsformen der Linken eine besondere Rolle zu, da sie einen wichtigen Teil der radikaleren Kräfte bündelten und ihren Kampf auf einen Schauplatz zwangen, wo sie von jenen Staatsapparaten geschlagen werden sollten.[60]

Die Geschichte der Revolution ging nicht geradlinig weiter – gleichsam als erhoffte Verlängerung des Ausbruchs, der Wiederkehr des Proletariats 1968 –, und so verlief auch «das Leben der SI» [DwS: 100] nicht weiterhin geradlinig, wie es ihre nun zahlreicher werdenden Fans und ZuschauerInnen gerne glauben wollten. Die Illusion über die proletarische Revolution und die darin entstehende Konterrevolution sowie über die SI insgesamt wurde nun als *Prosituationismus* zum Hauptproblem der SI. Dieses prosituationistische Syndrom wurde 1972 in der abschließenden Klassenanalyse der SI erklärt. Es wurde als der soziale Ausdruck einer in die subversive proletarische Bewegung geratenen Gesellschaft begriffen, die plötzlich auch oberflächlich diffus auf Revolution eingestimmt wurde. Es war ab 1968 Mode geworden, irgendwie «revolutionär» zu sein, und die SI konnte sich vor Artikeln über sie, wie auch vor Aufnahmewünschen, kaum noch retten, welche sie aber alle ab-

---

59 Zu Gianfranco Sanguinetti: Anm29.
60 Näheres dazu: Anm30.

wies. Es entstand die Illusion, als habe die SI die französische Mai-Insurrektion inszeniert und könne diese jederzeit anderswo wiederholen.[61] All dies lähmte, wie sich innerhalb einer Jahresfrist zeigte, die SI von innen heraus.[62]

Die SI blieb zunächst eine hervorragende, aber nur noch «politische Gruppe»; es fehlte die communistische Kohärenz. [Vgl. DwS: 81ff.]. Innerhalb wie außerhalb der SI machte sich rapide eine Haltung breit, die sich stillvergnügt mit der Anschauung, Anwesenheit und Zustimmung einer bloß noch «erfolgreichen», bereits bewährten Gruppe ausgewiesener RevolutionsexpertInnen begnügen wollte, die das neuentstandene, spektakuläre Bild der modernen Revolution zu bedienen schien, das in seiner Gesamtheit die wirkliche Revolutionsgeschichte lähmen sollte. Die abschließende Phase der SI war damit ernüchternd genug zu benennen: «Die wirkliche Spaltung in der SI war eben die, die sich jetzt in der weiten und formlosen Bewegung der heutigen Rebellion vollziehen muß: die Spaltung zwischen einerseits der ganzen revolutionären Wirklichkeit der Epoche und andererseits allen Illusionen über sie.» [DwS: 99].

Die extreme aktive Minderheit in der SI trieb absichtlich die bemerkbare Lähmung der SI auf die Spitze, anstatt sie zu verschweigen oder etwa «heroisch» durch aufopfernde Aktivität unaufrichtig zu überspielen. So stellte sie stillschweigend die Inaktivität, Unfähigkeit und Abstraktheit der ProsituationistInnen bloß. Zugleich trieb diese Minderheit jetzt wieder zuallererst die Theoriebildung voran – das wirksamste Mittel gegen Stagnation und Ratlosigkeit, gegen die geschichtliche Ohnmacht der Kontemplation, gegen aktionistisches Weitermachen als Routine und Selbstillusion.

Nach der unfruchtbar steckengebliebenen «Orientierungsdebatte» Ende 1970 waren einige von denen, die sich hinter der Haltung und Rhetorik revolutionärer Abstraktheit verschanzt hatten, in den Austritt getrieben worden, darunter der zuvor so verdienstvolle Raoul Vaneigem. Die Begründung der extremen Aktiven war die Unbrauchbarkeit jener mittlerweile gänzlich leeren, wohlfeilen Abstraktion einer erstarrten, nur noch hochgehaltenen SI-Theorie. Gerade Vaneigem steht hinfort für das bloße, abstrakte, prosituationistisch-kontemplative Einklagen des «Lebens», der «generalisierten Selbstverwaltung» «der Lebenden» und «der Lüste» gegen «*die* Ware» und «*die* Macht» schlechthin.[63] Entgegen

---

61 Anm31.
62 Näheres zur letzten Konferenz der SI: Anm32.
63 So die späteren Buchtitel Vaneigems. «Vom wilden Streik zur genera-

diesem Verschanzen hinter abstrakten Formeln machte die situationistische Minderheit das Weitertreiben der *Konkretisierung* in der theoretischen Analyse der revolutionären Erhebung und des konterrevolutionären Zurückdrängens des Proletariats zur Bedingung für die situationistische Tätigkeit. Dies sollte eine neue Praxis in den modernsten Klassenkämpfen des neu zusammengesetzten Proletariats ermöglichen: «Wir hatten die Kritik der politischen Ökonomie wiederaufzunehmen, indem wir die ‹Gesellschaft des Spektakels› genau begriffen und bekämpften. Und wir mussten damit ohne jeden Zweifel fortfahren, weil diese Gesellschaft seit 1967 die Bewegung ihres Verfalls beschleunigt fortgesetzt hat.» [DwS: 111]. Schon das Auflösungsdokument von 1972 stellt – vor allem in der Klassenanalyse – eine solche Fortsetzung dar. «So sind die theoretisch-praktische Aktivität der SI und ihre Lust, die eingeschlafen waren, im Prozeß der Säuberung schnell wieder zu neuem Leben erwacht» [DwS: 115], erklärten die paar Situationisten,[64] die nach der Zerschlagung der entleerten Hülse der SI übriggeblieben waren.

Diese letzten Situationisten gingen mit ihrer neuen Aktivität bewusst in der wirklichen proletarischen Bewegung, im Negativen der bestehenden Gesellschaft auf: «Künftig sind die Situationisten überall, und ihre Aufgabe ist überall. Alle diejenigen, die es zu sein denken, brauchen lediglich den Beweis für ‹die Wahrheit, i.e. Wirklichkeit und Macht, Diesseitigkeit› [Marx, Feuerbachthese 2; Anm. BBZN] ihres Denkens anzutreten, vor der Gesamtheit der proletarischen revolutionären Bewegung, überall dort, wo sie ihre Internationale zu schaffen beginnt; und nicht mehr allein vor der SI» [DwS: §53]. Als entscheidend, immer und immer wieder, wird dabei die «Praxis der Theorie» herausgestellt, ohne die die Selbstaufhebung des Proletariats niemals zum selbständigen «Werk der Arbeiterklasse selber» (Marx), als die «Dialektik lernenden Arbeiter» (Debord), als «die Klasse des Bewußtseins» (Marx) werden kann. Die kritische Theorie des revolutionären Proletariats selbst ist laut den letzten Thesen der SI die Sphäre «der Gefahr, [...] der Ungewißheit» [DwS: §46], des «Handgemenges» (Marx), der Bestätigung und Prüfung dadurch, dass diese Kritik eine wirkliche Macht werden muss. Dazu müssten sich die Revolutionäre «eingestehen, daß man in der revolutionären Theorie nicht die materiellen

---

lisierten Selbstverwaltung», «Das Buch der Lüste» und «An die Lebenden!» [Ratgeb1974, Vaneigem1979 und 1990].

64   Bei der Auflösung der SI waren letztendlich nur noch Männer beteiligt, daher wird für den Rest des Kapitels nur noch von den «Situationisten» zu lesen sein.

Grundlagen der bestehenden sozialen Beziehungen außer Acht lassen kann. Diese Kritik des wirklichen modernen Kapitalismus ist es, welche die SI von dem gesamten Linksradikalismus trennt», und es ginge darum, «die Kritik der politischen Ökonomie wiederaufzunehmen, indem wir die ‹Gesellschaft des Spektakels› genau begriffen und bekämpften». [DwS: 111]. In diesem praktisch immer konkreter werdenden Begreifen ihrer Zeit versuchte die SI noch durch ihre eigene Auflösung das zu verwirklichen, was sie bis um den Mai 1968 so weit auszeichnete: *revolutionäre Kohärenz*.[65]

Diese Kohärenz von revolutionärer Theorie und Praxis gilt es nun im nächsten Kapitel in einer begrifflich-systematischen Weise nachzuzeichnen, um die Zielrichtung der situationistischen Revolutionstheorie herauszuarbeiten.

---

65   🖳 Ex.: «Kohärenz» in Theorie und Praxis.

3 Die begriffliche Kohärenz situationistischer Theorie und Praxis als revolutionäre Kritik des Proletariats

«Unserer Meinung nach besteht die unerläßliche, aber nicht dominierende Rolle der Theoretiker darin, die Elemente des Wissens und die begrifflichen Werkzeuge zu liefern, die klar (bzw. klarer und kohärenter) die Krise ausdrücken und die latenten Begierden, so wie sie von den Leuten erlebt werden – sagen wir, von dem neuen Proletariat, dieser ‹neuen Armut›, die zu benennen und zu beschreiben ist.»

[BE: 159/SI2: 18].

Als die SI sich 1957 gründete, schürten das Einbinden immer größerer Teile des Proletariats in die Massenproduktion, das Ausweiten des Dienstleistungssektors und das Erschließen immer größerer Käuferschichten in den Zentren des modernisierten Kapitalismus sowohl bei den europäischen Restlinken als auch bei bürgerlichen Soziologen die Illusion, «das» Proletariat befände sich im Verschwinden oder existiere bereits nicht mehr. Die nach dem Zweiten Weltkrieg sich weiter entwickelnden Entfremdungsformen und Verdinglichungsstufen hatten zusammen mit dem Scheitern der bisherigen proletarischen Kämpfe, den Traumata, die diese Niederlagen hinterließen, und den sozialen Befriedungen durch die modernen Gewerkschaften insgesamt zur Folge, dass die Möglichkeiten der proletarischen Revolution immer mehr verdunkelt und verdrängt wurden. Dadurch wurde eine derartige Revolution immer weniger als reale Möglichkeit einer Umgestaltung der bestehenden Gesellschaftsverhältnisse zu humaneren Formen wahrgenommen.

Dagegen versuchte die SI auf den verschiedensten Gebieten und anhand unterschiedlichster Ereignisse zu verdeutlichen, dass mit dem Prozess des Verdrängens der proletarischen revolutionären Bewegung gleichzeitig ein Verdrängen von revolutionären *Begierden*[66] ins individuelle wie auch ins gesellschaftliche Unbe-

---

66   Die SI zum Begriff der «Begierden» vgl. v.a. BE: 120/SI1: 268 und zitiert
     in Anm33. Ausführlicher zu diesem Begriff: Kapitel 3.4, sowie 💻 Ex.:
     Die Kategorien «Natur» und «Geschlecht» und die Sprachkritik und

wusste einhergeht. Sie zeigte, dass das Proletariat nicht verschwunden ist, sondern sich lediglich seine Erscheinungsform verändert hat. Eine neue Art der Proletarität sei im Entstehen, welche mit einer neuen Art von Armut und elender Existenz – z.b. aufgrund Banalisierungen und Langeweile – mitten im bestehenden kapitalistischen Reichtum und Überfluss einhergehe. Mehr denn je könne das Proletariat im wesentlichen als die von Marx aufgezeigte *negative Seite* des historisch kapitalistischen Verlaufs angesehen werden.[67] Denn die kapitalistische Gesellschaft und ihre Produktivkraftentwicklung erzeugen Bedürfnisse und Begierden, die in dieser prinzipiell nicht vollständig zu befriedigen und damit nicht völlig integrierbar seien, sondern allenfalls verdrängt werden können. Sie stellen damit die objektive Möglichkeit systemtranszendierender Kräfte dar, die aufgrund ihrer *Verdrängung* – in der Freudschen Bedeutung – gestaut werden.[68] Mit dem Proletariat als Verkörperung dieser angestauten Kräfte bringe die moderne Gesellschaftsstruktur, so die SI, potenziell ihren eigenen «Totengräber» (Marx) hervor.

Mit den Begrifflichkeiten der Spektakeltheorie gelingt es der SI, die Marxsche Kritik der kapitalistisch-fetischistischen Formen auf die Höhe des modernen *consumer capitalism* ihrer Zeit zu bringen, diese Struktur zu erfassen und jene Verdrängung aufzuzeigen. Ausgehend von der Marxschen Kritik der Wert- und Warenform erreicht die situationistische Kritik des Spektakels u.a. auch die modernen Phänomene der kapitalistischen Bilderproduktion, die moderne Bedürfnispräformierung und die Überschwemmung individueller Lebensentwürfe durch normativ-spektakuläre *role-models* vorgefertigter Lebensstile. Das mögliche *Leben* ist in der bestehenden spektakulären Wirklichkeit, aus der es kein Entrinnen gibt, solange die gesellschaftlichen Strukturen nicht vollständig überwunden sind, bloßes *Überleben* unter dem Diktat der Ware und Lohnarbeit, dem beständigen Mangel im Überfluss.

Eine revolutionäre Kritik sollte die Menschen selbst dazu anregen, die versteinerten, verkehrten, also entfremdeten Lebenssituationen durch eine Bewegung bewusster «Konstruktion von Situationen» in allen Aspekten des Lebens in Richtung einer gesamtgesellschaftlichen Aktion aufzusprengen. Wie den DadaistInnen und

---

⌨ Ex.: «Das System der Bedürfnisse».

67   Mit der «negativen Seite» ist im Gegensatz zum umgangssprachlichen Sinne nicht eine Wertung gemeint, sondern zum einen das Resultat eines Negationsprozesses, zum anderen die Nichtverwirklichung und Nichtberücksichtigung objektiver Möglichkeiten. [Vgl. MEW2: 37f.].

68   ⌨ Ex.. Traumatisierung, Abwehr, Verdrängung.

SurrealistInnen, in deren Tradition sie sich kritisch verorten, geht es den meisten SituationistInnen um die Aufhebung von Kunst und Kultur und die Transformation in eine zu revolutionierende Alltagspraxis, in welcher die bestehenden säuberlichen Sphärentrennungen zwischen Arbeitsplatz und «Freizeit», Wirtschaft, Politik, Kultur, Lebenswelt usw. aufgehoben sind. Darüber hinaus beabsichtigt ihre Kritik die Aufhebung der entfremdeten Arbeit, die als «travail attractif» (Fourier) tendenziell zum «Spiel» werden soll. Dabei handelt es sich nicht um Spielerei, sondern um die «Abenteuer» (SI) ihrer Einlösung und Experimente ihrer gesellschaftlich-zivilisierten Aneignung. Ziel ist, die gesellschaftlichen Verhältnisse so einzurichten, dass eine freie Entwicklung der individuellen Fähigkeiten im Rahmen gesellschaftlich bewusster Bedürfnisbefriedigungsproduktion möglich werde.[69] D.h., es ging der SI im Anschluß an die Marxsche Forderung um eine Gesellschaft, die «auf ihre Fahne schreiben [kann]: jeder nach seinen Fähigkeiten, jedem nach seinen Bedürfnissen!» [MEW19: 21].

Um dies zu erreichen, gelte es, eine direkte, nichtentfremdete Form der Kommunikation zwischen den Menschen zu schaffen, in der sich das revolutionäre Begehren als leidenschaftliche Sprache, in kreativen Ausdrucksformen und kulturellen «Gesten», als «Poesie» äußern werde. D.h. es müsse eine wirkliche Veränderung des Bestehenden herbeigeführt werden, um endlich Macht über die eigenen Lebensbedingungen zu haben. Insofern behauptete die SI, «die Poesie wiederzufinden [...] [könne] dasselbe sein, wie die Revolution aufs neue zu erfinden». [BE: 162/SI2: 38].

Im Folgenden sollen sowohl die situationistische «Praxis der Theorie», die damit verbundenen Begrifflichkeiten der SI als auch ihre Vorstellungen einer «Theorie der Praxis» rekonstruiert werden.

3.1 Die situationistische Kritik der «Gesellschaft des Spektakels»

Die «Praxis der Theorie» der SI kulminiert in einer Kritik der «Gesellschaft des Spektakels». Unter historischem Gesichtspunkt bezeichnet die SI mit dem Ausdruck «Spektakel»[70] einen – gegen-

---

69 Allerdings mag schon vierzig Jahre später ein solcher communistischer Entwurf diejenigen naiv anmuten, denen die repressive Atmosphäre *vor* «1968» nicht mehr gegenwärtig ist – eine verklemmte, oft als «klerikalfaschistisch» bezeichnete Erziehung und kulturelle Provinzialität –, die im gaullistischen Frankreich kaum anders als im Deutschland der Adenauerzeit für die heute lebenden, «repressiv entsublimierten» (H. Marcuse) Generationen kaum noch vorstellbar ist.

70 🖵 Ex. N°B/1: Zur Etymologie des Wortes «Spektakel».

über dem traditionellen Industriekapitalismus – seit Ende der 20er Jahre einsetzenden, spätestens nach dem Zweiten Weltkrieg global hegemonial durchgesetzten neuen Zustand allgemein-warenproduzierender Gesellschaften. Dieser sich weiterentwickelnde modern-kapitalistische Vergesellschaftungsmodus wird von der SI ursächlich für das Ausbleiben der längst überfällig gewordenen revolutionären Aneignung und Nutzbarmachung der modernen Produktivkräfte verantwortlich gemacht. Laut SI wirkt sich die spektakuläre Vergesellschaftung in allen Sphären dahingehend aus, dass sie eine revolutionäre Aneignung und Verwirklichung aller ökonomischen, kulturellen objektiven Möglichkeiten, in denen das Individuum sich als *gesellschaftliches Individuum* zum Subjekt seiner Gattungsgeschichte und seines eigenen Lebensentwurfes entwickeln könnte, verhindert. Denn das Individuum wird durch das Spektakel tendenziell auf ein privat-isoliertes, partikulares Monadenwesen, einer Geldmonade,[71] fixiert; es kann sich dadurch seine Gesellschaftlichkeit nicht in bewusst wirksamer Weise aneignen. Ihm gegenüber baut sich das Spektakel als eine eigenständige gesellschaftliche Macht auf, welche die Bedürfnislagen des Individuums nahezu vollständig durchdringt und sich ihm als die absolute Realität präsentiert.

Geschichtlich betrachtet perfektionierte sich dieser, seither vorherrschende, Gesellschaftszustand zum einen mit der Niederschlagung oder Kapitulation der antikapitalistischen politischen und kulturellen Avantgarden im Westen, zum anderen mit der Stalinisierung und Bürokratisierung im Osten. Parallel zu diesen «Verzögerungen bei der Liquidierung der Warenwirtschaft» (Debord) breitete sich die Herrschaft der Warenform von der Despotie der Fabrik auf immer weitere Sektoren des alltäglichen Lebens aus und durchdrang mehr und mehr z.B. die sogenannte Freizeit. Den Unterschied zwischen dem Kapitalismus des 19. Jahrhunderts und der fortentwickelten Formation – die von einigen marxistischen VertreterInnen auch als fordistisch bezeichnet wird – skizziert Debord mit direkter Bezugnahme auf Marx folgendermaßen: In der ersten Phase wird der «*Proletarier* nur als *Arbeiter* betrachtet», ohne ihn «in seiner arbeitslosen Zeit, als Mensch» zu betrachten [GdS§43, vgl. MEW10: 77]. In der zweiten Phase kehrt sich die vorherrschende Denkweise um: hier wird der Arbeiter «in der

---

71   Der Begriff «Geldmonade» bezeichnet eine (in dieser «Reinheit» natürlich nirgends existierende) Person, deren Beziehung zur Außenwelt einzig über die Ware-Geld-Beziehung vermittelt ist und deren Bewusstsein das «Geluniversum» widerspiegelt. Mehr zum Begriff der «Monade»: Anm34.

Verkleidung des Konsumenten mit überaus zuvorkommender Höflichkeit scheinbar wie ein Erwachsener behandelt.» [Ebd.] Dieser Scheinstatus des Erwachsenseins wird jedoch sofort wieder durch den puerilisierenden (d.h. den kindischmachenden)[72] Charakter der Konsumwaren negiert, die den Arbeitenden für ihre arbeitslose Zeit zur Verfügung gestellt werden. Vor allem die zeitgenössischen Medien – Radio, Film und Fernsehen, die gesamte Freizeitindustrie etc. – werden von der SI als Träger einer autoritären, entmündigenden und einseitigen Pseudokommunikation angeprangert. Die Folge sei eine kontemplative Passivität: Die Menschen konsumierten nur ein *Bild* ihres Lebens, anstatt es aktiv umzugestalten.

Anders als eine bloße Medienkritik[73] wird die Kritik des Spektakels in Debords Schriften von zwei prinzipiellen Fragestellungen beherrscht, welche sie zugleich als eine Revolutionstheorie auszeichnen. Zum einen ist dies die Frage nach den Gründen dafür, dass trotz der *objektiven Möglichkeiten*, d.h. der Potenziale der bestehenden Produktivkräfte, eine erfolgreiche revolutionäre Umgestaltung der Gesellschaft, hin zu einer communistischen, einem «Verein freier Menschen» (Marx) oder – wie die SI dies nennt – einer «generalisierten Selbstverwaltung» zustande zu bringen, diese bisher ausgeblieben ist. Zum anderen eröffnet der Text eine neue Suche nach den strategischen Möglichkeiten innerhalb des bestehenden Hier und Jetzt, eine solche Gesellschaftsform zu verwirklichen.

Im Vorwort zur italienischen Neuausgabe der «Gesellschaft des Spektakels» hebt Debord 1979 diesen revolutionstheoretischen und -strategischen Anspruch besonders hervor. Denn gerade Italien erlebte, wie z.B. Moroni und Balestrini beschreiben, einen lautstarken «Einbruch der 77er Bewegung, die aus Studenten, proletarischen Jugendlichen und Frauen mit ‹nicht-garantierter› Position auf dem Arbeitsmarkt zusammengesetzt war». [Balestrini/Moroni: 348f.]. Diese Revolte stand in einem engen Zusammenhang von massenhafter Aneignung der Kommunikationstechnologien, wie etwa dem Radio und der damit verbundenen Möglichkeit von Gegeninformation.[74] 1977 war zugleich Höhepunkt der radikalen praktischen Kritik mit einem gleichzeitig offenen Zutagetreten der Unzulänglichkeiten neoleninistischer wie spontaneistischer Organisationsformen. Etwa zu dem Zeitpunkt, als Aldo Moro von den Roten Brigaden umgebracht wurde, lösten sich die Organisationsformen und Kampfpraktiken der radikalen linken Bewegun-

---

72 Zum «Puerilismus» vgl. Huizing a1956.
73 Zur isolierten, bloßen Medienkritik: Anm35.
74 Vgl. die Dokumentation zu Radio Alice: Kollektiv A/Traverso1977.

gen vom «‹zentralen Körper› der Arbeiterklasse» ab, wie Balestrini und Moroni im Nachhinein feststellen [Balestrini/Moroni: 434; dazu auch: Sanguinetti1981]. In ähnlicher Weise bescheinigt auch Debord den Roten Brigaden einen unlogischen und blinden Terrorismus, der «den Arbeitern nur hinderlich sein kann» [GdS: 296]. Derlei voluntaristischen Optimismus wie z.b. bei den Roten Brigaden, die meinten, den «unausweichlichen Zusammenstoß zwischen ‹Arbeiterzentralität› und dem Staat des Kapitals [...] antizipieren» [Balestrini/Moroni: 441] zu können, gilt es Debord zufolge zu desillusionieren. Wie in dem genannten Beispiel wendet sich Debord immer wieder gegen pseudorevolutionäre Vorstellungen einer «Gewähr für den Sieg der Revolution» [GdS: 303], welche sich «weder über die Dauer ihrer Operationen noch über die beschwerlichen Wege» [ebd.], die eine Revolution durchlaufen muss, «noch weniger über ihr manchmal leichtfertig beschworenes Vermögen, jedem das vollkommene Glück zu bringen» [ebd.], bewusst sind.

Insgesamt setzt Debord in seiner Formulierung der Spektakeltheorie methodisch auf *Ent-Täuschung*. Nicht nur die täuschenden und getäuschten Vorstellungen durch den falschen Schein, den das Spektakel wirkmächtig präsentiert und aufrechterhält, sondern auch jene Vorstellungen zur Überwindung des Spektakels, die illusionär, unzulänglich und in Bezug auf die Emanzipation der Menschheit nicht kohärent sind, sollen ent-täuscht werden. Die Methode der Kritik Debords kann deshalb als eine *strategische* bezeichnen werden,[75] die an jeder Stelle auf die Perspektive der Überwindung der «Gesellschaft des Spektakels» gerichtet ist.[76]

Auf der Ebene des Begrifflichen widersetzt sich Debords Vorgehen bewusst dem im spektakulären Wissenschaftsbetrieb anerkannten Vorgehen, indem er die situationistische Methode der *Entwendung* (détournement) bei der Theoriebildung praktiziert.[77]

---

75   Näheres dazu: Anm36.
76   Debord schreibt dazu selbst: «Man muß sich beim Lesen dieses Buches vergegenwärtigen, daß es bewußt mit der Absicht geschrieben worden war, der spektakulären Gesellschaft zu schaden. Irgendetwas maßlos Übertriebenes hat es nie gesagt.» [GdS: 10].
77   Die situationistische Technik des *theoretischen* Plagiats (Detournement) wird begründet mit einem direkten Plagiat der Begründung des Erfinders des *poetischen* Plagiats in der modernen Literatur, Lautréamont (Isidore Ducasse, 1846-1870) in der vorhergehenden These GdS§207. Der jugendliche Dichter Lautréamont, der die Prosa modernistisch revolutionierte («Die Gesänge des Maldoror», «Poésies» I und II, 1870), gilt als Vorläufer der SurrealistInnen wie der SituationistInnen. [Vgl. Breton1986.] . Vaneigem, Debord u.a. haben sich mit ihm auseinandergesetzt.In 3.5.1 und 3.6.2 wird genauer auf die situationistische Technik des Plagiats eingegangen.

Ein kritisches Vorgehen gegenüber der vorherrschenden Wissenschaftlichkeit bedeutet jedoch nicht einfach Willkür oder Unwissenschaftlichkeit. Auf der Ebene der Theorie versucht die Entwendung alle «Errungenschaften der früheren Kritik», «die vergangenen kritischen Folgerungen, die zu respektablen Wahrheiten erstarrt sind, d.h. in Lügen verwandelt wurden, wieder der Subversion» zuzuführen. [GdS§206]. Die Entwendung praktiziert eine «*Umkehrung* der etablierten Beziehungen zwischen den Begriffen.» [Ebd.]. So werden etwa in Zitaten, die als solche oft nicht gekennzeichnet sind,[78] einzelne Begriffe durch andere ersetzt, wenn sie – z.B. revolutionsstrategisch – als adäquater erachtet werden. Denn der SI zufolge verfälscht das Zitat – als theoretische Autorität – eine revolutionäre Kritik bereits deswegen, weil es Zitat geworden, weil es Fragment ist, das aus seiner Bewegung, seiner Epoche und seinem Bezugsrahmen herausgerissen wurde. Die Entwendung dagegen ist dem situationistischen Anspruch nach «die flüssige Sprache der Anti-Ideologie» [GdS§208], die den früheren revolutionären Wahrheitskern auf neue Weise wiederbringt und bestätigt. Insofern ist die Entwendung auch ein rekonstruktives Verfahren für die Aneignung von historischem Erfahrungswissen und eine revolutionsstrategische Wiederaneignung von Begriffen.[79]

Werden aber mit dem Aufgeben etablierter wissenschaftlicher Standards nicht zugleich ebenfalls Allgemeingültigkeit und Überprüfbarkeit, also Momente eines Geltungs- und Wahrheitsanspruches aufgegeben? Auch eine derart strategisch konstruierte Revolutionstheorie muss natürlich den Anspruch aufrechterhalten, eine adäquate Theorie bestehender Verhältnisse zu sein, um sie entsprechend kritisieren zu können. Sie darf sich somit «nicht der Gefahr aussetzen, von der Folge der Ereignisse widerlegt zu werden.» [GdS: 288.]. D.h., sie muss das Wesen, die Gesetzmäßigkeiten und den Regelcharakter innerhalb der wechselnden Erscheinungen der gesellschaftlichen Verhältnisse, die in ihnen enthaltenen treibenden Bewegungsmomente, adäquat erfassen. Gleichzeitig sollte sie für all diejenigen, welche die bestehenden Verhältnisse eventuell bejahen, die sie gleichsam für «das Ende der Geschichte» und «die beste aller möglichen Welten» halten, «eine völlig unannehmbare Theorie sein.» [Ebd.]. Theorien, die den etablierten wissenschaftlichen Standards genügen, vermeiden es in der Regel, das strategi-

---

78 Beispiel einer Entwendung in «Die Gesellschaft des Spektakels»; siehe auch Anm37.

79 Philosophische und andere Begriffe werden in *interventionistische* Begriffe umgekehrt. Mehr dazu: Anm38.

sche Interesse des Theoretikers offenzulegen (als ob es nicht existierte!), da mit dieser Offenlegung der Anschein der Distanz des Theoretikers, seine «Objektivität» gegenüber den Sachverhalten, die Forderung nach «Wertfreiheit» (Max Weber) nicht mehr aufrechterhalten werden könnte. Dagegen wird der Zweck der Spektakeltheorie und das strategische Interesse der situationistischen Kritik von Debord offen und ehrlich benannt: Die Analyse und Kritik des Spektakels ist kein Selbstzweck, sondern Mittel, um zu einer Revolutionstheorie zu gelangen, die die bestehende – wenn auch nur latent vorhandene – Empörung gegen das Spektakel sichtbar macht, verstärkt und koordiniert, zum Zweck seiner Überwindung. Das strategische Vorgehen der fast schon pessimistischen Desillusionierung paart sich bei Debord und der SI mit der optimistischen Vorstellung: «Sobald diese Theorie ein wenig bekannt geworden ist – vorausgesetzt, dies geschieht inmitten der Zusammenstöße, die den öffentlichen Frieden stören – und noch bevor sie genau verstanden wird, wird die überall latente Unzufriedenheit durch die bloße unbestimmte Kenntnis der Existenz einer theoretischen Verurteilung der Ordnung der Dinge verstärkt und verschlimmert. Und danach können alle Proletarier zu Strategen werden, indem sie anfangen, mit Wut den Krieg der Freiheit zu führen.» [Ebd.]

3.2 Die Aneignung der Marxschen «Kritik des Fetischismus» als Kern der situationistischen Spektakelkritik

Den Hauptanknüpfungspunkt der ersten beiden Kapitel der «Gesellschaft des Spektakels»[80] stellen die Marxsche Kritik der Wert- und Warenform dar sowie die daraus entspringenden Fetischformen innerhalb der kapitalistischen Vergesellschaftung. Als Fetischismus wird bei Marx der besondere Charakter der Vermittlung des Individuums mit der Gesellschaft bezeichnet, wie er in Gesellschaften auftritt, in welchen die kapitalistische Produktionsweise herrscht. Grob skizziert, besteht der Fetischcharakter hauptsächlich darin, dass die gesellschaftlichen Verhältnisse und der wesentliche Teil der menschlichen Praxen – v.a. die Arbeit – unter einer dinglichen Hülle verdeckt, in sachlicher Form erscheinen, während gleichzeitig die produzierten Dinge und versachlichten Verhältnisse als das Agens, d.h. als gesellschaftlicher Motor wirken, den Charakter von «Sachzwängen» annehmen und als solche das konkrete

---

80   Anm39.

Handeln bestimmen. Das aus diesem Sachzwangcharakter resultierende ohnmächtige Bewusstsein korrespondiert mit der Bewusstlosigkeit der Menschen über ihre eigene gesellschaftliche Praxis und deren Voraussetzungen.

Mit dem Begriff «Fetisch», den Marx aus dem religiösen Bereich, aus der «Nebelregion der religiösen Welt» [MEW23: 86] entlehnt,[81] bezeichnet er den Sachverhalt, dass bloßen Dingen soziale Regulierungsfunktion zukommt und die wirkmächtigen gesellschaftlichen Entwicklungsverläufe sich «hinter dem Rücken der Produzenten» [MEW23: 59] vollziehen. Die Menschen sind sich dessen nicht bewusst und erfahren diesen Prozess lediglich als Resultat einer blinden, mechanischen Notwendigkeit, d.h. als fremde, dingliche bzw. sachliche Macht, obwohl sich dieser Zusammenhang einzig und allein aufgrund *ihrer eigenen* Tätigkeiten herstellt.

Marx stellte in seiner «Kritik der politischen Ökonomie» die Entwicklung verschiedener Fetischgestalten dar, ausgehend von der Analyse der Wert- und Warenform, hin zu komplexer vermittelten Formen, wie Geldform, Kapitalform, die mystifizierenden Formen der Lohnarbeit etc.[82]

Die erste Gestalt des Fetischismus, die Marx unter die Lupe nimmt, hat dabei nur äußerst vermittelt mit subjektiven Motivationen von KonsumentInnen, mit «Konsumterror» oder dergleichen zu tun: der Warenfetischismus. Er bezeichnet zunächst eine phantasmagorische Form eines gegenständlichen Scheins, die darin besteht, dass die Waren gesellschaftliche Funktionen tragen, d.h. als «gesellschaftliche Dinge» fungieren. Dieser Schein existiert allerdings nicht «nur» als Vorstellung in den Köpfen der Menschen, in ihrer Gedankenwelt, sondern er ist ein zwar verkehrter aber sehr realer und wirkmächtiger Schein, der gegenständliche Formen hat und die menschlichen Praxen durch die von den Menschen selbst produzierten Sachverhalte bestimmt. Im Folgenden werden einige für die Spektakelkritik wichtige Ergebnisse der Marxschen Fetischanalyse skizziert.

---

81 Selbstverständlich gab es den Fetischismus schon vor der kapitalistischen Gesellschaftsformation: als eine uralte Gestalt von Magie und Religion [vgl. Pontalis 1972]. Marx selbst sagt, dass er zu einer Analogie Zuflucht nimmt, weil der besonderen Mystifikation der Warenform kein vorgefundener Begriff entspricht. Zur Herkunft des Wortes Fetisch: Anm40.

82 Dass hier im Folgenden lediglich einige Resultate der Fetischkritik herausdestilliert werden, ist nochmals zu betonen. Ausführlicher als hier im Buch: 🖳 Ex.: Kritik des «Fetischismus» und 🖳 Ex.: «Mystifikation der Lohnform» und die ebenfalls in der Reihe theorie.org erschienen Einführung in die «Kritik der politischen Ökonomie» von Michael Heinrich. [Siehe: Heinrich 2004].

3.2.1 Die Kritik der Wert- und Warenform und der Wertspiegel[83]

Ausgangspunkt in der Darstellung der Marxschen «Kritik der politischen Ökonomie» bildet die Analyse der Ware. Sie erscheint einerseits als ein «selbstverständliches, triviales», konkretes und andererseits als ein «sehr vertracktes Ding, voll metaphysischer Spitzfindigkeit», als etwas «Mysteriöses» und real Abstraktes. [MEW23: 85]. Als etwas Selbstverständliches gilt die Ware deshalb, weil man sich beständig mit ihr konfrontiert sieht, innerhalb der Warenform blindlings handelt, d.h. ihre Regeln für völlig natürlich hält und sich von ihren Gesetzmäßigkeiten nahezu notwendiger-weise, als «Sachzwänge», bestimmen lässt. So ist es z.B. für die Menschen, die von Geburt an in einer Gesellschaft von Warenpro-duzentInnen leben, eine Art absolut selbstverständliche, ewige «Naturnotwendigkeit», dass «alles seinen Preis hat». Im Alltagsle-ben und dem daraus entspringenden Alltagsbewusstsein gilt die Ware als etwas Banales, das gar nicht erst zu hinterfragen ist.

Kurz vor seinem Tod hat Marx selbst noch einmal knapp seine Kritik der Wert- und Warenform erklärt: «Wovon ich ausgehe, ist die einfachste gesellschaftliche Form, worin sich das Arbeitspro-dukt in der jetzigen Gesellschaft darstellt, und dies ist ‹die Ware› . Sie analysiere ich, und zwar zunächst in der Form, worin sie erscheint. Hier finde ich nun, dass sie einerseits in ihrer Naturalform ein Gebrauchsding alias Gebrauchswert ist, andererseits Träger von Tauschwert und unter diesem Gesichtspunkt selbst ‹Tauschwert› . Weitere Analyse des letzteren zeigt mir, dass der Tauschwert nur eine ‹Erscheinungsform› , selbständige Darstellungsweise des in der Ware enthaltenen Werts ist, und dann gehe ich an die Analyse des letzteren.» [MEW19: 369]. Marx verweist noch einmal aus-drücklich auf «Das Kapital», wo es heißt: «Die Ware ist Gebrauchs-wert oder Gebrauchsgegenstand und ‹Wert› . Sie stellt sich dar als dies Doppelte, was sie ist, sobald *ihr Wert* eine eigene, von ihrer Naturalform *verschiedene Erscheinungsform* besitzt, die des *Tausch*-werts» [MEW19: 369, vgl. MEW23: 75]. Marx kommt es darauf an zu klären, dass der Wert nicht in Gebrauchswert und Tauschwert als Gegensätze aufzuteilen ist, «worin sich das Abstrakte, ‹der Wert› , spaltet, sondern die *konkrete gesellschaftliche Gestalt* des Arbeitsprodukts, ‹Ware› , ist einerseits Gebrauchswert und ande-rerseits ‹Wert› , nicht Tauschwert, da die bloße Erscheinungsform nicht ihr eigener *Inhalt* ist.» [Ebd.]. Wieder verweist Marx auf «Das Kapital»: «Ein Ding kann nützlich und Produkt menschlicher Arbeit

---

83 Anm41 und siehe: 🖥 Ex.: «Wertspiegel»

sein, ohne Ware zu sein. Wer durch sein Produkt sein eigenes Bedürfnis befriedigt, schafft zwar Gebrauchswert, aber nicht Ware. Um Ware zu produzieren, *muss er nicht nur Gebrauchswert produzieren*, sondern *Gebrauchswert für andere, gesellschaftlichen Gebrauchswert.*» [MEW19: 370, vgl. MEW23: 55].[84] Marx räumt an dieser Stelle gleichzeitig mit zweierlei falschen Vorstellungen auf: zum einen mit jener, die meint, dass ein bloßes Absprengen des Tauschwertes vom Gebrauchswert und damit ein Zurückgehen auf archaische Formen der Produktion die gesellschaftliche Lösung wäre. Zum anderen wendet er sich gegen staatskapitalistische Vorstellungen, die behaupten, dass staatssozialistisch produzierte Gebrauchswerte keine Waren mehr seien [vgl. MEW19: 370]. Beide illusionären Versuche führen zu keiner Aufhebung der Wert- und Warenform.

Marx kommt es v.a. auf den hochentwickelten gesellschaftlichen Charakter der abstrakten Arbeit an, der historisch zur Geltung gebracht werden muss. Deswegen hat er es in der Tat als Kernstück, als «das ganze Geheimnis der kritischen Auffassung»[85] bezeichnet, «daß in diesem Doppelsein der Ware sich darstellt zweifacher *Charakter* der *Arbeit*, deren Produkt sie ist: der *nützlichen* Arbeit, d.h. den konkreten Modi der Arbeiten, die Gebrauchswerte schaffen, und der abstrakten *Arbeit*, der *Arbeit als Verausgabung der Arbeitskraft*, gleichgültig in welcher ‹nützlichen› Weise sie verausgabt werde (worauf später die Darstellung des Produktionsprozesses beruht); daß in der Entwicklung der *Wertform der Ware*, in letzter Instanz ihrer Geldform, also des *Geldes*, der Wert einer Ware sich darstellt im *Gebrauchswert* der anderen, d.h. in der Naturalform der anderen Ware; daß der *Mehrwert* selbst abgeleitet wird aus einem ‹spezifischen› und ihr exklusive zukommenden *Gebrauchswert der Arbeitskraft* etc. etc., daß also bei mir der Gebrauchswert eine ganz anders wichtige Rolle spielt, als in der bisherigen Ökonomie» [MEW19: 370]. Mit der so ermöglichten Heraushebung der abstrakten Arbeit können «Wertsubstanz» als abstrakt-menschliche *Arbeit* und «Wertgröße» als gesellschaftlich durchschnittlich notwendige *Arbeitszeit* für die Herstellung der spezifischen Ware bestimmt werden.[86] Was noch aussteht, ist die Analyse der Wert*form*.[87]

---

84   Zu «Ur-Kommunismus» und Marx' späten ethnologischen Studien: Anm42.
85   Briefe an Engels 24.8.1867 und 8.1.1868.
86   Genaueres hierzu: 🖳 Ex.: Kritik des «Fetischismus».
87   Diese ist allerdings nur möglich, wenn der Doppelcharakter der Arbeit begriffen ist. Siehe Anm43.

Es ist zwar nicht schwierig einzusehen, dass die Ware ein Arbeitsprodukt ist; doch umgekehrt, warum das Arbeitsprodukt Warenform annimmt, macht die Schwierigkeit der Analyse aus, der sich Marx zuerst gestellt hat: «Die Form eines Gebrauchswerts bringt das Arbeitsprodukt in seiner Naturalform mit auf die Welt. Es bedarf also nur noch der Wertform, damit es die Warenform besitze, d.h. damit es erscheine als Einheit der Gegensätze Gebrauchswert und Tauschwert. Die Entwicklung der Wertform ist daher identisch mit der Entwicklung der Warenform.» [Marx1867: 775f.].

Ohne die gesellschaftliche Form zu finden, kann nicht erklärt werden, wie «der Wert» sich in der Interaktion des Warentausches, der Tauschwertevermittlung, realisiert – ob es «ihn» überhaupt gibt. Damit steht und fällt nach Marx alle Kapitalismus-Analyse: «Es ist einer der Grundmängel der klassischen politischen Ökonomie, daß es ihr nie gelang, aus der Analyse der Ware und spezieller des Warenwerts die Form des Werts, die ihn eben zum Tauschwert macht, herauszufinden. [...] Die Wertform des Arbeitsprodukts ist die abstrakteste, aber auch allgemeinste Form der bürgerlichen Produktionsweise, die hierdurch als eine besondere Art gesellschaftlicher Produktion und damit zugleich historisch charakterisiert wird. Versieht man sie daher für die ewige Naturform gesellschaftlicher Produktion, so übersieht man notwendig auch das Spezifische der Wertform, also der Warenform, weiter entwickelt der Geldform, Kapitalform usw.» [MEW23: 95].

Kapital stellt sich zunächst dar als eine Anhäufung von Geld, dessen Vermehrung ein großes Geheimnis bleibt. Marx betont, dass ohne die Wertformanalyse das Rätsel des Geldes, als perfekteste Fetischgestalt der kapitalistischen Warenwelt, nicht gelöst werden kann: «Die Schwierigkeit liegt nicht darin zu begreifen, daß Geld Ware [ist], sondern wie, warum, wodurch Ware Geld ist.» [MEW23: 107].[88]

In der Formel «x Ware A ist y Ware B wert» haben wir, wenn man Marx folgt, die einfachst mögliche Form der Erscheinung des Wertes einer Ware erfasst. In dieser Formel bringt Marx die Wertform auf der Stufe ihres ersten historischen und logischen[89] Ausdrucks: «Die beiden Pole des Wertausdrucks: Relative Wertform und Äquivalentform. Das Geheimnis aller Wertform steckt in dieser einfachen Wertform.» [MEW23: S.63]. Dabei betont Marx, dass es

---

88   Näheres zu diesen Fragestellungen: Anm44
89   Zum komplexen Verhältnis von Logischem und Historischem siehe
     🖥 Ex.: Kritik des Fetischismus und   🖥 Ex: Entwicklung der Geschichts-
     theorie von Marx zur SI

in der Wertformanalyse zunächst gar nicht um ein quantitatives, sondern durchaus um das qualitative Verhältnis beider Seiten der Wertgleichung geht. *A ist Subjekt* und *B ist Material* des Wertausdrucks. A ist also dasjenige, was sich ausdrückt; B ist das, worin der Ausdruck erfolgt, worin A sich ausdrückt. *A ist aktiv* und *B ist passiv.* Eine Ware ist im Rahmen des einfachen Wertausdrucks entweder in *relativer Wertform* – Ware A – oder in *Äquivalentform* – Ware B. In dieser Beziehungsform drückt sich ein aktives Subjekt im passiven Material aus.[90] «Vermittelst des Wertverhältnisses wird also die Naturalform der Ware B zur Wertform der Ware A oder der Körper der Ware B zum Wertspiegel der Ware A.» [MEW23: 67].

Aus dieser grundlegenden Beziehung zweier Waren zueinander entwickelt Marx im Weiteren die Metamorphosenfolge,[91] die schließlich in die Geldform mündet: «*Die einfache Warenform ist das Geheimnis der Geldform.* Man sieht, die eigentliche Geldform bietet an sich gar keine Schwierigkeit. Sobald einmal die *allgemeine Äquivalentform* durchschaut ist, macht es nicht das geringste Kopfzerbrechen zu begreifen, daß sich diese Äquivalentform an eine *spezifische* Warenart wie Gold *festhaftet* [...]. Weiß man nun, was Gebrauchswert und Tauschwert sind, so findet man [...] leicht die Metamorphosenreihe, welche die einfache Warenform [...] durchlaufen muß, um ihre fertige Gestalt [...], d.h. die Geldform zu gewinnen.» [Marx1867: 783f.].

An dieser Stelle müssen wir die «Spitzfindigkeiten» (Marx) der Wertformanalyse verlassen und halten das für die SI-Theorie Entscheidende daraus fest: Mit dem «Wertspiegel» ist die *Bilddimension* der Ware erschlossen. Hier wächst dem Gebrauchswertkörper der Ware B in der einfachen Wertform wie in der fertigen Geldform, der Geldware, ein Abbildcharakter zu, eine Spiegelbild-Funktion, die wir anschließend auch im Zentrum der Fetischismus-Analyse wiederfinden. «Indem alle Waren sich in einer und derselben Ware als Wertgrößen bespiegeln, widerspiegeln sie sich wechselseitig als Wertgrößen.» [Marx1867: 30].

90 «Die erste Ware spielt eine aktive, die zweite eine passive Rolle. Der Wert der ersten Ware ist als relativer Wert dargestellt, oder sie befindet sich in relativer Wertform. Die zweite Ware funktioniert als Äquivalent oder befindet sich in Äquivalentform.» [MEW23: 63]

91 Marx entwickelt die Wertformanalyse äußerst akribisch von der «einfachen Wertform» über die «totale und entfaltete Wertform» und die «allgemeine Wertform» bis zur «Geldform». [Vgl. MEW23: 62-85]. Diese «Metamorphosenreihe» brauchen wir hier nicht darzustellen. (Zur kollektiven Aneignung – auch mittels visualisierter Darstellungen – verweisen wir auf das in der BRD bisher einzigartige online-Projekt: www.mxks.de.)

Die Spiegelverkehrung, Seitenverkehrung des Gleichgesetzten im «Wertspiegel» wird bei den «drei Eigentümlichkeiten der Äquivalentform» [MEW23: 73] herausgearbeitet. Zusammengefasst bestehen sie in Folgendem: Erstens wird der *Gebrauchswert* zur Repräsentationsform seines Gegenteils, des Werts. Zweitens wird die *konkrete Arbeit* der produzierenden Menschen zur Erscheinungsform ihres Gegenteils, zu *abstrakt-menschlicher Arbeit*. Und drittens wird *Privatarbeit* zur Form ihres Gegenteils, zu *Arbeit in unmittelbar gesellschaftlicher Form*.

Voraussetzung und Resultat von Privatproduktion ist das Privateigentum,[92] speziell das Privateigentum an Produktionsmitteln, und gleichzeitig ist die privat-arbeitsteilige Warenproduktion als ein gesellschaftliches System zu begreifen. In Wirklichkeit geht es also letztendlich immer um gesellschaftliche Verhältnisse von Personen, die unter der dinglichen Hülle sich ineinander spiegelnder Sachen versteckt sind: Verhältnisse zwischen Gesellschaftsklassen.

In diesen drei «Eigentümlichkeiten der Äquivalentform» ist ein Sachverhalt angelegt, den Marx in seiner Fetischanalyse näher betrachtet und dessen «Geheimnis» er lüftet: Es ist das Prinzip der Verkehrung – der verkehrten Repräsentation und Spiegelung – und der Verdinglichung gesellschaftlicher Verhältnisse. Dass das Eine (Gebrauchswert, konkret-nützliche Arbeit, Privatarbeit) nun für das Andere, sogar – im «Spiegelverhältnis» der Seitenverkehrung – für das gegenteilig Andere (Wert, abstrakt-menschliche Arbeit, Arbeit in unmittelbar gesellschaftlicher Form) steht, diesen Zusammenhang der Vertauschung nennt Marx «Quidproquo».[93] In den kapitalistischen Gesellschaften besteht ganz allgemein ein solches Quidproquo v.a. darin, dass gesellschaftliche Verhältnisse die «phantasmagorische Form eines Verhältnisses von Dingen» für die Menschen annehmen. [MEW23: 86]. Die Drehachse dieses Verdinglichungsverhältnisses wird von Marx wiederum mit der Spiegelmetapher auf den Begriff gebracht: «Das Geheimnisvolle der Warenform besteht also einfach darin, daß sie den Menschen die gesellschaftlichen Charaktere ihrer eignen Arbeit als gegenständliche Charaktere der Arbeitsprodukte selbst, als gesellschaftliche Natureigenschaften dieser Dinge zurückspiegelt, daher auch das

---

92 Im Begriff «privat» steckt das französische Wort «priver», was soviel wie «berauben» heißt. Mit einem Wortspiel, welches die SI gerne mit seinen zwei Bedeutungen anstellt, lässt sich eine kapitalistische Spezifik ausdrücken, nämlich dass die ProduzentInnen aufgrund privater Produktion und privater Eigentumsverhältnisse *ihrer Gesellschaftlichkeit beraubt* sind.

93 Lat. «quid pro quo» heißt eigentlich wörtlich «etwas für etwas», im Sinne von Versehen, Verwechslung

gesellschaftliche Verhältnis der Produzenten zur Gesamtarbeit als ein außer ihnen existierendes gesellschaftliches Verhältnis von Gegenständen. Durch dies Quidproquo werden die Arbeitsprodukte Waren, sinnlich übersinnliche oder gesellschaftliche Dinge.» [MEW23: 86].

Das reflektorische Verhältnis zwischen Subjekt und Objekt stellt sich dann so dar wie zwischen dem sich Spiegelnden und seinem Spiegelbild[94] und wird von Marx metodologisch in die verschiedensten Richtungen geführt. Überhaupt lässt sich die Methode der Kritik als «umkehrbare Kohärenz» (SI)[95] aus jener Struktur herleiten und verdeutlichen. Anhand des Beispiels «20 Ellen Leinwand sind 1 Rock wert» [MEW23: 63] wird dies von Marx vorgeführt: «Indem die relative Wertform einer Ware, z.B. der Leinwand, ihr Wertsein als etwas von ihrem Körper und seinen Eigenschaften durchaus Unterschiedenes ausdrückt, z.B. als Rockgleiches, deutet dieser Ausdruck selbst an, daß er ein gesellschaftliches Verhältnis verbirgt. Umgekehrt mit der Äquivalentform. Sie besteht ja gerade darin, daß ein Warenkörper, wie der Rock, dies Ding wie es geht und steht, Wert ausdrückt, also von Natur Wertform besitzt. Zwar gilt dies nur innerhalb des Wertverhältnisses, worin die Leinwandware auf die Rockware als Äquivalent bezogen ist. Da aber Eigenschaften eines Dings nicht aus seinem Verhältnis zu andern Dingen entspringen, sich vielmehr in solchem Verhältnis nur betätigen, scheint auch der Rock seine Äquivalentform, seine Eigenschaft unmittelbarer Austauschbarkeit, ebensosehr von Natur zu besitzen wie seine Eigenschaft, schwer zu sein oder warm zu halten.» [MEW23: 71f.]. Das Methodologische der Kritik geht so aus dem Sachverhalt selbst hervor. Denn «es ist mit solchen Reflexionsbestimmungen[96] überhaupt ein eigenes Ding. Dieser Mensch ist z.B. nur König, weil sich andere Menschen als Untertanen zu ihm verhalten. Sie glauben umgekehrt Untertanen zu sein, weil er König ist.» [MEW23: 72FN]. Analog scheinen Gold, Silber etc., schließlich irgendein Wertzeichen, «von Natur» Wert zu verkörpern oder zu repräsentieren. Die defetischisierende Kritik stellt sich die Aufgabe, das anscheinend Naturhafte des Verhältnisses *umgekehrt* als geschichtlich gewordenes gesellschaftliches Verhältnis zu analysieren und darzustellen. Anhand der Widersprüchlichkeit des Sachverhaltes selbst wird diese «umkehrbare Kohärenz» der Kritik laut SI möglich: «Das

---

94 Zur «Spiegelmetapher» und narzisstischen Subjektivitätsproblematik, siehe: Anm45 und 💻 Ex.: Die SI und die Psychoanalyse.
95 Näheres zum Begriff «Kohärenz» siehe Kapitel 3.4.8 und 💻 Ex.: «Kohärenz» in Theorie und Praxis.
96 Zum Terminus «Reflexionsbestimmungen»: Anm46.

Begreifen dieser umkehrbaren Kohärenz der Welt, wie sie ist und wie sie sein kann, deckt das Trügerische der Halbmaßnahmen auf.» [BE: 186/SI2: 191].

Das Fetischhafte verkehrter menschlicher Praxis stellt sich gegenüber der umgekehrten Kohärenz der Kritik als gegengerichtete Subjekt-Objekt-Beziehung dar: Die Ausblendung der Historizität, die Naturalisierung und Verdinglichung der gesellschaftlichen Verhältnisse bedingt das umgekehrte Moment, dass in Dinge und Sachverhalte Eigenschaften von Subjekten – z.B. die Möglichkeit, Zwecke zu setzen, intentional Ziele zu verfolgen – hineinprojiziert werden. Sprichwörtlich kommt dies in den Aussagen wie z.B. «Geld arbeitet» oder «Geld regiert die Welt» zum Ausdruck. Hier erscheint die Umkehrung des *Subjekt-Objekt-Verhältnisses* in der Alltagssprache selbst verdinglicht.

Die Lohnabhängigen als aktive Subjekte auf der einen Seite und die von ihnen erzeugten passiven Objekte in Gestalt des Kapitals[97] auf der anderen Seite bilden einen grundlegenden Widerspruch durch die Rückspiegelung: Die Passivierung der Menschen im Kapitalismus steht der gesteigerten Anforderung an ihre Eigenaktivität ständig im Wege. Der Grundwiderspruch zwischen den *Produktivkräften* und den *Produktionsverhältnissen* der kapitalistischen Produktionsweise liegt darin, dass sich die gesellschaftlich handelnden Individuen von der ökonomischen Logik des Wertes, v.a. in Gestalt des Kapitals, d.h. seiner relativen Eigendynamik, notwendigerweise bestimmen und beherrschen lassen, obwohl diese Dynamik ihren eigenen Praxen entspringt. Das Kapital erscheint als nichts anderes denn als aufgehäufte vergegenständlichte und damit tote Arbeit (ob sich diese nun in Waren, Geld, Maschinen etc. manifestiert) und verbirgt damit sein Wesen als gesellschaftliches Verhältnis. [Vgl. MEW23: 88]. Es bezieht seine ganze Kraft und Prozesshaftigkeit allein aus der Vereinnahmung und Beherrschung der lebendigen Arbeit der ProduzentInnen. Im Selbstverständnis der bürgerlichen Ökonomie und der ökonomisch handelnden Menschen verhält es sich beim Kapital jedoch so, als wäre es allein aus sich selbst begründet und aus sich selbst heraus produktiv. In Form des Kapitals erscheint der «sich selbst verwertende Wert» gänzlich selbstreferenziell als ein «automatisches Subjekt». [MEW23: 169,329].

Die ProduzentInnen werden vom Kapital als ein bloßes «Anhängsel» der Maschinerie, diese verstanden als produktiver Systemzusammenhang des Kapitals, einverleibt [Vgl. MEW23:

---

97   Das Bild: «meine Firma», «unser Team», Corporate Identity.

445].[98] Auf diesen Zusammenhang werden wir später noch genauer eingehen; worauf es hier zunächst ankommt, ist die «Verrükkung des Verhältnisses von toter und lebendiger Arbeit» [MEW23: 329] als weitere Form der Subjekt-Objekt-Verkehrung. Marx spricht auch vom Kapital als «vergegenständlichte Arbeit als Herrschaft, Kommando über lebendige. Es erscheint ebenso als Produkt der Arbeit, daß ihr Produkt als *fremdes Eigentum*, selbständig der lebendigen Arbeit gegenübertretende Existenzweise, ebenso als für sich seiender *Wert* erscheint; daß das Produkt der Arbeit, die vergegenständlichte Arbeit mit einer eignen Seele von der lebendigen Arbeit selbst begabt ist und sich ihr gegenüber als *fremde Macht* festsetzt. [...] Dieser Verwirklichungsprozeß ist ebenso der Entwirklichungsprozeß der Arbeit.» [MEW42: 367]. Denn die «werterhaltende Kraft der Arbeit erscheint als Selbsterhaltungskraft des Kapitals, die wertschöpfende Kraft der Arbeit als selbstverwertende Kraft des Kapitals, und im Ganzen, dem Begriff nach, die *vergegenständlichte* Arbeit als Anwender der *lebendigen*.» [MEGAII,4: 92]. Das Auftreten des Kapitals als ein nahezu totales Subjekt[99] korrespondiert nun damit, dass sich das einzelne Individuum in Bezug auf seine Arbeitskraft identitär als «variabler Kapitalanteil» empfindet.[100] So sind auch die Bedürfnisse der Menschen in den bürgerlich-kapitalistischen Gesellschaften entfremdet und fetischisiert, da das Ziel der kapitalistischen Produktionsweise eben nicht unmittelbar und ausschließlich ihrer Befriedigung dient, sondern der Produktion von Mehrwert (welcher sich als Profit darstellt und sich in Form von Geld realisiert), der Verwertung und Reproduktion des Kapitals. Die Bedürfnisbefriedigung der Menschen ist, wie Marx feststellt, bloßes *Mittel* und keineswegs das *Ziel* «in einer Produktionsweise, worin der Arbeiter für die Verwertungsbedürfnisse vorhandner Werte, statt umgekehrt der gegenständliche Reichtum für die Entwicklungsbedürfnisse des Arbeiters da ist.» [MEW23: 649].

Der Fetischismus besteht hier in einer Mittel-Ziel-Verkehrung bzw. einer Zweck-Mittel-Trennung. Strukturell beinhaltet dies immer die Möglichkeit einer *Krise*, da das Mittel (das Bedürfnis) sich tendenziell der Zweckrealisierung entgegenstellen kann. Die Krisen äußern sich in Form von Überproduktion (die sich brutal «spiegelt»

---

98 Vgl. MEW23: 328f und zitiert in Anm47.
99 Diese Totalisierungstendenz des Kapitals hat allerdings Schranken, auf die wir weiter unten zu sprechen kommen.
100 In Aussagen wie «Ich will ein wertvoller Mitarbeiter sein» oder «Ich arbeite gut» (Gewerkschaftsslogan) kommt dies als perverses Bedürfnis zum Ausdruck.

in Unterkonsumtion), welche den grundlegenden Krisenzyklus dar-stellt.[101] Das kapitalistische «System der Bedürfnisse» wirkt sich so aus, dass nicht die Befriedigung der Bedürfnisse realer Subjekte das Ziel ist, sondern die Bedürfnisbefriedigung eines versachlichten Zusammenhangs, «die Verwertungsbedürfnisse vorhandener Wer-te», d.h. des Kapitals, worin sich die Absurdität der «Produktion um der Produktion willen» zum Zwecke der Geldvermehrung ausdrückt.[102] Diese spiegelt sich umgekehrt im warenförmig präformierten «System der Bedürfnisse»[103] wider, welches alle wirklichen und möglichen Bedürfnisse der Menschen rückwirkend «nach seinem Bilde» modelt und in seine vorgegebenen Formen hineinpresst.

Die abstrakt menschliche Arbeit, das Spiegelbild der konkreten Formen der Arbeit, welches diese auf qualitativ unterschiedslose gleiche menschliche Arbeit reduziert, wird zu einer «gespenstigen Gegenständlichkeit» [vgl. MEW23: 52]. Diese erfasst und be-herrscht die lebendige Arbeit und die lebendigen Bedürfnisse der Menschen: «Le mort saisit le vif!» [MEW23: 15].[104] Im Begriff «Spektakel»[105] ist neben dem lateinischen Wort «speculum» (dt.: der Spiegel) auch das französische Wort «spectre» (engl.: specter, dt.: das Gespenst) enthalten.[106]

3.2.2 Verkehrung und verkehrtes Bewusstsein

Wir haben gesehen, wie «gegenständlicher Schein», «Quidpro-quo», «phantasmagorische Form» und eben «Fetischismus» be-grifflich-metaphorisch den Sachverhalt erfassen, der sich im Wert und seinen Gestalten, wie Geld und Kapital, ausdrückt. In seinen verschiedenen Erscheinungsformen modelt er die Praxen und die Bedürfnisse der Menschen und lässt die Menschen innerhalb dieser Formen etwas tun, von dem sie nicht in Gänze wissen, was sie tun. Sie sind damit über das Wesen des Wertes, seiner Gestalten und Erscheinungsformen hinweggetäuscht. Gleichwohl *verkehrt*, übt dieser irrationale Zusammenhang *wirkliche* Macht auf die gesell-schaftlich Handelnden aus. Er reproduziert *verkehrtes Bewusstsein*

---

101 Eine «Krise», so Marx, ist «die gewaltsame Herstellung der Einheit zwischen verselbständigten und die gewaltsame Verselbständigung von Momenten, die wesentlich eins sind» [MEW26.2: 514]. Mehr dazu: Anm48.
102 Marx1953: 178;MEW42: 434;MEW23: 649;MEW13: 111,MEW23: 618, 621.
103 Siehe Kapitel 3.4.5 und 🕮 Ex.: «Das System der Bedürfnisse».
104 Dt.: «Der Tote erfasst den Lebendigen!»
105 🕮 Ex.: Zur Etymologie des Wortes «Spektakel».
106 Mehr zur Metapher des «Gespenstes» bei Marx und der SI: Anm49.

in der Undurchsichtigkeit und Unbestimmbarkeit der Unmittelbarkeit des Alltaglebens, welches auf der Mittelbarkeit von privater kapitalistischer Produktion, Austausch, Distribution und Konsumtion beruht.

Verkehrtes Bewusstsein drückt sich in ideologischen Formen aus. Über die enge Fassung des Ideologiebegriffs als ausschließlich «falsches Bewusstsein» hinaus bestimmen Marx und Georg Lukács[107] den Begriff «Ideologie» in einem wesentlich weiteren Sinne, nämlich zugleich als historisch ideelle Konfliktform, als «jene Form der gedanklichen Bearbeitung der Wirklichkeit, die dazu dient, die gesellschaftliche Praxis der Menschen bewußt und aktionsfähig zu machen.» [OgSII: 398; vgl. MEW13: 9]. Dass sich dies ex post – von einer reflektierten Warte aus – meist als unzulänglich und falsch erweist, ist in diesen Bestimmungen mitenthalten. Denn als Form der Bewusstwerdung drückt Ideologie immer einen Mangel an Reflexion oder an Reflexionsmöglichkeit aus.[108]

Marx betont, dass den ProduzentInnen in der privat-arbeitsteiligen Warenproduktion «die gesellschaftlichen Beziehungen ihrer Privatarbeiten als das, was sie sind, d.h. nicht als unmittelbar gesellschaftliche Verhältnisse der Personen in ihren Arbeiten selbst, sondern vielmehr als sachliche Verhältnisse der Personen und gesellschaftliche Verhältnisse der Sachen» erscheinen. [MEW23: 87]. Verrückt daran ist, dass infolgedessen Dingen der soziale Charakter «anklebt» [ebd.], während die Menschen «unter die Kontrolle von Sachen» geraten. [MEW23: 89]. Die menschlichen (potenziellen) Subjekte[109] werden – innerhalb dieser Beziehungsform, d.h. nicht schlechthin – in ihrem Verhalten *zu Objekten gemacht*, die sachlich-dinglichen Objekte *zu Subjekten gemacht*. Es ist nicht allein das Bewusstsein, das sich als verkehrt herausstellt, sondern die Gesellschaft insgesamt. Insofern kann Marx in diesem Zusammenhang von «verkehrt» sprechen, da das «verkehrte Bewusstsein» die Dinge auch unmittelbar als das, was sie sind, widerspiegelt.[110] Das Bewusstsein ist der sozialökonomischen Realität adäquat, weil es den normalen Handlungsweisen entspricht, die durch die verkehrten gesellschaftlichen Formen normiert sind. Es ist verkehrtes Bewusstsein, weil das gesellschaftliche Sein verkehrt ist. Zunächst ist somit eine simple Gleichsetzung von «verkehrtem Bewusstsein» mit «falschem Bewusstsein» zurückzuwei-

---

107 Zu Georg Lukács (1885-1971): Anm50.
108 Anm51.
109 Zum hier und bei der SI verwendeten historisch-genetischen Subjektbegriff: Anm52.
110 Zum oftmals missverstandenen Begriff «Widerspiegelung»: Anm53.

sen. *Falsch* erscheint es erst im Licht der Analyse und der wissenschaftlich-philosophischen Reflexion, der Kritik der ökonomischen und weiteren gesellschaftlichen Kategorien. Die kapitalistischen Kategorien sind «gesellschaftlich gültige, also objektive Gedankenformen» [MEW23: 90] *und* ideologisch *in einem*, weil sie zugleich Formen des gesellschaftlichen Seins *und* Formen des in diesem Rahmen *bewussten* Handelns sind. Das Verkehrte und Verkehrende an ihnen liegt in der sachlichen Form des *Werts* begründet, dessen Grundlage seinerseits wiederum die abstrakt-menschliche Arbeit bildet, *in der die private Warenproduktion ihren gesellschaftlichen Arbeitszusammenhang unbewusst vermittelt ausdrückt und regelt*, statt in bewusst unmittelbar gesellschaftlicher Form.

Die Wert- und Warenform ist hierbei nur die elementare Zellenform weiterer Fetischformen, wie vor allem der Geldform, der Kapitalformen (z.B. Zins, Grundrente), der Form der Lohnarbeit, der Staatsform etc. und, wie noch zu zeigen ist: *des Spektakels*. Diese Formen bestimmen zugleich den Gegenstand, das gesellschaftliche Sein und das Bewusstsein hiervon. Gleichzeitig macht die Fetischform «das wirkliche Verhältnis unsichtbar» und zeigt «grade sein Gegenteil» [MEW23: 562], wie Marx in diesem Fall über die Lohnform sagt, welche die kapitalistische Ausbeutung der Arbeitskraft verbirgt. Die Verkehrungen verschleiern also wirkliche Verhältnisse; es wird ein *Schein* produziert, der zugleich für das Bewusstsein (ver)blendend und für die Handlungen real bestimmend wirkt.

Im Fetischismus verkehren sich auch Rationalität und Irrationalität, wie Marx deutlich macht: «Die Vermittlungen der irrationellen Formen, worin bestimmte ökonomische Verhältnisse erscheinen und sich praktisch zusammenfassen, gehn die praktischen Träger dieser Verhältnisse in ihrem Handel und Wandel jedoch nichts an; und da sie gewohnt sind, sich darin zu bewegen, findet ihr Verstand nicht im geringsten Anstoß daran. Ein vollkommner Widerspruch hat durchaus nichts Geheimnisvolles für sie. In den dem innern Zusammenhang entfremdeten und, für sich isoliert genommen, abgeschmackten Erscheinungsformen fühlen sie sich ebenfalls so zu Haus wie ein Fisch im Wasser. Es gilt hier [...], daß, was der gemeine Menschenverstand irrationell findet, das Rationelle [ist], und sein Rationelles die Irrationalität selbst ist.» [MEW25: 787]. Die Grundlage der bürgerlich-ökonomischen Rationalität, der instrumentellen Vernunft, ist eine irrationale, weil hier eben jene «blinden Mechanismen» wirken.[111] Diese grundlegende Irrationalität ist eine weitere Voraussetzung dafür, dass die gesellschaftlichen Verhältnisse, welche sich u.a. in diesen Mechanismen ausdrücken, mystifiziert werden.

Unter dem Gesichtspunkt der Irrationalität zeichnet sich eine Parallele zwischen bürgerlich-ökonomischem und religiösem Handeln und Denken der Menschen ab: beide sind in gewisser Hinsicht struktur-analog. Die Kritik der Projektionen menschlicher Gattungskräfte, des praktischen Vermögens der Menschen, auf vorgestellte Gottheiten in Natur und Himmel wendet Marx dabei auf die Wertgestalten an, deren verdinglichte Formen (z.B. Geld und Kapital) von den Menschen ebenfalls nahezu gottähnlich angehimmelt werden. So wie den vorgestellten Gottheiten verleihen die Menschen durch ihre Praxis dem Wert und seinen Erscheinungsformen eine Art Subjekthaftigkeit. Damit einhergehend werden diese Objektivationen zu praxisbestimmenden Formen. Dies geschieht nicht bewusst; es ist das Resultat der unbewusst gesellschaftlichen Tätigkeit der Menschen. Beispielsweise erscheint es in Bezug auf die Mehrwertproduktion in der augenscheinlichen Sphäre der Zirkulation so, als ob der Wert selbständig, aus seiner eigenen Bewegung heraus Mehrwert produzieren würde.[112] So wie nun die Religionskritik[113] den Grund der religiösen Projektionen und ihrer spezifischen Formen in der Praxis der Menschen, in ihrem Verhalten und Tun sucht und findet, so löst auch Marx die Scheinbewegung der Mehrwertproduktion durch die Analyse der Produktion und ihrer Bedingungen, d.h. durch die Analyse der ökonomischen Praxis, des Arbeitsprozesses, auf. Erst dadurch kann er die Bildung von Mehrwert erklären und die sprichwörtlichen Mythen vom «arbeitenden Geld» und «schaffenden Kapital» sprengen. Denn immer noch sind es die lohnarbeitenden Menschen, welche unter bestimmten Produktionsbedingungen – wenn auch als Anhängsel einer ihrer Eigendynamik unterworfenen Megamaschinerie – den Arbeitsprodukten Mehrwert zusetzen und nicht ein von diesen Tätigkeiten völlig abstrahierter Mechanismus.[114]

Das religiöse Moment des Fetischismus entsteht dadurch, dass die menschlichen Kräfte (d.h. ihr Arbeitsvermögen, ihre mehrwertproduzierende Arbeit, die Prozesshaftigkeit des Produzierens, die

---

111 Zu «blinde Mechanismen»: Anm54.
112 Vgl. MEW23: 169, zitiert in Anm55.
113 Anm56.
114 Hier soll schon einmal angedeutet werden, dass es ebenfalls dieser wirkmächtige Schein des abstrakten «Automatismus» – in der Selbstbewegung des Kapitals innerhalb der globalen Konkurrenz – ist, welcher das Proletariat als «variables Kapital» verbirgt. Hierauf werden wir weiter unten noch eingehen. Siehe auch: ⌨ Ex.: Mystifikation der Lohnform.

konkreten Tätigkeiten, die tatsächlichen Stoffwechselverhältnisse des Menschen mit der Natur und der Gesellschaft etc.) durch die an der gesellschaftlichen Oberfläche erscheinenden sachlichen Bewegungen ausgeblendet und verschleiert werden. Den an dieser Oberflächenbewegung (z.B. als Marktbewegung) beteiligten Dingen werden gleichzeitig die ausgeblendeten Eigenschaften, die eigentlich den Menschen zukommen müssten, zugesprochen und diese dabei in aller Regel noch überhöht. Es ist dies eine ähnliche Überhöhung wie etwa bei der Projektion des menschlich begrenzten Wissens in ein göttliches Wesen, das dabei zur Allwissenheit mutiert, oder wenn das menschliche Vermögen, mit seiner begrenzten Macht, als Allmacht halluziniert wird. Allerdings sind diese Arten projektiver Vorstellungen nicht nur bloße Denkprojektionen, sondern vielmehr projektive Mechanismen im gesellschaftlichen Handeln der Menschen selbst. Und so kann sich unter kapitalistischen Produktionsbedingungen auch die Macht der menschlichen gesellschaftlichen Praxis, das kreative Vermögen der Arbeit der kombinierten gesellschaftlichen Gesamtarbeiter, in Allmachtsvorstellungen des Kapitals verkehren, die wiederum auf das gesellschaftliche Handeln der Menschen zurückwirken. Diese Allmachtsvorstellungen sind tatsächlich erzeugt und ergeben sich aus der «blinden» Eigengesetzlichkeit der kapitalistischen Produktionsweise, d.h. deren immanenter Logik, worauf wir später noch zurückkommen werden.

Genau hundert Jahre nach der Veröffentlichung von Marx' «Das Kapital» (1867) diagnostiziert Guy Debord, dass der Akkumulationsprozess des Kapitals in ein Stadium getreten sei, in dem die Allmachtsvorstellung des Kapitals sich wie eine Theatervorstellung inszeniert, bei der seine ProduzentInnen zugleich auch seine passiven ZuschauerInnen sind. Diese «Selbstherrschaft der zu einem Status unverantwortlicher Souveränität gelangten Warenwirtschaft und die Gesamtheit der neuen Regierungstechniken, die mit dieser Herrschaft einhergehen» [GdS: 194], macht laut Debord die *Gesellschaft des Spektakels* aus.

3.3 Die Gesellschaft des Spektakels

Die historische Entwicklung der kapitalistischen Produktionsweise bedingt die Weiterentwicklung der marxschen Fetischkritik der Wert- und Warenform, der Geld- und Kapitalform etc. zur situationistischen Kritik des Spektakels. Debord benennt diese historische Transformation folgendermaßen: Es ist dies der Übergang von «der industriellen Revolution, der Manufakturarbeitsteilung und der massenhaften Produktion für den Weltmarkt», bei der «die Ware tatsächlich als eine Macht [erscheint], die das gesellschaftliche Leben wirklich *besetzt*», hin zu dem Moment, «worin die Ware zur *völligen Besetzung* des gesellschaftlichen Lebens gelangt ist. Das Verhältnis zur Ware ist nicht nur sichtbar geworden, man sieht sogar nichts anderes mehr: die Welt, die man sieht, ist seine Welt. [...] An diesem Punkt der ‹zweiten industriellen Revolution› wird neben der entfremdeten Produktion der entfremdete Konsum zu einer zusätzlichen Pflicht für die Massen.» [GdS§§41,42]. Die Fetischtheorie von Marx ist damit also nicht außer Kraft gesetzt, sondern erweist sich als die Keimform der Spektakeltheorie. Das Spektakel tritt in dem Moment auf, in dem der fetischistische Schein einen bestimmten Grad globaler Überwältigung erreicht. Dieser historische Moment, der ungefähr in den 1920er Jahren eintrat, macht deshalb die Spektakeltheorie erst möglich.[115]

3.3.1 Die spektakuläre Warenproduktion, ihre Bilder und das System der Trennungen

Die Gemeinsamkeit zwischen fetischistischen und spektakulären Formen besteht darin, dass das Spektakel ebenso wie der Fetischcharakter der Warenwelt «aus dem eigentümlichen gesellschaftlichen Charakter der Arbeit [entspringt], welche Waren produziert.» [MEW23: 87]. Diese warenproduzierende Arbeit erzeugt eine Beherrschung der Gesellschaft durch «sinnlich übersinnliche Dinge» [MEW23: 85], «wo die sinnliche Welt durch eine über ihr schwebende Auswahl von Bildern ersetzt wird, welche sich zugleich als das Sinnliche schlechthin hat anerkennen lassen.» [GdS§36]. Es ist der übersinnliche Aspekt der Ware, dessen Macht die Sinnlichkeit der Menschen beständig formt und ummodelt. Bestimmte menschliche Sinne werden im Spektakel gegenüber anderen bevorzugt; an oberster Stelle steht das Sehen.[116] Ein Teil der Welt, die Bilderwelt, erscheint als die totale Welt der Realität; der Schein beherrscht das Sein. Eben dieses Prinzip vollendet sich im Spektakel in absoluter Weise und bildet die Grundlage für die Dominanz der Bilderwelt.

Diese Dominanz entspringt der Warenform selbst, ihrer «gespenstigen Gegenständlichkeit» (Marx). Um sich als Tauschwerte realisieren zu können, müssen die zur Schau gestellten Waren den

---

115 Zur Revolutionierung der Produktivkräfte, Medien und Verkehrsverhältnisse in den 1920er Jahren siehe Anm57.

116 Vgl. hierzu auch die psychoanalytische Studie von Otto Fenichel «Schautrieb und Identifizierung» (1935) [in: Fenichel1985].

KäuferInnen ins Auge springen; sie müssen sich von ähnlichen Waren herausragend unterscheiden (distinguieren): Image ist alles![117] Die für ihre Tauschbarkeit erste notwendige Bedingung ist die ihrer Gleich-Gültigkeit, ihrer Nivellierung in der allgemeinsten Äquivalentform: vor dem Geld (wie vor Gott) sind alle gleich.[118] Hierzu muss jedoch noch eine zweite Bedingung hinzutreten, die der Vielverschiedenheit der Waren, welche in den qualitativen Eigenschaften der einzelnen Gebrauchswerte zu finden ist. Die Waren müssen voneinander unterschieden sein, denn es wäre absurd, Identisches zu tauschen. Die für die Äquivalentform notwendige Gleich-Gültigkeit der Waren,[119] das Absehen von ihren Differenzen wird rückgespiegelt in die Vielverschiedenheit der relativen Wertform. So wie schließlich die Geldform alle Differenzen auslöschen muss, so müssen sie auf der anderen Seite des Spiegelverhältnisses immer spektakulärer als unverwechselbare Images in Erscheinung treten: «Das Spektakel ist die andere Seite des Geldes: das abstrakte, allgemeine Äquivalent aller Waren. Wenn aber das Geld als Vertretung der zentralen Äquivalenz, d.h. als Vertretung der Austauschbarkeit der vielfältigen Güter – deren Gebrauch unvergleichbar blieb – die Gesellschaft beherrscht hat, ist das Spektakel seine moderne, entwickelte Ergänzung, in der die Totalität der Warenwelt als allgemeine Äquivalenz mit all dem, was die Gesamtheit der Gesellschaft sein und tun kann, im ganzen erscheint. Das Spektakel ist das Geld, das man *nur anblickt*, denn in ihm hat sich schon das Ganze des Gebrauchs gegen das Ganze der abstrakten Vorstellung ausgetauscht. Das Spektakel ist nicht nur der Diener des *Pseudogebrauchs*, es ist bereits in sich selbst der Pseudogebrauch des Lebens.» [GdS§49].

Die schon im Wertspiegel angelegte wiedergängerische Verkehrung vollendet sich damit im Spektakel: «Da, wo sich die wirkliche Welt in bloße Bilder verwandelt, werden die bloßen Bilder zu wirklichen Wesen und zu wirkenden Motivierungen eines hypnotischen Verhaltens» [GdS§18]. Der Begriff «Bild» steht bei Debord nunmehr für das Transportmittel des Verkehrten, des Quidproquo, den fetischhaften Schein. Er charakterisiert die Dynamik des Spektakels als das Gegenteil eines lebendigen Prozesses:

---

117 Werbeclaim von «Sprite» 2001: «Image ist nichts – Durst ist alles. Hör auf Deinen Durst.»

118 «Wie im Geld aller qualitative Unterschied der Waren ausgelöscht ist, löscht es seinerseits als radikaler Leveller alle Unterschiede aus.» [MEW23: 146].

119 Eine Ware «bringt ihr eigenes Wertsein dadurch zum Vorschein», dass ihr eine andere Ware, «ohne Annahme einer von [ihrer] Körperform verschiedenen Wertform, gleichgilt» [MEW23: 70].

Die Bilder haben «sich von jedem Aspekt des Lebens abgetrennt» und «verschmelzen in einem gemeinsamen Lauf, in dem die Einheit dieses Lebens nicht wiederhergestellt werden kann.» [GdS§2].

Wenn sich nun die spektakulären Bilder vom Prozess des Lebens abgetrennt haben, dann wirken sie dem historisch-menschlichen Prozess entgegen, emanzipatorische Möglichkeiten aufzudecken und sie sich anzueignen; sie zementieren damit die bestehende Wirklichkeit. Mehr noch, sie behindern das Begreifen der lebendigen Arbeit als durchgängig wirkendem Movens der menschlichen Gesellschaft, des Menschen überhaupt, womit seine Gesamtmöglichkeiten, seine potenziellen Entwicklungsmöglichkeiten, seine Historizität und Geschichtsmächtigkeit verhüllt werden. Das *Leben*,[120] als gestalterisches Prinzip objektiver Möglichkeiten, wird im Spektakel zum bloßen *Überleben* degradiert, d.h. auf die Unterordnung des Lebensinhalts unter die äußeren Notwendigkeiten und scheinbaren Zwänge, die nur *passives* Reagieren erlauben. Im Gegensatz zum Überleben ist Leben gleichbedeutend mit aktivem, kreativem Agieren im Raum der gesellschaftlichen Möglichkeiten. Dieses allerdings erscheint «selbst nur in phantastischer Gestalt [...] im umgekehrten Bild, das das moderne Spektakel der Welt aufzwingt» [BE: 186/SI2: 191].

Leben findet damit weitgehend nicht als Agens statt, sondern nur qua Bilder hochgradig vermittelt in der bloßen Vorstellung[121]. Der Grund dafür ist die Wirkungsweise des Fetischismus, in dem sowohl der gesellschaftliche Zusammenhang als auch eine potenziell freie und vernünftige Planmäßigkeit der gesellschaftlichen Produktion den Menschen entzogen scheint. Die Möglichkeiten zur aktiven Lebensgestaltung sind den Menschen somit verborgen. Durch die spektakulären Bilder ist es ihnen nur noch möglich, verzerrte Teilrealitäten zu betrachten. Diese verdichten sich im Spektakel zu einer relativ starren «Pseudowelt», in welcher sich nur Dinge[122] und Bilder

---

120 Der Begriff des «Lebens» bei Debord orientiert sich streng am Marxschen Begriff der «lebendigen Arbeit»; d.h. er wird bei Debord nicht in einem vitalistischen, d.h. «lebensphilosophischen» Sinne gebraucht. Genaueres dazu: ⌨ Ex.: «Leben» und Vitalismus.

121 Es muss an dieser Stelle auf den Doppelcharakter des Begriffs «Vorstellung» – in der Bestimmung bei Hegel und Feuerbach – hingewiesen werden, dessen eine Seite die subjektiven, ideellen Vorstellungen in den Köpfen der Menschen und dessen andere Seite zugleich die objektive zur Schau gestellte gesellschaftliche Vorstellung, analog einer Theatervorstellung, bezeichnet.

122 Im Gegensatz zum Terminus «Gegenstand» (Objekt), der nicht vom dem ihm gegenüberstehenden Subjekt zu trennen ist oder getrennt gedacht werden kann, bezeichnet der Terminus «Ding» das Getrenntsein des Gegenstandes vom Subjekt, d.h. das Ding ist ein fetischisiertes Objekt.

zu bewegen scheinen und die sich insofern von der gestalterischen prozesshaften lebendigen gesellschaftlichen Arbeit absondern. Das Spektakel ist die «konkrete Verkehrung des Lebens, die eigenständige Bewegung des Unlebendigen.» [GdS§2].[123]

Im Warenfetischismus werden die gesellschaftlichen Charaktere ihrer Arbeit (auf der Grundlage von Privateigentum und Privatproduktion) den Menschen zurückgespiegelt als *gesellschaftliche* Charaktere der Arbeits*produkte*, d.h. gewissermaßen als «gesellschaftliche Natureigenschaften» dieser *Dinge*. [Vgl. MEW23: 86]. Ihr gesellschaftliches Verhältnis zur Gesamtarbeit erscheint den ProduzentInnen als ein außer ihnen existierendes gesellschaftliches Verhältnis von Dingen. Im Kapitalfetisch erscheint der Wert in Form vergegenständlichter, toter Arbeit, d.h. als eine gesellschaftliche Macht, dem die lebendige Arbeit als abstrakte Subjektivität, als gesellschaftliche Ohnmacht gegenübersteht. Darüber hinausgehend vollendet sich die «Spezialisierung der Bilder» tendenziell «in der autonom gewordenen Welt des Bildes» [GdS§2], womit sich der Kapitalfetisch zum Spektakel transformiert hat: «Das Spektakel ist das *Kapital* in einem solchen Grad der Akkumulation, daß es zum Bild wird.» [GdS§34].

3.3.2 *Die Kritik der Trennungen und die getrennte Kritik*

*D*a das Kapital selbst nur als ein *gesellschaftliches Verhältnis* zu begreifen ist und nicht bloß als irgendeine dingliche Ansammlung von Waren, von Geld, von Technologie, Maschinen usw., so ist auch das «Spektakel» nicht als «ein Ganzes von Bildern» zu begreifen, «sondern [als] ein durch Bilder vermitteltes gesellschaftliches Verhältnis zwischen Personen.» [GdS§4].

An diesem Punkt zeigt sich, dass die Spektakelkritik nicht eine bloße Kritik an Medien, wie z.B. Rundfunk und Fernsehen, ist. Das Spektakel in seiner Totalität zu begreifen heißt, das Spektakel als «das Ergebnis und die Zielsetzung der bestehenden Produktionsweise» [GdS§6] zu kritisieren. Im «engeren Gesichtspunkt der ‹Massenkommunikationsmittel›» sieht Debord lediglich eine «Oberflächenerscheinung» des Spektakels, einen fetischistischen Schein spektakulärer Beziehungen, «deren Charakter als Beziehung zwischen Menschen und zwischen Klassen» dadurch verborgen wird.

---

123 Debord knüpft hier an das Wiedergängermotiv an, welches Marx in Bezug auf das Kapital einführt: «Das Kapital ist verstorbne Arbeit, die sich nur vampyrmäßig belebt durch Einsaugung lebendiger Arbeit und um so mehr lebt, je mehr sie davon einsaugt.» [MEW23: 247].

[GdS§24]. Eine auf reine Medienkritik verkürzte Spektakelkritik ist demnach selbst spektakuläre Kritik, also eine Kritik, die im Fetischcharakter der spektakulären Bilderproduktion befangen bleibt [vgl. ebd.]. Wenn z.B. bestimmte Teilaspekte, wie etwa die manipulative Macht der Medien, für gewisse gesellschaftliche Missstände ursächlich verantwortlich gemacht werden, verstärkt eine solchermaßen verkürzte Kritik die Verschleierung der wirklichen gesellschaftlichen Wechselverhältnisse und Vermittlungen, selbst wenn etwas Richtiges daran sein sollte. Der spektakulär abgesonderte Teil, der dabei für das Ganze steht, verbirgt die wirkliche Totalität, d.h. den Gesamtwirkungszusammenhang [vgl.GdS§203].[124]

Doch selbst für diese Art reduktionistischer Kritik liegen die Gründe im spektakulären Schein der Produktionsweise und nicht etwa in einer böswilligen, bewussten Verschleierung z.B. durch die MedienkritikerInnen. Denn es liegt im Wesen des fetischistisch-spektakulären Quidproquo, die im spektakulären Schein abgesonderten und abstrahierten Teilrealitäten nicht in ihrem konkreten Gesamtzusammenhang darzustellen, da dieser eben durch das Spektakel und seine Trennungen verborgen wird.

Die Absonderung von Teilen, die realen Abstraktionen, sind ein Prinzip des Spektakels, und dieses Prinzip hat ebenfalls seine Wurzeln im Warenfetischismus. Denn dort manifestieren sich die Realabstraktionen bekanntlich als Trennungen, wenn etwa die Arbeitsprodukte im Austausch eine gleiche, von ihrer *sinnlich* verschiedenen Gebrauchsgegenständlichkeit jedoch absehende, *gesellschaftliche* Gegenständlichkeit erhalten: die Wertgegenständlichkeit. [Vgl. MEW23: 87]. Aus der Expansion der Wert- und Warenform auf alle Bereiche des menschlichen Lebens resultiert das Spektakel als «vollendete Trennung» [vgl. GdS: 11].[125] Das Spektakel ist zugleich «die getrennte Produktion und Produktion der Trennung», die verallgemeinerte Trennung «des Arbeiters von seinem Produkt», bei der «jede persönliche, direkte Kommunikation zwischen den Produzenten verloren» geht. [GdS§26]. «Der Erfolg des wirtschaftlichen Systems der Trennung ist die *Proletarisierung* der Welt.» [Ebd.].[126] Das Spektakel zeigt sich damit als eine

---

124 Es ist dies die Pars-pro-toto-Problematik, als Spezialfall des Quidproquos («das Eine für das Andere»), nämlich dass ein abgesondertes *Teil* für das *Ganze* steht. Dies stellt zugleich einen Verkehrungszusammenhang dar, da sich das Teil zum (Pseudo-)Ganzen verkehrt.

125 In der «Trennung eines wesentlich Zusammengehörigen» besteht zugleich die Elementarform jeglicher *Entfremdung* [MEW42: 84]. «Die Einheit stellt sich gewaltsam her, sobald die feindliche Spaltung zu Eruptionen führt [...].» [Ebd.]. Siehe auch: 🖥 Ex.: Arbeit und Entfremdung.

von den konkreten gesellschaftsgestaltenden Handlungsmöglichkeiten der Menschen getrennte Macht, «die sich in sich selbst entwickelt im Produktivitätswachstum, das verursacht wird durch die ständige Verfeinerung der Arbeitsteilung zur Parzellierung der Gesten, die von der Bewegung der Maschinen beherrscht sind». [GdS§25]. Dieses Strukturprinzip der Trennung auf der Grundlage gesellschaftlicher Arbeitsteilung in kapitalistischer Form bedeutet zusammengefasst «die Abstraktion jeder besonderen Arbeit und die allgemeine Abstraktion der Gesamtproduktion» [GdS§29], die sich vollkommen im Spektakel äußern, wobei «dessen *konkrete Seinsweise* gerade die Abstraktion ist. Im Spektakel *stellt sich* ein Teil der Welt vor der Welt *dar* und erscheint über sie erhaben. Das Spektakel ist zugleich die gemeinschaftliche Sprache dieser Trennung. Was die Zuschauer miteinander verbindet, ist nur ein irreversibles Verhältnis zum Zentrum selbst, das ihre Vereinzelung aufrechterhält. Das Spektakel vereinigt das Getrennte, aber nur *als Getrenntes.*» [GdS§29].

Da diese Abstraktionen aufgrund der spektakulären Produktionsweise reale Absonderungen, wirkliche, weil wirkende Verkehrungen sind, baut sich nun das Spektakel mittels der Bilder, über die es sich sinnlich darstellt, auch als verkehrte Vorstellung im Bewusstsein der Menschen auf. Die Bilder haben sich (durch die Form des Spektakels als Einheit des Getrennten) von den konkreten Handlungen der Menschen, gerade auch von jenen, die sie produzieren, abgesondert, und die Menschen konsumieren nun diese Bilder in passiver Weise; sie werden *ZuschauerInnen.* Wie die Waren als verdinglichte Produkte, so schieben sich die spektakulären Bilder, die den Produkten in der Warenform anhaften, zwischen die konkreten Handlungen der Menschen und die von ihnen gestaltete Welt, womit sie die objektiven Gestaltungsmöglichkeiten verbergen. Die Bilder sind eine Repräsentation der im Spektakel zusammengesetzten und zuvor getrennten Teilrealitäten und insofern ihnen gegenüber repräsentativ. Im Spektakel werden passive ZuschauerInnen der – letztendlich von ihnen selbst produzierten – Bilder hervorgebracht, die auf sie «hypnotisch», «narkotisch» zurückwirken. Das Spektakel ist, wie der Warenfetisch, der ihm zugrunde liegt, eine «phantasmagorische Form» (Marx). Die Passivität der Menschen liegt darin begründet, dass sie sich der praktischen Veränderungen ihrer Existenzbedingungen aufgrund der «narkotischen» Wirkung des Spektakels nicht bewusst sein können, obgleich sich das Spektakel aufgrund ihrer eigenen Handlun-

---

126 Anm58.

gen, ihrer konkreten gesellschaftlichen Arbeit beständig reproduziert. In diesem Sinne befinden sie sich in einem Zustand, der einem Drogenrausch, genauer: einem Opiumrausch[127], ähnelt. Debord beschreibt das Spektakel insofern auch als einen ständigen «Opiumkrieg, um die Identifizierung der Güter mit den Waren und auch die der Zufriedenheit mit dem sich nach seinen eigenen Gesetzen vermehrenden Überleben aufzuzwingen.» [GdS§44].

Das Spektakel drängt die wirklichen, lebensgestalterischen Begierden, die es, gemessen an den Möglichkeiten des menschlichen Lebens, zu entfremdeten Pseudo-Befriedigungen verkehrt, «in die entfernten Zonen des revolutionären Unbewussten» zurück. [BE: 231]. Ähnlich wie die Religion[128] in vorkapitalistischer Zeit, so konserviert das Spektakel diese Bewusstlosigkeit; darum bezeichnet es Debord auch als «Pseudo-Heiliges» [GdS§25], als den «materielle[n] Wiederaufbau der religiösen Illusion.» [GdS§20]. Die Projektion menschlicher Gattungskräfte im absolut gedachten Gott der monotheistischen Religionen verweltlicht sich mit der Durchsetzung der Wert- und Warenform in der kapitalistischen Produktionsweise. Die Stelle des scheinbar Absoluten nimmt im gesellschaftlichen Vermittlungsprozess nun nicht mehr ein – wie auch immer vorgestellter – Gott ein, sondern der Wert in allen seinen ökonomischen Ausformungen als Geld und Kapital. «Die im Geldvermögen angelegte ‹Utopie›, nämlich die Verheißung privater Verfügung über die Totalität menschlicher Möglichkeiten, holt das Reich Gottes auf die Erde und stellt es dem Individuum zur Disposition», so Christoph Deutschmann in seiner Untersuchung «Zur religiösen Natur des Kapitalismus». [Deutschmann: 104]. Auch Debord begreift das Geld im Spektakel als eine erscheinende Repräsentation der gesellschaftlichen Potenzen [vgl. GdS§49]. Nachdem die Menschen sich in der Religion eine entfremdende Projektion des endlichen menschlichen Lebens und seiner Möglichkeiten ins unendlich Transzendente halluzinierten, wirkte diese Projektion durch die Religion wie eine außer ihnen stehende Macht auf ihre Handlungen zurück. Insofern kann dieser von ihnen halluzinierte Gott die Menschen tatsächlich wiederum «nach seinem Ebenbild schaffen»[129] [vgl. MEW4: 466]. Diese Art der rückwirkenden Projektion fixierender Bilder auf die Menschen besteht mit dem

---

127   Die Besonderheit des Opiumgenusses besteht im Setting der Passivität und Kontemplation, der schmerzstillenden und sedierenden Wirkung sowie gesteigerter visueller Reizempfänglichkeit. Weiter siehe ⌨ Ex.: Das Theorie-Praxis-Verhältnis und die «Konstruktion von Situationen».
128   Anm59.
129   Vgl. «Die Bibel»: «*Gott schuf den Menschen in seinem Bilde, im Bilde Gottes schuf er ihn*» (1.Moses I.2,27). [Buber/Rosenzweig1992,I: 11, 29].

Entstehen der kapitalistischen Produktionsweise in verweltlichter Form. So wie das Geld als Repräsentant der menschlichen Potenzen erscheint, ist es (dieser Logik folgend) des weiteren das *Kapital*, das sich – wie Debord beschreibt – die Gesellschaft zu seinem Ebenbild macht: «Die ganze Ausdehnung der Gesellschaft ist sein Porträt.» [GdS§50].

3.3.3 Einheit und Teilung im Schein

*D*ebord lässt keinen Zweifel daran, dass die spektakuläre Formierung durch das Sich-zum-Ebenbild-Machens des Kapitals alle gesellschaftlichen Bereiche erfasst, und zwar weltweit. Dabei ist es nicht so, dass das Spektakel in Politik, Medien, Warenwelt, Kunst etc. einfach «stattfindet», sondern umgekehrt: diese aufgeteilten gesellschaftlichen Sphären sind selbst Inszenierungen des Spektakels. In seinem Buch «Die Gesellschaft des Spektakels» entfaltet Debord diesen Zusammenhang in Bezug auf die unterschiedlichsten gesellschaftlichen Bereiche und Themenfelder, wie z.B. Kolonisation, Urbanismus, Architektur, Kunst, Medien, Wissenschaften, aber stets auch in Bezug auf den Alltagsbereich, die Ideologie, die Politik, die Bürokratie, die Nationalstaaten etc.[130]

Der «Schein», den die spektakulär-fetischistischen Prozesse erzeugen, ist verkehrter Schein und als Verkehrungsmechanismus gleichwohl wirksam, da er praxisformierend wirkt, was sowohl die denkerische als auch die handelnde Praxis der Menschen betrifft. So zeigt sich in diesem Schein etwas Geteiltes (z.B. der Gesellschaftsmitglieder in Menschenklassen) als etwas Einheitliches (z.B. als sogenanntes «Volk») und umgekehrt etwas an sich Einheitliches (z.B. die Menschheit) als Getrenntes (z.B. als «Ethnien», «Rassen» etc.). Sobald nun ein Widerspruch «im Spektakel auftaucht, wird ihm seinerseits durch eine Umkehrung seines Sinnes widersprochen; so daß die aufgezeigte Teilung einheitlich ist, während die aufgezeigte Einheit geteilt ist.» [GdS§54]. Das grundlegende Prinzip dafür ist auch hier in den immanenten Gesetzmäßigkeiten der Kapitalbewegung zu finden, die sich als äußere Zwangsgesetze geltend machen, als *Konkurrenz* (z.B. in der Bewegung der einzelnen Kapitale). «In der Konkurrenz erscheint alles immer verkehrt, stets auf den Kopf gestellt» [MEW26.2: 215], wie Marx betont, «so auch [der] innere und notwendige Zusammenhang zwischen zwei scheinbar sich Widersprechenden». [MEW25: 235]. Konkurrenzkampf beherrscht nahezu alle gesellschaftlichen Sphären. Durch

---

130 Im Folgenden kann nur skizzenhaft und exemplarisch auf einzelne dieser Themenbereiche eingegangen werden.

«ungleiche, konfliktorische Entwicklungen des Systems» erscheinen im Spektakel verkehrte, spektakuläre «Kämpfe zwischen den rivalisierenden Formen der getrennten Gewalt.» [GdS§56].

So konkurrierten beispielsweise noch bis Mitte der 1980er Jahre die sogenannten realsozialistischen Staatsbürokratien und die westlichen Industrienationen als «Systemalternativen» miteinander; es war ein Kampf zwischen der, wie Debord dies nennt, «konzentrierten und der diffusen Form» des Spektakulären. «Das konzentrierte Spektakuläre gehört wesentlich zum bürokratischen Kapitalismus, auch wenn es importiert werden kann als Technik der Staatsgewalt über rückständigere, halbstaatliche Wirtschaften oder in bestimmten Krisenzeiten des fortgeschrittenen Kapitalismus». [GdS§64]. Dagegen begleitet das «diffuse Spektakuläre [...] den Warenüberfluß, d.h. die ungestörte Entwicklung des modernen Kapitalismus.» [GdS§65]. Verschmolz diese Konkurrenz immer schon zu einer Einheit in Bezug auf die Gesamtfunktion des Systems der «weltweiten Teilung der spektakulären Aufgaben» der damaligen kapitalistischen Entwicklungs- und Ideologieerfordernisse (die jahrzehntelange west-östliche Blockkonfrontation), so ist – wie Debord 1988 feststellte – diese Rivalität inzwischen innerhalb des Spektakels abgelöst worden durch eine dritte Form, die «sich seitdem gebildet [hat], eine fein abgewogene Kombination der beiden vorangegangenen, beruhend auf dem Sieg derjenigen, die sich als die stärkste erwiesen hatte, der diffusen Form.» [GdS: 200]. Diese neue Form nennt Debord «das *integrierte Spektakuläre*, das heute danach strebt, sich weltweit durchzusetzen.» [Ebd.]. Das integrierte Spektakel hat die autoritären und manipulatorischen Techniken des konzentrierten Spektakels in sich aufgenommen. Es ist noch perfekter geworden, weil es sich nicht einmal mehr zum Schein gegenüber seiner eigenen Pseudoopposition rechtfertigen muss.[131]

Auf der einen Seite werden durch ungleichmäßige Entwicklungen der spektakulär-kapitalistischen Entwicklungsdynamik und der Trennungen innerhalb des Spektakels permanente Pseudokämpfe, Konkurrenzsituationen und Rivalitäten erzeugt. «So erstehen falsche, archaische Gegensätze, Regionalismen oder Rassismen wieder auf», die durch jene Ungleichmäßigkeit der Entwicklungen bestimmte Entwicklungshöhen und erreichte Status-Quo-Konstellationen, an denen bestimmte Menschengruppen teilhaben können, «zu einer phantastischen, ontologischen[132] Überlegenheit verklären sollen.» [GdS§62]. Auf der anderen Seite ist «die durch

---

131 Vgl. GdS: 302 und Anm60.
132 Ontologisch: hier im Sinne eines «ewigen, unabänderlichen Seins».

das Spektakel ausposaunte irreale Einheit [...] die Maske der Klassenteilung, auf der die reale Einheit der kapitalistischen Produktionsweise beruht.» [GdS§72].

Das Spektakel als *System der Trennungen* atomisiert einerseits die Individuen, isoliert sie voneinander und verschleiert diese Trennungen durch spektakuläre Pseudovereinheitlichungen, wie z.B. durch nationale «Volksgemeinschaften». Andererseits stellt das Spektakel wirkliche Gemeinsamkeiten, wie etwa die prinzipiell gemeinsame elendiglich-unmündige ökonomische Lage der weltweit Lohnabhängigen oder die weltweite Vereinheitlichung der ökonomischen Raum-Zeit durch die kapitalistische Produktionsweise, als getrennt und geteilt dar. Auf der Grundlage dieser spektakulären Trennung und Aufteilung erheben sich die diversen spektakulären Kämpfe, angefangen von allen möglichen Konkurrenzkämpfen, über sportliche Wettkämpfe bis hin zu politischen Wahlkämpfen, welche den Schein von Alternativen der Wahl und von Mündigkeit erzeugen. Im Grunde werden auf diese Weise die wirklichen und möglichen emanzipatorischen Kämpfe verschleiert oder verdrängt, die wirklichen Alternativmöglichkeiten verdunkelt, die gegeneinander aufgehetzten Menschengruppen in Unmündigkeit gehalten. Beide Momente zusammen – die «Vereinheitlichung von Geteiltem» und die «Trennung des Einheitlichen» – ergeben insgesamt den realen und wirkmächtigen Schein, die jeweils verkehrte «Einheit und Teilung im Schein» [GdS: 43].

Die Wirkmächtigkeit dieses Scheins, der als realer Schein nicht bloß in den Gedanken und mentalen Zuständen der Menschen herrscht und spukt, zeigt sich des Weiteren in der gesellschaftlichen Raumordnung. Auf der einen Seite, so Debord, hat «die kapitalistische Produktion [...] den Raum vereinheitlicht, den keine äußeren Gesellschaften mehr begrenzen.» [GdS§165]. Auf der anderen Seite trennt diese Raumordnung die Menschen mehr und mehr voneinander. Die Gesellschaft des Spektakels, die ihre ganze Umgebung ummodelt, hat im *Urbanismus* eine spezielle ideologische Technik der gesellschaftlichen Raumgestaltung geschaffen, welche immer wieder im Fokus der situationistischen Kritik steht: «Der Urbanismus ist diese Inbesitznahme der natürlichen und menschlichen Umgebung durch den Kapitalismus, der, indem er sich logisch zur absoluten Herrschaft entwickelt, jetzt das Ganze des Raums als sein eigenes *Dekor* umarbeiten kann und muß.» [GdS§169]. Die Aufgabe des Urbanismus ist «die Aufrechterhaltung der Atomisierung der Arbeiter, die durch die städtischen Produktionsbedingungen gefährlich *zusammengebracht* worden waren.» [GdS§172]. Wegen der Erhöhung der Möglichkeit von Revolten im städtischen Raum findet auf dem Feld des Urbanismus ein ständiger Kampf gegen die Bewegungsmöglichkeit der Menschen statt.[133]

Die Isolierung der Menschen voneinander als wirksames Mittel der Kontrolle findet ihr notwendiges Korrelat in der kontrollierten «Reintegration der Arbeiter gemäß den planbaren Erfordernissen der Produktion und des Konsums» [GdS§172]. Der Urbanismus erweist sich damit als manipulative Ideologie. Als ein Beispiel für die Atomisierung der Menschen durch die moderne Architektur, der Verbunkerung ihrer Lebensmöglichkeiten, und dafür, «daß man die Menschen arbeiten lassen kann, um hochkünstliche Bedürfnisse zu befriedigen» [BE: 109/SI1: 256], führt die SI das zu ihrer Zeit sehr verbreitete Bauen von Atomschutzbunkern an.

Im städtischen Raum entstehen auf der einen Seite Zentren der Kapitalverwertung, in denen sich die Menschen nur in ihrer Rolle als Arbeitskraft bewegen. Auch der öffentliche Raum der Straße als Ort der Begegnung wird «seit den Erfahrungen der französischen Revolution» [GdS§172] mehr und mehr abgeschafft. Die Architektur stellt dabei ein Mittel dar, den gesellschaftlichen Raum entsprechend den Erfordernissen der spektakulären Warengesellschaft zu modellieren. Aber nicht nur Kontrolle, sondern auch die unmittelbaren Erfordernisse des Konsums leiten die Formwandlungen des Urbanismus. So schreibt Debord, dass die «Diktatur des Automobils [...] die alten Zentren sprengt und eine immer stärkere Zerstreuung gebietet», was z.B. durch Autobahnen der Landschaft aufgeprägt wird. Darin besteht ein Grund, dass «der gegenwärtige Moment [...] bereits derjenige der Selbstzerstörung des städtischen Milieus» ist. [GdS§174]. Auf der anderen Seite muss sich das spektakuläre System «der isolierten Individuen als *gemeinsam isolierter* Individuen wieder bemächtigen: Sowohl die Betriebe als auch die Kulturzentren, die Feriendörfer und die großen Wohnsiedlungen sind speziell für die Ziele dieser Pseudogemeinschaft organisiert, mit der das isolierte Individuum auch im *engsten Familienkreis* lebt: die durchgehende Verwendung von Empfängern der Spektakelbotschaft bewirkt, daß seine Isolierung von den herrschenden Bildern bevölkert wird, von Bildern, die erst durch diese Vereinzelung ihre volle Macht erreichen.» [GdS§172].

Das Spektakel insgesamt, in dem der herrschende Urbanismus ein Teilmoment darstellt, treibt die Atomisierung der Menschen im Kapitalismus weiter voran. Sie findet in einer hierarchisch strukturierten Form statt. Wie seine Elementarform, die Warenform, so ist auch das Spektakel universell. Und da die kapitalistische Produkti-

---

133 Zu Migration und Urbanismus: Anm61.

onsweise, die Warenproduktion, auf einer grundlegenden Trennung, nämlich des hierarchischen Klassengegensatzes, beruht und die Warenform die Elementarform des Spektakels darstellt, läuft auch die Gesellschaft des Spektakels in ihrer Totalität «auf eine universelle Hierarchisierung hinaus». [BE: 181/SI2: 151]. Diese äußert sich immer wieder gewaltsam-konfliktorisch.

Als Bestandteil der kapitalistischen Alltagsreligion entspringt sie der Unterwerfung: der Unterordnung unter «die gesellschaftlichen Naturgesetze» (Marx) der Konkurrenz und damit unter alle möglichen Formen der regressiven Vergemeinschaftung. Auch proletarischen Ansätzen der kollektiven Aktion wohnt somit das Moment der *konformistischen Revolte* inne und kann in den Klassenkämpfen spontan zum übergreifenden Moment werden. Im stummen Zwang der Verhältnisse setzen die konkurrierenden Arbeitskraftmonaden ihre Trennung als gewaltsame Hierarchisierung - mal latent, mal offen - in janusköpfiger (doppelgesichtiger) Gestalt durch: «An der Wurzel des Spektakels liegt die älteste Spezialisierung, die Spezialisierung der Gewalt. [...] Hier ist das Modernste auch das Archaischste.» [GdS§23]. Die Alltagsreligion nimmt nationalistische und rassistische Ausprägungen an, wo die Selbstanpreisung der Ware Arbeitskraft ihrer Spezialisierung, ihrem «Standortvorteil» in der Konkurrenz durch biologistische und rassistische Zuschreibungen Geltung zu schaffen versucht. Mit der wahnhaften Trennung von «Arbeit» und «Nichtarbeit» bricht das gesellschaftliche Gewaltverhältnis als eliminatorischer Antisemitismus in seiner barbarischsten Form durch.[134]

Die spektakuläre «Einheit und Teilung im Schein» stellt also insgesamt eine hierarchisierende Struktur dar, die eine deformierte, verkehrte und gewaltförmige Beziehung zwischen den atomisierten Menschen installiert. Dies ist grundlegend für die Betrachtung einer Klassenstrukturiertheit der Gesellschaft, wie sie im Folgenden näher untersucht werden soll.

3.4 Das Proletariat, die radikalen Bedürfnisse und das revolutionäres Begehren

*D*ie SI hat wie Wenige ihrer Zeit versucht, die Analyse der modernen Proletarität zu aktualisieren. Doch nicht nur zur Zeit der SI, vor allem auch heutzutage ist die Kategorie «Proletariat» höchst umstritten.[135] Gegen die Annahme einer Klassenstrukturiertheit – v.a.

---

134 Näheres dazu: Anm62. Die Haltung der SI hinsichtlich des Antisemitismus und der Shoah wird in den Kapiteln 4.7, 4.8 und 5 genauer betrachtet.

entlang ihrer begrifflichen Scheidung zwischen *Besitz und Nicht-
besitz von Produktionsmitteln* – wird oftmals entgegengehalten,
die Arbeitenden könnten es sich doch mittlerweile leisten, selbst
Produktionsmittel, wie etwa Computer und Autos, zu kaufen und
hätten damit die Möglichkeit, sich etwa als Software-EntwicklerIn-
nen oder als eigenes Taxi-Unternehmen selbständig zu machen.
Weiterhin könnten sie als Kleinaktionäre, wenn auch nur zu einem
geringen Bruchteil, am Eigentum von Produktionsmitteln der Groß-
industrie teilhaben. Das Kapital wird bei ebensolchen Aktiengesellschaften nicht mehr von UnternehmerInnen verwaltet, die als
alleinige EigentümerInnen der Produktionsmittel dastehen; vielmehr sind die Produktionsmittel hierbei Eigentum einer anonymen
Masse von AktienbesitzerInnen, und das Kapital wird von Mana-
gerInnen verwaltet, die ihrerseits lohnabhängig sind.

Auch die von Marx angenommene verstärkte Zuspitzung der
Klassengegensätze, bei der sich die beiden Hauptklassen – Bourgeoisie und Proletariat – in immer reinerer Form herausbilden, sei
(so hört man oft) geschichtlich und empirisch widerlegt worden,
da das von Marx so genannte «Kleinbürgertum» nicht – wie von
ihm angenommen – im Verschwinden begriffen sei, sondern sich
im Gegenteil zu einer modernen Mittelklasse emporgeschwungen
habe, welche zusammen mit dem Dienstleistungssektor im Wachsen begriffen sei. Die Unterscheidung der beiden reinen Klassen –
Bourgeoisie und Proletariat – sei im modernen Kapitalismus damit
obsolet geworden. Auch entspräche es der modernen gesellschaftlichen Ordnung viel eher, wenn anstatt von «Ausbeutung» von
vielschichtigen «Macht- und Herrschaftsmechanismen» und anstatt von «Klassen» von «Schichten» die Rede sei.

So sah sich schon die SI zu ihrer Zeit mit Thesen konfrontiert,
die ein Verschwinden des Proletariats behaupteten. In der Tat hat
sich zwar, wie auch die SI feststellt, mit der Entwicklung des
Kapitalismus im Vergleich zu Marxens Zeiten viel verändert: «Mit
der Umwandlung der globalen gesellschaftlichen Arbeit hat der
Kapitalismus fortlaufend die Klassenzusammensetzung modifi-
ziert. Er hat Klassen geschwächt oder neu zusammengesetzt,
abgeschafft oder gar geschaffen, die in der Produktion der Welt
der Ware lediglich eine sekundäre Funktion haben.» [DwS§35].
Gleichzeitig hält die SI aber daran fest, dass «allein die Bourgeoisie
und das Proletariat, die ursprünglichen geschichtlichen Klassen
dieser Welt, [...] weiter ihr Geschick unter sich aus[machen], in einer

---

135 Zur Scheinproblematik der Frage, welche Berufsgruppen zum Proleta-
     riat gehören und welche nicht: Anm63, 3.4.1 und 🖥 Ex.: «Mystifikation
     der Lohnform».

Auseinandersetzung, die *im wesentlichen die gleiche bleibt* [Hrv.]. Doch die Umstände, der Dekor, die Komparsen und selbst der Geist der Hauptakteure haben sich mit der Zeit geändert, die uns zum letzten Akt geführt hat.» [DwS§35]. Denjenigen, welche die Kategorie «Proletariat» als mittlerweile sinnentleert oder gar als ganz unsinnig ablehnen, hält die SI entgegen: «Gewisse Leute zweifeln an einem neuen Beginn der Revolution; sie wiederholen, daß das Proletariat sich im Zustand des Schrumpfens befinde oder die Arbeiter heute zufrieden seien usw. Das kann nur zweierlei bedeuten: Entweder erklären sie damit ihre eigene Zufriedenheit; dann werden wir sie, ohne Unterschiede zu machen, bekämpfen. Oder sie ordnen sich in eine von den Arbeitern getrennte Kategorie ein (z.B. als Künstler); dann werden wir diese Illusion zerstören, indem wir ihnen zeigen, daß das neue Proletariat mehr und mehr die ganze Welt umfaßt.» [BE: 118/SI1: 266].

Mit der situationistischen Klassenanalyse geht gleichzeitig eine Renaissance der Marxschen Begrifflichkeit einher, die sich vom orthodoxen Marxismus wesentlich unterscheidet. Die Klassenunterscheidungen ergeben sich bei Marx weder aufgrund definitorisch gesetzter Unterscheidungskriterien noch aufgrund vorgefundener oder zugeschriebener Merkmale, bestehender Berufszuschreibungen o.ä. Wie bei allen Kategorien, mit denen Marx umgeht, bleibt er seiner Praxisorientierung, seiner Theorie der gesellschaftlichen Praxis treu. Diese besteht in erster Linie in der Untersuchung dessen, was die Menschen tun, und nicht allererst dessen, was sie über sich selbst denken.[136] Das heißt, es gilt zunächst zu untersuchen, was die Praxis der Menschen bestimmt, wie sie selber diese Bestimmungen produzieren und reproduzieren, wie sie die bestehenden Verhältnisse verändern oder affirmieren, welches ihre praktische Lage im gesamtgesellschaftlichen Produktions- und Reproduktionsprozess ist, auf welche Quellen sie zurückgreifen können, wenn sie selbst ihr Leben reproduzieren etc. Gemäß diesem Untersuchungsvorhaben ist das «Proletariat» – wie andere Kategorien auch – eine Daseinsform und Existenzbestimmung.[137] Allerdings besteht die besondere Lage des Proletariats darin, sich in einem Widerspruch zwischen «Sein» und «Existenz» zu befinden, zwischen der Proletarität als konstitutivem Bestandteil der strukturellen Verfasstheit des Kapitalismus, als wesentliches Moment zur Schaffung des gesellschaftlichen Reichtums auf der

---

136 Vgl. MEW2: 38 und zitiert in Anm64.
137 D.h. auch, dass «Proletariat» und «Bourgeoisie» keine Idealtypen im Sinne Max Webers sind, also keine rein logisch-begrifflichen Bestimmungen.

einen Seite und seiner erbärmlichen, elenden Existenz auf den anderen Seite, gemessen an den reichhaltigen gesellschaftlichen Möglichkeiten.

Die situationistische Theorie setzt die Marxsche Klassenanalyse voraus – wobei sie, im Gegensatz zu orthodoxen MarxistInnen ihrer Zeit, stets die Klassenbildung als einen *entmenschlichenden Negationsprozess* hervorhob, allerdings ohne dies ausdrücklich in Form einer *systematischen* Kritik der politischen Ökonomie zu rekonstruieren. Gleichzeitig aber meldete sie sich auf den Ebenen der Kritik der Konsumtionssphäre und der Konstitution von Subjektivitäten originell zu Wort.[138] Dies hat zweierlei Gründe: Zum einen musste die Marxsche Klassentheorie der Weiterentwicklung des Industriekapitalismus in Richtung einer spektakulären Warenökonomie Rechnung tragen und erneuert werden. Blieben die wesentlichen Bestimmungen innerhalb der Produktionssphäre im Grundriss dieselben, so formierte sich der moderne Kapitalismus gerade im Bereich des entfremdeten Konsums neu (ohne die alten Formen gänzlich abzuschütteln). Zum zweiten sah die SI die Notwendigkeit, die in der Marxschen Klassenanalyse erst rudimentär entwickelte Subjektivitätstheorie weiterzuentwickeln. Sie hat hierbei die Analyse des gesellschaftlichen Gesamtzusammenhangs als ein «artistisches Ganzes» (Marx) in neuer Form auf eine bis dahin unerreichte Höhe geführt. Die SI nahm sich dabei verstärkt eines nahezu hundert Jahre lang weitgehend brachliegenden Kontinents der Marxschen Revolutionstheorie wieder an: des vertrackten fetischistischen Subjekt-Objekt-Verhältnisses.[139]

Zunächst muss jedoch im Folgenden die Marxsche Klassenanalyse rekonstruiert, aus ihren Verschüttungen herausgearbeitet und ihren deformierten Verstellungen, die sich heutzutage noch wesentlich hartnäckiger behaupten, gelöst werden.

3.4.1 Die Proletarisierung der Welt

Zunächst ist der Proletariatsbegriff, wie er von Marx eingeführt wird, negativ bestimmt; d.h. das Proletariat als Klasse ist ein historisch gewordenes Ensemble von Negationen, die dem Prozess der kapitalistischen «Entmenschlichung» (Lukács, Adorno) entspricht.[140]

---

138 Sogleich muss an dieser Stelle der Vorwurf zurückgewiesen werden, dass die situationistische Kritik ausschließlich der Zirkulationssphäre verhaftet sei: siehe Anm65.
139 Anm66.
140 Anm67.

Die geschichtliche Bewegung, welche das moderne Proletariat hervorbrachte, besteht in einer doppelten Enteignung: Einerseits wird eine große Masse Menschen «von Dienstbarkeit und Zunftzwang», von Lehensverhältnissen, damit von unmittelbaren persönlichen Herr-Knecht-Verhältnissen befreit und können somit «über ihre eigene Person verfügen», nachdem sie zuvor aufhörten, «an die Scholle gefesselt und einer andern Person leibeigen oder hörig zu sein [...]. Andrerseits aber werden diese Neubefreiten erst Verkäufer ihrer selbst, nachdem ihnen alle ihre Produktionsmittel und alle durch die alten feudalen Einrichtungen gebotnen Garantien ihrer Existenz geraubt sind.» [MEW23: 743]. D.h., die geschichtliche Umwälzung von der feudalen zur bürgerlichen Gesellschaft bringt eine Masse von Personen hervor, welche in einem zynischen Doppelsinne frei sind, wie Marx betont: Nämlich sowohl *frei von* Subsistenz-, Existenz- und Produktionsmitteln als auch *frei*, ihre Arbeitskraft *zu* verkaufen – zumindest formell juristisch gesehen – an wen sie wollen; und damit können sie potenziell frei über ihre eigene Person verfügen. Doch aufgrund des Nichtbesitzes an Produktionsmitteln löst sich diese Freiheit in eine sachliche Notwendigkeit auf. Denn sie sind gezwungen, ihre Arbeitskraft zu verkaufen, wollen sie *über*leben, und der Verkauf muss erst einmal gelingen. Das bedeutet, dass selbst die Arbeit für sie keine gesicherte Lebensquelle[141] mehr darstellt. Der Zwang, die eigene Arbeitskraft zu verkaufen, wird zudem noch mit staatlichen Disziplinarmaßnahmen flankiert. Denn der «Eigentumslose ist mehr geneigt, Vagabund und Räuber und Bettler als Arbeiter zu werden.» [MEW42: 631]. Aber «es genügt auch nicht, sie zu zwingen, sich freiwillig zu verkaufen», sondern erst «Erziehung, Tradition, Gewohnheit» machen aus ihnen eine «Arbeiterklasse, die [...] die Anforderungen jener Produktionsweise als selbstverständliche Naturgesetze anerkennt.» [MEW23: 765]. Das Proletariat hat schließlich die äußeren Zwangsmaßnahmen verinnerlicht.

Dieser historische Entwicklungsaspekt markiert zugleich auch die logisch-notwendige Voraussetzung für die bestehende kapitalistische Produktionsweise. Auf der Ebene der Warenzirkulation, d.h. auf der Ebene des Marktes, können zwar KapitalistIn und LohnarbeiterIn im Prinzip frei aussuchen, mit wem sie markten wollen. Aber sie kommen letztendlich nicht umhin, miteinander in Beziehung zu treten, da beide als jeweilige PrivateigentümerInnen über das verfügen, was der/die andere braucht. Sie stehen sich daher als «Klasse der Käufer» und «Klasse der Verkäufer» auf dem Arbeitsmarkt

---

141 Vgl. MEW3: 35f. und zitiert in Anm68.

gegenüber.[142] Dieses Austauschverhältnis, bei dem zwei formal-juristisch gleiche Privatpersonen einen jeweils freiwilligen Vertrag eingehen und das auf dem Arbeitsmarkt als völlig gerecht erscheint, vermittelt und verbirgt ein (prinzipiell unpersönliches) Abhängigkeitsverhältnis, das wiederum ein sachliches Ausbeutungsverhältnis reproduziert, welches Marx in seiner «Kritik der politischen Ökonomie» entschlüsselt hat. Von dieser «Klasse der Käufer» bleibt jeder Lohnarbeiter abhängig, obwohl kein Lohnarbeiter einem einzelnen Kapitalisten gehört und jeder – zumindest formell – die Freiheit behält, seinen «individuellen Lohnherrn» zu wechseln. [Vgl. MEW23: 599]. Die logische Voraussetzung dafür, dass der Arbeiter gezwungen ist, «statt einer Ware sein Arbeitsvermögen als Ware zu verkaufen», besteht nach Marx darin, dass ihm «sämtliche Produktionsmittel, sämtliche gegenständlichen Bedingungen der Arbeit [...] wie sämtliche Lebensmittel, Geld, Produktionsmittel [...] als fremdes Eigentum gegenüberstehn». [MEGAII,4: 77]. Wenn man also die gegenständlichen Bedingungen der Arbeit betrachtet, so entpuppt sich einer der beiden Privateigentümer, die sich auf dem Arbeitsmarkt gegenüberstehen, als Nichteigentümer. Stellte sich schon die historische Voraussetzung der Klassenbildung des Proletariats – der Enteignungsprozess – als ein Negationsprozess dar, so tritt das Proletariat auch auf dem Arbeitsmarkt unter negativen Vorzeichen, als *Nicht*eigentümer auf. Die Klassenbildung des Proletariats zeigt sich schon auf dieser Ebene als ein Prozess der Deklassierung.

Auf der anderen Seite steht die Klasse der Kapitalisten, die auf dem Markt in den Charakterformen als Waren-, Geld- und Produktionsmittelbesitzer auftreten. Von bloßen Waren- und Geldbesitzern (z.B. den Schatzbildnern) unterscheiden sie sich dadurch, dass ihr Geld sich vermehren soll (insofern sind die Waren auch wiederum nur Mittel, um an Geld zu kommen, das sich verwerten soll). Die Wertsumme des Geldes wird erst dadurch Kapital, dass «ihre *Größe* sich *vergrößert*».[143] Der «bestimmende Zweck, das treibende Interesse und das schließliche Resultat des kapitalistischen

---

142 Das Proletariat bestand in der Analyse und der Beschreibung von Marx immer weitgehend aus Frauen und Kindern, auch wenn die Sprache bei Marx und auch bei der SI diese Realität wieder ausblendet und terminologisch den Blick auf den Phänotyp des männlichen Arbeiters einengt. Da wir im Folgenden die Marxsche Klassenanalyse rekonstruieren, dabei viel mit Zitaten arbeiten müssen, könnten wir die realitätsgerechtere Sprachregelung wie etwa «ArbeiterIn» nicht konsequent durchhalten, ohne dass wir ständige Eingriffe in die Zitate machen müssten, da die historisch erstarrten Sprachformen der marxistischen Ära permanent damit kollidieren. Zu diesem Problemkomplex: ⌨ Ex.: Die Kategorien «Natur» und «Geschlecht» und die Sprachkritik.

143 Anm69.

Produktionsprozesses» ist ja schlussendlich (gepaart mit der Reproduktion des Kapitals) die «Produktion von Mehrwert, die [...] nichts ist als die Produktion von Surplusarbeit, Aneignung unbezahlter Arbeit im wirklichen Produktionsprozeß». [MEGAII,4: 53f.]. Und da, wie Marx schreibt, der Geldbesitzer sich glücklich wähnen kann, mit der Arbeitskraft «auf dem Markt eine Ware zu entdecken, deren Gebrauchswert selbst die eigentümliche Beschaffenheit [besitzt], Quelle von Wert zu sein, deren wirklicher Verbrauch also selbst Vergegenständlichung von Arbeit, daher Wertschöpfung» [MEW23: 181] ist, so ist eine wesentliche Voraussetzung für die Produktion von Mehrwert gegeben.

Der Gebrauch der Ware Arbeitskraft ist die Arbeit selbst, welche im kapitalistischen Produktionsprozess Wert und Mehrwert bildet. Da eine gekaufte Ware im Prinzip den Käufer berechtigt, diese Ware zu gebrauchen, wie er möchte, so kann der kapitalistische Geldbesitzer die gekaufte Ware Arbeitskraft – innerhalb bestimmter Grenzen – im Produktionsprozess einsetzen, wie er möchte. Er kann sie länger oder kürzer arbeiten lassen, intensiver oder weniger intensiv, an diesen oder jenen Arbeitsmitteln etc. Mit dem Ziel, mehr Wert zu schaffen, als vorher vorhanden war, heißt das zugleich auch, dass das von ihm gekaufte Arbeitsvermögen den vorhandenen Werten mehr Wert zuzusetzen hat, als die gekaufte Arbeitskraft selbst gekostet hat. Insofern ist die lebendige Arbeit die Quelle des Mehrwerts.[144]

Aus diesem Strukturzusammenhang der kapitalistischen Produktionsweise ergibt sich nach Marx: «Akkumulation des Kapitals ist also Vermehrung des Proletariats.» [MEW23: 642]. Und so kommt Marx zu folgender Bestimmung: «Unter ‹Proletarier› ist ökonomisch nichts zu verstehn als der Lohnarbeiter, der ‹Kapital› produziert und verwertet und aufs Pflaster geworfen wird, sobald er für die Verwertungsbedürfnisse des ‹Monsieur Kapital› [...] überflüssig ist.» [MEW23: 642,FN].

In der spezifisch kapitalistischen Produktionsweise, d.h. der reellen Subsumtion der Arbeit unter das Kapital, ist es nicht mehr der vereinzelte Arbeiter, der im Blickpunkt steht, sondern es ist ein «sozial kombiniertes Arbeitsvermögen», welches zum «wirklichen Funktionär des Gesamtprozesses wird». [MEGAII,4: 109]. Die verschiedenen Arbeitsvermögen nehmen, wie Marx beschreibt, in sehr verschiedener Weise an der Produktbildung teil, das eine mehr als Hand-, das andere mehr als Kopfarbeit, «als manager, engineer, Technolog etc., [...] als overlooker, [...] als Handarbeiter, oder gar

---

144 Anm70.

bloß als Handlanger» [ebd.]. Als kombinierte Tätigkeiten verwirklichen sie ein «Gesamtprodukt, das zugleich eine Gesamtmasse von Waren ist», und die ausgeübten Funktionen der einzelnen ArbeiterInnen stellen jeweils «nur ein Glied» dessen dar, was den «Gesamtarbeiter» ausmacht.[145] Nach Marx ist es dabei gleichgültig, ob diese Funktion «ferner oder näher der unmittelbaren Handarbeit steht»; es «ist [...] nicht mehr nötig, selbst Hand anzulegen; es genügt, Organ des Gesamtarbeiters zu sein, irgendeine seiner Unterfunktionen zu vollziehn». [MEGAII,4: 109, vgl. MEW23: 531]. In ihrer Gesamtheit machen sie eine *geschichtete* Klassentotalität aus, und gleichzeitig verbirgt die augenfällige Erscheinung der Verschiedenheit der «Schichten der Arbeiterklasse» [MEW23: 430], ebenso wie Berufe, Spezialisierungen usw., jene Totalität.

Zu dieser Klassentotalität gehören selbstverständlich auch die aus der Verwertungsmaschinerie ausgeschiedenen Erwerbslosen; denn sie bilden «eine stets disponible, industrielle Reservearmee», welche in immer neuen Schüben auf immer neuer Stufenleiter durch die Kapitalakkumulation immer wieder «systematisch [...] großgezüchtet» wird. [MEW23: 502]. Des Weiteren gehören die in Hausarbeit Tätigen dazu,[146] die in diesem Gesamtprozess ihren Beitrag zur Reproduktion der Arbeitskraft leisten, wie z.B. bei der «Aufzucht» der nachwachsenden Arbeitskräfte sowie bei der Wiederherstellung der direkt im Verwertungsprozess Beteiligten, wie bspw. durch gesundheitliche Pflege. Es muss also alles berücksichtigt werden, was zum Funktionieren des variablen Kapitalanteils,[147] welcher die real verdinglichte Form des unter dem direkten Kommando des Kapitals stehenden Gesamtarbeiters (als angekaufte Arbeitskraft) bezeichnet, beiträgt.

Aber selbst die «noch nicht wirklich subsumierten Arbeitsverhältnisse» werden der herrschenden Produktionsweise entsprechend «idealiter» unter sie subsumiert. Laut Marx ist z.B. «der selfemploying laborer [...] sein eigner Lohnarbeiter, seine eignen Produktionsmittel treten ihm als Kapital in der Vorstellung gegenüber. Als sein eigner Kapitalist wendet er sich selbst als Lohnarbeiter an.» [MEGAII,4: 111]. D.h. heutzutage, dass auch z.B. die TaxifahrerInnen, die als «Ich-AG» ihr eigenes Taxi besitzen, letztendlich – vermittelt – unter dem Kommando des Kapitals stehen.

---

145 Wenn also im Folgenden die Rede vom «Arbeiter» ist, so ist stets die GesamtarbeiterIn des gesellschaftlichen Produktionsprozesses gemeint.

146 Zur Haus- und Reproduktionstätigkeit siehe: Anm71.

147 Zu den Begriffen konstantes und variables Kapital: vgl. MEW23: 223f; zitiert in Anm72.

Nach dem bisher Rekonstruierten wird es nun nicht mehr überraschen, dass es Marx – entgegen dem orthodoxen Marxismus – völlig fernstand, den «Proletarier» mit dem (fast immerzu als männlich gefassten) Industriearbeiter oder dem «Blaumann» zu identifizieren. An dieser Stelle muss noch kurz auf ein weiteres Missverständnis eingegangen werden, welches daher rührt, dass es viele Tätigkeiten im Kapitalismus gibt, die nicht direkt in den unmittelbaren Produktionsprozess des Kapitals mit einfließen, sondern die nur in der Form des Dienstes existieren (z.B. Arzt- und Friseurtätigkeiten, staatliche Regierungsdienste, Verwaltungstätigkeiten, künstlerische Tätigkeiten). Betrachtet man den Gesamtprozess der kapitalistischen Produktionsweise mitsamt allen Vermittlungsformen, so zeigt sich schließlich, dass auch jene Dienste von den Gesetzmäßigkeiten, die den Preis der Lohnarbeit regeln, ergriffen sind. Zur Selbstverwertung des Kapitals tragen auch alle ZirkulationsarbeiterInnen aus Handel, Banken und Versicherungen bei. Zwar schaffen diese im Gegensatz zu den «produktiven ArbeiterInnen» nicht direkt Mehrwert, denn sie sind (vom Standpunkt des Kapitals aus gesehen) «unproduktiv»; sie sind aber indirekt an der Mehrwertproduktion beteiligt, indem sie z.B. die Zirkulationskosten senken, also Profit schaffen *helfen* durch Ökonomisierung und Beschleunigung des Kapitalumschlags und der Kapitalzirkulation.[148]

Zur zweiten Gruppe, den sogenannten «unproduktiven ArbeiterInnen» gehören «immaterielle ProduzentInnen», merkantile, «kommerzielle LohnarbeiterInnen» und Angestellte. Es zeigt sich die große Tendenz, dass «mit der Entwicklung der kapitalistischen Produktion alle Dienste sich in Lohnarbeit verwandeln und alle ihre Verrichter sich in Lohnarbeiter verwandeln». [MEGAII,4: 110]. Dass der Lohn sich dabei aus verschiedenen Quellen speist, ob der Kapitalist den Lohn aus der Revenue[149] bezahlt, wie im Falle der unproduktiven ArbeiterInnen, oder wie im Falle der produktiven ArbeiterInnen direkt aus der Wertschöpfung, ist für das Klassenverhältnis in seiner grundlegenden Strukturiertheit nicht entscheidend. Im Gegenteil: Marx macht darauf aufmerksam, dass das Verselbständigen dieser Quellen als absolutes Unterscheidungskriterium für «Klassen» (z.B. als «Mittelklasse») oder «Schichten» selbst zur Mystifikation und somit zum Fetischismus beiträgt. [Vgl. MEGAII,4: 111].[150]

---

148 Näheres zur Klassenanalyse des «kommerziellen Arbeiters» und Literaturhinweise: Anm73 und ⊟ Ex.: Klassenbewußtsein.
149 Revenue: Einkommensquelle.
150 ⊟ Ex.: Mystifikation der Lohnform.

Insgesamt lässt sich sagen, dass alle Unterscheidungen von Arbeitsarten des Gesamtarbeitsprozesses, deren Bedingungen und deren Akteure, welche im Spektakel als getrennte erscheinen, die Klassenanalyse verdunkeln; dazu gehören die Trennungen von körperlicher und geistiger Arbeit, von materieller und immaterieller Arbeit, von Stadt und Land, unmittelbaren Lohnarbeitern und Arbeitslosen, Jugend und Alter, Männern und Frauen, Norden und Süden etc. Die Verdunkelung besteht in erster Linie darin, dass diese Unterscheidungen nicht als Unterschiede innerhalb *der Totalität* des gesamtgesellschaftlichen Produktions- bzw. Reproduktionsprozesses gefasst werden, sondern als absolute Trennungen erscheinen, woraufhin sie meist moralisch, ästhetisch, kulturell usw. auf- oder abgewertet werden.[151] Der Prozess der Proletarisierung ist also zugleich ein Prozess der Hierarchisierung und der Konkurrenzbildung, bei dem «das Proletariat mehr und mehr die ganze Welt umfaßt». [BE: 118/SI1: 266].

3.4.2 Charaktermasken des Spektakels

Kehren wir zunächst zum Produktionsprozess zurück: Er stellt sich als die unmittelbare Einheit von Arbeits- und Verwertungsprozess dar. Ebenso wie die Ware einen Doppelcharakter als Gebrauchswert und Wert besitzt, so besitzt auch der Produktionsprozess einen entsprechenden Doppelcharakter: Wie bei den Waren der Gebrauchswert als Träger des Werts figuriert, so ist im Produktionsprozess der Arbeitsprozess bloßes Mittel für den Verwertungsprozess, dessen Ziel die Mehrwertproduktion ist. Wenn man den Arbeitsprozess für sich alleine betrachtet – d.h. den Produktionsprozess abzüglich des Verwertungsprozesses –, dann scheint es so, dass ArbeiterInnen mit ihrer konkreten Arbeit konkrete Produkte, Gebrauchswerte herstellen, indem sie Arbeitsmittel, Werkzeuge, Maschinen etc. anwenden. Da der Arbeitsprozess im kapitalistischen Produktionsprozess aber nur eine Seite darstellt, er bloßes Mittel für den Verwertungsprozess ist, findet sich hier ein weiteres fetischistisches Quidproquo. Denn im kapitalistischen Produktionsprozess «verwenden die Produktionsmittel den Arbeiter, so daß die Arbeit nur als Mittel erscheint, wodurch eine bestimmte *Wertmasse*, also eine bestimmte Masse *vergegenständlichter* Arbeit lebendige Arbeit einsaugt, um sich zu erhalten und zu vermehren. Der Arbeitsprozeß erscheint so als *Selbstverwertungsprozeß* der vergegenständlichten Arbeit vermittelst der lebendigen Arbeit. Das *Kapital* wendet den *Arbeiter* und nicht der *Arbeiter das Kapital* an,

---

151 Die SI dazu: vgl. DwS§35 und zitiert in Anm74.

und nur *Sachen, die den Arbeiter anwenden*, die daher im Kapitalisten *Selbständigkeit*, eigenes Bewußtsein und eigenen Willen besitzen, sind *Kapital*.» [MEGAII,4: 81f.]. Der kapitalistische Produktionsprozess zwingt den darin verwickelten Akteuren eine bestimmte Rollenverteilung auf, die seinen funktionalen Erfordernissen entspricht. Wenn man die Produktionssphäre betrachtet, erscheint die Deklassierung des Proletariats und die Entmenschlichung des Arbeiters – hier als Verdinglichung – im Prozess der Klassenbildung nahezu greifbar. Der Arbeiter wird als pures «Anhängsel der Maschine» [MEW23: 674] der Menschewürde beraubt, er ist reduziert zum bloßen «variablen Kapitalanteil». Aber auch der Kapitalist ist von dieser Versachlichung nicht ausgenommen; denn auch er ist – zwar als «Oberaufseher, Leiter», als «Dirigent» und «Gewalthaber» des Produktionsprozesses – bloß «die mit Willen und Bewußtsein begabte Funktion des in seinem Verwertungsprozeß begriffenen Kapitals». [MEGAII,4: 91,121, 94].[152]

Als Funktionsträger des Kapitals ist der Kapitalist auf eine bloße «Charaktermaske» [vgl. MEW23: 99,591,635][153] der Selbstverwertung des Wertes reduziert, in dem er als Kapitalist die notwendigen Funktionen des Kapitals ausübt. Er funktioniert insofern nur als «personifiziertes Kapital».[154] Auch ist es entsprechend dieser Funktionsweise unerheblich, dass der traditionelle unternehmerische lebendige Kapitalist, der noch in einer Person unmittelbarer Eigentümer von Produktionsmitteln und zugleich leitender Manager, «fungierender Kapitalist» war, mehr und mehr durch vermitteltere Eigentumsformen, wie Aktiengesellschaften etc. und deren lohnabhängige Führungskräfte, ersetzt wird.

Der Begriff «Charaktermaske» steht bei Marx für die verschiedenen Personifikationen der ökonomischen Verhältnisse, die menschlich entfremdende Tatsache, dass die Repräsentanten oder «Agenten», «Funktionäre» von Kapital, Lohnarbeit usw. – wollen sie ökonomisch funktionieren, d.h. überleben – weitgehend auf ihre ökonomische Funktion reduziert sind.[155] Die ihnen aus diesen Verhältnissen, in welche sie jeweils verwickelt sind, erwachsenden Aufgaben, «Kompetenzen» und Qualifikationen werden für eine natürlich-angeborene Eigenschaft ihres individuellen Charakters gehalten, wodurch sich zugleich das Unbewusste dieses Prozesses repro-

---

152 Anm75.
153 Zum Begriff «Charaktermaske»: Anm76.
154 «Als Kapitalist ist er nur personifiziertes Kapital. Seine Seele ist die Kapitalseele.» [MEW23: 247].
155 Anm77.

duziert. Als «Unternehmer», «Arbeitnehmer», «Kreditgeber», «Verbraucher» etc. erscheinen sie einerseits zwar als Akteure, sind aber andererseits nichts weiter als die Funktionsträger und die praktisch ausführenden Sachwalter der «hinter ihrem Rücken» wirkend gesellschaftlichen Prozesse – und darin jederzeit ersetzbar.

In den Charaktermasken als Lohnarbeiter und Kapitalist treten sich auf dem Arbeitsmarkt Zugehörige zweier unterschiedlicher Klassen entgegen. Der Kauf und Verkauf des Arbeitsvermögens schließt mit ein, dass die gesamte Arbeiterklasse beständig einen Teil des von ihr erzeugten Produkts zurückkaufen muss, der Form nach aber jeder für sich allein. So gesehen vertuscht das auf dem Arbeitsmarkt auftretende Geldverhältnis zwischen der Klasse der Käufer und der Klasse der Verkäufer von Arbeitskraft die wirkliche Transaktion und die sich beständig erneuernde Abhängigkeit. Der Status des Arbeiters als freie Person entpuppt sich als Schein.[156]

So erscheint die kapitalistische Produktion als «ein Zwang, den die Kapitalisten sich wechselseitig und den Arbeitern antun» [MEGAII,4: 123]; tatsächlich entsteht aber diese Entfremdung beider Klassen als logische Notwendigkeit des kapitalistischen Produktionsprozesses. Allerdings kann sich der Kapitalist in dieser Entfremdung[157] besser einrichten, da seine Rolle als personifiziertes Kapital ihm gegenständlichen Reichtum verschafft, während dem Arbeiter, als personifizierter Arbeit, selbst die von ihm produzierten Lebensmittel als fremde Macht entgegenstehen. Hinzu kommt, wie Adorno sich ausdrückt, dass «die herrschende Klasse [...] nicht nur vom System beherrscht [wird], sie herrscht durchs System». [ND: 19].

Letztendlich sind also in der bürgerlichen Gesellschaft im Grunde alle Individuen menschlich sich selbst entfremdet.[158] Unterschiede zeigen sich aber in Hinblick auf die Bedürfnisstruktur, die vom eingenommenen Platz der Individuen im System der kapitalistischen Arbeitsteilung bestimmt wird,[159] sowie der unterschiedlichen Kontrolle der gesellschaftlichen Raumordnung und ökonomischer Zeittakte.

Innerhalb der geschichteten Struktur der Klassen bestimmt die SI die Herrschenden als «diejenigen, die diese gesellschaftliche Raum-Zeit organisieren bzw. Spielraum genug für eine persönliche Wahl haben (auch z.B. wegen des wichtigen Fortbestandes alter

---

156 Anm78.
157 Zum Begriff «Entfremdung»: 🖳 Ex.: «Arbeit und Entfremdung».
158 Marx schreibt dazu: «Die besitzende Klasse und die Klasse des Proletariats stellen dieselbe menschliche Selbstentfremdung dar.» [MEW2: 37].
159 Dies wird in 3.4.3 genauer zu betrachten sein.

Formen des Privateigentums)». [BE: 160/SI2: 19]. ProletarierInnen sind dagegen diejenigen, «die diese Organisation erleiden müssen», die also «keine Möglichkeit haben, die gesellschaftliche Raum-Zeit zu verändern, die die Gesellschaft ihnen zum Konsum zuteilt (auf den verschiedenen Stufen des erlaubten Überflusses und Aufstiegs)». [Ebd.]. Diese Bestimmung der SI wirkt der lohnförmigen Verhüllung strategisch entgegen, indem sie die Herrschaftspyramide innerhalb der Klassenstruktur wieder sichtbar macht. Sie «soll die kunstvoll gesponnene Komplexität der Funktions- und Lohnhierarchien deutlich polarisieren, die den Gedanken nahe legen, innerhalb dieser Hierarchien seien keine Unterschiede mehr spürbar und es gäbe an den beiden Enden einer äußerst dehnbar gewordenen sozialen Kurve eigentlich keine wirklichen Proletarier oder wirklichen Besitzer mehr». [Ebd.].

Der situationistischen Theorie ist es damit gelungen, gegenüber den sozialwissenschaftlichen und ideologischen Verwischungen der Klassenunterschiede aufgrund der Einkommensfrage die Unterscheidungsgrenzen der Klassen innerhalb der Totalität der Lebens- und Produktionsverfügungen wieder deutlich aufzuzeigen:[160] Wer eigentlich die Kontrolle über Raum, Zeit, Produktions- und Lebensbedingungen und über andere Menschen besitzt.

Als Beispiel für eine sehr spezielle Form der Charaktermaske sei auf den Typus «Führungskraft» hingewiesen, den die SI genauer untersuchte.[161] Zunächst erscheinen die Führungskräfte als untereinander sehr verschiedenartig. Ökonomisch und sozial gesehen, d.h. in Bezug auf ihre Lage im Gesamtarbeitsprozess, gehen die Führungskräfte in ihrer Gesamtheit beinahe vollständig im modernen Proletariat auf. «Die große Masse der Führungskräfte besteht aus mittleren und unteren Führungskräften [...]. Ihre ökonomische Funktion ist wesentlich mit dem tertiären Sektor verknüpft, mit den Dienstleistungen, und ganz besonders mit dem eigentlich spektakulären Bereich des Verkaufs, der Instandhaltung und der Lobpreisung der Waren, zu denen auch die Arbeitsware [genauer: Arbeitskraft-Ware, Anm. BBZN] selbst zählt.» [DwS§36]. Die vorangestellte Einschränkung, dass die Führungskräfte *beinahe* in der Klasse des Proletariats aufgehen, nimmt ihre Berechtigung aus der besonderen Lage der obersten Schicht der Führungskräfte, welche eine besondere Zwischenstellung innerhalb der Klassenpolarität einnimmt. Als Topmanager etwa stehen sie innerhalb des Arbeits- und Verwertungsprozesses zwar, wie auch die einfachen ArbeiterInnen, als variabler Kapitalanteil (lebendige Arbeit) dem konstanten

160 ⊟ Ex.: Mystifikation der Lohnform.
161 Anm79.

Kapitalanteil (tote Arbeit: Maschinerie etc.) gegenüber. Indem sie aber bestimmte Funktionen des Kapitals, wie z.B. die Gestaltung der Gesamtkontrolle oder das räumliche wie zeitliche Strukturieren des Verwertungsprozesses, als Kapitalagenten ausüben, nehmen sie sozusagen eine hybride Stellung ein. Als KopfarbeiterInnen sind sie nichts als variables Kapital; als OrganisatorInnen des Verwertungs-, d.h. Ausbeutungsprozesses, fungieren sie wie «Als-ob-Kapitalisten» oder «fungierender Gesamtkapitalist», d.h. funktional gesehen als Herrschende, als «Funktionselite». «Die wirkliche Schicht der oberen Führungskräfte [...] ist auf tausendfache Weise mit der Bourgeoisie verknüpft, in der sie häufiger noch aufgeht, als daß sie von ihr herkommt.» [Ebd.].

Nach dieser objektiven Lagebestimmung der Führungskräfte verlagert die SI nun die Analyse auf deren Subjektivitäten. Die oberste Schicht der Führungskräfte bildet für die anderen Schichten eine motivierende Orientierung, ist aber zugleich «das illusorische Modell und das illusorische Ziel». [Ebd.]. Aber nicht zuletzt gibt das Spektakel für das Leitbild «Führungskraft» ein Spektrum an Lebensstilen vor, und zwar in diesem Fall als «Bild der Lebensart und der Geschmacksrichtungen, die die Gesellschaft ausdrücklich für sie, ihre Mustersöhne, fabriziert». Und eben diese Lifestyle-Produktion «beeinflußt weitgehend die Schichten kleiner Angestellter oder Kleinbürger, die nach ihrer Umwandlung in Führungskräfte streben». [DwS§36]. Gerade auf der Ebene des Konsums funktioniert der Abwehrmechanismus des eigenen elendiglichen Daseins, die Verdrängung des Proletarisiertseins am wirkmächtigsten. Die Orientierung am Bild der bourgeoisen Mode- und Lifestyle-Richtungen ist gleichsam der Versuch, sich vom Geschmack der «einfachen» Leute, der in der gesellschaftlichen Status-Hierarchie weiter «unten» Stehenden, abzugrenzen, um daraus einen ästhetischen und kulturellen «Distinktionsgewinn» (Bourdieu)[162] zu ziehen, resultierend aus der Furcht vor dem Absturz in eben jene Schichten. Dies zeigt sich v.a. auch in den konjunkturellen Schwankungen zwischen Belächeln und gefahrlosem Kopieren der sogenannten «proletarischen Kultur», die im Spektakel ihrerseits zu einem Bild geworden ist.[163] Der innerste Ausdruck dieser Abgrenzungsschlacht der mittleren und unteren Führungskräfte gegen weiter unten kann wohl auf folgende Formel gebracht werden: *Ich bin virtuell alles, nur nicht reell proletarisiert!*[164]

---

162 Zum Begriff «Distinktionsgewinn»: Anm80.
163 Anm81.
164 Die SI zur spezifischen Subjektivität der Führungskraft: vgl. DwS§36 und zitiert in Anm82.

3.4.3 Die Sphäre des Konsums

*I*nnerhalb der kapitalistischen Gesellschaft stellen die *Lebensmittel* nichts anderes dar als eine besondere «Existenzform, worin das Kapital dem Arbeiter gegenübertritt». [MEGAII,4: 78]. Die Lebensmittel, an deren Produktion das lohnabhängige Individuum als «MitarbeiterIn» gesellschaftlich mitgewirkt hat, muss es aus seinem individuellen Lohn wieder anteilig kaufen, um sie zu seinem «Warenkorb» machen zu können. Das Geld, das die ArbeiterInnen als Lohn (Preis ihrer Arbeitskraft) erhalten, «ist nur die verwandelte Form dieser Lebensmittel», weil sie es nach Erhalt wieder in Lebensmittel zurückverwandeln müssen, um ihre Arbeitskraft zu reproduzieren. Der Begriff «Lebensmittel» umfasst insgesamt alle Faktoren und Voraussetzungen, welche die Arbeit als variables Kapital, als Kosten für die lebendige Arbeitskraft, aufrechterhalten, und insofern das gesamte lebendige Arbeitsvermögen immer wieder herzustellen in der Lage sind. Der Wert der Arbeitskraft, um deren Kauf und Verkauf es dabei geht, ist – wie der Wert aller Waren – durch die «gesellschaftlich notwendige Arbeitszeit» bestimmt, welche aufgebracht werden muss, um den arbeitenden Menschen am Leben und arbeitsfähig zu halten. Dazu gehört nicht nur ein – kulturell und historisch unterschiedlich großer – «Warenkorb» von direkt konsumierbaren dinglichen Lebensmitteln, sondern ebenso Erholung, Gesundheitspflege, Ausbildung, das Aufrechterhalten einer Familie, die für den Nachwuchs weiterer Arbeitskräfte sorgt, aber auch bestimmte Freizeitaktivitäten zur Entspannung, Urlaub etc. sowie insgesamt die Mittel für ein bestimmtes kulturelles Niveau und die Ausbildung bestimmter minimaler Kulturtechniken. Zunächst scheint, formell betrachtet, der im Arbeitslohn ausgelegte Teil des Kapitals ein nicht mehr der Kapitalistenklasse gehörender; stellt man den Bezug zum kapitalistischen Produktionsprozess insgesamt her, löst sich dieser Schein jedoch auf.[165] Sobald der Produktionsprozess beginnt, ist das Arbeitsvermögen des Lohnarbeiters oder der Lohnarbeiterin bereits verkauft, und der Lohn, den diese/r in Geldform erhält, ist schließlich nur die geldliche Repräsentation der Lebensmittel. Um diesen Zusammenhang deutlich zu machen, wählt Marx die zugespitzte und auf den ersten Blick kontra-intuitiv wirkende Formulierung: «Es ist nicht der Arbeiter, der Lebensmittel und Produktionsmittel kauft, sondern die Lebensmittel kaufen den Arbeiter, um ihn den Produktionsmitteln einzuverleiben.» [MFGAII,4: 78]. Dass die Lebensmittel den Arbeiter kaufen, heißt überdies, dass sie ihn in gewisser Weise bestechen

---

165 Vgl. MEGAII,4. 78 und zitiert in Anm83.

und korrumpieren, seine Bedürfnisse formieren. Die Privatkonsumtion der Lebensmittel, die zugleich die Reproduktion des Arbeitsvermögens ist, fällt zwar außerhalb des Produktionsprozesses, ist aber zugleich ein mitbestimmender Faktor der Klassenspaltung im gesamtgesellschaftlichen Verhältnis und trägt wesentlich zur Affirmation dieses Verhältnisses bei. Um als Bedürfniswesen existieren zu können, müssen die LohnarbeiterInnen für einen «Arbeitsplatz» im Arbeitsprozess mit ihrer Arbeitskraft «ihre Seele verkaufen» (Marx): Denn nicht um ihre individuellen und gesellschaftlichen Bedürfnisse geht es dabei, sondern um die Verwertungsbedürfnisse des Kapitals.

Nahm die bisherige begriffliche Entwicklung des *Proletariats* in der Sphäre der Ökonomie die Klassenbildung und -spaltung als Negationsprozess in den Blick, so tritt bei der nun notwendigen Betrachtung der Konsumtionssphäre der *Mensch als Bedürfniswesen* in den Mittelpunkt, denn auf dem Warenmarkt (mit Ausnahme des Arbeitsmarkts) spricht ihn das Kapital offen und ausschließlich als Bedürfniswesen an. Die bisherige Analyse des Prozesses der Klassenbildung innerhalb der kapitalistischen Produktionsweise zeigte diesen als einen Enteignungsprozess, als einen zutiefst entmenschlichenden und entfremdenden Negationsprozess. Nun zeigt sich eine solche Negation auch bei der weiteren Analyse des spektakulären Konsums. Debord knüpft hier zunächst direkt an Marx an und markiert anschließend den Ausgangspunkt der notwendigen Weiterentwicklung der Theorie aufgrund der Entwicklung des Spektakels: «Während in der ursprünglichen Phase der kapitalistischen Akkumulation ‹die Nationalökonomie den *Proletarier* nur als *Arbeiter* betrachtet› , der das zur Erhaltung seiner Arbeitskraft unentbehrliche Minimum bekommen muß, ohne ihn jemals ‹in seiner arbeitslosen Zeit, als Mensch› zu betrachten, kehrt sich diese Denkweise der herrschenden Klasse um, sobald der in der Warenproduktion erreichte Überflußgrad vom Arbeiter einen Überschuß von Kollaboration erfordert. Urplötzlich von der vollständigen Verachtung reingewaschen, die ihm alle Organisations- und Überwachungsbedingungen der Produktion deutlich beweisen, findet dieser Arbeiter sich jeden Tag außerhalb dieser Produktion, in der Verkleidung des Konsumenten, mit überaus zuvorkommender Höflichkeit scheinbar wie ein Erwachsener behandelt. Da nimmt sich der *Humanismus der Ware* des Arbeiters ‹in seiner arbeitslosen Zeit und als Mensch› an, und zwar ganz einfach deswegen, weil die politische Ökonomie jetzt *als politische Ökonomie* diese Sphären beherrschen kann und muß. So hat ‹die konsequente Durchführung der Verleugnung des Menschen› die

Ganzheit der menschlichen Existenz in die Hand genommen.» [GdS §43].[166]

Wenn nun das Spektakel als die «vollendete Trennung» (Debord) die «Ganzheit der menschlichen Existenz in die Hand genommen hat», so bedeutet dies für den Menschen als Bedürfniswesen, dass seine Bedürfnisse sich ihm in einem entfremdeten System-der-Bedürfnisse,[167] gemäß dem gesellschaftlichen System der Arbeitsteilung, ebenfalls getrennt darstellen und abbilden.[168] Letztinstanzlich stehen – unter der Herrschaft der Produktion von Tauschwerten – alle Bedürfnisse unter dem Diktat der Kapitalverwertung und -realisierung der «autonomen Wirtschaft». Sie werden deshalb von der SI «Pseudobedürfnisse» genannt, welche sich auf das eine «einzige Pseudobedürfnis, [das] der Aufrechterhaltung ihres Reichs [d.h. des Reichs dieser Tauschwerte produzierenden Wirtschaftsweise, Anm.] zurückführen lassen». [GdS§51].

3.4.4 Spektakuläre Subjektivitäten

*D*er manipulative Charakter der Bedürfnisproduktion und die Besetzung der disponiblen Zeit zeigen sich vor allem als «Zeit des Konsums der Bilder im engen Sinn und zugleich als Bild des Konsums der Zeit im weitesten Sinn. Die Zeit des Bilderkonsums – Medium aller Waren – ist untrennbar von dem Feld, auf dem die Instrumente des Spektakels ihre volle Wirkung ausüben». [GdS§153]. In seiner oberflächlichsten Erscheinung ist dieses Medium aller Waren vorwiegend durch das Fernsehen, die Werbung, die Illustrierten, die Boulevardmagazine etc. repräsentiert. Hier liegt das hauptsächliche Betätigungsfeld von durch das Spektakel besonders in Szene gesetzten AgentInnen: der *Stars*.[169]

Die spektakuläre Warenproduktion bietet tausende Bilder als Identifikationsvorlagen, Blaupausen von Lebensvorstellungen, Wunschrepräsentationen und *role models* an, welche die eigenen Wunschvorstellungen über das Leben prägen, die Bedürfnisse erzeugen, die vom Spektakel vorgeprägt sind und die bis ins Innerste der Träume der Menschen hineinwirken. Pubertierende Mädchen hungern sich fast zu Tode, um wie Britney Spears auszusehen; Jungs schädigen ihre Körper durch Anabolika und Steroide zur Förderung des Muskelwachstums; oder man denke an «Schön-

---

166 Humanismus der Ware: Der unmenschliche Souverän «Ökonomie» tut plötzlich so, als wären die ArbeiterInnen als KundInnen KöniginInnen und als KonsumentIn das höchste Wesen «Mensch». Dazu auch Anm84.
167 Zum «System der Bedürfnisse»: 🖳 Ex.: Das System der Bedürfnisse.
168 Eine Konkretisierung findet sich in Anm.85 und im folgenden Kapitel.
169 Dazu Debord: vgl. GdS§60 und zitiert in Anm86.

heits»-Operationen, die das Altern verschleiern sollen etc. Des weiteren lässt sich komplett vorgefertigten, idealisierten Lebensläufen, Bastelkarrieren usw. nacheifern.

Die Hoffnung, aus dem nichtigen Dasein heraus sich am gesellschaftlichen Reichtum beteiligen zu können, wird vom Spektakel beständig als materialisierte Ideologie aufrechterhalten, z.B. in der Form von Glücksspielen oder als berufliche Aufstiegschancen für Proletarisierte. Wie etwa beim «vom-Tellerwäscher-zum-Millionär»-Mythos wird der *Zufall* im gesellschaftlichen Lotteriespiel[170] in der verkehrten Form einer *Notwendigkeit* des individuellen Willens vorgespiegelt: Wer nur die nötige Willenskraft aufbringe, könne alles erreichen. Als «Beweise» werden Einzelkarrieren derjenigen gezeigt, die «es geschafft» haben. Dies schürt die verzweifelte Hoffnung all jener, die ihre gesellschaftliche Nichtigkeit in dieser Form zu überwinden versuchen. Solche spektakulären Versprechen von Berühmtheit und unglaublichen finanziellen Erfolgen lassen z.B. auch die Schlangen vor den Castings für allerlei Medienevents u.ä. anwachsen.[171] Das ständige Scheitern an all den spektakulären Vorgaben, Idealen und Modellen wirkt sich sowohl in Form von krampfhafter neuer Motivation als auch in Form von Minderwertigkeitsgefühlen, krankhaften Hemmungen, neurotischen Abwehrmechanismen bis hin zu psychischen Erkrankungen im Massenmaßstab wie Depressionen, «Essstörungen» etc. aus.

Doch nicht nur der apologetische Konformitätsdruck sondern auch der – wie Lukács es bezeichnet – «nonkonformistische Konformismus» [OgSII: 707] ist im Spektakel präsent und wird als pseudowiderständige Geste angeboten. Ohne die heutigen pseudoradikalen Gesten der MTV-Stars und NGO-Promis[172] schon kennen zu können, diagnostizierte Debord, dass sogar die «Unzufriedenheit selbst zu einer Ware geworden ist» und sich als «rein spektakuläre Empörung» [GdS§59] zeige. Die Vermarktung der Revolutionspromis, wie z.B. das Bild Che Guevaras als Ziffernblatt einer Swatch-Uhr, ist nur die oberflächliche Erscheinung davon. Für Linke lässt sich das pseudorevolutionäre Gewissen durch eine ganze Ablassindustrie beruhigen, verkörpert in den Spendenkonten von Greenpeace oder Robin Wood, welche die Spendenfreude über spektakuläre pseudoradikale Aktionen immer wieder anheizen, oder über das Spektakel

---

170 Ist beim eigentlichen Lotteriespiel die Rolle des Zufalls noch offensichtlich, so wird er in Bezug auf das spektakuläre Aufstiegsversprechen verschleiert. [Vgl. Benjamin1982].

171 Anm87.

172 NGO: Nongovernmental Organisations; dt.: Nichtregierungsorganisationen (z.B. Greenpeace, Amnesty International etc.) [vgl. Hierlmeier2002: 120ff.].

der Verweigerung, wie dem Wetteifern bei Boykottaufrufen und den «No-Logos»[173]. Dazu gehören auch die Spektakel des Adbusting- und Culture-Jamming-Kleinkriegs auf den Reklametafeln oder das Beklatschen von nonkonformistischen Konformisten, den *enfants terrible* im Kunstbetrieb und in der Medienwelt, die in aller Regel bloßen *radical chic* verkörpern.[174]

Das Spektakel erscheint somit als ein gigantischer manipulativer Ablenkungsmechanismus, der die Bedürfnisse mittels einer «Bewegung der *Banalisierung*» [GdS §59] und einer scheinbaren Vervielfältigung von zur Auswahl stehenden Rollen und Gegenständen beherrscht. Die sogenannte «Freizeit» ist vom Spektakel besetzt, da sie zur freien Zeit des Konsums degradiert ist. Zugleich wird damit die Möglichkeit für eine wirklich freie Entwicklung der Individuen negiert.[175] Zwar erschließt eine Verkürzung der Arbeitszeit, die Ausdehnung der «Freizeit», den Proletarisierten im Spektakel zunächst prinzipiell mehr Mußezeit. Aber das verschafft ihnen nicht automatisch schon mehr Raum für ihre freie Entfaltung, da aufgrund der subtilen «*List der Warenvernunft*» [GdS §66], beständig Pseudobedürfnisse erzeugt werden und jegliche Befriedigung zugleich eine Nichterfüllung im Konsumierbaren beinhaltet, die «bis zum nächsten Nichterfüllen [...] *aufgeschoben*» ist. [GdS §69]. Konstitutiv hierfür ist die Mode, da diese, sobald sie verbreitet ist, schon nicht mehr Mode ist. Der warenförmige Lustgewinn, der aus der Vorreiterrolle und aus dem Sich-aus-der-Masse-Abheben resultiert, kollabiert augenblicklich, sobald die «exklusive» Ware Massenware geworden ist, was aber ihrer eigenen Tauschwertlogik gemäß notwendig ist.[176]

Insofern besteht letztendlich immer eine gewisse Distanz zwischen dem Objekt der Begierde und dem befriedigenden Genuss bzw. zwischen der Repräsentation (dem Bild) des Konsumierbaren, seinen Versprechungen und der realen Bedürfnisbefriedigung. Dies führt bei KonsumentInnen ähnlich wie bei Drogenabhängigen zu verstärktem Nachjagen hinter der absoluten Befriedigung.

Ausgehend von dieser Ebene des *Habens* erstreckt sich derselbe Mechanismus auch auf die Ebene des *Scheinens*. Denn so wie bei

---

173 Vgl. Klein, Naomi: No Logo!
174 Näheres zu Adbusting und Culture-Jamming: a.f.r.i.k.a.1997. Vgl. auch die lesenswerte kritische Studie von Schneider2003.
175 Anm88.
176 «Der Gegenstand, der im Spektakel ein Prestige hatte, wird vulgär, sobald er bei diesem Konsumenten und gleichzeitig bei allen anderen ins Haus tritt. Zu spät offenbart er seine wesentliche Armut, die natürlich vom Elend seiner Produktion herrührt. Aber schon trägt ein anderer Gegenstand die Rechtfertigung des Systems und die Forderung, anerkannt zu werden.» [GdS §69].

den konsumierbaren Waren und ihren Versprechungen verhält es sich auch mit den spektakulären Bildern und den dort in Szene gesetzten Stars. Die Stars sind zugleich Bilder als auch personifizierte Spektakel, konkretisiert in Personen, egal ob tot oder lebendig, wie z.b. Jesus, Che, Kurt Cobain, Lenin, Mao, Gandhi, Madonna, Subcomandante Marcos usw., das Gesicht auf einer Reklametafel oder die auf sich selbst gerichtete idealisierte Wunschvorstellung, an die man eventuell während des Beischlafs denkt. Sie sind das unerreichbar bleibende Andere und zugleich die Motivation des Nacheiferns in Bezug auf ein idealisiertes Selbst. Als solches ist es stets präsent und doch immer knapp außer Reichweite. Als fetischisiertes Bild – und damit als Perversion – der Freiheit ist es wie jede Perversion, nach Freud, libidinös besetzt, eine «Plombe» (S. Freud); als Entfremdung ist es mit dem Schauder verbunden, man habe «es» haarscharf nicht geschafft, ein Gefühl, das zu immer neuen, vergeblichen Anläufen veranlasst.[177]

Das Spektakel bildet eine perfektionistische Symbolwelt in den Köpfen der Menschen. Zusammenfassend lässt sich dies mit Debord so beschreiben: «Die Entfremdung des Zuschauers zugunsten des angeschauten Objekts (das das Ergebnis seiner eigenen bewußtlosen Tätigkeit ist) drückt sich so aus: je mehr er zuschaut, um so weniger lebt er; je mehr er akzeptiert, sich in den herrschenden Bildern des Bedürfnisses wiederzuerkennen, desto weniger versteht er seine eigene Existenz und seine eigene Begierde. Die Äußerlichkeit des Spektakels im Verhältnis zum tätigen Menschen erscheint darin, daß seine eigenen Gesten nicht mehr ihm gehören, sondern einem anderen, der sie ihm vorführt. Der Zuschauer fühlt sich daher nirgends zu Hause, denn das Spektakel ist überall.» [GdS§30]. Das spektakuläre Bild hält die Menschen also in einem passiven, kontemplativen Zustand, einer Art «Traumschlaf»[178] gefangen.«Das Spektakel ist der Wächter dieses Schlafes» [GdS§21], wie sich Debord mit einer Freud-Entwendung ausdrückt.

3.4.5 Entfremdung der Bedürfnisse und Verdrängung der Begierden

Jeder Gesellschaftsformation liegt eine je spezifische Bedürfnisstruktur zugrunde; ihre Ebenen und Dimensionen sind abhängig von Kulturstufe, Tradition und vom Stand der Produktivkräfte; sie sind somit historisch. In Klassengesellschaften sind alle diese Verhältnisse entsprechend widersprüchlich strukturiert. Die Entwick-

---

177 Anm89.
178 Schlüsselbegriff in Walter Benjamins «Passagenwerk». Siehe Anm90.

lung der Produktivkräfte bedingt eine Entwicklung kultureller Güter, Produkte, hierbei auch sprachlicher, diskursiver, symbolischer Entäußerungen und Vergegenständlichungen aller Art, also Kommunikations- und Interaktionsformen.

Das Wachstum der Arbeitsteilung und aller anderen Produktivkräfte schafft – zusammen mit dem gegenständlichen Reichtum, dessen nicht aufzuhebende Basis der Reichtum an Naturressourcen darstellt – auch in den kapitalistischen Gesellschaften den Reichtum und die Vielseitigkeit von Bedürfnissen. Es ist jedoch dieselbe Arbeitsteilung, der gemäß sich die Bedürfnisse verteilen. Der innerhalb der gesellschaftlichen Arbeitsteilung eingenommene Platz bestimmt die Bedürfnisstruktur oder zumindest die Grenzen der als befriedigbar erscheinenden Bedürfnisse. Die objektiv mögliche Vielfalt an Bedürfnissen wird vom kapitalistischen System der Arbeitsteilung auf jene Form reduziert, in der das Bedürfnis nur auf dem Markt, in Form von zahlungsfähiger Nachfrage in Erscheinung tritt. Diese Reduktion von objektiv möglichen Bedürfnissen auf ökonomisch sich rechnenden «Bedarf» dient letztlich der Selbsterhaltung des kapitalistischen Systems und bildet tendenziell ein pervertiertes Bedürfnissystem aus.

Allgemein lässt sich feststellen, dass die Entwicklung der Bedürfnisstruktur der Menschen mit der Entwicklung der Produktivkräfte einhergeht. Denn Bedürfnisse sind sowohl auf konkrete Gegenstände als auch auf *objektive Möglichkeiten* bezogen, eben auf das ganze Potenzial dessen, was zu realisieren möglich wäre, was aber noch nicht realisiert wurde.[179] Bedürfnisse entspringen letztendlich selbst erst objektiven Möglichkeiten. Eingebildete Bedürfnisse gibt es nicht, Bedürfnisse und Objektivationen (was Realisate und Potenziale umfasst) sind stets miteinander korreliert; d.h. Bedürfnisse sind immer auf Gegenstände, Sachverhalte, Ereignisse und deren Potenzialität gerichtet. Da Bedürfnisse sich also nicht nur auf Faktizität, sondern zugleich auch auf die der Realität innewohnenden objektiven Möglichkeiten richten können, kommt es innerhalb der kapitalistischen Produktionsweise immer wieder zu Bedürfnissen, die von ihr zwar hervorgetrieben werden, aber nicht befriedigt werden können; sie sind insofern tendenziell systemtranszendent. Diese über das Bestehende hinausweisenden Bedürfnisse spalten sich zum einen in systemintegrierbare und in nicht systemintegrierbare, prinzipiell widerständige auf. Die sy-

---

179 Die Wasserlöslichkeit des Zuckers z.B. ist zugleich eine reale Eigenschaft des Zuckers als auch die objektive Möglichkeit, den Zucker in Wasser zu lösen. Zum Begriff «objektive Möglichkeit» v.a. in Bezug auf Handlungen siehe: Anm91.

stemintegrierbaren wirken, sobald sie als notwendige Bedürfnisse integriert sind, systemmodernisierend.

Die letztendlich nicht systemintegrierbaren Bedürfnisse bezeichnet die SI als *Begierden*. Darunter versteht die SI, analog zum Marxschen Terminus der «radikalen Bedürfnisse» [MEW1: 387], nicht so sehr «natürliche» – ausschließlich psychologisch triebtheoretisch zu fassende – Anlagen des Menschen.[180] Vielmehr handelt es sich um «Triebe und Anlagen» (Marx), die aufgrund der menschlichen Entwicklungsgeschichte, der Entwicklung der Produktivkräfte historisch und gesellschaftlich sowie moralisch-zivilisatorisch durchformt sind, und die den Menschen zur formenden Aktivität und Kreativität treiben. Auch handelt es sich nicht um Bedürfnisse, die die jeweilige unmittelbar daseiende *Gegenwart* von Bedürfnissen *verändern*, oder lediglich um die Aufteilung des bestehenden «Systems der Bedürfnisse» (Hegel), sondern um jene, die die *Gesamtheit des bestehenden Bedürfnissystems umwälzen* können. [Vgl. Heller1980: 113]. Radikale Bedürfnisse oder Begierden sind also jene, die zur Überwindung der entfremdeten Verhältnisse treiben.

Die Elementarform der verschiedenen entfremdeten Praxen bildet die entfremdete Arbeit, als Entfremdung der Sache und Selbstentfremdung der tätigen Subjekte.[181] Die entfremdeten Verhältnisse verhindern, dass «die Arbeit nicht nur Mittel zum Leben, sondern selbst das erste Lebensbedürfnis» wird [MEW19: 21]. Indem die notwendige gesellschaftliche Arbeit («travail répulsif») in «travail attractif»[182] (Fourier) transformiert werde, könne sich dieses erste Lebensbedürfnis bilden. Selbstentfremdung und Entfremdung der Sache sind zwei Momente ein und derselben Bewegung, die ihrerseits wiederum aus jeweils drei Aspekten bestehen. Bei der Selbstentfremdung sind die Entfremdungsaspekte a) von seiner eigenen inneren Natur, seinen «natürlichen» Bedürfnissen, b) des Menschen von seinen menschlichen Entwicklungsmöglichkeiten, d.h. von seinem Gattungswesen, seiner Zugehörigkeit zur menschlichen Gattung,[183] und c) des Menschen von seinen Mit-

---

180 Die von S. Freud als «Triebansprüche» bezeichneten «polymorph-perversen» biologisch-physiologisch bedingten Bedürfnisse sind natürlich basal. [Vgl. Laplanche und Pantalis 1996: 525f.].

181 Damit soll nicht behauptet werden, alle entfremdeten Praxen könnten begrifflich auf entfremdete Arbeit reduziert werden. Mehr dazu: Anm92.

182 Der Begriff «anziehende Arbeit» (travail attractif) im Gegensatz zu «abstoßende, Unlust erzeugende Arbeit» (travail répulsif) stammt von Charles Fourier (1772-1837). Zu Fourier: Anm93.

183 Gegen evtl. Missverständnisse des Begriffs «Gattungswesen»: Anm94.

menschen zu unterscheiden. Die Entfremdung der Sache umfasst die Momente der Entfremdungen des Menschen d) von seiner äußeren, ihn umgebenden Natur, e) von seinen Tätigkeiten und f) seinen Produkten.[184]

Insgesamt stehen die Hemmungen, Verhinderungen bzw. die Manipulation (gemäß partikularistischer Interessen) der individuellen und gesellschaftlichen *Möglichkeiten* der Persönlichkeitsentfaltung des gesellschaftlichen Individuums im Blickpunkt der Entfremdungskritik d.h.: die Verhinderung der selbstbestimmten, freien Entwicklung seiner Fähigkeiten und seiner Bedürfnisse. Die Entwicklung aller gesellschaftlichen und kulturellen Möglichkeiten der Menschen, die technologischen Möglichkeiten und Wissen um Natur und gesellschaftliche Technik, um die Produktion und ihre Mittel, um ihre eigenen Fähigkeiten, insbesondere die Genussfähigkeit, usw. ist die Entwicklung dessen, was Marx die «Produktivkräfte» nennt. In der Entwicklung der Produktivkräfte bestehen damit zugleich die objektiven Möglichkeiten der Entwicklung der menschlichen Fähigkeiten überhaupt, innerhalb derer wiederum sich die individuellen Fähigkeiten entfalten können (oder eben aufgrund von Entfremdungsprozessen gehemmt werden). Als historische Prozesse ändern diese Entwicklungen zugleich permanent sowohl Form und Inhalt der Arbeit als auch das Wesen des Menschen, sein Gattungswesen selbst.[185]

Um ihre Gattungsmäßigkeit zu verwirklichen, müssen die Individuen sich die entwickelten Produktivkräfte aneignen, was gleichbedeutend ist mit der von Marx propagierten «Aneignung der menschlichen Wesenskräfte» [vgl. MEW40: 573] durch die gesellschaftlichen Individuen. Eine solche Aneignung würde gleichzeitig die Selbstverwirklichung der Individuen als gesellschaftliche Subjekte bedeuten, und das «Werden der menschlichen Gattungsmäßigkeit» wäre insofern das Zusammenwirken der verschiedenen Individuen für eine humane Gesellschaft, in der sich die Individuen gemäß ihrer heterogenen Fähigkeiten und Bedürfnisse frei entfal-

---

184 Um diese Aspekte gemeinsam zu betrachten und ihre Einheit mit gleichzeitiger innerer Differenzierung zeigen zu können, muss auf die Spezifik des Marxschen Arbeitsbegriffs verwiesen werden, welche hier allerdings nicht dargestellt werden kann; siehe darum: 🖵 Ex.: Arbeit und Entfremdung. Dort wird zudem auf das Verhältnis und die Unterschiede von fetischistischer Verdinglichung und Entfremdung eingegangen.

185 Damit wird entschieden behauptet, dass «Arbeit» eine zutiefst historische Kategorie und eben keine «anthropologische Konstante» i.S.v. «überhistorischer»Form darstellt, auch wenn sie als historisch durchgängige Elementarform aller gesellschaftlichen Praxen aufgefasst werden muss.

ten und entwickeln können. Je entwickelter der Stand der Produktivkräfte ist, desto größer sind die objektiven Möglichkeiten der Entfaltung und der Persönlichkeitsentwicklung des Individuums. Das Gattungswesen des Menschen ist damit keineswegs überhistorisch und als fertig-statisch zu begreifen, sondern in seiner objektiven Möglichkeit als etwas sich Entwickelndes, das aber als nicht entfremdetes Wesen erst noch zu verwirklichen ist. Als Mögliches entwickelt es sich mit der menschlichen Arbeit in Form eines «Zurückweichens der Naturschranken» und eines «immer gesellschaftlicher Werdens der Gesellschaft» [vgl. OgS2: 532].[186] Aus dieser Perspektive heraus können nun Entfremdungen,[187] aber auch der Fetischismus, als verhinderte bzw. gehemmte, gebrochene Aneignung der menschlichen Wesenskräfte, als eine Bedrohung ihres sich historisch entwickelnden Potenzials und auch schon ihrer daseienden Existenz begriffen werden.

In der Aneignung dieser Produktivkräfte bestünde nach Marx zugleich die Möglichkeit der freien, selbstbestimmten Entwicklung individueller persönlicher Fähigkeiten. Gleichzeitig müsste «mit der Aneignung der totalen Produktivkräfte durch die vereinigten Individuen» die Wirkung des bisherigen, bornierten Privatprinzips der Klassengesellschaften aufhören und, ihm zugrundeliegend, das private Klasseneigentum des Kapitals an den gesellschaftlichen Produktions- und Lebensbedingungen [vgl. MEW3: 68; MEW4: 342,475f.]. Die Individuen erhielten somit die Möglichkeit, sich aufgrund der Entwicklung ihrer persönlichen Fähigkeiten als gesellschaftliche Individuen entfalten zu können.[188] Denn gerade «die Herrschaft der sachlichen Verhältnisse über die Individuen» bedeutet eine «Erdrückung der Individualität» [MEW3: 424], die *Fixierung ihrer Partikularität*, das ständige Verhindern ihrer freien Entfaltung.

Das Wesen des Menschen, d.h. das Ensemble seiner Fähigkeiten, entwickelt sich innerhalb der Wirklichkeit wachsender Entfremdung selbst, und diese schafft – in negativer Form – zugleich die Möglichkeit (nicht die vollständige Wirklichkeit!) für die Entwicklung des an Bedürfnissen reichen Menschen. Die Entstehung der objektiven Möglichkeiten des Menschseins und die Ausbildung des Systems für die Bedürfnisbefriedigung sind aufgrund des Entfremdungszusammenhangs also in sich widersprüchlich. «Entfremdung» kann insofern als fundamentale Diskrepanz der objektiv möglichen Fähigkeitsentwicklung (aufgrund der Entwicklung von Produktivkräften) und der wirklichen Persönlichkeitsentfaltung

---

186 Anm95.
187 Anm96.
188 Anm97.

des gesellschaftlichen Individuums aufgefasst werden. Die Entfremdung ist Lukács zufolge «eine der entschiedensten auf das Individuum zentrierten gesellschaftlichen Erscheinungen.» [OgS2: 507]. Gleichzeitig kommt die Entfremdung der Bedürfnisse der Entfremdung vom gesellschaftlichen Reichtum gleich, wobei Reichtum nicht nur stofflich-materiellen Reichtum meint, sondern v.a. auch die reichhaltigen gesellschaftlichen Möglichkeiten der Individuen und insofern auch geistig-intellektuellen Möglichkeiten, d.h. Möglichkeiten ihrer Fähigkeitsentwicklung insgesamt.

Aufgrund dessen, dass die – in den gesellschaftlichen Verhältnissen und Kulturgegenständen angelegten – objektiven Möglichkeiten über das Bestehende hinausweisen, kann es keine totale Verdinglichung geben. Insofern hat auch, wie die SI feststellt, das hochgradig manipulativ wirkende spektakulär-kapitalistische System, als besonders entfremdendes System der Verdinglichung des Menschen, «den inneren Fehler, daß es die Menschen nicht vollkommen verdinglichen kann; es muß sie handeln lassen und sich ihrer Mitwirkung vergewissern, sonst würden die Produktion der Verdinglichung und ihr Konsum aufhören. So kämpft das herrschende System mit der Geschichte – mit seiner eigenen Geschichte, die zugleich die seiner Verstärkung und die seiner Infragestellung ist.» [BE: 112/SI1: 260]. Da mit dem Wachsen der Produktivkräfte im Prinzip die Möglichkeit der Menschwerdung des Menschen wächst, ist das System somit gezwungen, das Bedürfnis nach der Verwirklichung der menschlichen Gattungsmäßigkeit und der freien Entfaltung der Individualität beständig zu manipulieren. Denn die Realisierung des menschlichen Gattungswesens dürfte wohl das radikalste Bedürfnis sein. Der Humanisierungsgrad der menschlichen Bedürfnisse lässt sich gerade daran ermessen, wie weit der *Mensch Subjekt* ist und inwieweit *Menschlichkeit*[189] *einen Zweck* und nicht ein bloßes Mittel zu anderen Zwecken darstellt.

Die Aufrechterhaltung bis hin zur Modernisierung des Systems hängt also davon ab, inwieweit es ihm gelingt, die gesamte objektiv mögliche Bedürfnisstruktur in eine ökonomisch verwertbare, eine am Gängelband der Reproduktionskostenreduzierung der Ware Arbeitskraft hängende, zu transformieren und damit tendenziell und potenziell systemsprengende Bedürfnisse in systemerhaltende, die Verwertungsbedürfnisformen zurechtgemodelte zu überführen. D.h., mit der Entwicklung der modernen Produktivkräfte und der damit verbundenen Entwicklung von Bedürfnissen muss die kapitalkonforme Integration dieser Bedürfnisformen in den

---

189 Zu Begreifen als individuelle und gesellschaftliche Entfaltung. Vgl. MEW4U: 566f.

kapitalistischen Verwertungszusammenhang einhergehen – diese Integration ist im Spektakel gar selbst zu einer Art perversem Bedürfnis geworden.

Das Spektakel als «ständiger Opiumkrieg» (Debord) bewirkt, dass jene Aktivität, die auf die Überwindung der Entfremdung gerichtet ist, und v.a. das Bewusstsein von ihr, beständig vernebelt wird und die produktiven gesellschaftlich-menschlichen Begierden ins Unbewusste verdrängt werden. Das «Ich» wird laut Debord durch das Spektakel überschwemmt.[190] Dadurch werden die «Grenzen von Ich und Welt» [GdS§219] tendenziell verwischt und mit ihr jegliches objektiv mögliche wahrhaftige Erleben; d.h. das Erleben der objektiv möglichen und der bewussten, aktiven Umgestaltung der Welt wird unterdrückt, was gleichbedeutend ist mit der Verdrängung der radikalen Bedürfnisse, der kreativen Begierden, – «einer Welt von produktiven Trieben und Anlagen» [MEW23: 381] in jedem Individuum. Diese Verdrängungsleistung des Spektakels vollzieht sich sowohl auf individueller als auch auf gesellschaftlicher Seite. Für das Individuum, seine Ich-Bildung und Gesellschaftlichkeit, seinen Realitätsbezug, hat dies zum größten Teil pathologische Auswirkungen, die gleichzeitig den Nährboden für magisch-religiöse Regressionsakte oder Fluchtreaktionen bilden. Die immer größere Notwendigkeit von psychotherapeutischer Reparatur (der zyklische sogenannte Psycho-Boom), aber auch das immer größere Interesse der Menschen an Esoterik, Schamanismus, Satanismus, Mystik und Magie etc. sind Indizien für diese Diagnose Debords.[191]

Auf gesellschaftlicher Seite vollzieht sich dieser Verdrängungsprozess einerseits als Verhüllung der gesellschaftlichen Möglichkeiten zur Überwindung der bestehenden Verhältnisse und andererseits als Verdrängung und Unterdrückung des geschichtlichen Bewusstseins der immer wieder neuen Anläufe zur Transzendierung des Bestehenden und der bewussten Aufarbeitung der Gründe ihres bisherigen Scheiterns. Mit anderen Worten ist dies die immer wieder stattfindende Verdrängung der *Klassenkämpfe*, der damit einhergehenden Bewusstseinsformen und des Bewusstseins über die Bedingungen ihrer Möglichkeit. Klassenkämpfe stellen im Grunde nichts anderes dar als das Drängen der Begierden an die gesellschaftliche Oberfläche, zugleich das Schmerzen und Bewusstwerden alter Verletzungen, Kränkungen und Wunden, d.h. alles Unabgeltenen der Vergangenheit, der Gegenwart und des in der Zukunft Möglichen.

---

190 Zur Freudschen Unterscheidung von «Es», «Ich» und «Über-Ich»: Anm98 und 🖳 Ex.: Die SI und die Psychoanalyse.
191 Zu diesen Ausgeburten gesellschaftlichen Wahns, siehe Debord, GdS §219 und zitiert in Anm99.

Als verstümmelte und getrennte Verkörperungs- und Äußerungsformen des gesellschaftlichen Bewusstseins können u. a. die Geschichtsschreibung, die Sozialwissenschaften, die religiösen Äußerungen, aber auch Kunst und Literatur gelten. Was die Geschichtsschreibung betrifft, so ist sie in der Regel *herrschende Geschichtsschreibung*, denn, wie Marx bemerkt: die «Gedanken der herrschenden Klasse sind in jeder Epoche die herrschenden Gedanken». [MEW3: 46]. Eine Geschichte der Klassenkämpfe, eine bewusste theoretische Aufarbeitung der bisherigen proletarischen Kämpfe und der Gründe ihres Scheiterns ist bisher nur rudimentär geleistet worden. Mit dieser Verdrängung der Klassenkämpfe aus dem gesellschaftlichen Bewusstsein werden zugleich die *Begierden* wie die Traumatisierungen und Versagungen der entfremdeten Gesellschaftsindividuen in das *gesellschaftliche Unbewusste verdrängt*.

3.4.6 Kritik des Alltagslebens[192]

*E*in aus revolutionstheoretischer Sicht sehr wichtiges radikales Bedürfnis der Menschen stellt die Begierde nach der – von Marx so genannten – «disponiblen Zeit» dar, d.h. nach der den Menschen frei zur Verfügung stehenden Zeit. Sie lässt sich als Zeit der freien Entfaltung des nichtpartikularisierten Individuums, als Muße für die freie Persönlichkeitsentwicklung auffassen. Das Bedürfnis danach äußert sich in den Klassenkämpfen in verkehrter Form als Kampf um die sogenannte Freizeit.[193]

Anknüpfend an Marx stellt die SI fest, dass außerhalb der Arbeitszeit im Kapitalismus eigentlich nie disponible Zeit, sondern fast immer nur Zeit zur Reproduktion der Arbeitskraft und Zeit der Banalitäten, d.h. rein überflüssige Zeit anfällt. Die wenige zur Verfügung stehende Zeit, die der moderne spektakuläre Kapitalismus den Lohnarbeitenden außerhalb ihrer Arbeitszeit gewährt, ist im wesentlichen durch das Spektakel bis in die kleinsten Gesten und Äußerungen der Menschen okkupiert. Diese ihnen gewährten Zeitabschnitte müssen die Proletarisierten zur Reproduktion ihrer Arbeitskraft verwenden, die vom puren Essen und Schlafen bis hin zur Vervollkommnung und Weiterbildung ihrer Ware Arbeitskraft reicht. Dies alles, um im Konkurrenzkampf besser bestehen zu können, um eventuell in höhere Lohnschichten aufsteigen zu können oder auch, um an diesem Kampf überhaupt irgendwie teilnehmen zu können. Die gesamte Zeit der Reproduktion der

---

192 Zum Doppelcharakter der Formel «Kritik des Alltagslebens»: Anm100.
193 Zum Widerspruch zwischen disponibler Zeit und kapitalistischer Freizeit siehe MEW40: 516, MEW23: 280 und zitiert in Anm101.

Arbeitskraft und das gesamte Freizeitverhalten sind vom Spektakel vorstrukturiert, aufgezwungen und durchorganisiert. Hierauf macht auch Debord aufmerksam: «So kann in der sich expandierenden Wirtschaft der ‹Dienstleistungen› und der Freizeit die Zahlungsformel ‹alles inbegriffen› auftauchen, für das spektakuläre Wohnen, die kollektiven Pseudoreisen der Ferien, das Abonnement auf den kulturellen Konsum und den Verkauf selbst der Geselligkeit in der Form von ‹aufregenden Diskussionen› und ‹Begegnungen mit Persönlichkeiten› .» [GdS§152]. Freizeit als «Erholung» der Arbeitenden, die Reproduktion der Arbeitskraft, kann im wesentlichen nur mit kapitalistisch produzierten Produkten stattfinden.[194]

Die *Freizeit* als bloße vom Spektakel okkupierte Nichtarbeitszeit ist die Zeit der Passivität, der Kontemplation, in der die Menschen bloße Zuschauer der vom Spektakel präsentierten gesellschaftlichen Aktivität sind. «Daher ist die heutige ‹Befreiung von der Arbeit, die Ausdehnung der Freizeit, keineswegs Befreiung in der Arbeit oder Befreiung einer durch diese Arbeit geformten Welt. Nichts von der in der Arbeit gestohlenen Tätigkeit kann sich in der Unterwerfung unter ihr Ergebnis wiederfinden.» [GdS§27]. Die überflüssige Zeit, die Zeit der Banalitäten des spektakulären Konsums oder, wie sich die SI ausdrückt, die Zeit der *Langeweile* ist aufgrund des Passivhaltens der Menschen «immer konterrevolutionär». [BE: 119/SI1: 267].[195] Sie leistet der Verdrängung der Begierden Vorschub.

Gleichzeitig birgt die Langeweile etwas, das man als «dialektischen Umschlag» bezeichnen könnte. Die SI weist, Hegel zitierend, darauf hin: «Der Leichtsinn wie die Langeweile, die im Bestehenden einreißen, die unbestimmte Ahnung eines Unbekannten sind Vorboten, daß etwas anderes im Anzuge ist.» [BE: 72/SI1: 83; HW3: 18]. Auch Marx macht immer wieder darauf aufmerksam, dass das Bedürfnis nach disponibler Zeit derart elementar sei, dass es die Schranken der Entfremdung ständig durchstoße. [Vgl. Heller: 103]. Der strategische Ansatzpunkt der SI, der Kampf um «Freizeit», ist daher gut gewählt, und Debord konstatiert, dass bisher «dessen Bedeutung für den Klassenkampf nicht genügend analysiert wurde.» [BE: 40].[196] Während der Lohnkampf zunächst unmittelbar für die partikularen Interessen einzelner Schichten der Arbeiterklasse geführt wird, überwindet der Kampf um «Freizeit» tendenziell

---

194 Vgl. MEW23: 598f und zitiert in Anm102.
195 «Zur Psychologie der Langeweile» vgl. Fenichel1985Bd.I: 297ff. Siehe auch Anm103.
196 Vgl. auch BE: 92/S/1: 210 und zitiert in Anm104.

schon diese Partikularität und deutet auf ein radikales Bedürfnis hin. [Vgl. MEW23: 249]. Denn letztendlich ist der Kapitalismus über einen gewissen Punkt hinaus unfähig, die Arbeitszeit immer weiter zu verkürzen. Dieser Punkt stellt eine unüberwindbare Schranke der Arbeitszeitverkürzung innerhalb des Kapitalismus dar. Das Bedürfnis nach freier Zeit ist aber schrankenlos, und so ist in den Kämpfen um Freizeit im Prinzip die Begierde nach disponibler Zeit elementar enthalten. Die Freizeit als Kampffeld bekommt, der SI zufolge, mit der Entwicklung der Produktivkräfte eine immer größere Bedeutung, sowohl für das Proletariat als auch für die Herrschenden: «Heute gelingt es der herrschenden Klasse, die Freizeit zu benutzen, die das revolutionäre Proletariat ihr abgerungen hat, indem sie einen breiten industriellen Freizeitsektor entwickelt, der ein unübertreffliches Werkzeug zur Verdummung des Proletariats durch Subprodukte der mystifizierenden Ideologie und der bürgerlichen Geschmacksrichtungen darstellt.» [BE: 40f.].

Die Kritik an der spektakulären Freizeit ist eng verbunden mit einem anderen, damit zusammenhängenden Terrain der situationistischen Revolutionstheorie, nämlich der *Kritik des alltäglichen Lebens*. Als Reproduktionstotalität des Individuums ist der Alltag im Kapitalismus auf die beschriebene Freizeit reduziert und damit gleichsam ein vom Spektakel «kolonisierter Sektor» (Debord).[197] So ist auch das alltägliche Leben zunächst ein Reich der Wiederholung, der Belanglosigkeit, der Depression. Zugleich ist dieses Reich aber auch die negative Seite der Freizeit, nämlich der Mangel daran: «Der Gebrauch des alltäglichen Lebens im Sinne eines Verbrauchs der gelebten Zeit wird von der Herrschaft des Mangels gesteuert – des Mangels an Freizeit und Nutzungsmöglichkeiten dieser Freizeit.» [BE: 100/SI1: 228].

Das Alltagsleben ist ein von der traditionellen linken Kritik meist vernachlässigter Bereich, obwohl es, wie Lukács feststellt, eine der wichtigsten Sphären ist, in der ideologische Formen wirksam sind. [OgSI: 11f.]. Die Alltagswelt besteht aus ideologischen Mischformen, etwa wissenschaftlicher oder ästhetischer Art, und vermittelt beständig die ihr äußerlich gewordenen, aber zugleich widersprüchlich aus ihr hervortretenden und sich im Weiteren relativ selbständig herausentwickelnden ideologischen Sphären, wie etwa Kunst, Wissenschaft, Religion etc. [Vgl. EdÄ1: 35].[198]

Das subjektive Leben des Alltags kann, Lukács zufolge, gekennzeichnet werden als «ständiges Hin- und Herwechseln» zwischen spontan-augenblicklichen Entscheidungen und «solchen, die auf

197 Vgl. BE: 100/SI1: 228 und zitiert in Anm105.
198 Vgl. auch Henri Lefèbvre [Lefèbvre19/4: 94], zitiert in Anm106.

starren, wenn auch gedanklich selten fixierten Grundlagen (Tradition, Gewohnheit) beruhen.» [EdÄ1: 43]. Der Alltag stellt sich damit einerseits als Tummelplatz von wenig bis unhinterfragten Ideologien[199] und zugleich als Bereich unmittelbarer, spontaner Gesten dar. Das bedeutet, so Debord, dass «diese Armut des alltäglichen Lebens nichts Zufälliges an sich hat», sondern sie «wird ihm in jedem Moment durch den Druck und die Gewalt der Klassengesellschaft aufgezwungen.» [BE: 100/SI1: 228]. Trotz des Restbestandes überkommener Formen, wie der Familie, die durch die Entwicklung der kapitalistischen Produktionsweise im wesentlichen auf den Zwangsbestand der Reproduktionseinheit der Kernfamilie reduziert wurde, vereinzeln die Menschen im Spektakel immer mehr. Damit bildet sich zunehmend das völlig partikularisierte Individuum heraus. Diese Atomisierung, zusammen mit dem – aufgrund des für den Kapitalismus konstitutiven Konkurrenzdrucks – notwendig unmittelbarkeitsfixierten egoistischen Bewusstsein der Partikularisierten, äußert sich in verschiedensten Formen darin, dass der «Kampf für sich selbst» im wesentlichen als ein «Kampf gegen andere» erscheint. Der Kampf des bürgerlichen Ego um sein individuelles Selbst durchdringt den gesamten Alltag. Seine Formen sind vielfältiger Art, und das Spektrum reicht vom bloß warenförmigen, egoistischen Konkurrenzverhalten bis hin zu aufreibender Identitätssuche, wie z.B. das notwendige Revoltieren gegen die Eltern, die Schule und die Erwachsenenwelt in der Pubertät, gegen die auferlegten Geschlechterrollen und sonstigen Rollenzuweisungen.

Das Alltagsleben ist auch der Bereich, in dem sich die Individuen bewusst oder unbewusst ihre Lebensunfähigkeit eingestehen, in dem sie sich z.B. in ihren Beziehungen zu ihren Mitmenschen zu Idioten machen oder zwanghaft als «Stars» aufspielen, gleichgültig, ob sie in ihrem Arbeitsleben etwa einen Nobelpreis erhalten haben oder Toiletten putzen. Die gefühlte Unfähigkeit, ihren Wünschen gemäß zu leben, gepaart mit dem oftmaligen Scheitern an selbstauferlegten oder von außen herangetragenen Ansprüchen, fördert die Begierde, einen solchen Zustand zu überwinden. Denn in Bezug auf das «Reich der Langeweile», welches das Alltagsleben darstellt, ist es zugleich auch immer wieder stumm unterbrochen von zunächst scheinbar unsinnigen Sehnsüchten nach Heldentaten, Abenteuer, Flucht, Rache usw. und: nach Freiheit. Somit äußern sich die radikalen Bedürfnisse in vielfältiger Weise, stellen sich in den alltäglichen Gesten der Menschen, oft absurd und meist in verkehrter Form dar.

---

199 Anm107.

Der Alltag ist das Reich der diffusen Unzufriedenheit. Die Krise des Kapitalismus und die Krise des alltäglichen Lebens hängen eng miteinander zusammen, denn der Alltag ist die «vom Kapitalismus produzierte und kontrollierte Passivität.» [BE: 103/SI1: 231] Das alltägliche Überleben stellt einen Gärgrund von Leidenschaften dar, die sich dort immer wieder in seltsam erscheinenden Gesten ausdrücken. In ihnen äußert sich meist unbewusst der Drang, aus dem bloßen *Überleben* auszubrechen und in ein (noch) unbekanntes «wahres» *Leben* vorzudringen.

Auf die Negation ihres Menschseins reagieren die Proletarisierten (insbesondere die «unfertigen», weil noch nicht ganz akkomodierten[200] Kinder und jungen Leute) spontan durch die vielfältigsten Gesten, Revolten und destruktiven Handlungen gegenüber den bestehenden Zuständen. Es sind dies ebenfalls subjektive Resultate der Entfremdungen, bei denen sich das Verdrängte der radikalen Bedürfnisse umgekehrt als Entladung angestauter Kräfte immer wieder Bahn bricht.[201]

3.4.7 Der «salto vitale» des Proletariats

*D*ie reale Durchsetzung des kapitalistischen Entwicklungsprozesses in seiner modernsten Form, dem Spektakel, ist der Prozess der Klassenteilung, der endgültigen «Proletarisierung der Welt» [GdS§26] und der Negierung der freien Entfaltung des gesellschaftlichen Individuums. Gemessen an den durch die Entwicklung der Produktivkräfte sich ständig erweiternden *objektiven Möglichkeiten* einer Weltgesellschaft mit menschlichem Antlitz, des möglichen *Lebens* im Gegensatz zur bloß existenziellen Wirklichkeit des reinen *Überlebens*, fristen die Proletarisierten tatsächlich – auch inmitten des Überflusses und Komforts – ein *elendes Dasein*. Diese Art «Elend» wird von der SI als «Armut im Reichtum» bezeichnet.[202] Der von Marx aufgewiesene Widerspruch zwischen «gesellschaftlichem Sein» und «proletarisierter Existenz» besteht in der Kluft zwischen dem potenziellen Reichtum[203], der Vielseitigkeit der menschlichen Fähigkeiten und ihrer Begierden, und dem gegenüberstehend monotoner Einseitigkeit, Partikularisiertsein, relativer

---

200 Akkomodation: «Anbequemung» i.S.v. Anpassung an die bürgerlichen Institutionen (Hegel).
201 Anm108.
202 Siehe auch: 🖳 Ex.: «Armut im Reichtum» und sogenannte Verelendung.
203 Dieser potenzielle Reichtum wird durch die Proletarisierten fortschreitend in einer nur teilweise realisierten, aber entfremdeten und verdinglichenden Form gesellschaftlich produziert.

oder absoluter Armut und Abhängigkeit der proletarisierten Individuen. Der Prozess der Proletarisierung kann damit als Prozess der Enteignung, Entfremdung, Entmenschlichung und Verdrängung der Begierden, d.h. als ein *Negationsprozess* gefasst werden, dessen Momente noch einmal explizit zusammengefasst dargestellt werden: [204]

1) Historisch wurde der doppelt freie Lohnarbeiter durch einen Enteignungsprozess geformt, indem ihm die Produktionsmittel seiner Arbeit, die Subsistenz- und Lebensmittel entzogen wurden. Damit ist die Voraussetzung für die formelle und reelle Subsumtion der Arbeit unter das Kapital geschaffen worden.

2) Gemäß dieser Subsumtion und der immanenten Logik des kapitalistischen Verwertungsprozesses sind die Menschen in zwei sich gegenüberstehende «reine Klassen» gespalten [vgl. GdS §88][205], wobei die Klasse der Kapitaleigner als Agenten des Kapitals fungiert, während die Proletarisierten als bloße Anhängsel der Megamaschinerie des kapitalistischen Produktionsprozesses fungieren. Durch diese grundsätzliche Spaltung der Menschheit sind somit beide Klassen entfremdet.

3) Während die Kapitalistenklasse innerhalb dieser Entfremdung eine besitzende Klasse darstellt, stehen ihr die Proletarisierten als eine Klasse von NichtbesitzerInnen und NichteigentümerInnen – sowohl an Produktions- als auch an Lebensmitteln – gegenüber. Sie verfügen nur noch über ihre eigene Arbeitskraft.

4) Auf der Ebene der Produktion stellt sich der Prozess der Entmenschlichung am deutlichsten dar, was Marx wie folgt ausführt: «innerhalb des kapitalistischen Systems vollziehn sich alle Methoden zur Steigerung der Produktivkraft auf Kosten des individuellen Arbeiters, [...] verstümmeln den Arbeiter in einen Teilmenschen, [...] entfremden ihm die geistigen Potenzen des Arbeitsprozesses, [...] verunstalten die Bedingungen, innerhalb deren er arbeitet, unterwerfen ihn während des Arbeitsprozesses der kleinlichst gehässigen Despotie, verwandeln seine Lebenszeit in Arbeitszeit». [MEW23: 674].[206] Dieser Prozess, bei dem der arbeitende lebendige Mensch zum Objekt und Anhängsel der Produktionsinstrumente, der Technologie und der wissenschaft-

---

204 Die folgenden Punkte 1-10 sollen allerdings keinesfalls Vollständigkeit suggerieren; es lassen sich sicherlich noch zahlreiche Momente des Elends «auf dem anderen Pol» der Kapitalakkumulation aufzählen [vgl. MEW 23: 674f.].

205 Anm109.

206 Dieser Prozess hat auch mit der Durchsetzung von Informationstechnologien im Produktionsprozess in keinster Weise aufgehört, wie man z.B. anhand der Programmierschwitzbuden in Indien leicht sehen kann.

lichen Organisationsapparate degradiert wird, und der sich in der industriellen Fabrik noch in einer materiell-despotischen Form darstellte, greift im Spektakel in libidinös-verinnerlichter verbildlichter Form auf nahezu alle Lebensbereiche über (Gewerkschafts-Slogan «Ich arbeite gut» usw.).

5) Die Arbeit selbst, die potenziell das Medium menschlicher Subjektwerdung darstellt, ist als kapitalistische Arbeit von diesem Potenzial gewissermaßen entkernt. Denn das wesentliche Moment der Arbeit, die freie Zwecksetzung und die freie Wahl der Mittel zur Realisierung eines geplanten vorgestellten Ziels, ist durch den kapitalistischen Verwertungszweck der Tauschwert- und Mehrwertproduktion besetzt und insofern letztinstanzlich nicht autonom, sondern fremdbestimmt. Als dem Kapital reell subsumiert ist die Arbeit *in Form und Inhalt* den kapitalistischen Produktionserfordernissen angepasst; sie ist ausschließlich kapitalistische Arbeit.[207] Damit stellt «die Arbeitsverrichtung selbst», wie Agnes Heller ausführt, «kein Bedürfnis des Arbeiters dar. Infolge der Arbeitsteilung wird die ‹höchste Produktivkraft› borniert.» [Heller1980: 63]. In ihrer Form als Lohnarbeit (und überhaupt in allen ihren bisherigen historischen Formen) erscheint die Arbeit nur als Mühsal und Pflicht, «stets repulsiv, stets als äußere *Zwangsarbeit*», aber nicht als «travail attractif, Selbstverwirklichung des Individuums», als «Lebensbedürfnis». [MEW42: 512 u. MEW19: 21]. Im Spektakel treibt sich diese Borniertheit noch weiter, indem es die repulsive Lohnarbeit als ein perverses Bedürfnis vorspiegelt, das sich viele Proletarisierte in einer Art «sekundärem Krankheitsgewinn»[208] verinnerlicht haben.[209] Damit wird das Verhältnis von travail attractif und travail répulsiv in sich zur Perversion verkehrt.

6) Die disponible Zeit, als mögliche Zeit zur freien Entfaltung und Entwicklung des gesellschaftlichen Individuums, ist von der spektakulären «Freizeit», als kontemplativer Konsumzeit, beschlagnahmt. Werden die Lohnabhängigen darin auch noch zur «Aktivität» stimuliert («Bewegt euch!» usw.), spricht die SI sogar von «der Arbeit an der Freizeit».

---

207 Zum Marxschen Arbeitsbegriff und zu Muishe Postone [Postone 2003]: Anm110.

208 Zum Begriff «sekundärer Krankheitsgewinn»: Anm111.

209 Diese Tendenz ist z.B. bei Leuten, die in sogenannten «kreativen» Berufen (z.B. der Werbung, der Medienbranche, dem Bereich Architektur etc.) arbeiten, zu beobachten. Diesen erscheint es meist noch als «cool», in Berufen zu arbeiten, in denen gerne in Kauf genommen wird, 18 Stunden pro Tag die eigene Arbeitskraft zur Verfügung zu stellen.

7) Mit der Warenform als einzig möglicher Zugangsform zum gesellschaftlichen Reichtum erscheint Reichtum immer weniger von besonderer heterogener Qualität, sondern nimmt tendenziell rein quantitativen Charakter an. Denn Gebrauchswerte, die keinen Tauschwert vertreten, hören auf, Gegenstand der Produktion zu sein. Qualitativ reichhaltige Bedürfnisse werden zu bloßen Mittelbedürfnissen des Verwertungsprozesses, weshalb Debord mehr als sarkastisch einen «*tendenziellen Fall des Gebrauchswerts*» diagnostiziert. [GdS§47]. Das Geld als rein quantitativer Repräsentant des gesellschaftlichen Reichtums ist zugleich Träger der Quantifizierung der Bedürfnisse und somit die reale Verkehrung eines Qualität-Quantität-Verhältnisses. Die gesamte Bedürfnisstruktur wird im Kapitalismus auf den Sinn des «Habens» reduziert, was Debord als Degradierung «jeder menschlichen Realisierung [...] des *Seins* zum *Haben*» bezeichnet. Im Spektakel, als der «gegenwärtigen Phase der völligen Beschlagnahme des gesellschaftlichen Lebens durch die akkumulierten Ergebnisse der Wirtschaft», führt sich diese Bewegung «zu einer verallgemeinerten Verschiebung vom *Haben* zum *Scheinen*» fort. Dabei muss «jedes tatsächliche ‹Haben› sein unmittelbares Prestige und seinen letzten Zweck» aus diesem Scheinen beziehen. [GdS§17].

8) Als atomisierte Geldmonade ist das Individuum seiner direkten Gesellschaftlichkeit beraubt; diese steht ihm in versachlichter und verbildlichter Form als Waren, Geld und Kapital, als Konkurrenz zwischen den Arbeitenden und in abstrakter Form als Staat gegenüber. Konnte Aristoteles den Menschen noch als ein zur «Gemeinschaft bestimmtes Wesen» betrachten,[210] so verschwindet am Gipfelpunkt der Entfremdung diese Kollektivität, und der Mensch ist auf eine bloße Partikularität fixiert und auf seine Privatheit reduziert.

9) Durch die verdinglichende Besetzung der menschlichen Bedürfnisstruktur werden selbst die radikalen Bedürfnisse in das individuell und gesellschaftlich Unbewusste verdrängt. Die Begierden, die auf die Residuen und Reserven ungeteilter Menschlichkeit abzielen, und damit notwendigerweise auf die Überwindung der bestehenden, in Konkurrenz, Partikularität und Entfremdung festgefahrenen Verhältnisse, werden in spektakulären Formen entäußert [GdS§§1,2]. Dies verhüllt den Menschen die objektive Möglichkeit, ihre Geschichte bewusst und aktiv zu gestalten, sie zu einer menschlichen Geschichte zu machen.

---

210 «Der Mensch ist ein für die Gemeinschaft mit andern bestimmtes Wesen und zum Zusammenleben mit andern geschaffen». [AristotelesNikom: 208f.].

10) Die Proletarisierten sind vom historischen Bewusstsein der Klassenkämpfe enteignet. Die Geschichtsschreibung ist herrschende Geschichtsschreibung, welche die Klassenkämpfe als treibendes Moment der Geschichtsentwicklung verhüllt. Die Geschichte erscheint im Spektakel einerseits «top down», als in den Taten und Ideen der «großen» Persönlichkeiten personifiziert. Andererseits erscheint sie «from the bottom up»: umgestülpt als romantisiert-mythisierte Sozialgeschichte der «kleinen Leute» und ihrer Überlebenskulturen. Das historisch-gesellschaftliche Bewusstsein der proletarischen Anläufe und ihres Scheiterns ist damit in doppelter Weise in das gesellschaftliche Unbewusste verdrängt. Die SI hat einen neuen Versuch gestartet, diese Klassenkämpfe wieder ans Tageslicht zu bringen, ihre untergründige Geschichte offenzulegen, um aus den Gründen des bisherigen Scheiterns der proletarischen Anläufe praktische Schlüsse zu ziehen.[211]

Das Resultat dieses Negationsprozesses bezeichnet Marx als «Proletariat *an sich*». Diese Klasse-an-sich ist ein bunter Haufen vereinzelter proletarisierter Individuen. Sie stellen eine amorphe Masse aus miteinander konkurrierenden subjektiven Monaden dar, die sich ihrer über die bestehenden Verhältnisse hinausweisenden Lebensmöglichkeiten unmittelbar nicht bewusst sind. Die Partikularisierten, Depravierten (Entwerteten), tendenziell aller Menschlichkeit Beraubten können sich nicht einmal als eine Klasse von Proletarisierten, als eine Klasse des Elends fühlen und wahrnehmen, geschweige denn, dass sie dies überhaupt wollen. «Ich muss zwar bei McDonalds jobben, aber eigentlich bin ich Künstler», könnte bspw. die Selbstbetrachtung einer solchen Monade lauten. Das Bewusstsein der partikularisierten Individuen drückt sich als «*Unbewußtheit* über die eigene gesellschaftlich-geschichtliche ökonomische Lage» aus, worauf schon Lukács aufmerksam macht [GuK: 224f.]. Auch als Gruppenbewusstsein, Gewerkschaftsbewusstsein oder Vertretung anderer partikularistischer Gruppeninteressen stellt es nichts weiter als das Bewusstsein der Klasse-an-sich dar.

Im Gegensatz dazu bezeichnet das «Proletariat-für-sich» eine Opposition gegen die Entfremdung, einen Prozess der Bewusstwerdung, der einerseits aus Momenten der Bewusstwerdung über den elendiglichen Klassenzustand besteht, andererseits aus dem

---

211 Nicht ohne Grund stellt deshalb die geschichtliche Kritik und Analyse der Arbeiterbewegung das umfangreichste Kapitel der «Gesellschaft des Spektakels» dar. Gleichzeitig ist es wohl das am wenigsten beachtete und durchgearbeitete Kapitel. Einiges davon wird in Kapitel 4 unseres Versuchs zur Sprache kommen.

Willen, diesen Zustand zu verändern, sowie der praktischen und theoretischen Suche nach adäquaten Mitteln und organisatorischen Wegen dazu. So kommt die SI zu folgender Bestimmung: «*Proletarier* ist der, der keine Macht über den Gebrauch seines Lebens hat und der das weiß.» [BE: 231][212]. Zugleich ist die Bewusstwerdung aber ein sehr widersprüchlicher Prozess, der sich in der Regel in revoltierenden, äußerst heterogenen Kämpfen mit meist völlig unterschiedlichen subjektiven Motivationen und Zielen äußert (gegen ökonomische Diskriminierung und Ausbeutungsbedingungen, Fehlen und Aushöhlen von Demokratie und Menschenrechten, Rassismus, Patriarchat, Gerontokratie, Zwangsheterosexualität etc.). Gemeinsam ist den Kämpfenden aber, dass «der Respekt vor der Entfremdung verlorengegangen» [DwS§12] ist.

Als treibende Kräfte wirken dabei die zunächst unbewusst wirkenden radikalen Bedürfnisse. Denn ihre Verdrängung durch das Spektakel bedeutet nicht ihr Verschwundensein; insofern geben die radikalen Bedürfnisse noch immer das höchst reale Potenzial dafür ab, Motivationen der die bestehende Gesellschaftsform unterminierenden und transzendierenden Praxen zu sein. Die von Marx diagnostizierte Hervortreibung der radikalen Bedürfnisse durch die kapitalistische Entwicklung selbst, die damit potenziell ihren «eignen Totengräber produziert» [MEW22: 366], wird auch durch die enorme Verdrängungsleistung des Spektakels nicht objektiv außer Kraft gesetzt, sie ist allenfalls durch Verbildlichung in einer spannungsgeladenen Form stillgestellt.[213] Aufgrund der Eigenart der radikalen Bedürfnisse, die zwar organische Bestandteile des kapitalistischen Gesellschaftskörpers, aber zugleich innerhalb der gegebenen Verhältnisse nicht zu befriedigen sind und auch nicht auf partikulare Interessen gerichtet sein können, kann auch das Proletariat als Verkörperung dieser radikalen Bedürfnisse auf Dauer nicht an partikularen subjektiv-heterogenen Zielen und Interessen festhalten.[214] Insofern kann die SI behaupten, dass die einzige gesellschaftliche Kraft, von der sie «etwas erwarten können, [...] dieses Proletariat [ist], [...] von dem Marx sagte, es sei ‹revolutionär oder nichts› .» [SI1: 13].[215]

Dieses entweder *Nicht-Sein oder revolutionär-Sein* beschreibt die Situation zwischen dem *An-sich-Sein* und dem *Für-sich-Sein*.

---

212 🖳 Ex.: Klassenbewusstsein.
213 Vgl. zur Strukturanalogie von «Verbildlichung» und «narzisstischer Spiegelung»: 🖳 Ex.: Zur Etymologie des Wortes «Spektakel».
214 Zu «Klasseninteresse»: Anm112.
215 Die SI zitiert hier Marx 1865: «Die Arbeiterklasse ist revolutionär oder sie ist nichts.» [MEW31: 446]; Anm113.

Dies ist die Situation, wenn sich das Proletariat vom Zustand des Nichts (An-sich), d.h. des Resultats des Negationsprozesses sowie der bloßen Möglichkeit der Begierden (also ihrer *Nicht*wirklichkeit) zur *wirklich* revolutionären Klasse, der Klasse-für-sich-selbst entwickelt, um sich als Klasse aufzuheben.[216] Das an-sich-seiende Proletariat ist *nichts*, weil es objektiv einstweilen von allen selbstbestimmten gesellschaftlichen Strukturierungsmöglichkeiten sowie vom gesellschaftlichen Reichtum enteignet und insgesamt Resultat des oben benannten Negationsprozesses bleibt. D.h., das Proletariat ist in der Phase seines Verdrängtseins, seiner «Zerstreuung» oder seiner Atomisierung in Konkurrenzsubjekte nur *mögliches* revolutionäres Subjekt, jedoch noch längst *nicht wirkliches*. In einer solchen Phase muss die Suche nach *dem* revolutionären Subjekt zwangsläufig scheitern; alle positivistischen, empirischen und personifizierenden Benennungen, wie etwa *die* IndustriearbeiterInnen, *die* Frauen etc. müssen fehlschlagen. Das Proletariat, wie die SI es versteht, stellt hinsichtlich der modalen Transformation seiner bloßen passiv-objektiven Möglichkeit in seine interventionistisch-aktive Wirklichkeit einen dynamischen *Selbstkonstituierungsprozess* dar, oder es bleibt statisch, ein soziales Nichts. Nur in einer wirklichen, weil *wirkenden* Bewegung kann es zum revolutionären Subjekt *werden*. Das ist nur möglich, wenn die proletarisierten Menschen lernen, ihre vielfältigen subversiven Praxen in eine gemeinsame Aktion münden zu lassen, die eine nichthintergehbare *Situation* herbeizuführen vermag: die rationale Aneignung der totalen gesellschaftlichen Produktion als bewusste gesellschaftliche Individuen, d.h. als gesellschaftliche Subjekte. Einen solchen Prozess zu befördern, und nichts weniger, machte sich die SI zur strategischen Aufgabe.[217]

3.4.8 Die «anti-staatliche revolutionäre Diktatur des Proletariats» als «Diktatur der radikalen Bedürfnisse»

Die Übergänge von der Klasse-an-sich zur Klasse-für-sich bergen einige Voraussetzungen. In erster Linie kann sich der proletarisierte Mensch, wie Lukács betont, «über sein gesellschaftliches Sein nur dann bewußt werden, wenn er sich über sich selbst als Ware bewußt wird» [GuK: 352]; und Freudsche Kategorien entwendend

---

216 Hier handelt es sich nicht um das existenzialistische leere «Nichts», sondern um das Resultat eines Negationsprozesses. Zu dieser Seinsdialektik siehe Hegel: HW3 u. HW5/6.
217 Anm114.

schreibt Debord: «Wo wirtschaftliches *Es* war, muß *Ich* werden.» [GdS§52]. Solange die Proletarisierten sich also nicht als «erste Produktivkraft» (Marx) begreifen und verhalten, sind sie als Gesellschaftsklasse an sich nichts als eine bloße Ansammlung atomisierter Geldmonaden und lebendiger variabler Bestandteil des Kapitals – auch wenn sie in ihrem Alltagsleben noch ihre «Identität» aus allerlei kultureller und historischer Resteverwertung speisen mögen.

Die Scheidung zwischen An-sich und Für-sich hängt insofern vom tatsächlichen Wesen der betreffenden revolutionären Ziele und strategischen Zwecksetzungen ab, welche sich schon in den Kämpfen ausdrücken müssen. Das menschliche Gattungswesen als mögliches geschichtliches Subjekt kann, so Debord, «nur aus der Gesellschaft, d.h. aus dem Kampf, der in dieser selbst liegt, hervorgehen. Seine mögliche Existenz hängt von den Ergebnissen des Klassenkampfs ab, der sich als Produkt und Produzent der wissenschaftlichen Grundlegung der Geschichte offenbart.» [GdS§52]. Eine bloße partikularistische Aneignungsbewegung, z.B. in Form von Lohnkämpfen, mag sie noch so kollektiv ausgerichtet sein, bleibt im An-sich befangen, solange sie nicht darauf abzielt, die gesamte Gesellschaftsstruktur radikal und emanzipatorisch umzuwälzen.[218] Eine revolutionäre Aneignungsbewegung muss eine Aneignungsbewegung der gesamten menschlichen Produktivkräfte sein.[219]

Des weiteren ist das Proletariat-für-sich nicht bloß der Prozess der Bewusstwerdung, sondern es ist zugleich die Verwirklichung der Begierden, d.h. die Erweckung der verdrängten, im «Traumschlaf» befangenen Potenzen der radikalen Bedürfnisse zu realem Leben.[220] Denn, so Marx: «Eine radikale Revolution kann nur die Revolution radikaler Bedürfnisse sein...» [MEW1: 387]. Und da die radikalen Bedürfnisse auf die Überwindung der Entfremdungen hin zur Lebbarkeit einer gesellschaftlichen Individualität abzielen, kann dies nur in eine Abschaffung der Klassengegensätze, in die Überwindung der Klassengesellschaft überhaupt münden. «Die Bedingung der Befreiung der arbeitenden Klasse», schreibt Marx, «ist die Abschaffung jeder Klasse» [MEW4: 181], die Ersetzung der Klassen und Klassengegensätze durch eine Assoziation, «worin die freie Entwicklung eines jeden die Bedingung für die freie Entwicklung aller ist.» [MEW4: 482].[221]

---

218 Anm115.
219 In dieser aus der Geschichte der proletarischen Kämpfe selbst hervortretenden Forderung besteht auch der Maximalismus der SI.
220 Anm116.

Das revolutionäre Proletariat ist die Bewegung des ständigen Auslotens von revolutionären Möglichkeiten, die Verkörperung des Communismus als «wirkliche Bewegung», so Marx und Engels: «Der Communismus ist für uns nicht ein *Zustand*, der hergestellt werden soll, ein *Ideal*, wonach die Wirklichkeit sich zu richten haben [wird]. Wir nennen Communismus die *wirkliche* Bewegung, welche den jetzigen Zustand aufhebt. Die Bedingungen dieser Bewegung ergeben sich aus der jetzt bestehenden Voraussetzung.» [MEGA, 1972: 60; MEW3: 35]. Das Proletariat-für-sich ist ein werdendes (und in diesem Werden in sich widersprüchliches) Subjekt, das sich in den ständig – meist untergründig – vor sich gehenden Klassenkämpfen konstituiert und herauslaboriert. Aufgrund diverser Scheiternserlebnisse in der Geschichte der Klassenkämpfe müssen sich die Formen dieser Kämpfe immer wieder wandeln, bzw. es werden immer wieder völlig neue Formen entstehen [vgl. MEW4: 471].

Die immer wieder auf's Neue nach effektiven Kampfformen suchenden Elemente des Proletariats können dabei nicht umhin, sich die Erfahrung der Geschichte der Klassenkämpfe zu vergegenwärtigen.[222] Doch so, wie der in der Gegenwart angelegte mögliche Sprung in eine emanzipatorische Zukunft immer wieder verdrängt wird, ist auch die Vergangenheit des revolutionären Proletariats vom spektakulären Bild dieser Vergangenheit verdrängt worden. Die gegenwärtigen Schlussfolgerungen eines revolutionären Wissens, das aus der geschichtlichen Erfahrung der Kämpfe gewonnen werden kann, müssen aufgrund der daraus erfolgenden Desillusionierung auf die Möglichkeiten und damit auf die Zukunft gerichtet sein. [Vgl. BE: 115/SI1: 263]. Für eine adäquate gegenwärtige Diagnose der Kämpfe und des Klassenbewusstseins ist es notwendig, die Geschichte immer wieder zu analysieren und vom gegenwärtigen Stand aus zu reflektieren; und das heißt: *Wiederaneignung der Geschichte* gegenüber der herrschenden Geschichtsschreibung. Das Ausgraben der verschütteten untergründigen Geschichte stellt zugleich eine Rekonstruktion der Geschichte der Begierden, d.h. des revolutionären Begehrens in der Klasse, und ihrer immer wieder gebrochenen, durchkreuzten, gehemmten und abgelenkten Durchsetzung dar, so die SI: «In demselben Maße, wie die alten Formeln der Opposition ihre Wirkungslosigkeit oder, noch öfter, ihr völliges Aufgehen in einer Teilnahme an der gegenwärtigen Ordnung enthüllen, breitet sich die unreduzierbare Unzufriedenheit unterirdisch aus und unterhöhlt das Gebäude der Gesellschaft des Überflusses. Der ‹alte Maulwurf› , von

---

221 Anm117.
222 Vgl. dazu Kapitel 4.

dem Marx [...] spricht, wühlt immer noch. Das Gespenst erscheint an allen Ecken». [BE: 113/SI1: 261].

Es gelte darum, «die klassische Arbeiterbewegung wieder illusionslos studieren [zu] lernen» und dabei «vor allem klaren Kopf [zu] bewahren». [BE: 115/SI1: 263]. Gleichzeitig setzt, wie Lukács schreibt, «die Geschichtserkenntnis des Proletariats [...] mit der Erkenntnis der Gegenwart, mit der Selbsterkenntnis der eigenen gesellschaftlichen Lage [...] ein.» [GuK: 342]. Dieses Geschichtsstudium der Kämpfe kann in Bezug auf das Proletariat-für-sich also kein wissenschaftlicher Selbstzweck sein, sondern es müssen Kriterien vorliegen, nach denen die Resultate von der Jetzt-Zeit aus als Etappensiege oder Fehlschläge gewertet werden können. Da das Proletariat-für-sich als Prozess aufs innigste mit der Entwicklung der radikalen Bedürfnisse zusammenhängt, müssen sich diese Kriterien an diesen maximalen Bedürfnissen, dem «Alles oder Nichts», [BE: 115/SI1: 263] und zugleich an revolutionspraktischen, sehr konkret gegebenen Erfordernissen orientieren, um nicht willkürlich, utopistisch und voluntaristisch zu werden.

In Bezug auf die Organisierung der Kämpfe stellt es dabei eine der wichtigsten geschichtlichen Erfahrungen dar, ja ein regelrechtes, blutig erkauftes historisches Gesetz, dass der Zweck *nicht* die Mittel heiligt. Denn eine revolutionäre Organisierung der Kämpfe kann dabei nicht auf die *herrschenden Formen* zurückgreifen, ohne diese als *Formen der Herrschaft* und damit des bestehenden Zustands zu reproduzieren, wie z.B. staatliche Formen, Bürokratie und Hierarchie. Die revolutionäre Klasse musste, laut Debord, im 20. Jahrhundert vor allem lernen, «daß sie die *Entfremdung* nicht mehr *in entfremdeten Formen bekämpfen* kann.» [GdS§122].

Für eine revolutionäre Organisierung besteht darum die notwendige Aufgabe, «neue menschliche Beziehungen innerhalb einer solchen Organisation herzustellen» [BE: 91/SI1: 209]; weiterhin müssen sich diese Beziehungen an den nichtentfremdeten Formen der modernen menschlichen Begierden orientieren. Dies stellt für die SI das oberste Kriterium für die Frage dar, ob eine Bewegung revolutionär ist, ob die Klasse-an-sich zu einer Klasse-für-sich wird: «Revolutionär ist eine Bewegung, die die Organisation dieser Raum-Zeit sowie die künftigen Entscheidungsformen ihrer permanenten Neuorganisation radikal umgestaltet (und nicht eine Bewegung, die nur die Rechtsform des Eigentums oder die soziale Herkunft der Herrschenden verändert).» [BE: 160/SI2: 18]. Eine revolutionäre Organisierung kann, wenn sie sich an den radikalen Bedürfnissen orientiert, damit auch keine Repräsentation und Stellvertreterpolitik der Proletarisierten durch Berufsrevolutionäre und

SpezialistInnen, keine bürokratischen Strukturen und Herrschaftsformen irgendwelcher Art zulassen.[223]

Die Aufgabe einer revolutionären Assoziation besteht in erster
Linie darin, die Trennungen, Fragmentierungen und Konkurrenz-
kämpfe der Proletarisierten zu überwinden. Da die revoltierenden
Kämpfe des werdenden Proletariats-für-sich in der Regel heterogener und oft widersprüchlicher Natur sind, müssen Formen gefunden werden, welche die emanzipatorisch vorwärtstreibenden
Widersprüche nicht unterbinden, sondern im Gegenteil zulassen.
Das revolutionäre Proletariat ist gezwungen Formen zu entwickeln,
in denen sich die Widersprüche radikal und von allen Beteiligten
gleichermaßen bewegen lassen, zivilisiert offen ausgetragen werden können und sich die Organisierung beständig, den Kämpfen
angemessen, auf immer höherer Stufe entwickeln kann.

Die Überwindung der Trennungen bezieht sich nicht nur auf
die Konkurrenz der Ware Arbeitskraft, sondern hat auch außerö-
konomische und vorkapitalistische Entfremdungsmechanismen
zum Gegenstand, vor allem Formen von Xenophobie, Rassismus,
Judophobie, Sexismus, Patriarchat, Gerontokratie und Jugend-
kult, sowie sämtlichen Nationalismen, Regionalismen[224] etc. Dabei muss es um die Überwindung sämtlicher Selbstdestruktions-
kräfte, künstlicher und überkommener, althergebrachter Trennungen und Rollenverteilungen (wie etwa Familialismus) des
Proletariats gehen. Und gerade hier erweist sich wiederum die
Wichtigkeit der Einbeziehung der Alltagssituationen und ihrer
Kritik, weil im Alltag all jene Entfremdungsformen miteinander
verflochten sind.

Geleitet von diesen sozialen Erfordernissen und den damit sich
ergebenden an eine revolutionäre Organisierung gerichteten Aufgaben, kann – laut Debord – das projekthaft-strategische Ziel einer
revolutionären Assoziation nichts anderes sein als der «Ort, wo die
objektiven Bedingungen des geschichtlichen Bewußtseins vereinigt
sind; die Verwirklichung der *aktiven*, direkten Kommunikation, wo
die Spezialisierung, die Hierarchie und die Trennung aufhören, wo
die bestehenden Bedingungen in ‹Bedingungen der Einheit› verwandelt worden sind. Hier kann das proletarische Subjekt aus
seinem Kampf gegen die Kontemplation hervortreten: sein Bewußtsein ist der praktischen Organisation gleich, die es sich gege-

223 Damit scheiden von vornherein sowohl bolschewistische und stalinistische als auch trotzkistische, sowie reformistisch-sozialdemokratische
Organisationsmodelle aus. Dazu: Anm118.
224 Zur Wichtigkeit des internationalen Charakters der Kämpfe: vgl.
MEW16: 14 und zitiert in Anm119.

ben hat, denn dieses Bewußtsein selbst ist untrennbar von dem kohärenten Eingriff in die Geschichte.» [GdS§116].

In der Phase des Übergangs zu einer Gesellschaft der «generalisierten Selbstverwaltung», zu einem Verein der freien Assoziierten, besteht die Aufgabe der revolutionären Organisation darin, die noch verbleibenden Mächte der alten Gesellschaftsordnung in Schach zu halten und schließlich zu bekämpfen. Da davon auszugehen ist, dass die MachtträgerInnen verzweifelt gegen ihren Untergang kämpfen und alles daran setzen werden, nicht nur ihre letzten Herrschaftsbruchstücke zu verteidigen, sondern ihre verlorene allgemeine Herrschaft wiederzuerlangen, ist eine revolutionäre Assoziation in einer solchen Phase gezwungen, die an ihre eigene Organisierung gestellten und oben genannten Forderungen ungeteilter und unbeschränkter Teilnahme und Entscheidungsgewalt auch für die Gesamtgesellschaft, so weit Ausstrahlung und Selbstbewaffnung hinreichen, *durchzusetzen*. Bis dahin ist ihre Praxis, wie Debord klarstellt, schon einmal «die Generalisierung der Kommunikation und der Kohärenz in diesen Kämpfen». [GdS §120]. Gewissermaßen handelt es sich um die Übergangsperiode von der «Waffe der Kritik» zur «Kritik der Waffen», wie der junge Marx es einmal formulierte.[225]

Debord konkretisiert diese Formel in Bezug auf die Organisationsfrage: «Die revolutionäre Organisation kann nur die einheitliche Kritik der Gesellschaft sein, d.h. eine Kritik, die an keinem Punkt der Welt mit irgendeiner Form von getrennter Macht paktiert, und eine Kritik, die sich global gegen alle Aspekte des entfremdeten gesellschaftlichen Lebens richtet. Im Kampf der revolutionären Organisation gegen die Klassengesellschaft sind die Waffen nichts anderes als das *Wesen* der Kämpfer selbst: die revolutionäre Organisation kann nicht in sich die Bedingungen der Spaltung und der Hierarchie wieder erzeugen, die die Bedingungen der herrschenden Gesellschaft sind. Sie muß fortwährend gegen ihre Entstellung im herrschenden Spektakel kämpfen. Die einzige Grenze der Teilnahme an der totalen Demokratie der revolutionären Organisation ist die Anerkennung und die tatsächliche Selbstaneignung der Kohärenz ihrer Kritik durch ihre Mitglieder, einer Kohärenz, die sich in der eigentlichen kritischen Theorie und in deren Beziehung zur praktischen Tätigkeit bewähren muß.» [GdS§120].

Auch in der Phase des Übergangs von der kapitalistischen, spektakulären Warenproduktion zur communistischen Produktion und Verteilung kann die revolutionäre Selbstorganisierung in Be-

---

225 Vgl. MEW1: 385 und zitiert in Anm120.

zug auf Forderungen, die aus den radikalen Bedürfnissen entwachsen, keine Kompromisse eingehen, will sie die entfremdenden Herrschaftsformen nicht reproduzieren. Die *Kohärenz der Kritik* meint ein sich an den strategischen Zielen orientierendes verbindliches Umgehen mit den Widersprüchen, um sie zu überwinden, sie ist gegen eine performative Widersprüchlichkeit gerichtet,[226] welche die SI mit dem Ausdruck «Lüge» denunziert, weil dabei die denkende und handelnde Praxis in einem unüberbrückbaren Widerspruch zueinander stehen. Die *Kohärenz der Kritik* meint jedoch nicht eine Vereinheitlichung der Kritik sondern eine Bündelung heterogener, gleich möglicher, aber alternativer Kritikformen, nämlich Ansätze, die allerdings mit den letztinstanzlichen strategischen Zielsetzungen – etwa der Überwindung der Entfremdungen und der bürgerlichen Konkurrenz, hin zu einer Gesellschaft mit menschlichem Antlitz – verbunden sein müssen und ihnen gegenüber nicht in Widersprüchlichkeiten und in eine von den strategischen Zielen abgekoppelte Taktiererei zerfallen dürfen.[227]

Eine revolutionäre Organisierung ist in dieser «Periode der revolutionären Umwandlung» (Marx) zur strategischen Setzung und gesellschaftlichen Durchsetzung, d.h. zum *Diktat* der sich an den radikalen Bedürfnissen orientierenden und dadurch nichtentfremdenden Prinzipien und Formen gezwungen. Damit ist auch verbunden, dass sie alle jenen Formen und Prinzipien zuwiderlaufenden Verhältnisse, Verkehrsformen und Mechanismen kompromisslos bekämpfen muss. Sie muss diesen Kampf bestimmen, sich darin behaupten, d.h. ihn diktieren.[228] Sie ist damit die «*revolutionäre Diktatur des Proletariats*». [Vgl. MEW19: 28].[229]

In den Klassenkämpfen in Frankreich von 1848 bis 1850 tauchte diese illusionslose und, wie Marx feststellt, «kühne revolutionäre Kampfparole: Sturz der Bourgeoisie! Diktatur der Arbeiterklasse!» zum ersten Mal auf. [MEW7: 33]. Schon im 19. Jahrhundert löste dieser Begriff ein beredtes Erschrecken aus;[230]

---

226 Ein performativer Widerspruch wäre die Aussage: «Ich schlafe schon»; denn schliefe jemand wirklich, so könnte er/sie das nicht mehr sagen. Sagen und Tun fallen hierbei in antagonistischer Weise auseinander. Ausführlicher dazu: 🖳 Ex.: «Kohärenz» in Theorie und Praxis.
227 Näheres zu den Begriffen «Strategie» und «Taktik»: Anm121 und ausführlich: 🖳 Ex.: Strategie und Taktik.
228 Zu den verschiedenen Bedeutungen des lateinischen Verbs «dico»: Anm122.
229 Vgl. auch MEW7: 89f. und zitiert in Anm123.
230 So schrieb Engels in der Einleitung zu Marx' Aufsatz über den «Bürgerkrieg in Frankreich»: «Der deutsche Philister ist neuerdings wieder in heilsamen Schrecken geraten bei dem Wort: Diktatur des Proletariats. Nun gut, ihr Herren, wollt ihr wissen, wie diese Diktatur aussieht? Seht

doch heutzutage, nach der geschichtlichen Erfahrung der staats-
despotischen Schreckensherrschaft des Stalinismus im Namen des
Proletariats, scheint dieser Begriff für eine emanzipatorische Revolutionstheorie völlig obsolet geworden zu sein. Er löst inzwischen bei positiver Verwendung – auch bei sich revolutionär
gebärdenden Linken – blankes Entsetzen aus. Während die sogenannten realsozialistischen Regimes und ihre westlichen Befür-
worter, LeninisteInnen, StalinistInneen etc. ohnehin schon längst
die Formel «revolutionäre Diktatur des Proletariats» durch die
ordentlich bürgerliche vom «Staat des ganzen Volkes» o.ä. ersetzt
haben, greift die SI diesen Begriff hingegen ganz bewusst wieder
auf, um ihn gegen die Romantisierung der Übergangsphase zu
richten. Sie versieht ihn allerdings – ganz im Geiste Marx'[231] mit
einem Adjektiv, das nach der leninistischen verstaatlichenden
Deformierung und der stalinistischen völlig konterrevolutionären
Verkehrung notwendig geworden ist: die «*anti-staatliche Diktatur* des Proletariats» [GdS§179; vgl. SI2: 397, 411ff.].[232] Um den
asketischen Konnotationen dieses Begriffs vorzubauen, stellt die
SI den vom orthodoxen Marxismus abgetrennten Bezug zu den
radikalen Bedürfnissen, Begierden und Leidenschaften[233] wieder
her. Folgendes wird eindeutig klargestellt: «Die proletarischen
Revolutionen werden *Feste* sein oder sie werden nicht sein, denn
das von ihnen angekündigte Leben wird selbst unter dem Zeichen
des Festes geschaffen werden» [BE: 232].

Allerdings möchte die SI mit dieser Formel nicht ausdrücken,
die revolutionäre Praxis sei pure «Gaudi» (SPUR)[234] und total
unernsthaft, wie einige falsche BefürworterInnen der situationistischen Theorie, die – von der SI selbst so bezeichneten – «ProsituationistInnen», dies so gerne missverstanden haben. Vielmehr geht
es um die imperativische Forderung, die sich in schmerzhaften und
frustrierenden Erfahrungen[235] aus der Geschichte entwickelt hat,

---

euch die Pariser Kommune an. Das war die Diktatur des Proletariats.»
[MEW17: 625].
231 Anm124.
232 Marx bestimmt die revolutionäre Diktatur des Proletariats in der Analyse der Pariser Commune als «die Rücknahme der Staatsgewalt durch
die Gesellschaft», zu begreifen als Aufhebung der politischen Trennung im Übergang zum Communismus. [MEW17: 543].
233 Wir können hier im Buch unmöglich solche Begrifflichkeiten, die dem
Begehren zugrunde liegen, psychologisch und insbesondere triebtheoretisch verankern und differenzieren. Dazu: 🖳 Ex.: Die SI und die
Psychoanalyse u. 🖳 Ex.: Die Kategorien «Natur» und «Geschlecht» und
die Sprachkritik.
234 Mehr zum Kult der Gaudi bei der Gruppe SPUR vgl. 4.7.
235 Siehe Kapitel 4.

dass die «*anti-staatliche Diktatur des Proletariats*» zugleich die «*Diktatur der radikalen Bedürfnisse*» sein muss.

In ihrer Analyse der geschichtlichen proletarischen Kämpfe und ihrer inhärenten Möglichkeiten will die SI eine dieser Forderung adäquate, d.h. eine nichtentfremdende Organisationsform in der Geschichte der Klassenkämpfe entdeckt haben. Es ist dies eine Form, die ihre große Vorläuferin in der Pariser Commune (1871) hatte. Danach trat sie erstmals wieder 1905 in der russischen Revolution hervor und gelangte im ersten Fünftel des 20. Jahrhunderts (bis Kronstadt 1921) zu einer enormen Wirkmächtigkeit.[236] Dennoch blieb sie in ihrer authentischen Gestalt (d.h. ohne den Beisatz paralleler «Avantgarde»-Organisationen, wie «Partei» oder rätekommunistischer Apparate), so Debord, weitgehend unbemerkt, weil sie mit dem Rest der Arbeiterbewegung verschwand. Diese Organisationsform ist die der *Arbeiterräte*: [237] «In der Macht der Räte, die jede andere Macht international ersetzen muß, ist die proletarische Bewegung ihr eigenes Produkt, und dieses Produkt ist der Produzent selbst. Sie ist sich selbst ihr eigener Zweck. Nur hier wird die spektakuläre Verneinung des Lebens ihrerseits verneint.» [GdS§117]. Die Macht der Räte ist damit die geschichtliche Chance des Proletariats, als einzigem «konsequenten Erbe des wertlosen Reichtums der *bürgerlichen Welt*», die bestehende Welt radikal umzuwandeln und in Richtung des «totalen Menschen aufzuheben», was zugleich die Menschwerdung des Menschen, die «Verwirklichung der Natur des Menschen»[238] bedeutet. [BE: 231]. Sie ist damit die Form, in der sich die Diktatur der radikalen Bedürfnisse ausdrücken kann und sich die Begierden der Individuen und das revolutionäre Begehren der geschichtsmächtigen Gesellschaftlichkeit entfalten können, indem sie beginnen, «den Raum nach den Bedürfnissen der Macht der Arbeiterräte, der *anti-staatlichen Diktatur* des Proletariats, des vollstreckbaren Dialogs vollständig zu rekonstruieren.» [GdS§179].

---

236 Mehr dazu in den Exkursen: ▣ Ex.: Commune (1871), ▣ Ex.: Internationale Arbeiter Association, ▣ Ex.: Räte-Revolution und «Sowjetmacht»: die russische Revolution und was daraus wurde, ▣ Ex.: Die Revolution in Spanien 1936-1939.
237 Zum Entstehen einer *Ideologie* der Räte nach dem Mai 1968: Anm125.
238 Hierunter versteht die SI kein überhistorisches, unveränderliches «Wesen des Menschen», sondern im Gegenteil seine zu allem möglichen Formwandel hin offenzuhaltende Gesellschaftlichkeit und individuelle Entfaltung. [Siehe SI2· 236], ▣ Ex.: Die Kategorien «Natur» und «Geschlecht» und die Sprachkritik.

3.5 Von der «Praxis der Theorie» zur «Theorie der Praxis»

*I*n einer anti-hierarchischen und egalitären Vermittlung des Theorie-Praxis-Komplexes sieht die SI eine der wichtigsten Aufgaben der revolutionären Organisierung. Denn die «Spaltung zwischen Theorie und Praxis war der Felsen, der der alten revolutionären Bewegung den Weg versperrte.» [BE: 229]. Das Verhältnis zwischen theoretischer Praxis und praxisleitender Theorie ist in der jeweiligen Gegenwart grundsätzlich abhängig von der momentanen Verfasstheit des Proletariats; d.h. davon, ob es sich im Stadium des Ansichseins oder des Fürsichseins befindet und ob dementsprechend die Situation potenziell eine revolutionäre ist oder nicht: «Wenn die Revolution noch sehr weit entfernt ist, ist die schwierige Aufgabe der revolutionären Organisation vor allem die *Praxis der Theorie*. Wenn die Revolution beginnt, ist ihre schwierige Aufgabe, mehr und mehr, die *Theorie der Praxis*; dann aber hat die revolutionäre Organisation ein ganz anderes Gesicht.» [DwS§89]. Nach Auffassung der SI besteht die Praxis der Theorie natürlich nicht nur im Bücherlesen, Diskutieren, Verfassen von Texten und Denken. Sie ist eine Forschungsaufgabe mit ungewissem Ausgang, die sowohl denkerische Kopfarbeit als auch sinnlich-praktische, experimentelle Formen beinhaltet. D.h. die Theorieentwicklung der SI besteht sowohl aus der «rein» textuellen Praxis – der Sichtung, Aneignung und Weiterentwicklung vorhandener Theorien – als auch einer «Kritik im Handgemenge» [MEW1: 381], einer Art revolutionärer «Feldforschung», also ungefähr dessen, was der Operaismus[239] als «militante Untersuchung» bezeichnete.

Die SI entwickelte im Laufe ihrer Geschichte bestimmte Techniken und Methoden der experimentellen Forschungsarbeit bzw. griff vorgefundene auf und entwickelte diese weiter, vor allem die *Entwendung* (détournement), das *Umherschweifen* (dérive), die *Psychogeographie* und schließlich die vorher genannte umfassende *Konstruktion von Situationen*.

3.5.1 Der Kampf zwischen Detournement und Rekuperation

*D*ie Technik des Detournement[240] erachtet die SI nicht als ihre eigene Erfindung, sondern sie weist darauf hin, dass es sich um

---

239 Zum «Operaismus»: Anm126.
240 Das französische Verb «détourner» enthält die vielfältigen Wortbedeutungen «entwenden, ablenken, umleiten, heimlich auf die Seite schaffen, unterschlagen, abwenden, verdrehen, verführen»; und «détour-

«eine ziemlich allgemein verbreitete Praxis» handle [BE: 26], auf deren Systematisierung es der SI jedoch ankomme, um sie als Waffe des Klassenkampfes effizienter zu machen. Das Detourne-ment ist zunächst eine Methode im Kampf um Begriffe, um diese der Revolutionstheorie und ihrer kommunikativen Praxis zuzufüh-ren. [Vgl. GdS§§206f.]. Ihr Kampffeld ist zunächst die Sprache: «Das Problem der Sprache steht im Mittelpunkt aller Kämpfe um die Abschaffung oder Aufrechterhaltung der gegenwärtigen Ent-fremdung; es läßt sich vom gesamten Terrain dieser Kämpfe nicht trennen. Wir leben in der Sprache wie in verbrauchter Luft.» [BE: 161] Unter «Sprache» ist allerdings nicht nur die gesprochene und geschriebene Sprache zu verstehen, sondern sämtliche symboli-schen, bildlichen und gestischen Äußerungen, also auch solche, die sich z.B. in Kunstwerken, architektonischen Gebilden, aber auch in alltäglichen Gesten manifestieren.[241] Insofern kann die Entwen-dung, nun weiter gefasst, als eine subversive strategiegeleitete Praxis betrachtet werden, die auf dem gesamten kulturellen Feld und im Bereich des Alltagslebens ideologiekritisch zu intervenieren versucht. Auch wenn sich folgende Ausführungen zunächst auf die Wortsprache beziehen, so lassen sie sich doch auf «Sprache im weitesten Sinn» übertragen.[242]

Die theoretische Kritik des Bestehenden muss zunächst auf die Sprache des Bestehenden zurückgreifen, um sie schließlich gegen sie zu wenden. Das schließt aber das oft notwendige Einführen neuer Begrifflichkeiten nicht aus, wie die SI bemerkt: «So wurde jede Kritik der alten Welt in der Sprache dieser Welt vorgenommen, und dennoch gegen sie, das heißt automatisch in einer anderen Sprache. Jede revolutionäre Theorie mußte ihre eigenen Worte erfinden, den herrschenden Sinn der anderen Worte zerstören und neue Positionen in der ‹Welt der Bedeutungen› schaffen, die der neuen, im Entstehen begriffenen Wirklichkeit entsprechen und die es vom herrschenden Wust zu befreien gilt. [...] Die Kritik der herrschenden Sprache, ihre Zweckentfremdung, wird die perma-nente Praxis der neuen revolutionären Theorie werden.» [BE: 189/ SI2: 195].

---

nement» bedeutet dementsprechend «Entwendung, Zweckentfrem-dung, Umleitung, Verführung, Missbrauch, Abweichung, Wiederein-setzung». Im folgenden verwenden wir es in der germanisierten Schreibweise.

241 So auch bei Debord: «Die Sprache des Spektakels besteht aus Zeichen der herrschenden Produktion.» [GdS§7].

242 «Wort» ist dabei lediglich durch «Zeichen», «Geste», kurz: Signifikan-ten zu ersetzen. 🖵 Ex.: Die Kategorien «Natur» und «Geschlecht» und die Sprachkritik.

Um die «gefesselten Worte» [ebd.] zu entfesseln, muss die Entwendung während der Phase der «Praxis der Theorie» zunächst eine Sinnentleerung herrschender Bedeutung herbeiführen und den Begriffen gleichzeitig einen revolutionären Sinn verleihen. Sie muss nach Möglichkeit einen kohärenten Bezug zu den radikalen Bedürfnissen herstellen (ob dies gelungen ist, kann sich allerdings erst im Nachhinein erweisen) und damit die Phase der «Theorie der Praxis» vorbereiten helfen. Die Befreiung der durch die herrschende Macht domestizierten und beschlagnahmten Worte der Sprache ist möglich, da sie Kräfte enthalten, die potenziell allen herrschenden Intentionen und Kontrollmechanismen «einen Strich durch die Rechnungen machen können.» [SI2: 37/BE: 161]. Eine Äußerung Martin Heideggers («Die Sprache ist das Haus des Seins») gegen seine Intention entwendend, weist die SI die Sprache als ein Kampfterrain von herrschender Macht und potenzieller Gegenmacht aus: «*Denn die Sprache ist die Wohnung der Macht*, sie ist der Zufluchtsort ihrer Polizeigewalt. Jeder Dialog mit der Macht ist Gewalt, erlittene oder provozierte.» [BE: 189/SI2: 195].[243]

Die «Koexistenz der Worte» mit der herrschenden Macht der spektakulären Warenproduktion ist der SI zufolge «vergleichbar mit der Beziehung, die die Proletarier» mit ihr eingehen: Sie «*arbeiten* für die herrschende Organisation des Lebens», sind «fast immer beschäftigt, im vollen Sinn und Unsinn ganztägig benutzt», sind entfremdet und bleiben deshalb «irgendwie radikal fremd». [BE: 161/SI2: 37]. Die Worte sind in der herrschenden Sprache in den Dienst der gesellschaftlichen Produktionsweise gestellt. Zerstückelt und spektakulär zusammengesetzt, erscheinen sie in verkehrter fetischistischer Form: «In der Organisation der Sprache ist es zu einer solchen Verwirrung gekommen, daß die von der Macht erzwungene Kommunikation sich als Lug und Trug entpuppt.» [Ebd.]. Gleichzeitig allerdings benennt die situationistische Sprachkritik u.a. auf dem Gebiet der modernen Literatur ein «Symptom der gesamtgesellschaftlichen Krise», nämlich «das Phänomen der *Dienstverweigerung der Worte*, ihre Flucht und ihren offenen Widerstand». [Ebd.].[244]

Der Übergang der gefesselten *Worte* in revolutionäre *Begriffe* entspricht dem Übergang des Proletariats-an-sich zum Proletariat-für-sich-selbst. Das Ansichsein besteht darin, dass die Menschen

---

243 Anm127.
244 Die SI nennt an dieser Stelle Baudelaire, die DadaistInnen sowie James Joyce. Zu Charles Baudelaire (1821-1867), James Joyce (1882-1941) und allen sonstigen Bezügen der SI auf die Avantgarde der klassischen Kunstmoderne siehe Anm128 und ⌨ Ex.: Die Kategorien «Natur» und «Geschlecht» und die Sprachkritik.

vom Gebrauch der Worte für eine direkte menschliche Kommunikation, von der Sprache des wirklichen und deshalb wirkenden Lebens enteignet sind. Der herrschende Diskurs des Spektakels verdrängt die direkte, aktive Kommunikation zwischen den Menschen und schiebt sich trennend zwischen die atomisierten Individuen. In diese Lage versetzt, gebrauchen sie die Worte in einer passiven Weise und nicht aktiv im Sinne «der Arbeit des Begriffs» (Hegel). Gleichzeitig aber lassen sich die Bedeutungen der Worte nicht durch noch so subtile Herrschafts- und Manipulationsmechanismen, wie Informationstheorie, spektakuläre Sprachregelungen ein für alle Mal festlegen. Denn die «Worte selbst [sind] nicht ‹informativ›» und Definitionen sind «immer offen, nie definitiv». [Ebd.u.BE: 189/SI2: 195]. Darum kann die SI die «objektive Unmöglichkeit eines [orwellschen, Anm.] ‹Neusprech›» behaupten. [BE: 190/SI2: 196]. Würde die herrschende, spektakuläre Sprache den *Sinn* der Worte erschaffen, dann gäbe es nicht die Möglichkeit der *Poesie*. Wie beim Proletariat setzt die SI auch bei der Poesie auf «die Rückkehr des Verdrängten». [BE: 193/SI2: 200]. Denn das Verhältnis «der Poesie zu ihrer materiellen Basis in der Gesellschaft [ist] nicht von einseitiger Unterordnung bestimmt [...], sondern von gegenseitiger Beeinflussung». [BE: 162/SI2: 38]. Und somit kann die SI schlussfolgern: «Die Poesie wiederzufinden kann dasselbe sein, wie die Revolution aufs neue zu erfinden.» [Ebd.].

Die herrschende spektakuläre Sprache verhüllt die objektiven Möglichkeiten der Sprache, ihre Poesie, indem sie die Menschen auf reine Empfänger spektakulärer Botschaften reduziert. Die Sprache selbst wird dadurch zum bloßen Mittel, spektakuläre «Botschaften zu übermitteln; [...] sie ist die materielle Stütze [der] Ideologie.» [BE: 191/SI2: 197]. Der herrschende, spektakuläre Diskurs zwingt den verwendeten Worten seine eigene Lesart auf, für deren «Entschlüsselung» er – parallel zum Besitz der Produktionsmittel – «den Code besitzt», was zur ständigen immanenten Verbesserung und Modernisierung der spektakulären Kommunikation beiträgt. [BE: 163/SI2: 39]. Wie das Kapital die lebendige Arbeit in seinen Dienst stellt und aussaugt, lebt der herrschende Diskurs «von Hehlerei»; er «erzeugt nichts», sondern «rekuperiert nur». [BE: 161/SI2: 37].

Auf den Kampffeldern der Worte und Symbole nimmt der Begriff «Rekuperation»[245] eine besondere Stellung ein. Er bedeutet

---

245 Das französische Wort «récupération» bedeutet soviel wie (militärische) Beschlagnahmung, Einziehung, Wiedererlangung, Wiederaufbereiten, sich-schadloshalten. Im folgenden verwenden wir es in der germanisierten Schreibweise.

im Sprachgebrauch der SI ein Sammelsurium von Techniken, derer sich die spektakuläre Ordnung bedient: Die wichtigsten dabei sind das Trennen,[246] Isolieren und integrative Neuzusammensetzen von ehemals subversiven, widerständigen, revoltierenden Tendenzen oder revolutionärer Momente und deren Errungenschaften. Dies sind Techniken, die den immanenten Bewegungsgesetzen des Spektakels entsprechen, wie Debord betont: «Die herrschende Ideologie organisiert die Banalisierung der subversiven Entdeckungen und verbreitet sie im Überfluß, nachdem sie sie sterilisiert hat.» [BE: 29]. Die spektakuläre Waren-, Bild- und Zeichenproduktion kann sich mittels Rekuperation jener eigentlich auf sie abzielenden Negationsmomente modernisieren und weiterentwickeln. Die Rekuperation lenkt all jene Wirkungskräfte, welche die spektakuläre Entfremdung überwinden könnten, um. Sie integriert sie als eine dem Spektakel adäquate Bewegung, als eine es weiter vorwärtstreibende, innovatorische Kraft. Als Beispiel hat die SI die Dada-Bewegung vor Augen; ihre folgende Feststellung lässt sich jedoch ebenso gut auf die spätere Punk-Bewegung übertragen: «Die subversivsten Konzepte werden ihres Inhalts entleert, sie werden im Dienst der aufrechterhaltenden Entfremdung neu in Umlauf gebracht – der umgekehrte Dadaismus. Sie werden zu Werbeslogans.» [BE: 193/SI2: 199].

Entwendung und Rekuperation sind somit sich widerstreitende, antagonistische Bewegungsmomente, welche entweder auf die Überwindung der bestehenden Ordnung oder ihrer – gegebenenfalls modernisierenden – Aufrechterhaltung ausgerichtet sind. Während die Entwendung strategisch auf die Verwirklichung der nichtentfremdeten Beziehungen zwischen den Menschen, d.h. auf die menschliche Gattungsmäßigkeit-für-sich abzielt, ist die Rekuperation bestrebt, die spektakuläre «Einheit der Zerrissenheit» weiter zu vertiefen und auszubauen. Die prinzipiell systemtranszendierenden Kräfte können dabei z.B. in pseudo-oppositionelle Kräfte, in eine Opposition des Scheins umgelenkt werden. Und die Mittel und Methoden der revolutionären Kritik können in rekuperierte Techniken des Spektakels umfunktioniert werden.[247]

Dementsprechend ist der SI zufolge auch die Marxsche Kritik «tausendfach» rekuperiert worden. Sie muss deshalb entwendet, neu angeeignet, das heißt wieder der revolutionären Kritik zuge-

---

246 «Die Trennung von Theorie und Praxis liefert die zentrale Basis für die Rekuperation, für die Versteinerung der revolutionären Theorie in Ideologie, die die wirklichen praktischen Forderungen [...] in Systeme von Ideen, in Forderungen der Vernunft verwandelt.» [BE: 193/SI2: 200].

247 Vgl. BE: 192/SI2: 199 und zitiert in Anm129.

führt werden.[248] Im Kampf zwischen Rekuperation und Entwendung muss die Marxsche kritische Theorie «ständig präzisiert und korrigiert, im Licht von 100 Jahren verschärfter Entfremdung und der Möglichkeiten ihrer Negation neu formuliert werden.» [BE: 190/SI2: 196]. So müssen auch bestimmte Schlüsselbegriffe der Revolutionstheorie nach dem Gebrauch durch die AgentInnen des Spektakels, wozu auch die VertreterInnen der Pseudokritik und der Scheinopposition gehören, erst einmal «desinfiziert werden» [BE: 194/SI2: 200].[249]

Die Wiederaneignung der Begriffe beinhaltet deren Anbindung an die revolutionäre Kritik und die Bewegungskräfte der Begierden, welche auf die Überwindung des Spektakels abzielen. Ziel ist die Schaffung von Formen, die eine *direkte* Kommunikation ermöglichen, «die nicht mehr auf das Kommunikationsnetz des Gegners (d.h. die Sprache der Macht) zurückgreifen muß, und so die Welt gemäß ihrer Begierde verändern kann.» [BE: 163/SI2: 39]. Die direkte Kommunikation «ist damit nichts anderes als die befreite Sprache, die ihren Reichtum wiedererlangt und mit dem Zerbrechen ihrer eigenen Zeichen zugleich die Worte, die Musik, die Schreie, die Gesten, die Malerei, die Mathematik und die Tatsachen wiederentdeckt». [BE: 162/SI2: 38]. Das Detournement ist idealiter eine nicht entfremdete, wahrhafte und aufrichtige Kommunikation unter gesellschaftlichen Individuen, «die jede getrennte Macht zugrunde richtet». [BE: 161]. Sie ergreift den höchsten Grad der entwickelten Produktivkräfte, damit auch Wissenschaft und Kunst, und überwindet diese spektakulären Spezialisierungen.[250]

3.5.2 Die Aufhebung der Kunst

*U*nter den gesellschaftlichen Sphären, die die SI hinsichtlich revolutionsstrategisch wichtiger Praxen und Techniken erforscht, welche der Subversion zuzuführen sind, nimmt neben dem Alltag vor allem die Kunst[251] eine besondere Stellung ein. Was macht die Besonderheit der Kunst aus?[252]

---

248 Anm130.
249 Zu diesen AgentInnen gehören u.a. die VertreterInnen des bürokratischen Marxismus, die spezialisierten DenkerInnen in Kunst und universitärer Wissenschaft.
250 Vgl. BE: 193/SI2: 200 und zitiert in Anm131.
251 Anm132.
252 Über das Verhältnis der SI zur Kunst ist äußerst kontrovers debattiert und spekuliert worden. Das liegt v.a. daran, dass ihre Stellungnahmen zum Thema «Kunst» äußerst heterogen waren. In der Geschichte der SI gab es einige sich darüber widersprechende Strömungen. Innerhalb dieser Einführung kann dazu allerdings leider nicht eingegangen wer-

Schon Aristoteles stellte fest, dass entgegen der Position «so und *nicht* anders», die v.a. in der praktischen Unmittelbarkeit der Alltagswahrnehmung vorzufinden ist, die Kunst das Prinzip «so und *auch* anders» vertritt. [Vgl. HWP: 1362]. Entgegen der apodiktischen fragwürdigen Gewissheit der Alternativlosigkeit verweist die Kunst auf die *objektive Möglichkeit* von Alternativen, welche die Grundlagen von Handlungsfreiheit und insofern von Emanzipation darstellen. Im Prinzip und idealiter ist die Kunst damit in der Lage, die Produktivkräfte sinnlich-praktisch zu erschließen.

In der Möglichkeit, sich «so und auch anders» entscheiden zu können, wird Freiheit praktisch erfahrbar, sowohl in ihrer positiven Form, «*frei zu* irgendetwas zu sein», als auch in ihrer negativen Form, «*frei von* irgendetwas zu sein».[253] Doch wie sieht diese Erfahrbarkeit konkret aus? Objektive Möglichkeiten können nicht sinnlich wahrgenommen werden; nur Realisate, Produkte oder Naturgegenstände lassen sich sinnlich wahrnehmen. Insofern können auch die realisierten Kunstwerke in ihrer sinnfälligen Unmittelbarkeit das «auch-anders-sein-können» der objektiven Möglichkeiten nicht *unmittelbar* erfahrbar machen.

Es kann also nicht an den Werken als realisierten Zwecken selbst liegen, dass die Kunst immer wieder als Anwalt der objektiven Möglichkeiten und somit der Freiheit aufgeboten wird (z.B. Lukács, Benjamin, Bloch, Adorno). Wenn nun die Werke nicht als Zwecke, sondern als Mittel betrachtet werden, die in ihrer Realisierung Alternativmöglichkeiten vorführen, dann allerdings kann *vermittelt* durch sie auf objektive Möglichkeiten hingewiesen werden. Objektive Möglichkeiten lassen sich zwar nicht in einer sinnlichen Weise unmittelbar darstellen, da jede konkrete Realisierung eine Festlegung bedeutet, welche die Alternativen negiert, aber sie lassen sich durch einen Vermittlungsprozess vorstellbar zum Ausdruck bringen (evozieren). Künstlerische Werke, als Mittel gedacht, können dabei als eine Spur, eine Fährte betrachtet werden, die auf die objektiven Möglichkeiten hinweist. Hegel weist darauf hin, dass der Inhalt der Kunst die Idee sei und «ihre Form die sinnliche [...] Gestaltung.» [HW13: 77]. Die Kunst realisiert im Ideal, d.h. der ideellen Zwecksetzung ihres Projekts, eine individuelle Anschauung der Wirklichkeit mit der Bestimmung, «in sich wesentlich die Idee erscheinen zu lassen.» [HW13: 80f.]. Die Werke selbst können das zuvor gesetzte

den. Wir werden uns hier in erster Linie an jene Strömung halten, die mit dem Namen Guy Debord verbunden ist. Eine sehr detaillierte Darstellung der unterschiedlichen Tendenzen und Meinungen innerhalb der SI, was das Thema «Kunst» betrifft, liegt in Roberto Ohrts «Phantom Avantgarde» vor [vgl. Ohrt 1990].
253 Zum Begriff «Freiheit»: Anm133.

Ideal niemals vollständig erreichen, sie sind als Realisate immer mit einer Unvollkommenheit behaftet. Gerade aber wegen dieser Diskrepanz zwischen Ideal und realisiertem Werk bietet sich die Möglichkeit, sowohl auf die Fähigkeiten des schaffenden Subjekts und auf die Möglichkeiten seiner Mittel, Methoden und Techniken als auch auf die Widerständigkeit der stofflichen Gegenstände zu reflektieren. Die stoffliche Widerständigkeit, das Scheitern und Gelingen der Praxis an ihr, lässt den Kunstschaffenden Realität erfahren. Aufgrund dieser Reflexionsfähigkeit und durch ihre theoretische und sinnlich-praktische Welterschließung kann die Kunst, mit Lukács' Worten, als «Selbstbewußtsein der Menschengattung» bezeichnet werden; d.h. als ein Bewusstsein der Menschen von ihren Kräften, Fähigkeiten und Möglichkeiten. [EdÄ1: 572ff.].

Das umfasst auch die Bildung der *menschlichen Sinne*, die dem Menschen spezifische Sinnlichkeit verleiht, wie Lukács in Anschluss an Marx betont. Denn, so Marx, «sinnlich sein ist leidend sein»; sinnlich etwas zu empfinden beinhaltet auch Leiden. Marx hat hier allerdings nicht, wie im umgangssprachlichen Sinne von Leiden, nur die Unlust durch ein passives Erleiden vor Augen, sondern er versteht «leiden» in einem viel umfassenderen Sinne. Er hebt besonders die aktive Seite hervor: das Leiden als wirklichkeitsergreifende Leidenschaft. «Die Leidenschaft, die Passion ist die nach seinem Gegenstand energisch strebende Wesenskraft des Menschen.» [MEW40: 579]. Die fünf Sinne lassen sich somit laut Marx nicht einfach als naturgegeben verstehen, sondern sie können spezifisch menschlich gebildet und somit *ausgebildet* werden: «Die *Bildung* der 5 Sinne ist eine Arbeit der ganzen bisherigen Weltgeschichte.» [MEW40: 541f.]. Marx spricht in diesem Zusammenhang sogar von der Möglichkeit einer «vollständige[n] Emanzipation aller menschlichen Sinne», und zwar «sowohl subjektiv als objektiv». [MEW40: 540].[254] Mit der Entwicklung der ästhetischen Produktivkräfte[255], als Momente der Produktivkraftentwicklung

---

254 So hebt sich beispielsweise mit der Entwicklung der Musik das Verhältnis von Gehör und physikalischen Tönen in dieser Weise von ihrer naturhaften, physikalischen Grundlage ab. Dieses Abheben ist aber nicht im Sinne einer Loslösung von der natürlich-physikalischen Grundlage zu verstehen, sondern als «Erhabenheit», als Sublimation (Verfeinerung, Grenz- und Schwellenüberschreitung, auf eine höhere Ebene heben).

255 Das Wort «Ästhetik» (griech.: aisthetike) lässt sich mit «das Wahrnehmbare» übersetzen, also alles dasjenige, was die Sinneswahrnehmung betrifft; «aisthesis» ist insgesamt die «sinnliche Erkenntnis» und umfasst auch ihre Objektivationen (Vergegenständlichungen, die, wenn sie gut sind, das Gegenteil von Verdinglichungen sind). Vgl. Lukács: «Die defetischierende Wirkung von Kunst» [EdÄ1: 696].

insgesamt, werden auch die Sinne in ihren Beziehungen auf immer stärker menschlich geformte Gegenstände zunehmend spezifisch menschlich ausgebildet. Die Kunst, die an der Entwicklung der ästhetischen Produktivkräfte teilhat, trägt zur Formung der menschlichen Sinnlichkeit und somit auch zur Entwicklung der menschlichen Leidenschaften bei.

Die Kunst vermag laut Nietzsche sogar jenen triebhaften irrationalen Kräften Ausdruck zu verleihen, die er als «dionysisch» bezeichnet und die etwa im ekstatisch Rauschhaften, im Wechsel von Lust und Schmerz, im Sog des Daseinsverlustes zu Tage treten. Durch Kunst lassen sich, um mit Sigmund Freud zu reden, diese Energien und Triebkräfte *sublimieren*, d.h. verfeinern und in besonderer, kommunizierender Weise formgebend ausdrükken, anstatt sich in bloßer Triebunterdrückung repressiv zu verfangen oder sich ungeformt, *ungesellschaftlich* zu entladen. In «Die Geburt der Tragödie» versucht Nietzsche zu zeigen, dass auch durch jene Art von Sinnlichkeit, welche sich in Traum und Rausch ausdrückt, die Möglichkeiten des Lebens vorgeführt werden können. Damit macht er deutlich, dass es nicht nur die geistig-ideellen Seiten des Menschen sind, aus denen heraus Vorstellungen und Stimmungen entstehen, sondern auch die bis in die leiblich-physiologische Organisation des Menschen hineinreichenden Elemente. Sigmund Freud[256] meinte in ähnlicher Weise, dass sowohl durch Psychoanalyse wie durch die Kulturleistung des künstlerischen Ausdrucks Triebenergien, Unbewusstes und Träume gewissermaßen produktiv vergesellschaftet, sinnvoll «realisiert» werden könnten. Wie in der ästhetischen Arbeit wird durch «Traumarbeit» (S. Freud) das Material assoziierter Bilder in eine bestimmte Form gebracht, die im Traum lediglich der Bewältigung der Alltagsrealität dient, in der Kunst aber gesellschaftlich rezipierbar gemacht wird, als «Werktotalität» (Lukács). Träume werden durch ästhetische Arbeit der Möglichkeit nach zu objektivierter Realität; individuelle und gesellschaftliche Bedürfnisse – seien sie auch noch so «unnormal» – können in diesem Medium kulturell höchstwertig befriedigt und mitgeteilt werden. Durch die Kunst wird das menschliche Dasein «möglich und lebenswert», so Nietzsche. [Nietzsche 1980: 27f.]. Die *Kunst ist als Leben* und das *Leben als Kunst* zu begreifen, so könnte man Nietzsches wie Freuds Botschaft auf den einfachsten Nenner bringen. Dies wurde von den meisten modernen Kunstavantgarden als Forderung übernommen.

---

256 Anm134.

Ebenso nimmt die SI diese Formel als eine Idealvorstellung, als ein *nicht eingelöstes Versprechen der Kunst* auf. Weniger lebensphilosophisch ausgedrückt, besteht diese Idealvorstellung in Folgendem: Die spezifisch ästhetischen Lebensäußerungen der Menschen können vermittelst künstlerischer Techniken den Entwicklungsgrad der Produktivkräfte nachbilden und vorführen, ohne dabei den aus den ökonomischen Produktionsverhältnissen entstammenden materiellen Zwängen unmittelbar unterworfen zu sein, noch den ideellen Notwendigkeiten rationalistischer Wissenschaftlichkeit gehorchen zu müssen. Ihre kritische Aufgabe besteht idealiter darin, «die Organisationsmöglichkeiten des Lebens» [BE: 28] auf ihre besondere Weise sinnlich-praktisch vorzuführen sowie auf neue hinzudeuten, so die SI. Die ästhetischen Formen und Mittel sind zugleich die Medien, in denen sich die menschliche Sinneswahrnehmung organisiert. Die technischen Umwälzungen der medialen Formen bewirken in aller Regel eine Veränderung der menschlichen Wahrnehmung und der Sinnlichkeit. Gleichzeitig können die ästhetischen Formsprachen der Kunst die Kommunikationsmöglichkeiten der Gesellschaft vorführen. Ähnlich wie in der Psychoanalyse mittels Versprachlichung, so können sich die Menschen vermittelst der Kunst im Prinzip ihrer Begierden und Leidenschaften bewusst werden; das Individuum kann sich in seiner geschichtlichen Situation reflektieren. In der künstlerischen Formgebung, in der Poesie, bei der die Versprachlichung aufgehoben ist, lassen sich die Begierden und Leidenschaften und die historisch gewordene Möglichkeit eines nicht partikularisierten Individuums ausdrücken. Die widersprüchliche Totalität zwischen der gesellschaftlich-kulturellen Realität und ihren Möglichkeiten kann die Kunst in der *Besonderheit*, welche das Einzelne mit dem Allgemeinen vermittelt, vorführen. So in etwa könnte das Ideal skizziert und konkretisiert werden, das die SI als das nicht eingelöste Versprechen der Kunst bezeichnet. Und in Entwendung eines Marx-Zitats könnte man zudem sagen, dass die Geschichte der Kunst und ihr gewordenes gegenständliches Dasein «das aufgeschlagne Buch der menschlichen Wesenskräfte, die sinnlich vorliegende menschliche Psychologie» sei [MEW40: 542].

Die Frage, die sich die SI allerdings stellt, ist diejenige, ob die Kunst überhaupt noch in der Lage ist, die kritische Funktion, bewusster Ausdruck gesellschaftlicher Entwicklung und menschlicher Potenzialität zu sein, in einer Gesellschaft, die auf spektakulärer Warenproduktion beruht, zu erfüllen (abgesehen davon, ob sie es jemals konnte)?

Von den vielen Wandlungen und der Mannigfaltigkeit ihrer Erscheinungsformen abgesehen war die Kunst in vorkapitalistischen Zeiten im wesentlichen an Magie, Mythos und Religion gebunden. Sie selbst war zunächst magisch-rituell, dann mythologisch bestimmt und erfüllte in der Regel religiöse Funktionen, wobei sie auch immer wieder versuchte, daraus auszubrechen. Mit der Emanzipation der Kunst von Magie, Mythos und Religion, aufgrund der Entwicklung der modernen Produktivkräfte, hat sich gleichzeitig auch die gesellschaftliche Funktion der Kunst umgewälzt. Potenziell müsste eine *autonome Kunst* nun in der Lage sein, die Totalität der gesellschaftlichen Kommunikationsmöglichkeiten vorzuführen und das Individuum in die Lage zu versetzen, seine Gesellschaftlichkeit und geschichtliche Bedingtheit zu reflektieren. Aufgrund dieses reflektorischen Realitätsprinzips, «dem Ausrichten der Realität auf die Massen und der Massen auf sie» [Benjamin1963: 16], und durch das Bereitstellen der ästhetischen Kommunikationsmittel könnte nun ihre emanzipatorische Funktion darin bestehen, unterstützend auf den Selbstverwirklichungsprozess des gesellschaftlichen Individuums einzuwirken. Doch, so Benjamin, «indem das Zeitalter ihrer technischen Reproduzierbarkeit die Kunst von ihrem kultischen Fundament löste, erlosch auf immer der Schein ihrer Autonomie.» [Benjamin1963: 22].

Mit dem Aufkommen der spektakulären Warenproduktion und ihren spezifischen Trennungen gesellschaftlicher Sphären war das relative Eigenständigwerden der Kunst untrennbar verbunden mit ihrer Entwicklung als spezialisierter gesellschaftlicher Bereich, der jedoch niemals ganz autonom werden konnte. Hatten in vorkapitalistischen Zeiten die kultisch-künstlerischen Handlungen noch gesamtgesellschaftliche Funktion, wenn auch in magisch, mythisch und religiös entfremdeter Form, so mussten von nun an die künstlerischen Praxen parzelliert bleiben. Denn, so Debord, «als getrennte Sphäre» ist die Kunst «nichts weiter als das Verständnis und die sinnliche Kommunikation, die in einer *partiell geschichtlichen* Gesellschaft partiell bleiben». [GdS§183]. Sie kann somit nicht mehr die gesellschaftliche Totalität, d.h. sowohl die historisch gewordene gesellschaftliche Wirklichkeit als auch die Gesamtheit ihrer Entwicklungsmöglichkeiten als «Gedächtnis der Menschheit» (Lukacs) vorführen und kommunizieren. Durch ihre Parzelliertheit in der Gesellschaft ist die Kunst auch nicht mehr in der Lage, das Medium menschlicher Gattungsmäßigkeit darzustellen. Sie kann ihrer kritischen Funktion als Darstellung des möglichen Gebrauchs aller der Menschheit zur Verfügung stehenden Mittel nicht mehr gerecht werden, wie Anselm Jappe betont: «So wie der Fortschritt der Wissenschaft die Religion überflüssig gemacht hat, so erweist sich in ihrem weiteren Fortschritt auch die Kunst als eine beschränkte Form menschlicher Existenz.» [Jappe1995: 157]. In ihrer Gesamtheit musste die Kunst darum ihre gesellschaftliche Funktion verändern, hin zu einem toten «Gegenstand in der spektakulären Kontemplation.» [GdS§184]. Der Kapitalismus hat in vielerlei Hinsicht eine kunstfeindliche Atmosphäre geschaffen. Kunstwerke werden als Waren gehandelt, und die KünstlerInnen sind gezwungen, ihre Arbeitskraft zu verkaufen. In ihrer Funktion, die Bedürfnisse der Menschen zu benennen, sie zum Ausdruck zu bringen und neue zu kreieren, ist die Kunst, wie die SI feststellt, von der Werbeindustrie längst überholt worden. [Vgl. BE: 22]. Das Entscheidende dabei ist jedoch ihr Irrelevantwerden als besondere gesellschaftliche Kommunikationsform.[257]

Letztendlich, so ist sich die SI mit Benjamin einig, hängt die Funktionsveränderung der Kunst im wesentlichen mit der Entwicklung der modernen Produktivkräfte zusammen, «die andere Produktionsverhältnisse und eine neue Lebenspraxis erforderlich machen». [BE: 20]. Doch anders als Benjamin, der sich zeitbedingt von der Kunst noch emanzipatorische Impulse versprach,[258] diagnostiziet die SI ein «Absterben der Kunst», weil «es für die Kunst unmöglich geworden ist, sich selbst als eine höhere Tätigkeit zu behaupten.» [Ebd.].

Innerhalb der Kunst wurde und wird «auf die moderne Auflösungsbewegung aller Kunst» in zweierlei Weise reagiert, so Debord: Entweder wird diese Auflösungsbewegung «durch ihre formale Vernichtung *positiv*» ausgedrückt, oder die Kunst bringt «diese Bewegung *negativ* zum Ausdruck [...], indem sie *zu anderen* von dem sprach, was ohne wirklichen Dialog erlebt wurde, und dabei diesen Mangel des Lebens zuließ». [GdS§187].[259] Die zweite Linie führt zu einer spektakulären Kunst, zu einer Trennung von Kunstproduzierenden und Publikum, durch welche die Kunst selbst zu einem *Bild* wird.[260] Wollen also die KünstlerInnen trotz der diagnostizierten Entwicklung die Kunst noch als Statthalter dessen präsentieren, an was es der Gesellschaft mangelt – v.a. an Dialog und Kommunikation –, so folgt daraus ein Quidproquo. Soll die Kunst als abgesonderter

---

257 Vgl. GdS§189 und zitiert in Anm135.
258 Walter Benjamin beobachtete die Kunst seiner Zeit in einer Phase, in der sie auch nach Einschätzung der SI noch Zukunftweisendes zeitigen konnte.
259 «Positiv» meint in diesem Zusammenhang: als in der Wirklichkeit *gesetzt* (von lat. «ponere» = setzen); und «negativ» meint: auf etwas Mögliches als nicht aktuell schon Gegebenes hinzudeuten.
260 Anm136.

Teil des gesellschaftlichen Lebens das Ganze repräsentieren, ist damit zugleich auch umgekehrt eine Projektion der menschlichen Tätigkeit in jene getrennte Wesenheit «Kunst» verbunden. Die Kunst erhält dadurch einen religionsähnlichen Charakter. Sie wird somit affirmativ, und damit ist sie – so Debord – letzten Endes eine «Verteidigung der Klassenherrschaft». [GdS§184].

Anders die zuerst benannte Tendenz innerhalb der Kunst, welche die Auflösung der Kunst ausdrückt: Sie mündet konsequenterweise in das Projekt der «Aufhebung der Kunst», mit dem «Ende der Kunst» als einer getrennten gesellschaftlichen Sphäre. Das «Ende der Kunst» bedeutet jedoch nicht, dass etwa keine Bilder mehr gemalt werden, keine Literatur mehr geschrieben, nicht mehr mit technischen Mitteln experimentiert, nicht mehr fotografiert oder gefilmt würde. Sondern das «Ende der Kunst» wird – in einem ersten Schritt – durch die *Negation des Stils* eingeläutet. Es ist dies zunächst die Auflösung von hegemonial wirkenden Kunstformen. Damit sollen bestimmte, vorherrschende ästhetische Ausdrucksformen überwunden und ihre gesellschaftliche Bedeutung entwertet werden. In einem zweiten Schritt werden die künstlerischen Ausdrucksformen selbst zum Gegenstand der Zersetzung. Und schließlich bedeutet das «Ende der Kunst» ihre Aufhebung durch kollektive Aneignung der künstlerischen Mittel und Medien im wirklichen Leben.

Unter den bedeutenden Kunstavantgarden vor dem zweiten Weltkrieg waren es vor allem der Dadaismus und der Surrealismus, welche ein solches Projekt am aktivsten verfolgten. Doch externe wie interne Gründe hinderten sie an der konsequenten Verwirklichung dieser Aufgabe. Als «Zeitgenossen des letzten großen Sturmangriffs der revolutionären proletarischen Bewegung» [GdS§191] hätte Debord zufolge zunächst die Chance bestanden, die Kunst im Agens dieser wirklichen Bewegung, der praktischen Kritik, aufzulösen. Doch mit der doppelten Niederlage der politischen und ästhetischen Avantgarden zwischen den beiden Weltkriegen ging die «aktive Phase der Auflösung» zu Ende. [BE: 51/SI1: 19]. Das Scheitern der proletarischen Revolution verhinderte zugleich eine Aufhebung der Kunst in ihrer Verwirklichung im revolutionären Prozess, so die SI zu den externen Gründen. Die internen Gründe beruhten auf den jeweiligen Unzulänglichkeiten der beiden Avantgarden, welche Debord in einer ganz allgemeinen Weise so ausdrückt: «Der Dadaismus wollte *die Kunst wegschaffen, ohne sie zu verwirklichen*; und der Surrealismus wollte *die Kunst verwirklichen, ohne sie wegzuschaffen*. Die seitdem von den *Situationisten* erarbeitete kritische Position hat gezeigt, daß die Wegschaffung und die Verwirklichung der Kunst die unzertrennlichen Aspekte ein und derselben *Aufhebung der Kunst* sind.» [GdS§191].

Mit seinem zersetzenden Experimentieren mit den ästhetischen Formsprachen, seinen Collagetechniken und satirischen Methoden der Bedeutungsminderung versuchte der Dadaismus die herrschende Kultur mittels Provokation, Bluff und Ironie zu demontieren.[261] Angesichts der kulturellen Lage im Vorfeld des ersten Weltkriegs und zwischen beiden Weltkriegen war Dada, wie Raoul Hausmann es ausdrückt, «lachende Verzweiflung». [Bergius1989: 11]. Die historische Rolle des Dadaismus ist es, «dem herkömmlichen Verständnis der Kultur den tödlichen Stoß versetzt zu haben», so Debord. [BE: 30]. Das Aufkommen der Punk-Bewegung Mitte der 1970er Jahre bestätigte einmal mehr die Vorhersage Debords, «daß sich ein historisch dadaistischer Aspekt der Negation in jeder späteren konstruktiven Position wiederfinden wird, solange die sozialen Verhältnisse nicht abgeschafft worden sind, die die Wiederaufbereitung von verwesten Überbauresten[262] erzwingen, deren intellektueller Prozeß längst beendet ist.» [Ebd.][263]

Die Beschränktheit der dadaistischen Subversion bestand vor allem darin, dass der Dadaismus seine Zersetzungsmittel dem revolutionären Proletariat nicht als zusätzliche Waffen im Kampf gegen den Kapitalismus genügend nahe bringen konnte. Und umgekehrt entdeckte dieses Proletariat die dadaistischen Techniken nicht als seine potenziellen Waffen im Klassenkampf. So konnten die vom Dadaismus entdeckten subversiven Methoden in den proletarischen Kämpfen nicht entscheidend wirken.

Zum Teil aus dem Dadaismus hervorgegangen, zumindest aber von seinem negativen Geist geprägt, suchte der Surrealismus einen neuen Ansatzpunkt der Subversion der herrschenden Kultur. Der politischen Strömung innerhalb des Surrealismus kam es darauf an, «erfolgreich zum Katalysator der Begierden» zu werden, wie Debord diese Zielrichtung charakterisiert. [BE: 30]. Dazu begann der Surrealismus «mit einer poetischen Anwendung der Freudschen Psychologie und übertrug die von Freud entdeckten Methoden auf die Malerei, den Film und einige Aspekte des alltäglichen Lebens; später, in einer diffusen Form, auch sehr weit darüber hinaus.» [Ebd]. In Bezug auf die revolutionäre Kritik erkannte die SI v.a. die Leistung des Surrealismus an, das revolutionäre Potenzial der Be-

---

261 Beispielsweise hierzu in: Anm137.
262 Vgl. MEW42: 39.
263 Die historisch untergründige Linie, die «Punk» mit «Dada» v.a. vermittels der lettristischen Bewegung verbindet, wird in sehr anschaulicher Weise von Greil Marcus geschildert [vgl. Marcus1996].

gierden ans Tageslicht befördert zu haben, sowie den Versuch, die Leidenschaften kreativ im Vorbewussten und Alltagsleben zu entfesseln und auszudrücken. Dabei entdeckte der Surrealismus bestimmte konstruktive Möglichkeiten und Techniken, die eine Erforschung der Begierden unterstützten und die Möglichkeit ihrer Verwirklichung voranzutreiben erlaubten. Die interne Beschränktheit und der daraus folgende Misserfolg des Surrealismus bestand – laut Debord – v.a. in seinem Stehenbleiben bei der Entdeckung, dass «das Unbewusste [...] die endlich entdeckte große Kraft des Lebens» sei, [BE: 31] ausgestattet mit einem unendlichen Reservoir an revolutionär zu nutzender Phantasie. Der Surrealismus versuchte der nur oberflächlich rational erscheinenden Gesellschaft, welcher jedoch zutiefst irrationale Verhältnisse zugrunde liegen, dadurch entgegenzutreten, dass er die Irrationalität bis zur Absurdität auf die Spitze trieb, um das Reich des Unbewussten, sogar bis zum Okkultismus, revolutionär gegen die Herrschaft des bürgerlichen Rationalismus zu mobilisieren. Von den Freudschen *rationalen* Methoden der Bewusstmachung und Versprachlichung des «System Unbewusstes» sich abkehrend, setzte der Surrealismus zunehmend auf ein linksnietzscheanisches Zurgeltungbringen des Irrationalen als Selbstzweck, was darauf hinauslief, sich in der kontemplativen Feier des dionysischen Rausches und in der Ekstase tendenziell zu verlieren. All dies mündete letztendlich im «herkömmlichen Okkultismus» (Debord) einiger führender Vertreter des Surrealismus, allen voran André Bretons.

Aus diesem Versumpfen des Surrealismus lernend, setzt die SI nicht auf die dunkel-allegorische und mythisch-verbildlichende Irratio à la nietzscheanische Linke, sondern auf die begrifflich-versprachlichende Ratio entsprechend der Marxschen[264] und Freudschen Bewusstseinsarbeit, die allerdings das individuell und gesellschaftlich Unbewusste und Vorbewusste – die Traum-Bilder – äußerst ernst nimmt und in die Realität übersetzt und dies durchaus auch mittels Metaphorik und Symbol: «Wir müssen weitergehen und mehr Rationalität in die Welt bringen – das ist die Vorbedingung, um in ihr die Leidenschaft zu entzünden.» [BE: 31].

Wie Marx aufgezeigt hat, besteht die Grundlage der Leidenschaft in der menschlichen Sinnlichkeit. Denn die Leidenschaft ist eine Form, einen Gegenstand aktiv zu ergreifen, mit gleichzeitiger

---

264 Marx formuliert die Verbindung zwischen Rationalität und Leidenschaft dialektisch: Die Kritik sei «keine Leidenschaft des Kopfs, sie ist der Kopf der Leidenschaft.» [MEW1: 380]. Und daran anknüpfend urteilt Vaneigem über den Surrealismus: «Der Surrealismus besaß die Klarheit über seine Leidenschaft, nie aber brachte er es bis zur Leidenschaft der Klarheit.» [Dupuis1979: 119].

Ergriffenheit des – dem Gegenstand gegenüberstehenden – Subjekts. Gattungsgeschichtlich gesehen und hinsichtlich ihres Potenzials stellen die ästhetischen Formsprachen immer schon kommunikative Medien des leidenschaftlichen Prozesses der Aneignung der Wirklichkeit dar. Hierbei ist das «Kommunikative» hervorzuheben, da dieser Prozess niemals auf der Grundlage der Beschränktheit des isolierten Individuums vonstatten gehen kann, sondern wie jede Kommunikation eine *kollektive Praxis* voraussetzt, was z.b. die Verbalsprache plausibel aus sich heraus zeigt.[265] Wie schon erwähnt, war dieses kommunikative Medium in vorkapitalistischen Zeiten und Gesellschaftsformen im wesentlichen magisch, mythisch bzw. religiös bestimmt. Mit der Durchsetzung der kapitalistischen Produktionsweise, der Wert- und Warenform, begann sich diese mythisch-religiöse Bestimmtheit, hinsichtlich ihres gesamtgesellschaftlichen Charakters, aufzulösen. Dieser Auflösungsprozess ergriff auch die gesellschaftliche Kommunikation selbst. Mit der Warenförmigkeit als Elementarform aller gesellschaftlichen Formen verdinglichen und verbildlichen sich auch die kommunikativen Vermittlungsglieder, sie werden abstrakt. Die Kommunikation selbst wird damit «wesentlich *einseitig*», so Debord [GdS§24]. Dadurch, dass Dinge und Bilder die gesellschaftliche Vermittlung übernommen haben, ist «die Sprache der Kommunikation [...] verlorengegangen». [GdS§187].

Aus dieser Diagnose Debords folgt jedoch nicht, dass die Wiederherstellung vergangener mythisch-religiöser Formen wünschenswert wäre. Zwar müsse «eine gemeinsame Sprache [...] wiedergefunden werden», [ebd.] aber nicht in religiös-fremdbestimmter Form, sondern als menschlich-selbstbestimmte Ausdrucksform. Jede direkte, d.h. nichtverdinglichte und «nicht-einseitige Kommunikation» (SI) muss in den revolutionären Kämpfen erst auf neue Weise geschaffen und verwirklicht werden.

Alle Vermittlungsformen, so auch die ästhetischen Ausdrucksformen ebenso wie die philosophisch-theoretischen Begriffe, sind «Kampffelder» und insofern politisch.[266] Ästhetische Formen kön-

---

265 Wittgenstein hat mit seiner Widerlegung der Vorstellung von einer sogenannten «Privatsprache» gezeigt, dass die Sprache immer eine Sprach*gemeinschaft* zur Voraussetzung haben muss. Seine Argumentation öffnet die Analytische Sprachphilosophie vorsichtig zum gesellschaftlichen Sein und Bewusstsein und lässt sich durchaus auf ästhetische Ausdrucksformen übertragen. [Vgl. Metzler: Stw: «Privatsprache»; sowie Lukács. «Exkurs zu Wittgenstein» in OgSI: 371ff.]. Siehe auch 🖳 Ex.: Die Kategorien «Natur» und «Geschlecht» und die Sprachkritik.

266 Immer wieder beschreibt die SI diesen Kampf zwischen Rekuperation und Subversion sehr drastisch: z.B. BE: 28f und zitiert in Anm138.

nen sowohl Medien von radikal-emanzipatorischen als auch von bornierten bürgerlichen bis hin zu offen faschistischen Bedürfnisausformungen sein.[267] Sie sind in der Lage, Bedürfnisse ein Stück weit zu sublimieren, zu gestalten und neue Bedürfnisstrukturen hervorzubringen. Dies kann sowohl in eine emanzipatorische Richtung wie auch in reaktionäre, faschistoide, rassistische und antisemitische Richtungen gehen. «Die heftigsten, kleinlichsten und gehässigsten Leidenschaften der menschlichen Brust, die Furien des Privatinteresses» [MEW23: 16] können, wie im Falle des Antisemitismus, zum Transportmittel von Ressentiments, wie Neid, Habsucht, projiziertem Selbsthass, Paranoia und Idiosynkrasien werden, die Vernichtungsphantasien befördern können, welche schon einmal in der Shoah Realität geworden sind.[268]

Mit seinem naiven Technikoptimismus, der Vereinseitigung und Verkürzung der Mittelhaftigkeit sowie seiner Kriegsverherrlichung konnte bspw. der Futurismus[269] dem Faschismus ästhetische Mittel vorbilden, welche sich bei letzterem schließlich in eine Art Selbstzweck verkehrt haben. Wie Walter Benjamin feststellte, läuft damit Faschismus «*auf eine Ästhetisierung des politischen Lebens hinaus.*» Dagegen müsse der Communismus «*mit der Politisierung der Kunst*» antworten. [Benjamin1963: 42ff.]. Gegen ein vereinfachendes Verständnis hiervon, das die Gefahr einer Instrumentalisierung in sich birgt, wandte sich Adorno,[270] indem er meinte, die Kunst könne vielmehr erst als *autonome* ihre Gegenposition zur Gesellschaft beziehen. [Vgl. Adorno1973: 335]. Die Menschen, so Adorno, seien künstlerisch «nur noch durch den Schock» zu erreichen, «der dem einen Schlag erteilt, was die pseudowissenschaftliche Ideologie Kommunikation nennt; Kunst ihrerseits ist integer einzig, wo sie bei der Kommunikation nicht mitspielt.» [Adorno1973: 476].

---

267 Dazu die SI: «Ebenso kann man sagen, daß die Arbeiterbewegung erst durch den Faschismus dem Problem der Form in der ‹Erscheinungsweise› eines politischen Begriffs praktisch gegenübergestellt wurde. Sie war wenig gerüstet, um es zu bewältigen.» [BE: 69, vgl. dazu auch Bataille1997].

268 Zu Ressentiments (Form von Vorurteilen) und Idiosynkrasien (d.h.: sehr starke tautologisch «sich selbst begründende» Abneigung gegen besondere Menschen) als «Elemente des Antisemitismus» vgl. Adorno/Horkheimer1992: 177-217 und Anm139.

269 Zu «Futurismus»: Anm140.

270 Es ist davon auszugehen, dass Debord die Schriften von Adorno nicht kannte. [Vgl. Jappe1995: 147]. Ein ausführlicher Vergleich über die verschiedenen Einschätzungen zur Rolle der Kunst bei Adorno und Debord findet sich im Aufsatz von Anselm Jappe in der Zeitschrift KRISIS Nr. 15. Die folgende Ausführung lehnt sich an die Darstellung von Jappe an.

Entgegen Adorno, der in der Kunst zumindest die mögliche Statthalterin der negativen Kritik sieht, kann Debord in der Kunst als getrennter Sphäre überhaupt kein kritisches Potenzial mehr erblicken, speziell nach dem Zweiten Weltkrieg. Mit den Formexperimenten, ihrer dadaistischen Zerstörung und den surrealistischen Experimenten sei die Entwicklung der ästhetischen Produktivkräfte zu einem Abschluss gelangt. Bis ca. 1930 konnte die Kunst mit Auflösung der ästhetischen Formen die warenförmige Zersetzung der Kommunikation noch kritisch zum Ausdruck bringen.[271] Doch mit der Durchsetzung der einseitigen und spektakulären Pseudokommunikation existiert auch die Kunst nur noch in zombiehafter Manier, als «radioaktiver Kadaver» – wie eine dem Surrealismus selbst entwendete und gegen ihn gewendete Formel von Vaneigem dies nennt;[272] sie nimmt damit selbst eine rein spektakuläre Form an. [Vgl. GdS§185]. Die negative Äußerung der Kunst, «die extreme Zerstörung der Sprache kann hier platt als ein offizieller positiver Wert anerkannt werden, denn es geht nur darum, eine Versöhnung mit dem herrschenden Zustand der Dinge zur Schau zu tragen», bei dem jede Kommunikation freudig als abwesend proklamiert wird. [GdS§192]. Es resultiert daraus lediglich «*die Kommunikation des Unkommunizierbaren*». [Ebd.][273]

Die «Aufhebung der Kunst», wie es sich die SI vorstellt, bedeutet dagegen die Aneignung der getrennten und spezialisierten künstlerischen Techniken durch das revolutionäre Proletariat. Sie ist die Einlösung ihres Versprechens: «Es geht darum, die Gemeinsamkeit des Dialogs und das Spiel mit der Zeit, die von dem poetisch-künstlerischen Werk *vorgestellt* wurden, tatsächlich zu besitzen.» [GdS§187].

Der Gehalt der Kunst an Mitteln und objektiven Möglichkeiten muss in den revolutionären Aktivitäten aufgehoben werden. Die so angeeigneten ästhetischen Ausdrucksformen sind dann im Stande, die Organisation der menschlichen Begierden formbildend zu unterstützen. In den Händen des kämpfenden Proletariats können sie Kampfformen werden gegen das, was die direkte und kohärente Kommunikation an seinem Stattfinden hindert, gegen das Spektakel und seine AgentInnen.[274] In den proletarischen

---

271 Anm141.
272 Raoul Vaneigem veröffentlichte unter dem Pseudonym Jules Francois Dupuis 1977 einen Text mit dem Titel «Histoire désinvolte du Surréalisme», der auf deutsch unter dem Titel «Der radioaktive Kadaver» erschienen ist. [Vgl. Dupuis 1979].
273 Anm142.
274 Dies ist jedoch nicht als reduktionistische Instrumentalisierung der Kunst durch die Politik misszuverstehen. D.h. es verhalt sich eher

Kämpfen angeeignet, löst sich die Kunst als getrennte Sphäre auf, sie wird zur Kampfkunst des revolutionären Proletariats und ihre Ausdrucksformen zur revolutionären Kommunikation, zur Sprache der Kritik. In diesem Aneignungsprozess muss sich auch «die kritische Theorie [...] in ihrer eigenen Sprache *mitteilen*. [...] Sie ist Kritik der Totalität und geschichtliche Kritik.» [GdS§204]. Als interventionistische Sprache, als «Sprache des Widerspruchs», ist sie «keine Negation des Stils, sondern der Stil der Negation». [Ebd.]. Wenn nun «Stil» mit Lukács als die «siegreiche, allgemein verbreitete und allgemein wirkende Form in einer Zeit»[275] bezeichnet wird, so bedeutet «Stil der Negation» zugleich auch die Entfaltung der emanzipatorischen Potenzen aller kulturellen Formen und Mittel. Die künstlerischen Techniken werden damit in revolutionär-interventionistische Techniken überführt. So gewendet erhalten die kulturellen Formen potenziell einen Doppelcharakter: Sie können zum einen zu Aneignungsformen der Wirklichkeit werden, im Sinne dessen, was die SI mit Marx als «Leidenschaft» bezeichnet. Damit transportieren sie zum anderen die Begierden des revolutionären Proletariats. Sich in diesem Sinne der kulturellen Potenzen zu bedienen, bedeutet damit gleichzeitig und untrennbar, die Begierden mittels dieser Ausdrucksformen zur Sprache zu bringen, um sie zu verwirklichen.[276]

Mit der anti-staatlichen revolutionären Diktatur des Proletariats würde endlich der Prozess beginnen können, dass die Menschen Stil und Fähigkeit ausbilden, als gesellschaftliche Gattungsindividuen, d.h. als frei assoziierte Individuen, bewusst und kreativ ihre individuellen Abenteuer in einer menschlichen Geschichte zu leben.

3.5.3 Die Revolution im Dienste der Poesie und die Transformation der Arbeit in Spiel

«*P*oesie», wie die SI sie versteht, ist die Äußerungsform der radikalen Bedürfnisse, der Begierden,[277] «das Programm der verwirklichten Poesie ist nichts weniger, als Ereignisse und ihre Spra-

---

umgekehrt: Der Klassenkampf muss Mittel sein, um das Versprechen der Kunst zu verwirklichen (dazu mehr im nächsten Kapitel). Letztendlich kann aber dieses Versprechen erst mit der Überwindung der entfremdenden Trennungen eingelöst werden.

275 Anm143.
276 Zu einem Missverständnis, das immer wieder auftaucht: Die «Aufhebung der Kunst» hat im Verständnis der SI nichts mit der platten 1968er Parole «die Phantasie an die Macht» zu tun. Sie hat diese sogar explizit kritisiert: vgl. BE: 254ff. und genaueres dazu: Anm155.
277 Vgl. BE: 163f./SI2: 39f und zitiert in Anm145.

che gleichzeitig und auf untrennbare Weise zu schaffen». [BE: 163/SI2: 39]. So ist auch die «Poesie [...] nichts, wenn sie zitiert wird – sie kann nur zweckentfremdet wieder ins Spiel gebracht werden». [BE: 164/SI2: 40]. Denn sobald sie lediglich zitiert wird, etwa zum Zwecke einer wissenschaftlichen Arbeit oder für eine spektakulär-konsumorientierte Literatur, wird die Verbindungslinie zu den Begierden gekappt; sie stellt dann keine Poesie mehr dar. Poesie kann somit als nichts anderes verstanden werden denn «als der revolutionäre Moment in der Sprache, als solcher untrennbar von den revolutionären Momenten der Geschichte und der Geschichte des persönlichen Lebens». [BE: 162/SI2: 37]. Daher lautet ein bekannter Slogan der SI: «Es geht nicht darum, die Poesie in den Dienst der Revolution zu stellen, sondern umgekehrt die Revolution in den Dienst der Poesie zu stellen.» [BE: 163/SI2: 39].[278]

Die Bedingung der Möglichkeit der Poesie kann für die SI nur die revolutionäre Organisierung des Proletariats-für-sich-selbst sein; denn das revolutionäre Proletariat ist die Verkörperung der radikalen Bedürfnisse und Begierden, die darauf warten, verwirklicht zu werden. Die *Befreiung der Sprache* entspricht der *Aufhebung der Arbeit*, und beide Momente sind nicht voneinander und von der revolutionären Selbstorganisierung des Proletariats zu trennen; so die SI: «Die wirkliche Aneignung der *arbeitenden* Worte kann nicht außerhalb der Aneignung der Arbeit selbst verwirklicht werden. Die Herstellung der befreiten schöpferischen Aktivität wird gleichzeitig die Herstellung der wahrhaften, endlich befreiten Kommunikation sein, und die Transparenz der menschlichen Beziehungen wird an die Stelle der Armut der Worte unter dem alten Regime der Undurchsichtigkeit treten. Die Worte werden nicht aufhören zu *arbeiten*, solange die Menschen damit nicht aufgehört haben.» [BE: 194/SI2: 200f.]. Die Worte, Zeichen und Symbole arbeiten in den spektakulären Warengesellschaften für «die ununterbrochene Rede, die die gegenwärtige Ordnung über sich selbst hält»; sie sind «ihr lobpreisender Monolog.» [GdS§24]. Wenn sie zur Äußerungsform radikaler Bedürfnisse und Begierden werden, sind sie hingegen für die Poesie tätig. Dieser möglichen Transformation vorausgesetzt ist, dass der Charakter der Arbeit sich selbst ändert. In dem Maße wie die Arbeit das Handlungsmedium der Begierden wird, nimmt sie – der SI zufolge – den Charakter des Spiels an; und sobald die nicht mehr entfremdete *Arbeit* selbst primäres Lebensbedürfnis ist, transformiert sie selbst sich zum *Spiel*.

---

278 Umkehrung des Titels und Programms der surrealistischen Zeitschrift der 1920er Jahre: «Le Surréalisme au service de la Révolution».

Die SI knüpft damit wieder direkt an die Marxsche Kritik der Arbeit an. Schon Marx zeigt auf, dass Arbeit in der Geschichte, in ihren bisherigen «historischen Formen [...] als Sklaven-, Fronde-, Lohnarbeit [...] stets repulsiv» erscheint, «stets als äußere *Zwangs-arbeit*», als mehr oder weniger großes Opfer, als «Jehovas Fluch, den er Adam mitgab»: «Du sollst arbeiten im Schweiß deines Angesichts!» [MEW42: 512].[279] Nichtarbeit und «Freizeit» dagegen erscheinen der bürgerlichen Vorstellung als der adäquate humane Zustand, identisch mit «Freiheit und Glück». Es zeige sich hierdurch aber lediglich, dass sich die Arbeit «noch nicht die Bedingungen, subjektive und objektive, geschaffen hat (oder auch gegen den Hirten- etc. Zustand, der sie verloren hat), damit die Arbeit travail attractif, Selbstverwirklichung des Individuums sei. Was keineswegs meint, dass sie bloßer Spaß sei, bloßes amusement, wie Fourier es sehr grisettenmäßig naiv auffaßt. Wirklich freie[s] Arbeiten, z.B. Komponieren, ist grade zugleich verdammtester Ernst, intensivste Anstrengung.» [Ebd.]

Wie Marx wendet sich auch die SI gegen jene Vorstellungen, dass die Arbeit in einer frei assoziierten, communistischen Gesellschaft einfach abgeschafft werden könne.[280] Zum einen könne, wie Marx betont, nicht von einer Abschaffung der Arbeit die Rede sein, wenn die Arbeit das Medium der Menschwerdung des Menschen ist und die bisherige Entwicklungsgeschichte der Menschen gegenüber der wirklichen Menschwerdung in einer freien Gesellschaft nur ihre Vorgeschichte darstellt. Sondern es sei allenfalls möglich, von ihrer Transformation, der überwindenden Aufhebung ihrer bisherigen Formen bei gleichzeitiger Änderung ihres Inhalts zu sprechen. Zweitens scheint denjenigen, welche die «Abschaffung der Arbeit» fordern, völlig fern zu liegen, dass – wie Marx betont – «das Individuum [...] auch das Bedürfnis von einer normalen Portion von Arbeit [...] und von Aufhebung der Ruhe» haben kann [ebd.] Drittens kommt die Intention, die Arbeit abschaffen zu wollen, dadurch zustande, dass die Zwecksetzung der Arbeit in der Klassengesellschaft als «äußerlich gegeben», fremdbestimmt, heteronom erscheint. Damit können die VertreterInnen dieser Position es nicht begrifflich fassen, dass die «Überwindung von Hindernissen an sich Betätigung der Freiheit [ist] – und daß ferner die

---

279 Bezeichnenderweise kommt das Wort «Arbeit» nur in der Verdeutschung der Schrift durch Luther vor; in der genauen jüdischen Übersetzung von Buber und Rosenzweig kommt Jehovas Fluch ohne das Wort «Arbeit» aus. Vgl.: 1. Buch Mose (Genesis), 3,19 und 4,12 sowie 5,29; Buber und Rosenzweig 1992, Bd1: S.16,18,21.

280 Eine solche Position ist heutzutage in der BRD-Linken wieder sehr en vogue. Näheres dazu: Anm146.

äußren Zwecke den Schein bloß äußrer Naturnotwendigkeit abgestreift erhalten und als Zwecke, die das Individuum selbst erst setzt, gesetzt werden – also als Selbstverwirklichung, Vergegenständlichung des Subjekts, daher reale Freiheit, deren Aktion eben die Arbeit» ist [ebd.]

Arbeit in diesem Sinne beinhaltet insofern die objektive Möglichkeit einer selbstbestimmten freien Zwecksetzung. Sowohl Marx als auch die SI begreifen die Arbeit folglich nicht bloß als Verdammnis, Opfer und Mühsal, wie die Arbeit in der bisherigen Geschichte der Menschheit zweifelsohne bis zum heutigen Tag erscheint, sondern zugleich als die *objektive Möglichkeit der freien Selbstverwirklichung* und Entfaltung des Individuums, was eine freie Gesellschaft und die Aneignung der Produktivkraftmöglichkeiten voraussetzt.[281] Zugleich verwirft die SI nicht nur den reformistischen Arbeitsfetischismus der Sozialdemokratie, die «Arbeit für alle» fordert, sondern auch die wahnhaften Vorstellungen der «realsozialistischen» Länder, deren «diesseitiger» Arbeitskultus die lebendige Arbeit den staatsreligiösen Akkumulationsregimes opferte. [Vgl. SI2: 106f.].

Die SI hat also weder etwas mit der einseitigen Forderung einer «Abschaffung der Arbeit» zu tun noch mit einem unreflektierten, unkritischen Arbeitsbegriff, sondern es geht ihr um deren *Aufhebung*. Die «Aufhebung der Arbeit» ist nicht bloß ihre Befreiung von überkommenen, repressiven oder ausbeuterischen Formen, sondern mit ihrer Aufhebung ändert sich zugleich ihr Inhalt, ihre Beziehung zu anderen individuellen und gesellschaftlichen Tätigkeiten. Es wandelt sich dadurch zugleich das Verhältnis zwischen den Menschen und das Verhältnis der Menschen zu ihrer inneren wie auch der äußeren Natur. D.h. insgesamt ist zu erwarten, dass sich mit der Aufhebung der Arbeit der Mensch in seiner Gattungsmäßigkeit und in seiner individuellen und persönlichen Disposition ändert. Die Arbeit selbst ist die objektive Möglichkeit und damit das *Medium* der Befreiung; als kapitalistische Arbeit jedoch dessen Negation. Wie Marx deshalb zu Recht sagt, «handelt [es] sich nicht darum, die Arbeit zu befreien, sondern sie aufzuheben» [MEW3: 69f.u.186; vgl. MEW19: 22]. So zielt auch Debord nicht auf den

---

281 Marx selbst nennt folgende Bedingungen für die Möglichkeit von «travail attractif»: «Die Arbeit der materiellen Produktion kann diesen Charakter nur erhalten, dadurch, daß 1. ihr gesellschaftlicher Charakter gesetzt ist, 2. daß sie wissenschaftlichen Charakters, zugleich allgemeine Arbeit ist, nicht Anstrengung des Menschen als bestimmt dressierter Naturkraft, sondern als Subjekt, das in dem Produktionsprozeß nicht in bloß natürlicher, naturwüchsiger Form, sondern als alle Naturkräfte regelnde Tätigkeit erscheint.» [MEW42: 512].

Nonsens einer Befreiung «der Arbeit» ab, sondern es geht um eine «Befreiung *in* der Arbeit oder Befreiung einer durch diese Arbeit geformten Welt» [GdS§27, Herv.]. Das macht einen Unterschied ums Ganze, weil es sowohl die Form als auch den Inhalt der Arbeit betrifft.[282]

Viertens zeugt die platte Forderung der «Abschaffung der Arbeit» von einem blanken Utopismus à la «nach der Revolution ist alles anders». Er kann die transformierende, revolutionäre Übergangsphase der anti-staatlichen Diktatur des Proletariats nicht in den Blick nehmen. Denn zunächst ist davon auszugehen, dass als «Reich der Notwendigkeit» (Marx) auch immer irgendwelche Tätigkeiten bestehen werden, die, ob mühselig oder nicht, auf jeden Fall für das Wohl der Gesamtgesellschaft, für deren Reproduktion und Organisation notwendig bleiben. Dies schließt allerdings keineswegs aus, dass mit der Entfesselung der Produktivkräfte in der communistischen Gesellschaft endlich möglich ist – nach Maßgabe der Begierden und der Muße –, dass dieses Reich der Notwendigkeit immer kleiner wird und tendenziell immer mehr in das «Reich der Freiheit» (Marx) übergehen kann. Dieses ist nicht utopisch, sondern realistisch auf einer «wirkliche[n] Ökonomie der Zeit» möglich. MEW42: 607, 105]. Allerdings ist aus heutiger Sicht nicht davon auszugehen, dass das Reich der Notwendigkeit jemals ganz verschwinden wird, sondern es bildet weiterhin eine – wenn auch tendenziell geringer werdende – Grundlage für das Reich der Freiheit.[283]

Das Reich der Freiheit ist, laut Marx, gekennzeichnet durch den *travail attractif* oder, gemäß der SI, durch das *Spiel*, das analog dem *travail attractif* nicht als bloße Gaudi zu verstehen ist. So wendet sich auch die SI, «gegen alle rückläufigen Formen des Spiels, die die Rückkehr zu einer infantilen, immer mit einer reaktionären Politik verbundenen Entwicklungsstufe darstellen». [BE: 50/SI1: 18] Sie macht analog der Marxschen Auseinandersetzung mit den naiven Vorstellungen von Fourier[284] darauf aufmerksam, dass «die experimentellen Formen des revolutionären Spiels» keinesfalls die Möglichkeit ausschließen, dieses «mit äußerstem Ernst durchzu-

---

282 Die Befreiung *in* der Arbeit bedeutet einen Humanisierungsprozess, also das, was Lukács in der Folge von Marx als «Zurückweichen der Naturschranke» bezeichnet und damit einhergehend als «immer gesellschaftlicher Werden der Gesellschaft» und des Menschen. Marx und die SI dazu, siehe: Anm147.

283 Vgl. Marx: MEW25: 828 und die SI zur Dialektik des «Reichs der Notwendigkeit» und des «Reichs der Freiheit»: BE: 296/SI2: 413. Beides zitiert in Anm148.

284 Fourier wird ansonsten von Marx und der SI immer energisch verteidigt. Siehe Anm93.

führen». [BE: 48/SI1: 15]. Es gelte «die experimentellen Formen eines revolutionären Spiels zu behaupten». [BE: 50/SI1: 18]. Der situationistisch-revolutionäre Begriff des «Spiels» ist gekennzeichnet durch die Aufhebung des bürgerlichen Konkurrenzprinzips, durch das kollektive Schaffen «des gewählten spielerischen Moments», und er ist Experiment, nämlich ein Experiment des Erkundens der Möglichkeiten zur Schaffung des bewusst-historisch zu lebenden Lebens [GdS§163]. «In diesem Sinne ist es immer noch Kampf und Darstellung – Kampf für ein der Begierde angemessenes Leben und konkrete Darstellung eines solchen Lebens.» [BE: 48/SI1: 15]. Die Praxis einer revolutionären Organisation muss dann genau darin bestehen, «die zukünftigen Möglichkeiten des Spiels vorzubereiten» [ebd.], was gleichzeitig eine zerstörerische Dimension gegenüber der alten Welt beinhaltet. Solange die alte Welt noch dominiert, besteht der SI zufolge die hauptsächliche Tätigkeit der revolutionären Praxis in der «Konstruktion von Situationen» und in der Erforschung der Mittel und der Möglichkeiten dazu.

3.6 Die Konstruktion von Situationen

Als *Konstruktion von Situationen* kann zunächst die Suche nach den Möglichkeiten von entdinglichten Handlungen bezeichnet werden. Sie ist insofern eine defetischisierende Praxisform und in erster Linie eine *Forschungspraxis*, der Versuch, revolutionäre Handlungsmöglichkeiten innerhalb der Spielräume kapitalistischer Vergesellschaftungsformen auszuloten. In zweiter Linie ist sie ein *strategisches, theoriegeleitetes Handeln unter Ungewissheit.*[285] Drittens bezeichnet die *Konstruktion von Situationen* den Versuch der Aufhebung der Grenzen jener Spielräume, das *Freilegen der Möglichkeiten revolutionärer Aktionen in Richtung einer Herbeiführung proletarischer Revolution.* Dies beinhaltet eine Aneignung und strategische Umgestaltung aller für brauchbar erachteten Mittel, Medien und sonstigen kulturellen Gegenstände.

Spielerisch sollen durch die Konstruktion von Situationen festgefahrene, als selbstverständlich geltende Praxisformen und Sichtweisen irritiert und aufgebrochen werden, um die darunter liegenden

---

285 Die Konstruktion von Situationen hat hierbei viel Ähnlichkeit mit der Kriegsführung. Einige der Mitglieder der SI interessierten sich schon in den Jahren der LI für die klassische Kriegskunst und beschäftigten sich mit ihren Theorien, wie etwa Carl von Clausewitz' «Vom Kriege» oder «Die Kunst des Krieges» von Sun Tse, aus denen sie ab und zu zitierten bzw. entwendeten. [Vgl. Clausewitz2000 u. SunTse1998]. Daher auch ihre oftmals militärische Sprache.

Strukturen und Gesetzmäßigkeiten zu Tage zu fördern, die darauf-
hin bewusstgemacht, problematisiert, verändert und entwickelt
werden können. Doch immer wieder weist die SI darauf hin, dass
diese Verfahren und Praktiken ihren revolutionären Sinn nur im
Zusammenhang mit der theoretischen und praktischen Frage der
revolutionären Organisierung des Proletariats haben können.[286] Losgelöst vom revolutionär-strategischen Gesichtspunkt der vollständigen Umwälzung der bisherigen Lebensweise werden sie sozusagen
«konterrevolutionär», da sie – z.B. als Performancekunst oder als
Sexualisierung in der Werbung – der ware-geld-vermittelten Sphä-
rentrennung von Kunst und Alltag zuarbeiten und sie damit weiter
zementieren helfen. Einzig in Verbindung mit der Frage einer revolutionären Selbstorganisierung kann die Konstruktion von Situationen darauf hinauslaufen, die Begierden hin zu einem großen leidenschaftlichen *Spiel* zu entfesseln.

Wenn die Bedingungen einer proletarischen Revolution noch
sehr ungünstig sind, zeichnet sich die Konstruktion von Situationen
als Forschungspraxis in der Regel durch ihre kurze Dauer und örtliche
Begrenztheit aus. Es sind dann experimentelle Eingriffe; als Forschungen setzen sie «unvermeidlich kühne Hypothesen voraus, die ständig
im Lichte der Erfahrung durch Kritik und Selbstkritik zu korrigieren
sind». [BE19]. Sie können zum einen eine kurzfristige, wenn auch
begrenzte Durchschaubarkeit bieten, in der zugleich die prinzipielle
Möglichkeit der Subjektwerdung der Handelnden kurzzeitig als
Wirklichkeit aufscheinen kann. Das eigene Handeln tritt dem Handelnden in der konstruierten Situation dann nicht mehr als fremde
Macht gegenüber. Zum anderen stellen die kurze Dauer und die
örtliche Begrenztheit des bewussten Erlebens eine *Ent-Täuschung*
dar, bei der sich die täuschenden Nebelschleier des Scheins kurz
lüften können, ähnlich dem Erwachen aus einem Drogenrausch (was
für die Mitglieder der SI kein unbekanntes Phänomen gewesen sein
dürfte). Insofern ist die Konstruktion von Situationen eine der Verdinglichung entgegenwirkende Praxis. Somit ist sie im Prinzip in der
Lage, die theoretische Kritik auf praktischer Grundlage zu unterstützen, die vermeintlichen Selbstverständlichkeiten des Alltags durch
Irritation und das Aufscheinenlassen anderer Möglichkeiten hinter-
fragbar zu machen, die Pseudonaturhaftigkeit des gesellschaftlich
Bestehenden als geschichtlich geworden zu verdeutlichen und evtl.
zu veranschaulichen, d.h. die theoretische Kritik dabei zu unterstützen, den wirkmächtigen, weil realen, aber verkehrten Schein zu
durchdringen.

---

286 ⌨ Ex.: Das Theorie-Praxis-Verhältnis und die «Konstruktion von Situa-
    tionen».

3.6.1 Das Umherschweifen und die Psychogeographie

Das Umherschweifen (le dérive) im engeren Sinne ist eine kollektiv organisierte Erkundung bisher unentdeckter Nutzungsmöglichkeiten der bestehenden Städte. Im weiteren Sinne bezeichnet sie das bewusst strategische Durchqueren der spektakulär-kapitalistischen Umwelt, die damit auf handlungspraktischer Ebene weiter erforscht werden soll. «Das Konzept des Umherschweifens ist», Debord zufolge, «untrennbar verbunden mit der Erkundung von Wirkungen psychogeographischer Natur und der Behauptung eines konstruktiven Spielverhaltens, was es in jeder Hinsicht den klassischen Begriffen der Reise und des Spaziergangs entgegenstellt.» [BE: 64].

Die «Psychogeographie» stellt eine Forschungsweise dar, die eine Kartographierung der Umwelt, der Handlungsspielräume, ihrer Möglichkeiten für eine revolutionäre Praxis, eine Sondierung des proletarischen Bewusstseins und der Begierden erlauben soll. Die Psychographie macht sich «die Erforschung der genauen Gesetze und exakten Wirkungen des geographischen Milieus zur Aufgabe [...], das, bewußt eingerichtet oder nicht, direkt auf das emotionale Verhalten des Individuums einwirkt.» [BE: 17].

Als Form der räumlichen und konzeptuellen Erforschung der Stadt stellt der *dérive* ein spielerisch-konstruktives Verhalten dar, bei dem die daran Beteiligten «für eine mehr oder weniger lange Zeit auf die ihnen allgemeinen bekannten Bewegungs- bzw. Handlungsmotive, auf ihre Beziehungen, Arbeits- und Freizeitbeschäftigungen» verzichten müssen. [BE: 64]. Dieser Verzicht ist unerlässlich, damit die Umherschweifenden sich in höchstmöglicher Form «den Anregungen des Geländes und den ihm entsprechenden Begegnungen [...] überlassen» können. [Ebd.] Dabei ist das Umherschweifen, wie es die SI versteht, keinesfalls ein bloßes, zufälliges «Sichtreibenlassen», sondern es stellt zugleich eine Methode dar, welche eine «Beherrschung der psychogeographischen Variationen durch die Kenntnis und die Berechnung ihrer Möglichkeiten» beinhaltet. [BE: 64]. Der *dérive* ist damit ein strategisches «Mittel zur Erforschung der Psychogeographie und der situationistischen Psychologie».[287] [BE: 41]. Der Zufall spielt dabei zwar eine gewisse Rolle, aber letztendlich handelt es sich um eine theoriegeleitete Untersuchung; d.h., wenn man die strategische Dimension und das darin beinhaltete aktivische Moment vernachlässigt, sich dem Zufall bloß passivisch überantwortet, so stellt dies allein keinen *dérive* dar. Denn es werden dabei keine neuen Möglichkeitsräume erforscht, sondern die Zufalls-

---

287 ⌨ Ex.: Die SI und die Psychoanalyse.

wirkung, welche «von Natur aus konservativ» ist, lässt einen bloß im manifest Bestehenden «herumirren» (Debord).[288]

Indem man die Stadt, am besten kollektiv – z.b. in mehreren Kleingruppen von zwei bis fünf Personen – unter strategischen Gesichtspunkten durchstreift, stellt das Umherschweifen die *Wirkung* der urbanen Umgebung auf die Stimmungen der Einzelnen in den Mittelpunkt, welche so objektiv wie möglich analysiert werden soll. Hierfür können auch andere Wissenschaften herangezogen und entwendet werden, wie etwa die Ökologie, die in ihrer zweckentfremdeten Form z.B. in der städtischen Struktur die «Rolle des Mikroklimas» einer soziokulturellen Umwelt zu erforschen erlaubt, so die SI.

Die wesentliche Rolle beim *dérive* spielt aber die *Kritik des Urbanismus*, da der spektakuläre Urbanismus eine wirkmächtige Technik der Trennung darstellt.[289] Sehr leicht lassen sich die Herrschaftszentren oder Elendsviertel einer Stadt schon auf den ersten Blick unterscheiden. Zumeist unerforscht ist jedoch jenes Feingewebe der Stadt, das auf die unbewussten Verhaltensweisen der Menschen und der Beteiligten wirkt. Als Beispiele für derartige Umherschweifexperimente nennt Debord z.B. «mögliche Verabredungen» mit anderen, ohne konkrete Orts- und Zeitangaben, oder «sich nachts in die Stockwerke von Abbruchhäusern stehlen; während eines Verkehrsmittelstreiks ununterbrochen durch Paris fahren, unter dem Vorwand, das Chaos noch schlimmer zu machen, indem man sich irgendwohin bringen läßt; in den für Besucher verbotenen Gängen der Pariser Katakomben herumirren» etc. [BE: 67].

Die strategischen Gesichtspunkte sind v.a. die Entwicklung eines kritischen Bewusstseins über das revolutionäre Potenzial urbaner Räume und seiner Grenzen, der «wesentlichen Durchgangsachsen, ihre Ausgänge und Schutzzonen». [Ebd.] Insgesamt gilt es dabei die Möglichkeitsspielräume subversiver Praxisformen auszuloten, ihre Basen zu bestimmen, ihre Einfallsmöglichkeiten zu berechnen und gleichzeitig Begierden zu kartographieren sowie neue zu wecken und zu entdecken.[290] Konkret kann dies z.B. auf die Aneignung der Strasse und Erforschung ihrer durch den spektakulären Urbanismus hervorgerufenen Beschränktheit hinauslaufen. Denn Revolutionen finden bekanntlich in der Regel weitgehend auf der Strasse statt. Die situationistische Kritik des Urbanismus rückt die Stadt als Schauplatz revolutionärer Eingriffe in den Fokus. Laut der SI ist die Stadt für Revolten privilegiert, da sich hier eine große Ansammlung von Men-

---

288 Anm149.
289 Anm150.
290 Vgl. Debord: BE: 66 und zitiert in Anm151.

schen auf kleinem Raum vorfindet. Sie sind allerdings durch die Techniken des Urbanismus – und nicht zu vergessen aufgrund weiterer spektakulärer und warenförmiger Wirkungsweisen – voneinander getrennt. Des weiteren sind gerade in den modernen Metropolen die Produktivkräfte, deren Potenzial es zu erforschen und revolutionär anzueignen gilt, sehr konzentriert vorhanden. Deshalb konzentriert sich die situationistische Konstruktion von Situationen sehr stark auf die modernen Städte, die Metropolen des kapitalistisch-spektakulären Produktionsprozesses.

3.6.2 Das zweckentfremdende Aneignen kultureller Gegenstände

Bisher wurde das Detournement v.a. unter dem Gesichtspunkt einer Methode der «Praxis der Theorie» dargestellt, mittels derer die zu Ideologemen erstarrten Begriffe verflüssigt werden, um sie der Revolutionstheorie zuzuführen. In diesem Abschnitt soll stärker der Gesichtspunkt des Detournement als *handlungspraktisches Mittel zur Aneignung und Umgestaltung kultureller Gegenstände unter revolutionsstrategischer Zielsetzung* betont werden.

Unter Bezugnahme auf das zweckentfremdende Moment des Detournements wurde diese situationistische Methode immer wieder als Vorläuferpraxis der sich aus der Spontibewegung der 1970er Jahre herausentwickelnden und in der BRD agierenden, sogenannten Spaßguerilla oder der v.a. in den USA bekannten Praxis des «culture jamming» angeführt [dazu: Schneider2003]. Aus ihrer kontextuellen Bedeutung und ihrem Zeithorizont herausgerissen, lassen sich auch entsprechende Ähnlichkeiten herstellen. Das Ersetzen der Texte in den Sprechblasen bekannter Comics durch revolutionstheoretische oder sonstige subversiven Aussagen und deren Veröffentlichung als illegal plakatierte Wandzeitung dürfte dabei eines der bekannteren Beispiele eines situationistischen Detournements sein.[291] In den Texten der SI lassen sich weitere, meist nicht realisierte Vorschläge zur subversiven Zweckentfremdung von Produkten der Kulturindustrie finden, wie etwa die Entwendung von Werbeplakaten, Musik, Filmen, Architekturformen und sogar ganzer Städteplanungen. [BE: 20ff.]. Auch wenn Bezugnahmen auf solche Beispiele

---

291 Zur Vorbereitung des sogenannten Straßburger Skandals 1966 tauchte ein Comic mit dem Namen «Die Rückkehr der Kolonne Durruti» auf, bei dem die Sprechblasen damals bekannter Comics durch andere Texte ersetzt oder in bekannten Bildern (z.B. von Lenin) Sprechblasen eingezeichnet wurden. Man sieht dabei z.B. Cowboys die über «Verdinglichung» diskutieren oder zwei Zahnbürsten, die sich darüber unterhalten, welche politischen Strömungen wohl am lächerlichsten seien. [Vgl. SI1977: 33ff.].

immer wieder den Eindruck erwecken, so handelt es sich beim Detournement, wie es die SI versteht, nicht um simple Spaßguerilla, mit deren Hilfe die tristen linken Aktionsformen ein wenig aufgepeppt werden sollen. Somit ging es der SI – im Gegensatz zur Konzeption der Spaßguerilla – am wenigsten darum, «der allgegenwärtigen Frustration, Trägheit und Phantasielosigkeit etwas entgegenzusetzen». [AGSpaß1994: 5].

Wie schon die SI betont, handelt es sich bei der Praxis des Detournement auch nicht um die bloße Liebe zur Provokation und zum Skandal, wie dies in der Kunstszene gerne praktiziert wird, etwa wenn eine Mona Lisa wieder einmal mit einem Schnurrbart versehen wird[292] – um das Beispiel der SI zu zitieren [vgl. BE: 20]. Derartige Aktionen sind für die SI relativ uninteressant, handle es sich dabei doch bloß um eine einfache Negation «der bürgerlichen Auffassung des Genies und der Kunst», welche «schon lange überholt» sei. [Ebd.] Vielmehr kommt es ihr v.a. darauf an, «über jede Idee des Skandals hinauszugehen. [...] Jetzt muss dieser Prozeß bis zur Negation der Negation weitergeführt werden.» [Ebd.][293] Damit einhergehend muss auch das parodistische Moment bei solchen Aktionen aufgehoben werden. Zwar inszeniert «das Komische [...] den Widerspruch zu einem gegebenen, als vorhanden gesetzten Zustand». Bei der konstruierten Situation des Detournement geht es aber nicht nur darum, «komische Wirkungen zu erzielen». [BE: 21]. Sondern «man muß ein parodistisch-ernstes Stadium ins Auge fassen, in dem die Anhäufung zweckentfremdeter Elemente weit davon entfernt [ist], durch den Bezug auf ein Originalwerk Lachen oder Empörung zu provozieren» [ebd.].[294] Denn um den parodistisch entstellenden Bezug zum Originalwerk geht es dabei schon lange nicht mehr. Dieses ist bloßes Mittel, das es sich kollektiv anzueignen gilt, für einen höherstehenden Zweck, nämlich zur Organisierung der frontalen Konfrontation «mit allen gesellschaftlichen und rechtlichen Konventionen» [Ebd.].

Überhaupt möglich ist die Praxis der Zweckentfremdung dadurch, dass alle Gegenstände[295], sobald sie Mittel (Werkzeuge,

---

292 Wie es Marcel Duchamp tat.
293 Zum Hegelschen Terminus «Negation der Negation»: Anm152.
294 Auch wenn die befreiende Wirkung des Lachens hierbei nicht heruntergespielt werden soll, siehe: Anm153.
295 Als «Gegenstand» wird hier nicht nur irgendetwas Stoffliches, z.B. sinnlich Wahrnehmbares bezeichnet, sondern alles, was einem Subjekt, einem wirklichen oder potenziellen Akteur, entgegensteht oder worin er involviert ist, mit dem er in irgendeiner Weise umgehen muss, verfahren kann oder zu dem er sich in irgendeiner Weise verhält, d.h. alles, wozu er in einem Verhältnis steht, sich in ein solches setzt oder eines eingeht. Insofern können auch Symbole, sprachliche oder zei-

Apparate, Zeichen etc.) oder Medien (Sprache, Texturen, Systeme technischer oder symbolischer Art etc.) innerhalb einer Praxis werden, sowohl *Realisate* als auch *Potenziale* abgeben. Aufgrund ihrer Potenzialität bergen alle Gegenstände weitere Funktionen als die in ihrer konventionellen Handhabung gegebenen und können Begierden erzeugen, die von ihnen selbst nicht befriedigt werden können.[296] Sie lassen sich immer auch anders verwenden, z.b. entgegen ihrem gesetzten, ihnen ursprünglich zugedachten Zweck. Alle kulturellen Gegenstände sind im Zusammenhang des Spektakels spektakulär bestimmt, in einer bestimmten Weise oder Funktion gemäß den Erfordernissen des Spektakels einseitig festgelegt. Allerdings schmälert dies nur zum Teil ihr Potenzial, also die objektive Möglichkeit, sie auch anders verwenden zu können. Das Detournement ist insofern eine Praxis, die Spur für die Potenzialität eines neuen, subversiven und revolutionären Gebrauchs der kulturellen Gegenstände zu legen, aufzuzeigen und zu erforschen.

Bei bestimmten Gegenständen des Spektakels ist es allerdings notwendig, sie zuerst einmal völlig umzugestalten, sie teilweise oder gar ganz zu zerstören, um sie wieder neu zusammensetzen zu können. Dabei kann sich auch herausstellen, dass sie überhaupt nicht mehr in einem revolutionären Sinne zu gebrauchen sind. Die strategische Orientierung hierfür, die Maßgabe dessen, ob etwas als sinnvoll oder sinnlos zu betrachten ist, müssen die Begierden bilden, welche sich aus den Erfahrungen der bisherigen Klassenkämpfe herausgebildet haben und die von den RevolutionärInnen wieder freizulegen sind.[297]

Im Großen und Ganzen stellt sich die Vorgehensweise des Detournement folgendermaßen dar: Zuvor erforschte und vorgefundene Gegenstände werden aus ihrem bestehenden, sie bestimmenden, spektakulären Zusammenhang herausgerissen. Damit einhergehend findet bei ihnen eine Bedeutungsminderung oder gar eine Sinnentleerung statt, zumindest bezüglich ihrer herrschenden Bedeutung und ihres Sinns im Spektakel. Eventuell müssen sie in weitere Einzelbestandteile zerlegt werden, um eine umgestaltete Neuzusammensetzung zu ermöglichen. Hierfür kann auf Techniken der Kunst, wie etwa auf dadaistische Collagetechniken oder surrealistische Verfremdungstechniken zurückgegriffen werden. Durch die Orientierung an den radikalen Bedürfnissen und den

---

chenhafte Objekte oder sogar Spielregeln, Konventionen etc. Gegenstände sein.

296 Vgl. Kapitel 3.5.1.
297 Siehe Kapitel 4.

revolutionären Begierden wird ihnen ein neuer, revolutionärer Sinn verliehen. Auf diese Weise können im Prinzip die vorhandenen Kulturgegenstände auch gegen die Verwertungsbedürfnisse des Kapitals vom revolutionären Proletariat angeeignet und gegen das Spektakel gerichtet neu eingesetzt werden.

Durch das Aufzeigen und Entdecken neuer und revolutionärer Möglichkeiten kann gleichzeitig die Jämmerlichkeit der bürgerlichen Glücksvorstellungen, das Elend der Kulturgegenstände im Spektakel, die Armut im Reichtum vorgeführt werden. Das Detournement ist damit eine Strategie zur Zerstörung des spektakulären Scheins. So ist diese Zweckentfremdung, der SI zufolge, «in einem ursprünglichen Sinne [...] innerhalb der alten kulturellen Gebiete eine Propagandamethode, die die Abnutzung und den Bedeutungsverlust dieser Gebiete aufzeigt». [BE: 51]. Sie ist eine Angriffs- und Eingriffsmethode auf die kulturindustriellen, spektakulären Beziehungen zwischen kulturellen Elementen und den gegenständlichen Verhältnissen, in die die Menschen verwickelt sind. Hierfür kann das Detournement, laut der SI, «als ein mächtiges kulturelles Werkzeug im Dienst eines richtig verstandenen Klassenkampfes zur Verfügung stehen». [BE: 23]. Sie ist eine Technik der Aneignung, eine spielerisch-experimentelle und zugleich kriegerische Methode im Prozess der proletarischen Selbstorganisierung.

Solange massenhafte proletarische Kämpfe und deren Organisierung nicht in Sicht sind, stellen der *dérive*, das Detournement, also die Konstruktion von Situationen überhaupt in erster Linie Forschungspraxen dar, die darauf abzielen, die objektiven Möglichkeiten revolutionären Agierens, die Erforschung revolutionärer Potenziale von vorgefundenen Gegenständen und Räumen und deren mögliche Ingebrauchnahme zu untersuchen, zu systematisieren und auf den Begriff zu bringen. Erst wenn massenweise organisierte Kämpfe stattfinden, können jene Techniken und Verfahrensweisen ihre Potenziale als wirkmächtige handlungspraktische Waffen des revolutionären Proletariats entfalten.

3.7 Revolutionäre Selbstorganisation und die aktive Geduld des «savoir attendre»

*D*er Zusammenhang der Entwicklungslinien «Produktivkraftentfaltung», «Begierdenentwicklung» und der Subjektkonstituierungsprozess des «revolutionären Proletariats» muss noch einmal – anknüpfend an 3.4.5 – zusammenfassend herausgestellt werden. Denn auch die revolutionäre Praxis, ihre Organisierung und die revolutionsstrategische Theorie hängen im wesentlichen von diesen drei verschlungenen historischen und gesellschaftlichen Entwicklungslinien ab.

Mal untergründig verdrängt, mal offen zu Tage tretend, zielen die Begierden letztlich darauf ab, die gesellschaftlichen Trennungen und Entfremdungen zu überwinden. Die Genese und der Entfaltungsspielraum der Begierden sind aber abhängig von der Produktivkraftentwicklung; sie sind nicht einfach von vornherein gegeben. Denn erst wenn etwas objektiv möglich ist, kann es (im Gegensatz zum bloß phantastisch bleibenden Wunsch, i.S.v. «wishful thinking») Gegenstand des revolutionären Begehrens werden. Des weiteren bildet die Produktivkraftentwicklung die Grundlage für die objektive Möglichkeit der Menschwerdung des Menschen, sein zunehmendes Gesellschaftlichwerden und das Zurückweichen der Naturschranken. Obgleich von den Menschen nicht bewusst gesteuert, ist dies allerdings kein mechanisch-automatischer Prozess, sondern vorwärtsgetrieben durch die Klassenkämpfe und gehemmt durch ihr Scheitern.[298] Die Klassenkämpfe bilden für den Prozess der menschlichen Gattungsentwicklung den geschichtsmächtigen Hebel – indem sie nach und nach Produktionsverhältnisse, Eigentumsformen «aushebeln» – und können als der «Motor», als Movens, der Geschichte aufgefasst werden.[299] Die Begierden sind dabei zugleich Antrieb und Ziel. Erst dieser gesamte Vermittlungszusammenhang von «Produktivkraftentwicklung – Begierden – Klassenkampf» bringt den Communismus als eine «wirkliche Bewegung» hervor, der damit in keinster Weise als ein bloßes Ideal gesetzt ist. [Vgl. MEW3: 35, MEW4: 143,357].

Alle situationistischen Forschungspraxen sind strategisch auf diesen Zusammenhang, den der Bedingungen der Möglichkeit proletarischer Selbstorganisierung und der Verwirklichung der Begierden gerichtet. Dies kennzeichnet das besondere Theorie-Praxis-Verhältnis im Verständnis der SI: «Die neue revolutionäre Theorie muß mit der Wirklichkeit Schritt halten, das heißt sie muß der revolutionären Praxis gewachsen sein, die hier und dort aufbricht, auch wenn noch partiell, entstellt und ohne kohärentes Gesamtprojekt.» [BE: 186/SI2: 191].

An die in Vergessenheit geratenen radikalen Bedürfnisse und ihre Rolle in der Marxschen Kritik angeknüpft zu haben, die Bedeu-

---

298 Insofern kann diese Entwicklung auch nicht als eine lineare gefasst werden, sondern ist gekennzeichnet durch Brüche, Verwerfungen und Ungleichmäßigkeiten.

299 Vgl. MEW13: 8f., MEW: 140ff.,181f.,342,356f.

tung der Begierden wieder entdeckt und ihren Zusammenhang mit den Kampfbedingungen des revolutionären Proletariats aufgezeigt zu haben, ist das revolutionstheoretische Verdienst der SI.[300] Der große Mangel der meisten Revolutions- und Organisationsvorstellungen liegt v.a. darin, die Rolle der Begierden für die Klassenkämpfe und damit die besondere historische Bedeutung der Klassenkämpfe selbst in ihrer Wirkungsweise für die menschliche Entwicklung missachtet bzw. verfehlt zu haben. Dies hat dann schon von vornherein zur Folge, die wirkliche Bewegung weder erfassen zu können, noch mit ihr begrifflich – sowohl in ihrem Progress als auch in ihrem Regress – «Schritt halten» zu können. Die weitere Folge daraus ist, den Communismus als bloßes Ideal zu setzen oder gar als eine Art religiös-projektives Bild zu halluzinieren, d.h. chiliastisch[301] alle Hoffnungen auf ein Jenseits bzw. auf ein «Reich der himmlischen Gerechtigkeit auf Erden» zu verlagern.

Der folgende Abschnitt wird sich zunächst mit den beiden entgegengesetzten Seiten dieses Mangels beschäftigen, dessen eines Extrem die Ungeduld des Voluntarismus und dessen anderes Extrem eine kontemplative Duldsamkeit darstellt.[302] Die von der SI entwickelte kritische Position ist dagegen gekennzeichnet durch ein «savoir attendre», ein «zu warten verstehen», das weder in Passivität verharrt noch in Ungeduld verfällt, sondern diese beiden sich spiegelnden Pole als verkehrte kritisiert und desillusioniert. Es ist eine selbstkritische Position, die zugleich um jene schwer zu ertragende Spannung weiß, die das unerträgliche Bestehende den bewussten RevolutionärÍnnen in besonderem Maße aufbürdet.

3.7.1 Kritik der voluntaristischen Ungeduld und der attentistischen Duldsamkeit

Ohne eine konkrete Erforschung der Begierden – als Indikatoren für die Virulenz des Communismus – bleibt die revolutionäre «Theorie der Praxis» abstrakt. Daraus ergibt sich in der Regel ein prinzipienloser Utilitarismus[303], dessen strategische Ausrichtung

---

300 Vgl. BE: 48 und zitiert in Anm154.
301 Chiliasmus: Erwartung eines Reichs der Glückseligkeit auf Erden, nach einer apokalyptischen Wende. Siehe Anm155.
302 Die folgenden Charakterisierungen der verschiedenen Positionen können in dieser Einführung nur grob und schablonenhaft erfolgen; sie sollen lediglich eine gewisse Orientierungshilfe abgeben. In der geschichtlichen Realität liegen stets Mischformen dieser Positionen vor.
303 Utilitarismus: Position der politischen Ökonomie und einer aus ihr abgeleiteten philosophischen Ethik, welche die Richtigkeit einer Handlung nach der Nützlichkeit ihrer Folgen beurteilt. Zur Marxschen Kritik des «Utilitarismus», siehe: Anm156.

sich in rein taktischen Nützlichkeitserwägungen verliert und bei dem letztlich zu fragen ist, was denn das Ziel seiner Zwecksetzungen sein soll. An dieser Stelle wird dabei meist völlig abstrakt «die Revolution» oder wahlweise «die freie Gesellschaft», «der Kommunismus» (hier nicht als wirkliche Bewegung, sondern als reines Ideal gedacht), «unsere Utopie» oder ein sonstiger Platzhalter gesetzt. Derartige Zwecksetzungen verbleiben im Ideellen, indem sie nicht der wirklichen geschichtlichen Bewegung entspringen, sondern im Gegenteil davon abgekoppelt und darum abstrakt sind. Zugleich lässt sich aufgrund dieser Abstraktheit schließlich jedes konkrete Vorgehen, flankiert von geeignet scheinenden rhetorischen Mitteln, rechtfertigen. Die Praxis droht dabei willkürlich zu werden, zur selbstzweckhaften Pseudopraxis zu verkommen.[304]

Entweder resultiert daraus ein realpolitischer Pragmatismus oder ein spontaneistischer und idealistischer Voluntarismus. Der *realpolitische Pragmatismus* kann als reformistischer Minimalismus bzw. Possibilismus[305] (z.B. Sozialdemokratie oder Ökologiebewegung) erscheinen, aber auch als stalinistischer bzw. trotzkistischer Terror. Er lässt sich von der Devise der pseudokonkreten Machbarkeit im Sinne eines «Unmittelbarismus» opportunistischer «Machtpolitik» leiten. Der *idealistische Voluntarismus* stellt dagegen ein maximalistisches Traumtänzertum dar, das immer und überall die Möglichkeiten zur totalen Revolution sehen möchte und seine eigene Wirksamkeit beständig überschätzt, dabei oftmals in blinden Aktionismus verfällt. Etliche anarchistische Vorstellungen sind davon gekennzeichnet [GdS §§92-94]. Auf der Seite des *spontaneistischen Voluntarismus* hingegen sind jakobinistische, leninistische, trotzkistische aber auch bündnispolitische Organisationsvorstellungen vertreten, die im Proletariat lediglich eine passive Masse sehen

---

304 Es gilt also doppelt: Ohne die Widerständigkeiten, mit denen das Handeln beständig konfrontiert ist, ohne die ständigen Unvorhersehbarkeiten der handelnden Praxis, kann sich keine revolutionäre «Theorie der Praxis» aus- und weiterbilden. Insofern muss die Theorie einerseits selbst praktisch fundiert sein. Andererseits verkommt politisches Handeln zum willkürlichen Aktionismus, wenn die einzelnen Handlungen nicht durch eine Strategie vermittelt und damit theoriegeleitet sind. In dieser Hinsicht muss die Theorie die Voraussetzung, die Reflexionsbasis und das übergreifende Moment für konkretes revolutionäres Handeln bilden. Sie darf sich nicht zum bloßen Anhängsel des tagespolitischen Handelns degradieren lassen. Ausführlicher dazu: 🖳 Ex.: Strategie und Taktik.

305 Possibilismus: ursprünglich um 1880 entstandene Bewegung innerhalb des französischen Sozialismus, die sich mit «erreichbaren» sozialistischen Zielen begnügen wollte. Die falsche Alternative zwischen «Possibilisten» und «Impossibilisten» spielte v.a.in der Arbeiterbewegung der USA vor dem Ersten Weltkrieg eine große Rolle.

(welche es zeitweilig in seinem Stadium des Ansichseins ja durchaus auch ist), die es zu organisieren gilt. Sie sehen sich zwar als Teil des Proletariats, aber zugleich in eine äußerliche «Avantgardeposition» versetzt. Aufgrund dieser selbst gesetzten «avantgardistischen» Pseudostellung wird dem wirklichen Selbstorganisationsprozess des Proletariats eine Organisationsform von außen – deshalb fremdbestimmt – übergestülpt: Es etabliert sich eine «Repräsentation» des Proletariats.[306] Diese läuft entweder auf eine Parteiform hinaus, deren FührerInnen sich als Avantgarde des Proletariats fühlen und stilisieren, oder aber auf eine Bündnisform, die alle «pseudorevolutionäre[n] Trümmerhaufen» [GdS§220] zu vernetzen versucht. Die Vorstellung einer Avantgardepartei als adäquate Organisationsform des Proletariats hat sich in der Geschichte der Klassenkämpfe zur Genüge selbst diskreditiert. Aber auch die «Bündnispolitik», die heutzutage hoch im Kurs steht, ist keine wirkliche proletarische Selbstorganisierung, sondern deren spektakulärer Schein. Denn hierbei werden lediglich alle verkehrten Organisationsformen auf kleinstem gemeinsamen Nenner miteinander verknüpft und «vernetzt» und sich damit der *Anschein* einer wirklichen Bewegung gegeben.[307] Gleichzeitig stellt das Netz der Bündnisform einen Tummelplatz diverser Parteiorganisationen dar, die darin entristisch[308] ihre jeweiligen Vorstellungen, die sie ja schließlich für avantgardistisch halten, durchboxen, durchsetzen oder (heimlich bis offen) unterschieben möchten.

All diesen Vorstellungen gemeinsam ist, dass sie unabhängig von der Entwicklung und der momentanen Daseinsweise der konkreten wirklichen Bewegung des Proletariats, seiner Begierden und Kämpfe, von der fixen Idee getrieben sind, dass auf jeden Fall immer irgend «etwas getan» werden muss. Es ist diese Ungeduld (auch wenn sie in der Pseudogeduld des Reformismus daherkommt), die den Pragmatismus und alle voluntaristischen Formen miteinander verbindet. Der «Wille» als zentrale Kategorie und die Betonung der Macht einer kleinen, aber entschiedenen Gruppe stehen im Zentrum aller voluntaristischen Vorstellungen, sei dies

---

306 Der Begriff «Repräsentation» steht bei der SI für «Fremdbestimmtheit» überhaupt. Er lässt sich direkt aus dem Begriff des spektakulären «Bildes» entwickeln (vgl. 3.3.1).

307 Die jüngsten Beispiele sind Attac und die sogenannte Anti-Globalisierungsbewegung.

308 «Entrismus» meint ein Eintreten in vorgefundene Organisationen oder Bündnisse, um diese taktisch sozusagen als «Wirtstiere» zu benutzen. Diese meist vom Trotzkismus propagierte und angewandte Taktik betrifft häufig gewerkschaftliche und sozialdemokratische Organisationsstrukturen.

offen, wie in den Parteikonzeptionen, oder versteckt, wie in den netzartigen Bündnisformen.

Eine besondere Form einer voluntaristischen Konzeption muss an dieser Stelle hervorgehoben werden: Es ist dies die bakuninistisch-blanquistische Konzeption[309] mit ihren diversen immer wieder runderneuerten Spielarten von klandestin (geheimbündlerisch) operierenden, bewaffneten Grüppchen, wie sie etwa ab den 1960ern mit der Fokus-Theorie von Che Guevara,[310] den Stadtguerillakonzeptionen der uruguayischen Tupamaros und der westdeutschen Rote Armee Fraktion prominent wurde. Meist propagiert und praktiziert unter dem Anschein der Anti-Autorität, handelt es sich dabei letztendlich um ein elitäres Prinzip der Befreiung des Proletariats von «oben nach unten» unter Ausübung einer «kollektive[n] und unsichtbare[n] Diktatur», um eine «wohl geführte Revolution» (Bakunin) herbeizuorganisieren.[311] Voluntaristisch ist diese Konzeption deshalb, weil es ihr darum geht, wie Emile Marenssin bemerkt, eine revolutionäre Bewegung vorwegnehmen zu *wollen*, «die Gesellschaft künstlich bis zur Krise zu führen, d.h. eine Revolution ohne die Bedingungen der Revolution aus dem Ärmel zu schütteln. Als einzige Bedingung der Revolution galt ihnen die ausreichende Organisation ihrer bewaffneten Kräfte und ihrer konspirativen Struktur.» [Marenssin 1998: 48].[312]

Die profunde Analyse der gesellschaftlichen Umstände und die Selbstorganisierung der Massen geraten in den Hintergrund. Sowohl die bakuninistische «Propaganda der Tat» als auch die diversen Guerilla-Konzeptionen ersetzen das politische Handeln der Vielen durch das Handeln und die Initiative einiger Weniger. Das Subjekt der Befreiung wird zum Objekt. Das Proletariat tritt nicht

---

309 Näheres zu Louis-Auguste Blanqui (1805-1881) und Michail Bakunin (1814-1876): Anm 157. Siehe auch: 💻 Ex.: Die situationistische Kritik des Anarchismus.

310 Als «foco» (Fokus) definierte der Argentinier Ernesto «Che» Guevara de la Serna (1926–1967) eine kleine Gruppe bewaffneter Revolutionäre. Diese müsse günstige Gegenden auswählen, sich mit der Umgebung vertraut machen und Verbindung mit dem Volk knüpfen. Das revolutionäre Potenzial der Bauernschaft sollte durch die Aktionen der professionellen Kämpfer des Fokus entfesselt werden. Che Guevaras Konzeption der Guerilla firmiert deshalb unter dem Namen Fokus-Theorie. Für die SI war «Che einer der letzten konsequenten Leninisten unserer Zeit» und ein «bürokratisch-romantische[r] Revolutionär» [BE: 205/SI2: 259].

311 Die zitierten Aussagen stammen aus Briefen von Michail Bakunin, in denen er seine Revolutionskonzeption vorstellt. Rubel fragt in seinem Essay zu Recht, «wie man einen solchen ‹Anarchismus› ernstnehmen [soll], der [...] dem Anspruch nach ‹anti-autoritär› » sei. [Rubel 1996: 90f.].

312 Weiteres dazu: Anm 158.

mehr als handelndes und sich selbst befreiendes auf, sondern als behandeltes, das befreit und erzogen werden muss.[313] Zudem sind die meisten Guerillakonzeptionen durchdrungen vom paternalistischen Pathos des Retters und Machers mit gleichzeitigem Ersetzen einer Klassenanalyse durch die homogenisierende Bezugnahme auf «das (gute) Volk». Tatsächlich zeichnen sich derartige Revolutionskonzeptionen durch ein mangelndes Vertrauen in Bezug auf das revolutionäre Potenzial des proletarischen Selbstorganisationsprozesses aus, kurz: durch Massenverachtung.

Der revolutionären Ungeduld entgegengesetzt sind die unterschiedlichen Positionen der attentistischen Duldsamkeit, wie z.B. bestimmte antileninistische, linkskommunistische, rätistische Vorstellungen oder diejenige der «kritischen Kritik» (Marx). Erstere setzen auf das Heranreifen ökonomischer Krisen und Zusammenbrüche des Kapitalismus. An diese Vorstellung knüpfen sie die unerschütterliche Hoffnung, dass *das* Proletariat «es» mit der Zeit schon richten wird. Doch vor lauter Furcht, den Selbstorganisationsprozess des Proletariats fremdzubestimmen, zieht sich diese Konzeption auf die Position einer passiven, teilnehmenden Beobachtung zurück, was letztlich zum Attentismus (einer Ideologie des Abwartens) führt. Grundlage dieses Attentismus ist ein Kulturoptimismus, der davon ausgeht, dass sich der Gang der Geschichte automatisch zum Wohle der Menschheit entwickeln würde, wobei dem Proletariat geschichtsdeterministisch von vornherein die Rolle des ausführenden Organs zugesprochen sei.

Dagegen ist die Position der «kritischen Kritik» eher kulturpessimistisch eingestellt. Sie erweist sich von vornherein der kritischen Tiefe des revolutionären Bewusstwerdens des Proletariats gegenüber als skeptisch und wähnt sich ihm gegenüber gar erhaben. Sie spricht den Proletarisierten mit typischer Massenverachtung jeden theoretischen Sinn von vornherein ab.[314] Ihre «Praxis der Theorie» beschränkt sich auf immanente Kritik von Theorien, so auch der Theorien revolutionärer Praxen, und von gesellschaftlichen Verhältnissen und ihren Zuständen.[315] Die «Geste des radikalen Weiterge-

---

313 Selbstzweckhaft «klandestin» operierende Gruppierungen erweisen sich immer wieder als hemmender Faktor für die proletarische Selbstorganisierung. [vgl.GdS: 296] Näheres dazu: Anm159.

314 Marx und Engels kritisieren den elitären Duktus der kritischen Kritik, dass ihre Reflexionen «der profanen Masse nur unter der Form von Mysterien mitgeteilt werden können. [...] Die kritische Kritik tritt daher [...] als Geheimniskrämer auf». [MEW2: 56].

315 Tendenziell wird Theorie selbst verworfen und durch «Kritik»ersetzt, die allerdings heruntergebracht auf bloße Polemik im ständigen «Wegbeißen anderer politischer Kampfhunde», sowie auf «die moralisieren-

hens» in der rein theoretisch oder politisch-polemisch verbleibenden Kritik verbindet sich – so Lukács – mit der Illusion, wirklich *einzig radikal* zu sein, obwohl sie sich «ständig im Kreise» bewegt. [Lukács1933: 183]. Der daraus notwendigerweise resultierende Mangel an Praxisvorstellungen, überhaupt ihr Misstrauen gegenüber jeglicher Handlungspraxis, findet seine ergänzende Entsprechung darin, dass sich die VertreterInnen der kritischen Kritik «im Zustand der chronischen Verzweiflung, am Rande des Abgrunds» häuslich niederlassen und einrichten [ebd.]. Eng damit verbunden ist die – selten bewusste und meist unbewusste – Enttäuschung darüber, dass die bisherigen Anläufe des revolutionären Proletariats nicht schon das erhoffte Resultat erbracht haben, sondern im Gegenteil nur die Modernisierung des Kapitalismus vorangetrieben haben. Gerne missbrauchen heutige kritische KritikerInnen das Entsetzen Adornos angesichts der bisherigen Verlaufsgeschichte der proletarischen Revolution, dass «der Augenblick ihrer Verwirklichung versäumt ward». [ND: 15] Angesichts der Weiterentwicklung des Spektakels erscheint es zwar zunächst plausibel, die Geschichte der proletarischen Kämpfe als eine rein kapitalismusimmanente Modernisierungsbewegung zu interpretieren, aber dies ist lediglich einseitig vom Resultat her gedacht. Die Kapitalismus transzendierenden Momente der proletarischen Revolutionen, die den meisten der großen historischen Kämpfe innegewohnt haben, und die Verwirklichungen von Begierden, die kurzzeitig als überschießende Momente, als revolutionäre Funken tatsächlich stattgefunden haben (und schnell rekuperiert wurden), werden dabei einerseits völlig ausgeblendet, ebenso wie andererseits das Phänomen der Rekuperation entweder ignoriert, oder fatalistisch verabsolutiert wird.[316]

Die reflexartige trauernde Pseudoradikalität der kritischen Kritik hat ein zynisch-fröhliches *alter ego*, das im allgemeinen als «postmodern» bezeichnet wird:[317] Es zeichnet sich durch ein wohlinformiertes, aber zynisch-nihilistisches Sichabfinden mit dem Bestehenden aus, das meist verbunden ist mit einem Gestus elitären Dandytums.[318] Diese erst nach der SI-Zeit auftretende Attitüde

---

de Kritik und die kritisierende Moral», wie Marx dies nennt, in der Rolle einer «Inquisition» v.a. innerhalb der «Deutschen Kulturgeschichte». [MEW4: 331].

316 Siehe dazu auch Kapitel 4 und die entsprechenden Exkurse auf der Webpage www.theorie.org.

317 Lyotard z.B. spricht vom «fröhlichen Delirium des Kapitalismus». Zur «Postmoderne» und insbesondere zu Jean-François Lyotard, siehe: Anm160. Vgl. auch: 🖳 Ex.: Dialektische Topik und 🖳 Ex.: Dialektik und offene Totalität.

entwickelte sich aus älteren Tendenzen heraus, welche Debord schon beobachtete: «Sich in der Nichtigkeit bequem einzurichten, ist die kulturelle Lösung, die sich in den Jahren nach dem 2. Weltkrieg am stärksten verbreitet hat. Dabei stehen zwei Möglichkeiten zur Auswahl, für die es genügend Beispiele gibt: das Nichts mit einer geeigneten Terminologie zu kaschieren oder es ungeniert zu behaupten.» [BE: 32f.]. Die eine Möglichkeit besteht darin, «unter dem Deckmantel einer Philosophie auf Pump [...] die mittelmäßigsten Aspekte der kulturellen dreißig vergangenen Jahre [zu reproduzieren]. Verfälschungen des Marxismus oder der Psychoanalyse mussten für ihre Interessen herhalten, die eigentlich nur der Reklame dienten, ebenso ein politisches Engagement, das mehrfach blindlings aufgenommen und verworfen wurde.» [Ebd.]. Die andere Tendenz, «die fröhliche Behauptung einer vollkommenen intellektuellen Nichtigkeit», ist gekennzeichnet durch «das Phänomen, das in der aktuellen Neo-Literatur als ‹Zynismus der jungen Romanciers der Rechten› bezeichnet wird.» [Ebd.]

Mit dem Terminus «postmodern» kann eine Reihe von Positionen charakterisiert werden, deren wesentliche Gemeinsamkeit in der Kritik an den sogenannten «großen Erzählungen» der Moderne liegt, d.h. einer Kritik an jeglicher Blickrichtung, die kritisch auf «Totalität» abzielt. All jene Begriffe, wie gerade «Totalität», aber auch «Emanzipation der Menschheit», «Wahrheit» etc. verfallen dem postmodernen Verdikt, universalistisch und totalitär zu sein. Stattdessen setzt das postmoderne Denken auf eine angeblich «inkommensurable Heterogenität»[319] – aus Sicht der situationistischen Kritik also auf Inkohärenz. Aufgrund seiner apriori-Verwerfung des Begriffs «Totalität» erachtet dieses Denken konsequenter Weise auch eine Kritik der gesellschaftlichen Totalität als Unmöglichkeit; «Kritik» ist ihm allenfalls als partikulare, auf parzellierte Gegenstände gerichtete möglich. Da partikularistisch, ist sie – gemäß der SI – selbst

---

318 Die Agentur Bilwet charakterisiert sehr trffend die postmoderne Weiterentwicklung des historischen Dandytums, die im informationsverarbeitenden Typus des «Datendandy» mündete: vgl. Agentur Bilwet1994: 75 und zitiert in Anm161.

319 «Inkommensurable Heterogenität» meint eine Vielfalt von Elementen, Paradigmen, Diskursen etc., deren Regeln, Gesetzmäßigkeiten etc. untereinander unvergleichbar seien und bleiben würden. So sei bspw. jede Diskursart (Unterrichten, Recht sprechen etc.) durch das Ziel des Diskurses (lehren, urteilen) bestimmt und geregelt. Ein Übergang zwischen verschiedenen Diskursarten sei daher problematisch, da die Diskursarten autonome und letzte Regelsysteme darstellten. Im Falle eines Konflikts könne es keine Metaregel geben. Mithin ist der Widerstreit unlösbar. Man müsse diese Heterogenität der Diskursarten anerkennen. [Vgl. Lyotard1986].

spektakulär und insofern bloße Pseudokritik. Damit affirmiert dieses Denken die spektakuläre «Einheit und Teilung im Schein». [GdS: 43] Richtet sich der Blick des postmodernen Denkens auf die verschiedenartigen Kämpfe in Ökonomie, Kultur und Alltag, wie etwa Kämpfe gegen rassistische, patriarchale und zwangsheterosexuelle Verhältnisse, so kann er darin nur die parzellierte Vielverschiedenheit entdecken, welche er sogleich als besagte «inkommensurable Heterogenität» feiert.[320] Die postmoderne Doktrin kann und will darin nicht die Vielverschiedenheit und Vielfältigkeit der Äußerungen des vielseitigen und oft in sich widersprüchlichen Auf und Ab des proletarischen Selbstkonstituierungsprozesses erkennen. Das postmoderne Denken hat sich darum nicht nur subjektiv, sondern auch objektiv von allen Emanzipationsvorstellungen verabschiedet.

3.7.2 Situationistische Kritik als aktives «savoir attendre»

Die SI begriff sich als einen aktiven Teil des proletarischen Selbstorganisationsprozesses, als Teil der negativen, «wirklichen Bewegung», als Teil der «Schattenseite» der Gesellschaft[321] und ihre praxisrelevanten Ideen als das «Produkt der Geschichte der Klassenkämpfe». [DwS§2]. Als Organisation war die SI insofern nichts anderes «als der konzentrierte Ausdruck einer geschichtlichen Subversion, die überall ist». [DwS§2]. Niemals ging es ihr um eine *Repräsentation* des Proletariats.

Was somit als die «situationistischen Ideen» bezeichnet werde, sei «nichts anderes als die ersten Ideen der Periode, in der die moderne revolutionäre Bewegung wieder in Erscheinung tritt». [Ebd.] Die besondere Leistung der SI bestand darin, die historisch entstandenen kritisch-theoretischen Momente revolutionstheoretisch kohärent ausgedrückt zu haben und die bereits «spukenden» Ideen auf den Begriff gebracht zu haben. Die «Praxis der Theorie», die «Theorie der Praxis» und alle damit verbundenen Vorstellungen über Strategie, Organisation etc. sind nur dann *kohärente* Ausdrucksformen der «wirklichen Bewegung», wenn sie mit dieser geschichtlichen Bewegung «Schritt halten» (SI), *wirksam* verbunden sind und bleiben.

Das heißt jedoch nicht, dass es zwischen einer Revolutionstheorie und ihrer Praxis nicht zu ungleichmäßigen Entwicklungen kommen kann. So weist die Geschichte der Klassenkämpfe einerseits immer

320 Vgl. 5.1 «Die Feier des Fragments».
321 So die Selbsteinschätzung der SI im Rückblick auf den Pariser Mai 1968 [vgl. DwS§3]. Zitiert in Anm162.

wieder Phasen auf, in denen die Theoriebildung einer blind tasten-
den Praxis weit vorauseilt.[322] So zeigt sich aber auch andererseits z.B.
an der Marxschen Kritik, dass «der Mangel in der Marxschen Theorie
[selbst] der Mangel des revolutionären Kampfes des Proletariats
seiner Epoche» ist [GdS§85], worauf Debord ohne doktrinäre Ehr-
furcht hingewiesen hat. Diese ungleichmäßige Entwicklung von
Theorie und Praxis bei gleichzeitiger Wechselwirkung ist letztendlich
der Ungleichmäßigkeit von Produktivkraftentwicklung und wirklichen proletarischen Kämpfen geschuldet. Das Wissen und das me-
thodische Vorgehen der theoretischen Kritik stellen selbst einen Teil
der historisch-gesellschaftlichen Produktivkraftentwicklung dar. In
den Klassenkämpfen drücken sich Begierden aus, welche innerhalb
des objektiven Möglichkeitsspielraumes der Produktivkraftentwicklung entstehen. Aber erst im geschichtlichen Kampf ist die Möglichkeit vorhanden, dass sich die revolutionäre Theorie in ihrem Wahr-
heitsgehalt als praktische Theorie erweisen kann.

Die zentrale Fragestellung der «Theorie der Praxis» bleibt die
Frage der Organisation. Denn, so Debord, «die Herausbildung der
proletarischen Klasse als Subjekt ist die Organisation der revolutionären Kämpfe und die Organisation der Gesellschaft *im revolutionären Augenblick*: hier müssen *die praktischen Bedingungen des
Bewußtseins* vorhanden sein, in denen sich die Theorie der Praxis
bestätigt, indem sie zu praktischer Theorie wird». [GdS§90].

In dieser Hinsicht verstand die SI ihre eigene Rolle, die sie in diesem
Prozess spielte, weder darin, dass sie mit einer geschlossenen «Theorie der Praxis» und insofern mit starren konkretistischen Organisati-
onskonzepten aufwartete, noch darin, dass sie passiv auf die allum-
fassende Krise, «den großen Kladderadatsch» (Marx u. Engels) war-
tete und die Frage der Organisierung dem Prozess selbst überant-
wortete. Sie wollte auf der Grundlage dessen, was ihr möglich war
– und das waren die kritischen Forschungen ihrer «Praxis der Theorie» hin zu einer «Theorie der Praxis» –, Mittel, Methoden, Begriffe
etc. bereitstellen, die dem Ziel, den Selbstorganisationsprozess des
Proletariats zu befördern, dienlich sind. D.h., in den Worten von
Debord: «Wir haben einfach Öl hingebracht, wo Feuer war.» [De-
bord 1985: 70]. Bezeichnend an der Metapher von Debord ist, dass
die SI-Konzepte und Ideen, die sie sich aufgrund ihrer geschichtskri-
tischen Untersuchungen angeeignet hat, eben *nicht* als «Feuer»
bezeichnet werden, die die potenziellen Revolutionsbegierden des

---

322 Wenn im Folgenden von Theorie die Rede ist, so soll damit lediglich
das Resultat einer theoretischen Praxis bezeichnet werden. Der Verlauf
der bisherigen Darstellung sollte gezeigt haben, dass Theorie und Praxis
nicht *künstlich* voneinander zu trennen sind. Siehe auch Anm 163.

Proletariats erst entzünden müssten.[323] Das Proletariat und seine Begierden werden somit nicht als ein passives Potenzial betrachtet, das es zu organisieren gilt, das geschult und dem das Kämpfen erst beigebracht werden muss. Vielmehr konstituiert es sich aufgrund des Potenzials seiner Begierden als Agens im Klassenkampf, dessen Möglichkeitsspielraum erweitert werden kann.

Die Forschungsaufgaben der SI waren genau darauf gerichtet, diesen Möglichkeitsspielraum, z.B. durch die Entwendung geeigneter Mittel, und das Bewusstsein mittels theoretischer Kritik zu erweitern und somit das Potenzial der Klassenkämpfe – jenseits einer bevormundenden Repräsentation – zu erhöhen. Die theoretische Kritik darf «keine Wunder von der Arbeiterklasse» erwarten [GdS§203],[324] mahnt Debord zur Geduld: «Sie betrachtet die Neuformulierung und Verwirklichung der proletarischen Forderungen als eine langwierige Aufgabe.» [Ebd.] Während der Phase des proletarischen Ansichseins, die für die revolutionären, ihrer selbst bewussten Proletarisierten eine «Praxis der Theorie» notwendig macht, ist nach Meinung der SI *verständige* Geduld angesagt. Dies bedeutet jedoch gerade keine handlungspraktische Abstinenz.

Wie in den vorangegangenen Abschnitten dargestellt wurde, können die Konstruktion von Situationen, der *dérive* und das Detournement, verstanden als Forschungsweisen, wichtige Beiträge zur Gesellschaftskritik leisten. Durchaus können sich auf dieser Grundlage auch kleinere alltagsorganisatorische «Stützpunkte» (Vaneigem) entwickeln lassen, die die Widersprüche im spektakulären Alltag sichtbar werden lassen.[325] Allerdings sollte in revolutionsstrategischer Hinsicht an diese nicht eine allzu übertriebene Erwartungshaltung angelegt werden, indem sie etwa von vornherein zu Keimzellen einer zukünftigen Gesellschaft hochstilisiert werden. Im Gegenteil gilt auch hier, dass die verständige Kritik der «Praxis der Theorie» zu enttäuschen wissen muss; sie muss entstandene utopische Hoffnungen wie sogenannte «konkrete Utopien» – weil diese sich in der Katastrophe des spektakulären Kapitalismus glauben einrichten zu können – immer wieder *desillusionieren*. Insofern ist sie bewusst katastrophistisch [SI1: 279]. Sie muss das Verständnis dafür bereitstellen, nicht einer revolutionären Ungeduld zu verfallen, sondern die Spannung des Unerträglichen

---

323 Das «Feuer» steht als Metapher für das bewegende Agens, die aktive Kraft; es bezeichnet das Proletariat-für-sich mitsamt seinen Begierden als *Subjekt*. Das «Öl» bezeichnet die Mittel und Möglichkeiten, d.h. es ist ein *Potenzial*, das, wenn es dem Feuer zugeführt wird, dessen Aktivität erhöhen kann (aber nicht unbedingt muss). Siehe Anm164.
324 Vgl. MEW17: 343.
325 Näheres zur Stützpunkte-Konzeption von Vaneigem: Anm165.

zu ertragen und aushalten zu helfen, nur um sie bewusst weiter revolutionär aufzuladen. Denn jegliches voluntaristisch-aktionistisches Überspringenwollen des Ansichseins sondert sich zwangsläufig von der «wirklichen Bewegung» ab, wird dadurch abstrakt und ist aufgrund dieser Trennung selbst schon spektakulär. Diesem «abstrakte[n] Wille[n] zur sofortigen Wirksamkeit» entgegengesetzt, muss – wie Debord betont – «die über das Spektakel hinausgehende Kritik [...] vielmehr *zu warten verstehen*». [GdS§220].

Sobald aber absehbar wird, dass sich das Proletariat zu einer Klasse-für-sich entwickelt, d.h. wenn die Proletarisierten sich mehr und mehr für eine Verwirklichung revolutionärer Begierden einsetzen, bis sie massenhaft um ihre Verwirklichung kämpfen, besteht die vorwiegende Aufgabe einer revolutionären Assoziation darin, die «Theorie der Praxis» voranzutreiben und das «Öl» dem proletarischen «Feuer» zuzuführen. Sie wirkt als ein Teil des Proletariats an dessen Selbstorganisationsprozess mit und muss dabei notwendigerweise ihre eigene Organisationsform mit verändern. Die Organisationsvorstellungen und die mit ihnen verbundene «Theorie der Praxis» müssen prinzipiell offen und entwicklungsfähig bleiben. Die Theorie kann zwar konkrete Vorschläge anbieten, muss aber gleichzeitig immer auf deren *Möglichkeits*charakter hinweisen und darf sie daher nicht als alternativlos präsentieren. Des Weiteren besteht ihre Aufgabe[326] darin – ihren Möglichkeiten gemäß – genau aufzuzeigen, was eben *nicht* möglich, *nicht* wünschenswert und in gegebenen Situationen *nicht* opportun ist. Wobei sie auch hierin ihre eigenen Grenzen kennen muss. In beiden Fällen stellt sich die «Theorie der Praxis» nicht positivistisch, sondern *negativ* dar: im ersten Fall als Vorstellung von Alternativmöglichkeiten, die den Schein einer Notwendigkeit negieren; im zweiten Fall als Negationsprozess in kritischer Funktion auch in Anbetracht ihrer eigenen Grenzen: «Die revolutionäre Theorie [...] ist denen verwehrt, die die beruhigenden Gewißheiten der Ideologie wollen, einschließlich der offiziellen Gewißheit, standhafte Feinde jeder Ideologie zu sein.» [DwS§46].

Das letztgültige Kriterium, nach dem die Theorie der Revolution der SI zufolge beurteilt werde, ist, «dass ihr *Wissen* eine *Macht*

---

326 Um Missverständnissen vorzubeugen, muss hier nochmals betont werden, dass es sich bei diesen Idealen, d.h. den *gesetzten* Aufgaben, diesen normativ-imperativischen Ansprüchen und Forderungen an Theorie und Praxis der proletarischen Organisierung, nicht um willkürliche idealistische oder voluntaristische Setzungen handelt. Sondern diese Forderungen sind aus der Geschichte der Klassenkämpfe selbst hervorgegangen (siehe dazu näher: Kapitel 4).

werden muß.» [DwS§46]. Dieses Wissen und das zu-warten-Verstehen ist das genaue Gegenteil von Langeweile, die ja bekanntlich «immer konterrevolutionär» ist [vgl. BE: 119/SI1: 267]. «Langeweile haben wir, wenn wir nicht wissen, worauf wir warten», schreibt schon Walter Benjamin.[327]

Die «Theorie der Praxis» hat zudem die kritische Funktion, auf die Gefahr der *Rekuperation* revolutionärer Mittel hinzuweisen, welche in allen historischen Klassenkämpfen immer wieder stattgefunden hat. Es gibt keine Garantie dafür, dass die Waffen der Kritik nicht von den AgentInnen des Spektakels in umgemodelter Form gegen den Klassenkampf eingesetzt werden können. Sie werden immer wieder rekuperiert werden und zur Modernisierung des Spektakels beitragen, darauf hat die SI ständig aufmerksam gemacht. Weder darf eine solche Gefahr unterschätzt werden, noch sollte sie in eine praxislähmende Furcht vor der Rekuperation münden, so wie ein Kaninchen auf die Schlange starrt. Gerade bei der Frage der Rekuperation erweist sich eine möglichst genaue Einschätzung des momentanen Stands der proletarischen Kämpfe als hilfreich. Die aktive Gelassenheit des «savoir attendre» ist bei der «Theorie der Praxis» zu bewahren. Sie drückt sich bei der SI in Bezug auf die Möglichkeit der Rekuperation so aus: «Genau wie das Proletariat können wir nicht behaupten, unter den gegebenen Verhältnissen nicht ausbeutbar zu sein. Nur soll dies auf das Risiko der Ausbeuter geschehen.» [BE: 168/SI2: 86].

Die revolutionäre Theorie muss ein solches Risiko einzuschätzen verstehen; dabei ist eine solche Theorie immer «die Domäne der Gefahr, die Domäne der Ungewißheit.» [DwS§46]. «Ungewissheit» ist hierbei nicht mit «Unwissenheit» zu verwechseln. Das Wissen um die Ungewissheit der Theorie beweist ihr undogmatisches Reflexionsniveau, das ihre eigenen Grenzen einzuschätzen weiß. Es bezeichnet ihre prinzipielle Offenheit und Entwicklungsfähigkeit. Die Unwissenheit dagegen ist in Bezug auf die «Theorie der Praxis» entweder «die Unwissenheit über die Organisation», die damit «die zentrale Unwissenheit über die Praxis» ist [DwS§45]. Oder: «wenn sie gewollte Unwissenheit ist, drückt sie lediglich die ängstliche Absicht aus, sich aus dem geschichtlichen Kampf herauszuhalten». [Ebd.] Diesen Haltungen gegenüber sind die als revolutionäres Proletariat Handelnden in der geschichtlichen Situation einer Revolution gezwungen, «alle ihre Kräfte einzusetzen und sofort auch alle Risiken auf sich zu nehmen». [DwS§48].

---

327 Anm166.

Für die konkrete Art der revolutionären Organisation kann es keinen Masterplan und keine absolute Gewissheit geben. Die situationistische Revolutionstheorie muss damit all jene enttäuschen, die von ihr darauf konkrete Antworten erwarten. Wie die SI klar macht, wird sie «von den verschiedenen Momenten des Kampfes definiert [...]. Man kann von ihr nicht sprechen, wenn man von den Kräften abstrahiert, die sie hier und jetzt einsetzt, oder von der umgekehrten Aktion ihrer Feinde.» [DwS§47].

Aus der Geschichte der Klassenkämpfe – aus ihren temporären Erfolgen und ihren Fehlern – lassen sich lediglich einige allgemeine Bestimmungen über den möglichen Charakter der proletarischen Selbstorganisierung herleiten: «Dort, wo sie sich als die Form selbst der sich revolutionierenden Gesellschaft organisieren, sind die proletarischen Versammlungen egalitär, nicht weil sich in ihnen alle Individuen mit dem gleichen Grad geschichtlicher Intelligenz befänden, sondern *weil sie gemeinsam wirklich alles zu tun haben*, und weil sie gemeinsam alle Mittel besitzen.» [DwS§48].

Die Verwirklichung der Begierden, die Verwirklichung des menschlichen Gattungsvermögens, das erst die freie Entwicklung der individuellen Persönlichkeit hin zu einem gesellschaftlichen Individuum zulässt, das als Subjekt seine eigene Geschichte in die Hand nehmen und zugleich auch an der gesellschaftlichen Konstruktion und permanenten Revolution mitwirken kann, erfordert schon im Ansatz die Auflösung aller entfremdeten Verhältnisse und die Überwindung aller verkehrten spektakulär-fetischistischen Formen. Es ist dies eine «Selbstemanzipation», die sich, wie Debord dies ausdrückt, «von den materiellen Grundlagen der verkehrten Wahrheit» befreit [GdS§221]. «Diese ‹geschichtliche Aufgabe ..die Wahrheit des Diesseits zu etablieren› kann weder das isolierte Individuum noch die den Manipulationen unterworfene, atomisierte Menge vollbringen, sondern immer noch die Klasse, die fähig ist, die Auflösung aller Klassen zu sein, indem sie die Macht auf die entfremdungsauflösende Form der verwirklichten Demokratie zurückführt, auf den Rat, in dem die praktische Theorie sich selbst kontrolliert und ihre Aktion sieht. Nur dort, wo die Individuen ‹unmittelbar mit der Weltgeschichte verknüpft sind› ; nur dort, wo sich der Dialog bewaffnet hat, um seinen eigenen Bedingungen zum Sieg zu verhelfen.» [GdS§221].

Der Anspruch der situationistischen Revolutionstheorie ist hoch gesteckt. Die bisher gezeigte begriffliche Kohärenz gilt es jetzt im folgenden Kapitel in der historischen Praxis der Revolutionen, aus der sie entwickelt wurde, zu erweisen.

4 Kritik der Geschichte: Traumata und Topoi revolutionärer Anläufe

«Der ‹alte Maulwurf›, von dem Marx in einem Toast auf die europäischen Proletarier spricht, wühlt immer noch. Sein Gespenst erscheint an allen Ecken unseres vom Fernsehen durchdröhnten Luftschlosses, dessen politische Nebel in dem Augenblick und für die Zeit zerrissen werden, in dem die Arbeiterräte bestehen und befehlen. [...] Es gibt keine andere Treue, keine andere Möglichkeit, die Aktionen unserer Genossen in der Vergangenheit zu verstehen, es sei denn durch eine Neuentdeckung des Problems der Revolution auf dem höchsten Niveau; dieses Problem ist um so mehr von der Welt der Ideen abgetrennt worden, je stärker es sich in der Welt der Tatsachen stellt.» [SI2: 263ff./BE: 113].

*I*n ihren historischen Analysen geht es der SI vor allem darum, «das Verfahren um die verlorene Geschichte wieder aufzunehmen, sie zu retten und wiederzufinden.» [BE118/SI1: 266]. In einer desillusionierenden Aufarbeitung der Traumata revolutionärer Anläufe[328] und daraus freizulegender Topoi muss man «die Geschichte der Bewegung der Geschichte selbst wieder entdecken, die so gut verborgen und entstellt wurde». [Ebd.]. Die Traumatisierung[329] wird vom communistischen klassischen Psychoanalytiker Otto Fenichel als plötzliche oder auch kumulative (anhäufende), massive «Reizüberflutung» definiert: «zu viel Erregung tritt in einer gegebenen Zeiteinheit in den psychischen Apparat ein und kann nicht beherrscht werden. Solche Erfahrungen nennt man traumatisch.»

---

328 Zu jedem der in diesem Kapitel kurz umrissenen Knotenpunkte (Topoi) und ihren traumatisierenden Wirkungen auf das revolutionäre Bewusstsein gibt es einen ausführlichen Exkurs auf der Webpage www.theorie.org (und zusätzlich noch zu weiteren historischen Schauplätzen). Wenn wir hier versuchen, auf allerengstem Raum den Blick für materialistisch-historische Ideologiekritik der SI durch die Darstellung ihrer eigenen Ideen und Formulierungen hindurch auf deren historische Gesellschaftsbasis zu richten, können wir dies nur mittels weniger Stichworte tun.

329 Trauma (griech.: traumatos, dt.: Wunde, Verletzung) ist ein psychoanalytischer Begriff, den wir hier im Sinne der analytischen Sozialpsychologie benutzen [vgl. Dahmer1980]. Siehe auch: 🖳 Ex.: Traumatisierung, Abwehr, Verdrängung.

[Fenichel1997,I: 34]. Eine vergleichbare Verzerrung der Affekteabfuhr resultiert aber auch aus «einer vorausgehenden Blockierung oder Verminderung der Abfuhr, die [...] einen Spannungsstau hervorgerufen hat, so daß die normalen Erregungen jetzt ähnlich wie die traumatischen wirken. Diese beiden Arten schließen sich nicht gegenseitig aus.» [Ebd.].

Bei heftigen sozialen Erschütterungen und gewaltigen Erregungen, wie sie soziale Revolutionen und Bürgerkriege darstellen, vor allem aber nach Niederlagen, wie Konterrevolution, Faschismus, Genozid usw., aber auch in Perioden langwährender Versagungen bzw. permanenter und kumulierter Reizüberflutung, auf die zunächst nur passiv und gehemmt reagiert werden kann (Warenüberfluss, Bilderflut) sind Traumatisierungen im Massenmaßstab zu beobachten, in erster Linie auf Seiten der aktiv Handelnden der revolutionären Klassen.

Im 20. Jahrhundert hatten wir es historisch sowohl mit – in diesem Ausmaß und in dieser zeitlichen Dichte ungekannten – sozialen Katastrophen einerseits, mit überwältigender Warenakkumulation und Reizüberflutung andererseits wie mit allen möglichen Bewältigungsversuchen dieser Traumata zu tun: Individuell wie sozial erfolgen sie spontan als Verdrängung, als Betäubungszustände, als Fixierung auf das Geschehene, als verschiedene Arten von Wiederholungszwang («traumatische Neurosen») und in vielerlei Formen von Erregungszuständen. Einerseits werden unerträgliche Verletzungen, verstörende Erinnerungen wie auch alltägliche Versagungen, Zurücksetzungen und Kränkungen verdrängt, um den Alltag bewältigen zu können, andererseits werden mächtige Wünsche (Triebansprüche), die ihnen zugrundeliegenden Bedürfnisse und Leidenschaften durch herrschende gesellschaftliche Instanzen verboten und fallen der Verdrängung ins individuelle und gesellschaftliche Unbewusste anheim, weil sie «zu gefährlich» sind, um in der herrschenden Normalität zur Sprache gebracht zu werden. Zugleich führt der Affektestau zu den Symptomen von Langeweile, Süchten und vielfältigen Ersatzhandlungen. «Das Trauma ist eine Situation, in der die normalen Mittel der Anpassung [an die Realität] versagt haben; es müssen also neue und bessere gefunden werden.» [Fenichel 1997,I: 174].

Kumulierte Traumatisierungen gehen so mit einem krankmachenden «stummen Zwang der ökonomischen Verhältnisse» [MEW23: 765] des herrschenden Alltagslebens einher, der nur deshalb als «ganz normal» und ewig-natürlich gilt, weil er für viele Menschen ihr ganzes Leben lang im Massenmaßstab einer Zivilisation existiert.

Bei einer Freilegung der Traumatisierungen geht es um «Erinnern, Wiederholen und Durcharbeiten» (S. Freud). Wird diese Arbeit entlang historischer Klassenkämpfe unternommen, ist die dialektische Topik[330] hilfreich. Denn die Devise, «früher oder später muß sich die S.I. als Therapeutik definieren» [BE139/SI2: 48], galt der SI sowohl psychoanalytisch als auch geschichtstheoretisch und -praktisch, auch um bestimmten Konditionierungen durch die permanente Ideologie entgegenzuwirken. Wenn man philosophie-historisch unter «Topos»[331] zunächst einen allgemeinen Gesichtspunkt versteht, den man begrifflich-archäologisch wie ein Leitmotiv vorfindet und aufsucht, so lässt sich dieser Begriff revolutionstheoretisch in «eine Kunst des Gedächtnisses» [HW20: 32] von Klassenkämpfen wenden. In diesem Sinne gilt es aus der «Jetztzeit» heraus die «Schauplätze» (Benjamin) der proletarischen Anläufe aufzusuchen, mit dem Argumentationsziel vor Augen, ihre innere Schlüssigkeit am konkreten Fall so darzustellen, dass sie zur Bildung der «Klasse des Bewusstseins» (SI) überzeugend wirken kann. Mit diesem Argumentationsziel vor Augen kann auch die Arbeit der «Anamnese» (S. Freud)[332] durch rationale Versprachlichung und Verbegrifflichung versuchen, die auf der Traumatisierung beruhenden Widerstände (Vergessen, Affekte) zu überwinden. Es gilt hierbei die «Trauerarbeit» (S. Freud) aufzunehmen und den Verdrängungswiderstand aufzuheben, damit durch bewusstes Handeln der Bann der «Wiederkehr des Immergleichen» (Nietzsche u.a.) und der Wiederholungszwänge gebrochen werden kann.

Die Selbstverortung der SI auf der historischen Strecke dieser schmerzhaften Desillusionierungen[333] lässt sich mit der Formulierung in ihrer «Adresse an die Revolutionäre Algeriens und aller Länder» 1965 auf den Punkt bringen: Für die SI «ist es zuerst notwendig, die Niederlage des gesamten revolutionären Projekts *im ersten Drittel unseres Jahrhunderts* in ihrem ganzen Ausmaß und ohne irgendeine

---

330 🖳 Ex.: Dialektische Topik.
331 Griech. «topos, pl. topoi» heißt dt.: Ort, Orte – in der Dialektik «Kategorien», «Gedankenbestimmungen» und «Gesichtspunkte für die Argumentation», die überzeugen können, wenn sie genügend treffend und schlüssig sind, wobei das Ziel des Argumentationsganges klar vor Augen stehen soll. Näheres dazu: Anm167.
332 Anamnesis (griech.): Erinnerung; Schlüsselbegriff der Psychoanalyse, vgl. auch Hegels Terminus «Er-Innerung» [HW3: 548, vgl. 230] und Benjamins Begriff des «Eingedenkens» für die bewusste Form des Erinnerns [Opitz2000: 260f.].
333 Der bekannteste Fall ist das Trauma der SU und ihres Scheiterns. Der Glaube und Opfersinn für «die Große Sozialistische Oktoberrevolution», ihr «realexistierendes» Produkt und ihre ideologische «wissenschaftliche Weltanschauung» hatten im 20. Jahrhundert weitgehend quasi-religiösen Charakter für viele Menschen auf der Welt.

tröstende Illusion zu erkennen, sowie ebenso seine offizielle Ersetzung, in jeder Region der Welt wie auch in allen Bereichen, durch
einen verlogenen Schund, der die alte Ordnung nur verdeckt und
ausstattet. Die Herrschaft des bürokratischen Staatskapitalismus
über die Arbeiter ist das Gegenteil vom Sozialismus: Dieser Wahrheit
hat der Trotzkismus nie ins Gesicht blicken wollen. Sozialismus gibt
es nur dort, wo die Arbeiter selbst unmittelbar die gesamte Gesellschaft verwalten; es gibt ihn weder in Russland noch in China noch
anderswo. Die russische und die chinesische Revolution wurden von
innen besiegt. Sie sind heute für das westliche Proletariat und die
Völker der Dritten Welt ein falsches Modell, da sie in Wirklichkeit die
Macht des bürgerlichen Kapitalismus, des Imperialismus ausbalan-
cieren.» [BE: 186/SI2: 191].

Der Demoralisierung und Betäubung durch die Niederlagen der
proletarischen revolutionären Anläufe hielt die SI unbeirrbar die
psychoanalytische Erkenntnis entgegen, dass im Verdrängen die
Wiederkehr des Verdrängten schon vorprogrammiert sei. Die SI
betont für die historische Bewusstmachung in der Arbeit des
Erinnerns die Klärung der Fronten zwischen Repräsentation auf der
einen, der offiziellen Seite und den Kräften der Begierden innerhalb
der Massenrevolution auf der anderen Seite, die in den Untergrund,
in die Subversion gedrängt und für lange Zeit verdrängt worden
sind. So gibt sie sich selbst folgendes Programm vor: «Man muß
die klassische Arbeiterbewegung wieder illusionslos studieren lernen, und vor allem klaren Kopf bewahren gegenüber den verschiedenen Arten der politischen und pseudo-theoretischen Erben,
denn diese haben nur ihre Fehlschläge geerbt. Die augenscheinlichen Erfolge dieser Bewegung sind ihre fundamentalen Fehlschläge (der Reformismus oder die Errichtung einer staatlichen Bürokratie), und ihre Fehlschläge (die Pariser Commune oder die Revolte
in Asturien) sind bisher ihre aufschlußreichsten Erfolge für uns und
für die Zukunft.» [BE: 115/SI1: 263]. Die SI versuchte in ihren
historischen Analysen immer wieder zu erklären, wie und warum
es zu einer Repräsentation der Arbeiterklasse kommen konnte.
«Repräsentation» als genereller Begriff für Fremdbestimmung beinhaltet zum einen die Unmöglichkeit der Selbstbestimmung frei
assoziierter ProduzentInnen, und zwar in doppelter, wechselwir-
kender Hinsicht: unentwickelte gesellschaftliche Produktivkräfte
machen ein freies Zusammenwirken der Subjekte unmöglich, und
ProduzentInnen, die sich nicht hinreichend als freie Subjekte zum
«Werk der Arbeiterklasse selber» assoziieren können, lassen ein
Bild, eine Repräsentation ihrer Gesellschaftlichkeit zu ihrer «Führung» werden, zum Subjekt einzelner Objekte. Zum anderen ver-

wendet die SI den Begriff «Repräsentation» für die spektakulären Bilder, die sich gegen revolutionäre Prozesse wenden, indem sie passiven Konsum von Revolutionsbildern fördern und damit das revolutionäre Begehren in die bloße Kontemplation verdrängen.

Zutiefst war die SI von der Einsicht geprägt, dass das revolutionäre Proletariat nicht fremdbestimmt sein dürfe und dass es die Entfremdungen und Trennungen der hierarchischen Klassengesellschaft schon in seinen Kampf- und Organisationsformen im Ansatz aufzuheben versuchen müsse. Dass die Proletarisierten dies auch können, habe sich in den historischen Kämpfen, in vielen Gesten und einzelnen Äußerungsformen immer wieder gezeigt. Dabei stelle die vom revolutionären Proletariat selbst entdeckte und in den historischen Kämpfen immer wieder auftauchende Organisierungsform, die der *Räte*, die adäquateste Form für die Äußerung der Begierden dar. Der Wirkungsgrad dieser *aus der Geschichte selbst* hervortretenden maximalistischen Kritik gibt für die SI das Kriterium für die Revolutionsversuche des 20. Jahrhunderts ab.

Allerdings war die SI ausgesprochen westeuropa-lastig, so dass sich global gesehen schon deshalb viele Auslassungen und eine große Distanz objektiv ergeben müssen.[334] Aber auch subjektiv wurde eine vorsichtige Distanziertheit bewusst eingehalten: Die SI wollte auf keinen Fall in regionale so genannte Befreiungsbewegungen hineingezogen werden. Sie hat im weltrevolutionären Zusammenhang bewusst erst einmal auf dem Posten der «Praxis der Theorie» Stellung bezogen. Die Skepsis gegenüber einer unmittelbaren «Solidarisierung», wie sie damals in der Linken v.a. Westeuropas in den 1960er Jahren Mode war, bezog sich auf *bloße* «Kofferträger»-Dienste für Befreiungsbewegungen, bei denen es sich um Keimformen künftiger Staaten handelte (FLN Algerien, FNL Südvietnam). [Vgl. z.B. BE: 205ff./SI2: 258ff.].

Analog zur «Abstinenz», die die Psychoanalyse den AnalytikerInnen während der therapeutischen Arbeit auferlegt, versagte sich die SI eben jene Pseudopraxis «der gemeinsamen Aktion revolutio-

---

334 Obwohl sie z.B. nominell eine Sektion in den USA hatte, war ihre tatsächliche Präsenz dort doch mehr symbolisch, auf gezielte Publikationen beschränkt, und so konnte sie nicht umhin, einen allenfalls äußerlichen Blick auf dortige Bewegungen zu richten. Erst recht gilt dies für die Bewegungen in Lateinamerika, Afrika (südlich der Sahara), weite Teile Asiens usw. Auch wo unmittelbare Präsenz, wie im Falle des Sinologen René Viénet und seiner Arbeit in China oder einiger KünstlerInnen in den USA, teilweise gegeben war, ergab sich daraus eine Eigentümlichkeit ihrer Stellungnahmen – trotz punktueller außerordentlicher Treffsicherheit der Einschätzungen –, die eine große Fremdheit verrieten. 🖳 Ex.: Revolution in China und Maoismus: Die «Kulturrevolution» als Explosionspunkt.

närer Trümmerhaufen» [GdS§220], den «abstrakte(n) Wille(n) zur sofortigen Wirksamkeit [...], den ausschließlichen Gesichtspunkt der *Aktualität*.» [Ebd.]. Dies führt jedoch zugleich dazu, die Spannung des *savoir attendre* auszuhalten, die in der «Suche nach der kritischen Wahrheit» kämpfen muss, so sie «auch eine wahre Kritik sein» will. [Ebd.]. Die Stärke dieser auf den ersten Blick auf viele Linke arrogant wirkenden Position der SI besteht gerade darin, strategische Interventionen der Kritik punktuell dort anzusetzen, wo die proletarische Kritik in Taten wieder beginnt, sich mit revolutionären Gesten bemerkbar zu machen. «Sie muß praktisch unter den unversöhnlichen Feinden des Spektakels kämpfen und gelten lassen, dort abwesend zu sein, wo diese abwesend sind.» [Ebd.]. Das bedeutet erstens die Vermeidung von Stellvertretungspolitik und zweitens, wie die SI zum Getto-Aufstand 1965 in Watts (Los Angeles) sagte, «nicht nur den Aufständischen [...] Recht zu geben, sondern auch dazu beizutragen, *ihnen Gründe zu geben*, die Wahrheit theoretisch zu erklären, deren Suche sich hier durch die praktische Aktion ausdrückt». [BE: 174/SI2: 145]. Drittens können damit Impulse für die neue revolutionäre Strömung gegeben werden, die durch Versprachlichung «die gegenwärtigen Experimente der Proteste und die Menschen, die sie tragen, miteinander in Verbindung zu setzen» versucht. [BE: 188/SI2: 193]. Denn «die kommenden Revolutionen stehen vor der schweren Aufgabe, sich selbst zu verstehen. Sie müssen ihre eigene Sprache völlig neu erfinden und sich gegen alle Rekuperationsversuche verteidigen, die man für sie vorbereitet.» [Ebd.]. Viertens bedeutet diese Arbeit, der *Historizität* gegenüber der bloßen *Aktualität* Geltung zu verschaffen. Denn die revolutionäre Kritik kommt nicht umhin, sich mit den Problemen der Vergangenheit zu beschäftigen, da diese in der Gegenwart in ähnlicher Form immer wieder auftauchen, solange sie nicht gelöst sind, d.h. solange die kapitalistische Gesellschaft nicht überwunden ist [vgl. ebd.]. Deshalb ist die Überwindung der Traumatisierungen durch ein Aufspüren der Topoi bedingt, welche die entscheidenden Niederlagen, aber auch für die überschießenden oder unabgegoltenen Momente der Klassenkämpfe bisher bezeichnen.

So muss auch unsere Auswahl der folgenden geschichtlichen Schauplätze sich mit dem Anspruch bescheiden, eine exemplarische Skizze der geschichtsanalytischen Vorgehensweise der SI zu versuchen, nicht etwa eine enzyklopädisch vollständige Katalogisierung.[335]

---

335 Diese Skizzen fallen in der Printfassung noch rudimentärer aus, als es der Komplexität der jeweils besonderen Schauplätze, Klassenkampfbe-

4.1 Räte-Revolution und «Sowjetmacht»[336]

Trauma: «Revolution wird Konterrevolution»
Topos: «Unreife oder Reife?»

*T*raumatisch prägend waren die Erfahrungen ab 1917, wie sie – im Vorfeld der SI – vor allem communistische Kritiker der Entwicklung in der Sowjetunion zusammengefasst haben: [337] Die Überwältigung des Selbstkonstituierungsprozesses des Proletariats durch «die Partei des Proletariats», die ihm angeblich fertig gegenüberstand, das Umschlagen einer Organisation der Revolution in eine Organisation der Konterrevolution, die Durchsetzung einer global lähmenden und verfälschenden «Systemalternative», einer eigentümlich verblendenden bürgerlichen *Lüge*.[338] Durch die bolshevikische Repräsentationslogik erstarrte die Revolution zu «revolutionärer Ideologie»: so entstand das verkehrte, falsche Bewusstsein der marxistischen Orthodoxie («Rechtgläubigkeit») und die spätere Manipulationsdoktrin des «Marxismus-Leninismus».[339] Diese aus der Verkehrung der proletarischen Revolution in die stalinistische Konterrevolution hervorgegangenen Wesenszüge des Spektakels führen in der SI-Analyse zur Bestimmung des «konzentrierten Spektakels».[340]

Als Topos finden wir das Problem des Übergangs einer archaischen Bauernbevölkerung in eine communistische Moderne: [341] die Frage von Form und Inhalt einer proletarischen Revolution mit

---

dingungen und den besonderen historischen Konstellationen gerecht werden kann; siehe auch Anm168. Weitere Exkurse, z.B. zu Israel, China und Japan finden sich auf der Website www.theorie.org.
⌨ Ex.: «Herausforderung Israel»; ⌨ Ex.: Revolution in China und Maoismus: Die «Kulturrevolution» als Explosionspunkt; ⌨ Ex.: Japan.

336 Ausführlicher: ⌨ Ex.: Räte-Revolution und «Sowjetmacht»: die russische Revolution und was daraus wurde.
337 Köpfe wie Boris Souvarine, Victor Serge, Maximilien Rubel
338 Die SI gebraucht den Begriff «Lüge» im Sinne von schriller Inkohärenz und performativen Widersprüchen (vgl. Fußnote 224). So charakterisiert Debord auch den Stalinismus als «die gesellschaftliche Organisation der absoluten Lüge» [GdS§106, vgl. auch §§105,107,108].
339 Anm169.
340 Zum Begriff «Konzentriertes Spektakel»: vgl. 3.3.3.
341 Das Problem der «halbasiatischen» Produktionsweise in Russland mit seinen bedeutenden Resten von ursprünglicher Bauern-Kommune (Mir, Obshtshina) an der Basis und seiner zaristischen Autokratie («asiatische Despotie») als staatlichem und sozialpsychologisch übergreifendem «Überbau», der die ganze rückständig-lose verbundene Gesellschaft zusammenhält, hatte schon Marx intensiv beschäftigt, der den russischen RevolutionärInnen zur Vermeidung des westeuropäischen, kapitalistischen Weges beim Übergang in eine communistische Gesellschaft geraten hatte [vgl. MEW19: 242f.,384ff.]. Siehe Anm170.

nachholenden demokratischen Aufgaben, ob als Rätemacht für den direkten Übergang zum Communismus oder als jakobinistischer[342] «Staatskapitalismus». Das Proletariat entdeckte in seiner ersten russischen Revolution gegen den Zarismus 1905 eine Form der Selbstorganisierung, die für die SI im 20. Jahrhundert die proletarische «Nordwestpassage der Revolution» [SI2: 35] eröffnete: die «Erfindung der Räte», der Sowjets. [Vgl. GdS§§90,118]. Auch Bauernsowjets entstanden und begannen teilweise mit der Wiederaneignung des Gemeindelandes. In den zwei nächsten russischen Revolutionsvorstößen 1917 – nacheinander gegen Zarismus und bürgerliche Regierung aus dem Ersten Weltkrieg heraus – konnte erstmals in einem großen Land die weitgehende Macht dieser Räte erkämpft werden. Dabei bildete die von Lenin, Stalin, Trotzki u.a. geführte KP (Bolsheviki) einerseits die Speerspitze der Rätemacht («Alle Macht den Sowjets!») für die Eroberung der aus dem zaristischen Apparat hervorgegangenen zentralisierten Staatsmacht; andererseits machte sie als neuer Inhaber dieses Apparats alsbald eine Wendung gegen die Sowjets, die unter dem Vorwand des Überlebens im Bürgerkrieg gegen die offene Konterrevolution sehr bald zu bloßen Hülsen und «Transmissionsriemen» der ausschließlich herrschenden Partei der Bolsheviki gemacht wurden. [Vgl. Brinton1976.]

Offen niedergeworfen wurden die Sowjets 1921 durch das Massaker der Roten Armee am Kronstädter Sowjet, hatte sich dieser doch an die Spitze der Forderung nach einer «Dritten Revolution» in der gesamten Sowjetunion gestellt: für die Errichtung der wirklichen Macht der Sowjets «ohne Parteiherrschaft».[343] Mit dieser Wende zur offenen Konterrevolution der parteikommunistischen *Repräsentation* des Proletariats im Namen des Proletariats gegen das Proletariat und seine revolutionäre Selbstorganisation begann auch «der (un)aufhaltsame Aufstieg» Stalins und bis in die 1930er Jahre der totale Ausbau des Stalinismus, jener bürokratischen Heranzüchtung einer neuen herrschenden Klasse (System der «Kader-Akten» und nur an den Führer gebundene Geheimpolizei als Kern ihres Staats).

---

342 Jakobiner waren der linke, radikale bürgerliche Flügel der französischen Revolution 1789-1794. Die Fraktion um Robespierre (1758-1794) führte die plebejische «Schreckensherrschaft» 1793-1794 und den Krieg zur Rettung der bürgerlichen Republik und Revolution. Sie wurde im «Thermidor» (Sommer 1794) gestürzt. Lenin bezeichnete die Bolsheviki als «die Jakobiner *mit* dem Volk». Zur Niederschlagung des Kronstädter Sowjets überliefert Victor Serge die Äußerung von Lenin: «Das ist der Thermidor. Aber wir machen ihn selbst, diesen Thermidor!» [Vgl. Serge1974,S.150].
343 Anm171.

Die SI stellte angesichts dieses Syndroms fest: «die revolutionäre Bürokratie, die das Proletariat führte, gab, indem sie sich des Staats bemächtigte, der Gesellschaft eine neue Klassenherrschaft». [GdS§103]. Damit hatte sich ein Doppelgesicht der «permanenten Revolution», deren Verlauf in Russland so unklar war, nämlich eine autonom proletarisch-bäuerliche und eine bürokratisch-bürgerliche Organisationsform für einen Weg zum «Sozialismus» herausgestellt. Die letztere, verkörpert durch die Partei der Bolsheviki, wurde von der SI als eine nur konsequente Anwendung des «orthodoxen Marxismus» von Kautsky (SPD, als Doktrin herausgebildet gegen Ende des 19.Jahrhunderts) unter den russischen Bedingungen bezeichnet. [Vgl. GdS§98]. Dieser besagte, das Proletariat könne nicht aus eigener Kraft aufs Niveau des klassenbewussten theoretischen und umfassend politischen revolutionären Kampfes gelangen, sondern müsse «von außen», vornehmlich durch Intellektuelle aus den Reihen des Bürgertums, erst dazu geschult und erzogen werden.[344] Die sich aus dieser «Anwendung» ergebenden Konsequenzen fasste Debord nüchtern zusammen: «Die Inbesitznahme des staatlichen Monopols der Repräsentation und der Verteidigung der Macht der Arbeiter, die die bolshevikische Partei rechtfertigte, ließ dieselbe *zu dem werden, was sie war: die Partei der Eigentümer des Proletariats,* die die vorherigen Formen des Eigentums im wesentlichen beseitigte.» [GdS§102]. Die SI bestimmte die Frage des Klassencharakters der Sowjetunion, ihrer Parteiherrschaft und Bürokratie als historische «Einführung dieses unbekannten Faktors: der Klassengewalt der Bürokratie.» [GdS§103].

In dieser historischen Konstellation waren die Sowjets der ersten Stunde überfordert. Nur ihre eigene theoretische, strategische und organisatorische bis militärische Überlegenheit hätte die bolshevikische «Bürokratie, die als einzige Eigentümerin eines Staatskapitalismus übriggeblieben war» [GdS1978§104], verhindern können, wenn die Sowjets im selben Zuge die ersten bolshevikischen Organisierungsleistungen selber verteidigt und weitergeführt hätten: das Ausbrechen aus dem imperialistischen Weltkrieg, die Übergabe des Agrarlandes an die Bauern und der Produktionsanlagen an die ArbeiterInnen, die gesellschaftliche Organisierung der Grundversorgung sowie die Abwehr der Konterrevolution. Diese Praxis existierte ohnehin schon in gewaltigen regionalen und lokalen Ansätzen, wie beispielsweise in der Makhno-Bewegung[345] und

344 Lenin gab diese Doktrin schon in «Was tun?» 1902 getreu wieder. [LW5: 395,467].
345 Anm172.

anderen revolutionären Massenaufständen von 1918 bis Anfang der 1920er Jahre – nur eben anarchistisch-bäuerlich zersplittert, idealistisch-abstrakt[346] und gesamtgesellschaftlich nicht hinreichend koordiniert. [Vgl. GdS§92]. Gerade weil sie diese Schwäche zu überwinden begann, war die vom Kronstadt-Sowjet ausgehende Bewegung für das prekäre Regime der Bolsheviki so gefährlich.[347]

Die Hauptbedingung dafür, dass die Revolution in Russland weitergehen konnte oder ob sie fehlschlug, war allerdings keiner gesellschaftlichen Kraft vor Ort in die Hände gegeben, auch der zentralisierten Staatsmacht der Bolsheviki nicht. Sie selbst hatten doch 1917 einzig darauf gesetzt, dass «die russische Revolution das Signal für die Revolution im Westen» würde, «so daß beide einander ergänzen», wie Marx und Engels 1882 perspektivisch eine solche Möglichkeit aufgewiesen hatten. [MEW4: 576]. Alle hatten sie dabei das Proletariat in Deutschland im Auge gehabt. Aufgrund der konterrevolutionären Rolle Deutschlands trat nun die Situation für die Revolutionäre in Russland ein, vor der schon Marx gewarnt hatte: «Die Revolution könnte früher kommen als uns erwünscht. Nichts schlimmer, als wenn die Revolutionäre für Brot sorgen sollen.»[348] Das Kriterium von «Reife» oder «Unreife» der revolutionären Klassen wurde also in letzter Instanz vom Organisationsgrad ihres transnationalen Zusammenwirkens zum Sturz der herrschenden Klasse in ganz Europa entschieden. In der diesbezüglichen Unzulänglichkeit eines *internationalistisch* sich begreifenden Proletariats *insgesamt* (außer seinen isoliert bleibenden Segmenten in Norditalien, als ungarische Räterepublik, deutscher Spartacus-Aufstand und Münchener Räterepublik) lag der russische Rückschlag in die neuartige, «innere» und «rote» Konterrevolution begründet: das zweite Trauma des «Modells» der russischen Revolution. Die stalinistische Konterrevolution, die sich als «Aufbau des Sozialismus in *einem* Lande» verkaufte, fasst die situationistische Analyse so zusammen: «die bürokratische Gesellschaft mußte ihre eigene Vollendung mit Hilfe des Terrors über die Bauernschaft fortführen, um die brutalste ur-

---

346 «Idealistisch-abstrakt» meint die typisch anarchistische «Freiheits-» Vorstellung, keinesweg den pragmatischen Heroismus jener Massenbewegungen. Beides wird in dem Klassiker des Anarchisten Volin «Die andere Revolution» eindrucksvoll veranschaulicht. «Die Anarchisten *haben ein Ideal zu verwirklichen.*» [GdS§92]. Die Abstraktheit besteht darin, dass vom konkreten Wechselspiel des «frei *von* etwas zu sein» und «frei *zu* etwas zu sein» abgesehen wird, dagegen von «der Freiheit» in starr substantivierter Form gesprochen wird. Vgl. Anm133, sowie ⌨ Ex.: Die situationistische Anarchismuskritik.
347 Anm173.
348 Marx: Brief an Engels 19.8.1852.

sprüngliche kapitalistische Akkumulation der Geschichte durchzuführen. Diese Industrialisierung der stalinistischen Epoche enthüllt die letzte Realität der Bürokratie: sie ist die Fortsetzung der Macht der Ökonomie, die Rettung des Wesentlichen der Warengesellschaft durch die Aufrechterhaltung der Arbeit[skraft] als Ware. [...] Die totalitäre Bürokratie ist [...] lediglich eine *Ersatz-Herrschende-Klasse* für die Warenwirtschaft.» [GdS §104].[349]

Das ökonomisch und ideell auf der ganzen Linie vorgezeichnete Scheitern der SU als Konkurrentin im Rahmen des Weltkapitalismus wurde von der SI schon um 1960 prognostiziert, nicht aufgrund der «Unreife», sondern aufgrund der zurückgestauten Bedürfnisentwicklung und ihrer absehbaren Explosion sowie der gewaltigen Desillusionierung der Proletarisierten im ganzen von der SU beherrschten «Block»: Dessen Risse, wie die Bewegung von unten in der Tschechoslowakei 1968 und Polen 1970, gaben der SI-Einschätzung von einer Konvergenz der proletarischen Auflehnung gegen den westlichen wie gegen den bürokratischen Kapitalismus recht.[350] Die Traumatisierung durch die lähmende, deprimierende Ära der sogenannten realsozialistischen, «totalitären» (SI), sprich: *konzentriert*-spektakulären Warenproduktion war nachhaltig genug, um für den Rest des 20. Jahrhunderts die dort Proletarisierten am «alternativen» Bilde des «prosperierenden» westlichen Kapitalismus, des diffusen Spektakels, kleben zu lassen. Diese Scheinperspektive versuchte die SI als genau das Moment der «Unreife» begreiflich zu machen. Den Reifegrad sah sie dagegen in den subversiven Praxisformen kollektiver Auflehnung gegeben, wie in der Tschechoslowakei 1968 [vgl. BE: 284ff./SI2: 365ff.]. Sowohl die stalinistische Macht als auch trotzkistische und maoistische Scheinalternativen kritisierte die SI mit dem historischen Scharfmachen der ursprünglichen Räte-, der Sowjet-Revolution, deren Wiederaufnahme in Ungarn 1956 sie als Beweis für die Unabgegoltenheit und wirkliche Reife der proletarischen Selbstorganisierung begriff.

Die SI machte deutlich, dass das Kriterium der «Unreife» in Bezug auf isoliert gedachte Weltregionen nicht greifen kann. Die

---

349 Die komplizierte Eigentumsform und Herrschaftsform der SU in der SI-Analyse wird im Einzelnen dargestellt im: 🖳 Ex.: Räte-Revolution und «Sowjetmacht»: die russische Revolution und was daraus wurde.

350 Auf die «Ableger» des Stalinismus in Gestalt des Regimes «sowjetischen Typs» vor allem in Osteuropa können wir hier nicht eingehen, sondern weisen auf die SI-Einschätzungen solcher Gesellschaftsformen, wie vor allem aus Anlass des «Prager Frühlings» und seiner Niederschlagung 1968 in der hochindustrialisierten Tschechoslowakei, auf der Website hin. 🖳 Ex.: Räte-Revolution und «Sowjetmacht»: die russische Revolution und was daraus wurde.

Koordination revolutionärer Bewegungen darf nicht die Ungleichmäßigkeit kapitalistischer Entwicklung in ihrem Inneren reproduzieren. Darum definierte die SI sich gerade nicht als «die Partei», sondern als eine Internationale, weil sie von vornherein auf die Vorbereitung transnationaler Kommunikation und Kombination der Revolutionäre zwecks rechtzeitiger koordinierter «Konstruktion von Situationen» setzte, und zugleich verwarf sie jegliche Option, auf Staatsapparate zu setzen: «Das Proletariat kann seinerseits die Macht sein, aber nur, wenn es zur *Klasse des Bewusstseins* wird. Das Reifen der Produktivkräfte kann eine solche Macht nicht garantieren, und dies auch nicht auf dem Umweg der gesteigerten Enteignung,[351] die dieses Reifen begleitet. Die jakobinische Eroberung des Staates kann nicht das Instrument des Proletariats sein.» [GdS1978§88].

Der Trotzkismus verdiente in den Augen der SI besondere kritische Würdigung [vgl. GdS§112, BE: 284ff./SI2: 365ff. u. WuS: 11]. Auch er galt ihr nicht als Alternative zum Stalinismus. Denn bei jeder trotzkistischen Gruppe bleibt unterm Strich die Vision einer staatsmonopolistischen, weil parteigeleiteten Diktatur *übers* Proletariat bestehen, also die Selbstidentifikation mit der kollektivbürgerlichen Klassenherrschaft einer Bürokratie, auch wenn die SU von einigen trotzkistischen Gruppen immerhin als lediglich «staatskapitalistisch» wahrgenommen wird oder es verschiedentlich trotzkistische Vorstellungen von der Diktatur des Proletariats als einem «Mehrparteiensystem» gab, was für die SI lediglich eine Regression von der ungeteilten Macht der Arbeiterräte auf eine Art Parlamentarismus «der» Partei(en) zuliebe darstellte.

Das maoistische China[352] als andere Scheinalternative zum Modell der SU zeigte der SI das historische Beispiel par excellence einer bürokratischen Wirtschaftsform, einer staatskapitalistischen Akkumulation, die sich als Sozialismus ausgibt, in einem – gemessen am Weltmarktstandard – extrem «unterentwickelten» Land. [Vgl. GdS§113]. Die SI hat sich ausführlich in der Analyse der «Großen Proletarischen Kulturrevolution», die 1965 begann und 1969 abgeschlossen war, mit diesem «Explosionspunkt der Ideologie in China» [BE: 196ff./SI2: 247ff.]. beschäftigt. Für sie stellte diese staatlich inszenierte Pseudorevolution eines Stalinismus «von oben und unten» die Kulmination des konzentrierten Spektakulären dar.[353] Besonders hier ist die notwendige Distanz der SI gegen-

---

351 Damit ist die Zentralisation, Konzentration und das Staatsmonopol der gesellschaftlichen Produktions- und Zirkulationsmittel gemeint.
352 Anm174 und 💻 Ex.: Revolution in China und Maoismus: die «Kulturrevolution» als Explosionspunkt.

über der zunächst fast unentwirrbaren Konfusion der wirklichen Klassenkämpfe unübersehbar.

4.2 Revolutionskrieg Spanien 1936[354]

Trauma: «Naivität und Verrat»
Topos: «Maximalismus»

*E*ines der schmerzhaftesten Traumata für den proletarischen revolutionären Konstituierungsprozess im 20. Jahrhundert war das Abwürgen der so vielversprechenden Revolution in Spanien, nicht allein durch die Faschisten und ihre Schutzmächte NS-Deutschland, Mussolini-Italien – sowie ermöglicht durch Volksfront-Frankreich und die anderen bürgerlichen Demokratien –, sondern entscheidend zugleich durch die StalinistInnen,[355] aber auch durch RegierungsanarchistInnen. Dieses Trauma desillusionierte, aber verbitterte auch eine ganze Generation von RevolutionärInnen, die in den Milizen und den «Interbrigaden» bis zum letzten gegen den Faschismus gekämpft hatten.[356] Zum ersten Mal in diesem Jahrhundert trat den revolutionären Kräften eine «Heilige Allianz»[357] von Faschismus, Stalinismus und bürgerlicher Demokratie in unvermutetem Zusammenwirken entgegen. Mit diesem vereinten Sieg der äußeren wie der «inneren Feinde» der proletarischen Revolution war für die SI rückblickend «der Ansturm der ersten Arbeiterbewegung gegen die gesamte Organisation der alten Welt» für lange Zeit zu Ende [BE: 115/SI1: 263]; «die proletarische Revolution hat einen schlechten Anfang gehabt» (SI). Sie ist seitdem in den Untergrund, in die Auflösung, Subversion und ins Vergessen (Amnesie) verdrängt, weil das Eingeständnis des Ausmaßes dieser Niederlage zu schmerzhaft ist.

Die SI sieht jedoch in den Niederlagen die Siege der Möglichkeit nach angelegt und in der Wirklichkeit bereits aufscheinen: die Züge

---

353 1967 brachte die SI in ihrer Zeitschrift ein Foto mit dem Titel «Porträt der Entfremdung», auf dem zu sehen ist, wie Tausende von Chinesen in einem Stadion sich zu einem Bild Maos formiert haben. [Vgl. BE: 199/SI2: 249]. Mao hatte selbst geschwärmt: «Die Volksmassen sind ein weißes Blatt Papier, auf das man die schönsten Gedichte schreiben kann.»

354 ⌨ Ex.: Die Revolution in Spanien 1936-1939.

355 Dies geschah im Zusammenwirken der Sowjetunion mit der Komintern und der spanischen KP.

356 Anm I 75.

357 Die «Heilige Allianz» meint schon in der Ära Marx: «Alle Mächte des alten Europa haben sich zu einer heiligen Hetzjagd gegen dies Gespenst [des Communismus] verbündet, der Papst und der Zar, Metternich und Guizot, französische Radikale und deutsche Polizisten.» [MEW4: 461].

authentischer Massenemanzipation. Diese brachen in den ersten Monaten 1936 schlagartig durch und prägten die autonome Kampfmoral und den Opfermut im Revolutionskrieg der Arbeiter- und Bauernbevölkerung nachhaltig.[358] Trotz der unzulänglichen Selbstorganisierung und der revolutionären Naivität hoben sie die Qualität der gesellschaftlichen Umwälzung auf ein in Europa seither nie mehr gesehenes Niveau. Als tief wirkender Eindruck ist diese Qualität literarisch von allen Seiten geschildert worden.

Die verdrängten Begierden des revolutionären Proletariats der spanischen Revolution sah die SI dreißig Jahre später in der Dauer und der Zähigkeit des erneuten Streiks in Asturien um 1963 wiederkehren: So wie schon beim legendären Streik 1934 sei «die Ablehnung des Lebens, so wie es organisiert wird, [...] charakteristisch [...] auch für die asturischen Bergleute, deren Streik seit zwei Jahren nie wirklich aufgehört hat». [SI2: 108]. Nachdem dieser Streik zwei Jahre später noch immer nicht hatte abgewürgt werden können, wagte die SI sogar zu prognostizieren: «Der Streik der asturischen Bergleute [...] und alle übrigen Anzeichen, die das Ende des Franco-Regimes ankündigen, stellen Spanien vor keine unentrinnbare Zukunft, sondern vor eine Wahl: entweder die Heilige Allianz, die gegenwärtig die spanische Kirche, die Monarchisten, die ‹Linksfalangisten› und die Stalinisten vorbereiten mit dem Ziel, Spanien schmerzlos dem modernisierten Kapitalismus, dem gemeinsamen Markt anzupassen, oder das Wiederaufgreifen und die Erfüllung der radikalsten Wesenszüge der von Franco und seinen Komplizen jeder Art besiegten Revolution: 1936 wurden in Barcelona einige Wochen lang die menschlichen Beziehungen des Sozialismus verwirklicht.» [SI2: 193].

Zutiefst war die SI von den im spanischen Bürgerkrieg entstandenen Einsichten geprägt, dass erstens das Proletariat und die RevolutionärInnen jederzeit autonome «Unkontrollierbare»[359] sein müssen. Zweitens ist es möglich und die Situation im 20. Jahrhundert allemal «reif» genug, damit zu beginnen, zugleich die Entfremdungen und Trennungen der hierarchischen Klassengesellschaft in den Kampf- und Organisationsformen und gegen die gesellschaftliche Hierarchie an Ort und Stelle aufzuheben und aufzubrechen.[360] Dafür können und müssen die RevolutionärInnen

---

358 Anm176.
359 1937 gab es «Von einem *Unkontrollierten* der Eisenkolonne» den als anonyme Flugschrift verbreiteten «Einspruch gegen die Kapitulation von 1937 vor den Libertären der Gegenwart und der Zukunft» [Koord.1981: 124] als anonyme Stimme der «Unkontrollierbaren», welche sich der Regierung und ihren anarchistischen Anhängseln nicht unterwarfen.

– drittens – im Kampfgeschehen hierfür notwendige Fähigkeiten entwickeln.[361]

Sobald die RevolutionärInnen aber ihr Schicksal und die Leitung ihres Kampfes der Repräsentation der KP, der CNT/FAI[362] oder anderen Organisationen auslieferten, wären sie – so die SI – verraten und verkauft. Noch 1980, in einem von Guy Debord anonym verfassten Aufruf [vgl. Koord1981: 9-23], wird diese teuer bezahlte historische Einsicht gegen die anarchistische Bürokratie zur Geltung gebracht.

Ebenso grausam-gründlich wie mit dem «marxistisch-leninistischen» Staatssozialismus, diesem Bourgeoisiesozialismus [MEW4: 488f.] geht die SI mit dem historischen Anarchismus ins Gericht:[363] «Der Anarchismus hat 1936 wirklich eine soziale Revolution und den fortgeschrittensten Entwurf einer proletarischen Gewalt geleitet, den es jemals gegeben hat. [...] Indem diese Revolution in den ersten Tagen nicht vollendet worden war, nämlich aufgrund der Existenz einer francistischen Macht in der Hälfte des Landes, die stark vom Ausland unterstützt wurde, während die restliche internationale proletarische Bewegung bereits besiegt war, und aufgrund des Fortbestandes bürgerlicher Kräfte oder anderer staatssozialistischer Arbeiterparteien im Lager der Republik, zeigte sich andererseits die organisierte Anarchistenbewegung unfähig, die halben Siege der Revolution auszudehnen oder selbst zu verteidigen. Ihre anerkannten Chefs wurden Minister und Geiseln des bürgerlichen Staates, der die Revolution zerschlug, um den Bürgerkrieg zu verlieren.» [GdS§94].

Um die Selbsttätigkeit des revolutionären Proletariats zur Geltung zu bringen, muss jegliche idealistische Abstraktheit und ideologische Hülle, mag dies auch noch so schmerzhaft sein, «abgehäutet» (Marx) werden. Bitter fasst die SI dies in einer revolutionsgeschichtlichen Auswertung 1969 zusammen: «Nachdem es also am 1. Mai 1936 – d.h. zwei Monate vor der revolutionären Explosion – vom CNT-Kongress in Saragossa gebilligt worden war, ist eines der schönsten Programme, das je durch eine vergangene revolutionäre Organisation aufgestellt wurde, teilweise von den anarcho-syndikalistischen Massen durchgeführt worden, während ihre Führer in Ministerialismus und Klassenkollaboration versanken.

---

360 Anm177.

361 Anm178.

362 Confederación Nacional del Trabajo (CNT): anarcho-syndikalistische Arbeiterkonföderation. Federación Anarquista Ibérica (FAI): das verdeckte Führungsgremium der CNT als anarchistische Geheimorganisation i.S.v. «unsichtbare Piloten» (Bakunin) [zit. n. GdS§91].

363 🔲 Ex.: Die situationistische Kritik des Anarchismus.

[...] In seiner letzten historischen Schlacht musste der Anarchismus zusehen, wie die gesamte ideologische Suppe, die sein Wesen ausmachte – ‹Staatlichkeit› , ‹Freiheit› , ‹Individuum› und sonstiges ausgelaugtes, großgeschriebenes Gewürz – ihm aufs Maul zurückfiel, während die libertären Arbeiter und Bauern seine Ehre retteten. Sie leisteten den größten praktischen Beitrag zur internationalen proletarischen Bewegung, indem sie die Kirchen in Brand steckten, an allen Fronten die Bourgeoisie, den Faschismus und den Stalinismus bekämpften und anfingen, die communistische Gesellschaft zu verwirklichen.» [SI2: 404f.].[364]

4.3 «Befreiungsbewegungen im Trikont»[365]

Traumata: «Vergeblichkeit und Ohnmacht»
Topos: «Unterentwicklung der revolutionären Theorie»

Nicht das «polit-ökonomische» Zurückgebliebensein in der ohnehin vom Kapital ungleichmäßig subsumierten Welt war für die SI das eigentliche Problem des Trikont.[366] Vielmehr sieht die SI in den Ideologien der verschiedensten nationalen und deshalb auch pseudosozialistischen Varianten eine Fessel der weltweit auf Communismus hin drängenden Bewegung. Innerhalb der sogenannten Befreiungsbewegungen dominieren, belasten und desorientieren die traditionellen wie bürgerlichen Verhaltensweisen und Vorstellungen (wie z.B. sehr stark der Islam) den revolutionären Konstituierungsprozess des Weltproletariats. Sie halten die revolutionären Elemente in totaler Zersplitterung und Selbstillusion gefangen, so die SI: «Die Zeit, die die bürokratische Lüge zusammen mit der permanenten bürgerlichen Lüge gewinnen konnte, war für die Revolution verlorene Zeit. [...] Überall soziale Auseinandersetzungen, aber nirgends ist die alte Ordnung in der Mitte jener Kräfte, die sie bekämpfen, eliminiert worden. [...] Überall Revolutionäre, aber nirgends die Revolution.» [BE: 183/SI2: 188].

---

364 Anm179.
365 Grundsätzlich hierzu bei der SI siehe: GdS§113; SI2: 288-291; Algerien u.a.: SI2: 154-165;188-194; Kongo u.a.: SI1: 253,257; SI2: 110f.,193; Indonesien: SI2: 189.
   Ausführlicher: 🖳 Ex.: «Befreiungsbewegungen im Trikont».
366 Der Ausdruck «Trikont(inentale)» wird von der SI ebensowenig gebraucht wie die zu ihrer Zeit schon gängige Formel von der «Dritten Welt» (Zu diesen Hilfsbegriffen und ihrem Wandel siehe – wenn auch etwas verengt dargelegt – das Stichwort «Dritte Welt» in: Historisch-Kritisches Wörterbuch des Marxismus. Bd. 2). Statt dessen spricht man bei der SI in der Regel von den «unterentwickelten Ländern» – meist in Anführungszeichen.

Um aus dieser Zersplitterung hinauszugelangen, müssten die revolutionären Elemente ihre Fixierung auf die «entwickelten» Weltregionen und ihre nationalbornierten Wunsch- und Zwangsvorstellungen, diese «in nationaler Form» (Stalin) «einholen» zu können, endlich aufgeben. Sie müssten begreifen, dass es längst um die communistische Bedürfnisbefriedigungsproduktion im Weltmaßstab geht: «Das Grundproblem der Unterentwicklung muss auf Weltebene gelöst werden [...] Die kommenden Revolutionen *finden nur dann in der Welt Hilfe, wenn sie die Welt in ihrer Totalität angreifen.*» [BE: 186f/SI2: 191f.].

Für die SI kann es nicht darum gehen, von einem metropolitanen Standpunkt aus lokale Rezepte zu liefern, sondern nur den Blick dafür zu öffnen was es heißt, dass bisher alle Errungenschaften der Befreiungsbewegungen im Handumdrehen vom globalen Kapital kassiert und überall rekuperiert worden sind: «Die Entwicklung darf kein Wettlauf sein, der darauf abzielt, die kapitalistische Verdinglichung einzuholen; stattdessen muß die Erfüllung aller wirklichen Bedürfnisse zur Grundlage einer wirklichen Entwicklung der menschlichen Fähigkeiten gemacht werden.» [BE186/SI2: 191].

Die Ära der SI war eine Schwellenzeit: der historische Übergang von der antikolonialistischen zur postkolonialen Situation. In dieser Situation müssen sich die RevolutionärInnen zur jeweiligen Besonderheit des Aufbruchs der Emanzipationsbewegungen ihrer jeweiligen «nationalen» und ethnisch konstruierten Gestalt so verhalten, dass der weltrevolutionäre Aufbruch nicht in ethno-regressive Abbrüche zerfällt. Deshalb erinnert die SI die CommunistInnen in diesen Emanzipationsbewegungen lediglich wieder an die Forderung des «Kommunistischen Manifestes», «daß sie einerseits in den verschiedenen nationalen Kämpfen der Proletarier die gemeinsamen, von der Nationalität unabhängigen Interessen des gesamten Proletariats hervorheben und zur Geltung bringen, andrerseits dadurch, daß sie in den verschiedenen Entwicklungsstufen, welche der Kampf zwischen Proletariat und Bourgeoisie durchläuft, stets das Interesse der Gesamtbewegung vertreten. Die Kommunisten sind also praktisch der entschiedenste, immer weitertreibende Teil der Arbeiterparteien aller Länder; sie haben theoretisch vor der übrigen Masse des Proletariats die Einsicht in die Bedingungen, den Gang und die allgemeinen Resultate der proletarischen Bewegung voraus.» [MEW4: 474]. Unterhalb dieser communistischen Selbstbestimmung wird jede «siegreiche Befreiungsbewegung» unvermeidlich ins globale Spektakel eingebaut werden. In den 1960ern geschah das automatisch – entlang der falschen Alternative der

Blockkonfrontation – ins konzentrierte Spektakuläre hinein, da in der Regel im «Entwicklungsland» für eine Entwicklung herein ins diffuse Spektakuläre gemäß dem westlichen Kapitalismus eben nicht hinreichen konnte. [Vgl. BE: 184/SI2: 189].

Die tiefe Enttäuschung[367] der Befreiungshoffnungen und -bestrebungen all jener «Verdammten dieser Erde»[368] wird von der SI zeitgleich als die schmerzende und unerträgliche Lüge des Spektakels benannt, als Seitenverkehrung «im umgekehrten Bild, das das moderne *Spektakel* der Welt aufzwingt: im Spektakel wird das gesamte soziale Leben bis zur Repräsentation künstlicher Revolutionen in der verlogenen Sprache der Machthaber niedergeschrieben und durch ihre Maschinen gefiltert.» [BE: 186f./SI2: 191f.].

Geradezu unerträglich wäre das Eingeständnis, dass die Resultate all dieser Jahrzehnte von Kämpfen und Opfern für Agrarrevolutionen, für nationalstaatliche Unabhängigkeit und Demokratie, für Arbeiterrechte, für ein besseres Leben etc. von einer Kompradoren-Bourgeoisie[369] rekuperiert und kassiert worden sind und sonst nichts weiter [vgl. GdS§113]. Somit wären diese Kämpfe, so die SI, «für die Revolution verlorene Zeit» gewesen. [BE: 183/SI2: 188]. Dieser Verletzung und Beraubung der Lebenszeit von Generationen, die für Emanzipation kämpften und kämpfen, entspricht die Verletzung ihrer weltgesellschaftlichen Verbindung im Raum, indem das Spektakel das kosmopolitische, internationalistische, gattungsmäßige Zusammenwirken der Proletarisierten für ihre Befreiung systematisch unterbindet, zerstückelt, knebelt und erstickt. Ideologisch gelingt dies vor allem durch die spektakuläre Verlogenheit von den nationalen oder gar «sozialistischen» Projekten einer «eigenen» regionalen Staatlichkeit, mit ihrer dazugehörigen Folter und Zensur: «Den sporadischen Ausbrüchen der revolutionären Kritik entspricht eine internationale Organisation der Unterdrückung, deren Aufgabenverteilung im Weltmaßstab vorgenommen wird. [...] Diese permanente Unterdrückung geht von der Truppenentsendung bis zur mehr oder weniger vollständigen Fälschung, wie sie heute jede etablierte Macht ausübt: ‹Die Wahr-

---

367 Anm180.
368 Der Psychoanalytiker Frantz Fanon hat in dem berühmt gewordenen Buch «Die Verdammten dieser Erde» [Fanon1969] v.a. am Beispiel des Algerienkrieges und den Schicksalen seiner KombattantInnen beschrieben, wie die Traumata einer betrogenen Revolution sich auswirkten. (Vgl. auch Fanon1986: Das kolonisierte Ding wird Mensch).
369 Kompradoren-Bourgeoisie: von der imperialistischen Bourgeoisie «herangezüchtetes» Anhängsel in einem kolonialen und halbkolonialen Land, mit Statthalterfunktion; meist terroristisches Regime, Militärdiktatur etc.

heit ist revolutionär› (Gramsci), und jede bestehende Regierung, selbst wenn sie aus noch so befreienden Bewegungen entstanden ist, gründet sich auf die Lüge, innerhalb und außerhalb des Landes.» [BE: 187/SI2: 192].

Als Traumatisierung in Permanenz wird demgegenüber von der SI die grundsätzliche *Ohnmacht* aufgewiesen, die der Struktur des Spektakulären selbst entspricht: zunächst atomisiert und isoliert der Trennung vom wirklichen Handeln und Eingreifen, der passiven, stummen Zuschauerrolle ausgeliefert zu sein. Diese unerträgliche Trennung ist der Teilung der ungleichmäßig entwickelten kapitalistischen Welt eingeschrieben: «Die heutigen revolutionären Versuche sind der Repression *preisgegeben*, weil keine bestehende Macht ein Interesse daran hat, sie zu unterstützen. Es gibt noch keine praktische Organisation des revolutionären Internationalismus, die sie unterstützen könnte. *Passiv* beobachtet man ihren Kampf». [BE: 187/SI2: 192].[370]

Demgegenüber deutet die SI unmissverständlich immer wieder auf den schon einmal eingeschlagenen Weg aller revolutionären Elemente der Welt hin: die Bildung von proletarischen Kampfkontingenten – gewissermaßen mobilen cosmopolitischen Eingreifkommandos der RevolutionärInnen, wie jene Internationalen Brigaden, die im Spanischen Revolutionskrieg an Ort und Stelle der begonnenen und bedrängten Revolution zu Hilfe gekommen waren. Des weiteren klagt die SI von vornherein die Perspektive direkter Massenselbstverwaltung ein, also Räte oder ähnliche Organisationsformen zur unmittelbaren Ersetzung und Abschaffung des Staates: «Die radikale Selbstverwaltung, die einzige, die fortbestehen und siegen kann, lehnt jede Hierarchie innerhalb und außerhalb von ihr ab; sie weist durch ihre Praxis ebenfalls jede hierarchische Trennung der Frauen von sich – eine versklavende Trennung, die [...] von der rückständigen Wirklichkeit des islamischen Algeriens mit Nachdruck anerkannt wird». [SI2: 164]. Diese ungeteilte Selbstverwaltung aber «kann [...] nur dadurch errungen werden, dass die vorhandenen Eigentumstitel mit Waffengewalt abgeschafft werden». [SI2: 163].

Als weitere Voraussetzung sei von vornherein die Theoriebildung auf höchstem Niveau in die kollektiven Kämpfe zu integrieren. Das beliebte Argument, die Massen seien ja noch so primitiv in jenen Gesellschaften und müssten erst durch verschiedene zu durchlaufende «Etappen» der Erziehung und Reifung, der Mythologien und Religionen usw. «abgeholt» bzw. durch eine «volksde-

---

370 Anm181.

mokratische» Erziehungsdiktatur zugerichtet werden, lässt die SI nicht gelten: «Überall führt der einzige Weg zum Sozialismus über einen ‹Verteidigungs- und Angriffspakt mit der Wahrheit›.[371] [...] Dort, wo die praktischen revolutionären Bedingungen vorhanden sind, ist keine Theorie zu schwierig. [...] Die Verwirklichung der Philosophie, die Kritik und der freie Wiederaufbau aller durch das entfremdete gesellschaftliche Leben aufgezwungenen Werte[372] und Verhaltensweisen – genau das ist das maximale Programm der verallgemeinerten Selbstverwaltung. Dagegen sagen uns ultralinke Militante, dass diese Thesen zwar richtig seien, dass man aber den Massen noch nicht alles sagen könne. Diejenigen, die in einer solchen Perspektive denken, sehen den Zeitpunkt nie gekommen, und sie arbeiten praktisch daran, dass er nie kommt. Den Massen muss man sagen, *was sie tun*.» [SI2: 162f.]. Um zu begreifen, was sie schon tun,[373] bedarf es also zu allererst der Theoriebildung. Damit lässt sich der Topos aus der Sicht der SI zu den Trikont-Problemen mit dem Satz zusammenfassen: «*Die Unterentwicklung der revolutionären Theorie* auf der ganzen Welt ist die erste Unterentwicklung, die jetzt überwunden werden muss.» [SI2: 158].

4.4 USA[374]

Trauma: «Armut im Reichtum»[375]
*Topos: «Die Auflösung der Gesellschaft
     im diffusen Spektakel»*

*I*n den Augen der SI scheint das «diffuse Spektakel» im «American way of life»[376] den Zenit der kapitalistischen Produktionsweise in Gestalt der «ungeheuren Warensammlung» [MEW23: S.49] erreicht zu haben – und beginnt ihn gegen Mitte der 1960er zu überschreiten. Sowohl auf die unmittelbar Involvierten als auch auf BeobachterInnen (SI, Marcuse, Adorno, Günter Anders u.a.) wirkte der Entfremdungsgrad dieser höchst entwickelten *Armut im Reich-*

---

371 Es handelt sich hier um die Entwendung einer Bemerkung von Georg Lukács während des ungarischen Aufstands 1956.
372 Zur Umwertung dieser, von der kapitalistischen und vorkapitalistischen Welt den Menschen aufgezwungenen, Werte und zum Thema der «Umwertung aller Werte» bei Nietzsche, das die SI ebenfalls aufnimmt, siehe Anm182.
373 Hier im Sinne von: «die wirkliche Bewegung, welche den jetzigen Zustand aufhebt» (Marx).
374 Ausführlicher: ▣ Ex.: USA: Explosionspunkt des diffusen Spektakels.
375 Siehe auch: ▣ Ex.: «Armut im Reichtum» und sogenannte Verelendung.
376 Diese Formel benutzt die SI allerdings nie.

tum traumatisierend. Der Zenit der «reichsten Gesellschaft der Welt» schien zugleich den Nadir der *Enthumanisierung* anzuzeigen.[377]

In den 1960er Jahren, als die SI ihre Einschätzung der USA formulierte, war diese extreme Widersprüchlichkeit auf dem Höhepunkt ihrer historischen Entwicklung angekommen. Was «die Golden Sixties» genannt wurde, begann 1961 als jener lange vierte Wachstumszyklus in der krisenhistorischen Periodisierung der US-Wirtschaft. Der Cultural-Studies-Amerikanist G. Armanski beschrieb diesen Zenit als «eine beispiellose Periode ökonomischer Expansion. 1964-1966 ist der Höhepunkt in der Ausdehnung des Produktionsapparats, der gesellschaftlichen Arbeitskapazität und ihrer Wertergiebigkeit (steigende Profite und Löhne) erreicht. [...] Diese Periode ging aber nun dem Ende zu. Die inflationistischen Spuren einer strukturellen Überhitzung waren nicht mehr zu übersehen. Nach den zwei Boomjahren 1972/73 endete der sechste Zyklus mit der tiefsten Krise der USA seit der Großen Depression [1929-1930].» [Armanski 1980].

Die SI fasst diesen «Niedergang und Fall der spektakulären Warenökonomie» [BE: 174/SI2: 145] allerdings nicht kulturkritisch-fatalistisch, sondern polit-ökonomiekritisch: [378] «Durch eine unerbittliche Logik wird das System zu einem immer mehr staatlich kontrollierten Kapitalismus getrieben, der ernste soziale Konflikte entstehen lässt. Die Unfähigkeit des amerikanischen Systems, auf sozialer Ebene genügend Profit zu erzeugen, macht seine tiefe Krise aus. Es muss also *aussen* das schaffen, was es zuhause nicht zustandebringen kann – und zwar die Profitmasse im Verhältnis zu der des vorhandenen Kapitals vergrössern. Die besitzende Klasse, die auch den Staat mehr oder weniger besitzt, verlässt sich auf seine imperialistischen Eingriffe, um diesen wahnsinnigen Traum zu verwirklichen. Für diese Klasse bedeutet der [‹realsozialistische› , Anm. BBZN] Staatskapitalismus genau wie der *Communismus* den Tod; deshalb ist sie von Natur aus unfähig, irgendeinen Unterschied zwischen beiden zu sehen. Das künstliche Funktionieren der monopolistischen Wirtschaft als ‹Kriegswirtschaft› sorgt vorläufig dafür, dass die Politik der führenden Klasse die wohlwollende Unterstützung der Arbeiter geniessen kann, denen die Vollbeschäf-

---

377 Wir erinnern an die Definition von «kumulativer Traumatisierung» bei Otto Fenichel am Anfang des Kapitels. Siehe auch Anm183 und ausführlich: 🖳 Ex.: Traumatisierung, Abwehr, Verdrängung.

378 Hierin unterscheidet sie sich kaum von anderen marxistischen Analysen der 1960er Jahre, wie z.B. die «Kritische Theorie» und ihrer Vertreter Max Horkheimer, Friedrich Pollock, Franz Neumann [Vgl. Erd1985]. Näheres: Anm184.

tigung und ein spektakulärer Überfluss zugutekommen [...]. Die Aggressivität des amerikanischen Imperialismus entsteht also nicht aus der Verirrung einer schlechten Regierung, sondern sie ist für die Klassenbeziehungen des Privatkapitalismus notwendig, der sich unaufhaltsam zu einem technokratischen Staatskapitalismus entwickeln wird, wenn keine revolutionäre Bewegung ihm ein Ende setzt. In diesen allgemeinen Rahmen der unbewältigt gebliebenen Weltwirtschaft muss die Geschichte der entfremdeten Kämpfe unserer Epoche eingeführt werden.» [SI2: 260f/BE: 208].

Genau mit Beginn dieser «Golden Sixties» im Inneren der US-Gesellschaft versuchten die USA ihre «Pax Americana» endgültig global durchzusetzen. Als unaufhaltsam ökonomisch und militärisch dominierende Weltmacht seit der Kraftprobe der Kuba-Krise (1962) und der Eskalation des Vietnamkriegs (ab 1961)[379] arbeiteten die USA damit aber blindwütig an ihrer eigenen Niederlage im Weltmaßstab. In dieser Zeit brach eine revolutionäre Stimmung im Proletariat der USA durch, aber – aufgrund plötzlicher Infragestellung der krassen Segmentierung des Proletariats – nicht im «Kern» des gesellschaftlichen Gesamtarbeiters, der Industriearbeiterschaft, sondern von seinem schwarzen «Rand und Sockel» und gleichzeitig von der gesellschaftlichen «Mitte» her: den African Americans[380] und der Jugend mit der StudentInnenbewegung.[381] Diese Gemengelage schätzte die SI so ein: «Während im Inneren die Aufstände der Schwarzen und die Revolte der Universitätsjugend, die auf dieser Stufe der ökonomischen Entwicklung eine beträchtliche Gesellschaftsschicht darstellt (zahlenmäßig sind es 5 Mio. Leute), beginnen, das Herannahen einer neuartigen Krise zu beleuchten, konnte die massenhafte militärische Überseeintervention nicht den Widerstand der vietnamesischen Kämpfenden brechen und auch nicht *die Ordnung* zugunsten der Generäle in Santo Domingo *wiederherstellen*. Dafür hat in einem sehr großen Teil Lateinamerikas ein Partisanenkrieg angefangen. In direktem Verhältnis zu ihrem Gewicht werden die Vereinigten Staaten in endlosen Konflikten versumpfen: das Unglück ihrer Politik besteht darin, dass sie immer wieder der Veränderung gerade dort entge-

---

379 Zum Vietnamkrieg (Eckdaten) siehe Anm185 sowie 💻 Ex.: USA: Explosionspunkt des diffusen Spektakels.
380 Die «African Americans» (heutige Selbstbezeichnung) oder auch «Afroamerikaner» in den USA bezeichneten sich damals vor allem stolz als «Black People», «die Schwarzen», und bis heute auch immer wieder als «Colored People», «Farbige», so damals in der Dachorganisation ihrer Bürgerrechtsbewegung «National Association for the Advancement of Colored People» (NAACP).
381 Anm186.

gentreten müssen, wo sie am notwendigsten und dringendsten ist – und alle Rechenautomaten ihrer Psychosoziologen können sie nicht davon befreien.» [SI2: 213f.]. Diese Entwicklung – hochtechnologisierte tendenziell totalitäre Aggression im Inneren und Äußeren *im Namen von* Fortschritt, Demokratie und Menschenrechten *gegen* dieselben – schien sich beschleunigt bis 1972 fortzusetzen, so dass die SI in ihrem letzten Dokument lapidar schrieb, offensichtlich löse sich «die amerikanische Gesellschaft auf, bis hin zu ihrer Armee in Vietnam, die zur ‹Drogenarmee› geworden ist und die abgezogen werden muss, weil ihre Soldaten nicht mehr kämpfen wollen; sie werden dafür in den Staaten kämpfen.» [DWS§12].

Die SI vergaß dabei keineswegs, dass dieser Diffundierungsprozess sich auf einem sozial-ökonomischen Boden abspielte, den schon Marx als «die bürgerliche Gesellschaft in ihrer freiesten und breitesten Realität» bezeichnet hat [Marx1953: 918]. Die ethnischen und sozial-ökonomischen Trennungen zementieren die extremen Fixierungen der in den USA entstandenen Arbeiterklasse auf die sichtbare Partizipation am «American way of life» als individuellem «Erfolg», so dass die unvergleichlichen Vergesellschaftungsfortschritte des legendären *melting pot* USA bis heute für die meisten Lohnabhängigen nur sehr beschränkt wahr sind. Die gemeinsame Orientierung dieses in der Konkurrenz fragmentierten Proletariats bilden die Glücksversprechungen des «Pursuit of Happiness» – dem Kern der *Declaration of Independence*. Diese bürgerliche Ideologie verheißt den eingewanderten Familien und ihren proletarisierten Nachkommen immer noch die «unbegrenzten Möglichkeiten» des «American Dream».[382] Diese Träume sind nicht bloße Fiktionen, sondern entspringen, wenn auch unbewusst, der höchsten Produktivkraftentwicklung und dem damit verbundenen höchsten Grad an Humanisierung der Menschheit, an dessen Spitze die USA bis heute stehen: die Ausbildung der Fähigkeiten, v.a. als Kooperation und Kombination der gesellschaftlichen GesamtarbeiterIn, das Wissen der Gesellschaft als technologische Produktivkraft. Dieser *Reichtum* der hochentwickelten bürgerlichen Zivilisation erscheint aber zunächst in negativer Form, erstens als diffuse spektakuläre Warenanhäufung mit ihrer entsprechenden «Akkumulation von Elend ... auf dem Gegenpol» [MEW23: 675], zweitens als zunehmend informationell ausgebaute Technologie mit entsprechender technokratischer Konditionierung, drittens als massenhafte Vereinzelung und viertens in der

---

382 Anm187.

Verschiebung der sozialen Bedürfnisse auf «Gadgets».[383] Damit tritt die barbarische Kehrseite[384] offen zu Tage und nimmt Formen von Huxleys «Brave New World» und Orwells «1984» an [vgl. z.B. Vaneigem 1980: 26].

In dieser Enthumanisierung sieht die SI den Hauptinhalt der *Armut im Reichtum*, der Realität des diffusen Spektakels. Das neuartige Verhältnis von Tauschwert und Gebrauchswert, in das die Warenproduktion und -konsumtion damit getreten ist, stellt auf globaler Ebene eine Konkretisierung der Spektakeltheorie als «das Kapital, das [...] zum Bild wird» [GdS §34], dar. Auf besonderer Ebene greift sie die Eigentümlichkeit und Verallgemeinerung der in den USA mit der Ära Henry Ford entwickelten kapitalistischen Ausbeutungskultur auf, die zuerst Antonio Gramsci formulierte. Dieser spricht bereits um 1930 von verschiedenen Graden der «Fordisierung» des modernen Kapitalismus, die auch alle Konkurrenten der USA erfassen werde [vgl. Gramsci 1991].[385] Debord schreibt dazu: «Das auf die Vereinzelung gegründete Wirtschaftssystem ist eine *zirkuläre Produktion der Vereinzelung*. Die Vereinzelung begründet die Technik, und der technische Prozess vereinzelt rückwirkend. Alle durch das spektakuläre System *ausgewählten Güter*, vom Auto bis zum TV-Gerät, sind auch seine Waffen, um beständig die Vereinzelungsbedingungen der ‹ einsamen Masse› [386] zu verstärken. Das Spektakel findet immer konkreter seine eigenen Voraussetzungen wieder.» [GdS: §28]. In diesem Umkreis weist das Auto als zentrales exemplarisches Gadget auf den zunehmend blind-zerstörerischen Charakter der kapitalistischen spektakulären Tauschwerteproduktion hin, die mit «dem tendenziellen Fall des Gebrauchswerts» [GdS §47] gesamtgesellschaftlich zugleich «die Produktion des Verfalls» organisiert (Debord). «In Amerika hat 1965 das Auto, dessen Wuchern den Gebrauchswert immer mehr beschränkt, so dass es allmählich sogar zum Gadget wird, eine Verbreitungsrate, [die so gross ist, dass sie] die Käufer dadurch motiviert, ‹das Beste zu besitzen› und ihre Nachbarn in Bewunderung zu versetzen – ein Sisyphos-Unternehmen, da die Nachbarn dasselbe tun.» [SI2: 209].[387]

---

383 Gadget: eigentlich «kleine Werbebeigabe». Doch die SI verwendet diesen Begriff in einem umfassenderen Sinn, siehe Anm 188 und 🖳 Ex.: Das SI-Theorem von den «Gadgets».

384 Zur Dialektik von «Zivilisation» und «Barbarei»: Anm 189.

385 Die Formeln «Amerikanismus» und «Fordismus» wurden von der SI nicht benutzt.

386 Anspielung auf das Buch von David Riesman «Die einsame Masse» (1950).

387 Keineswegs redet die SI damit irgendeiner Einschränkung «des Kon-

Die Verdrängung ihrer Proletarität ist für «die einsame Masse» möglich und in der individuellen Konkurrenz überlebensnotwendig geworden durch die totale Ausfüllung der spektakulären Bildfläche des Alltagslebens «durch die gesamte hierarchisierte Macht, die in all ihren heutigen Varianten dem alleinigen Vorbild der bürgerlichen ‹Zivilisation› folgt. In seiner massenhaft gewordenen Form hat sich das bürgerliche Vorbild zum Gebrauch für einen bunt zusammengesetzten Kleinbürger ‹sozialisiert›, der die ganze Verdummungsfähigkeit der alten armen Klassen und all die zur Massenerscheinung gewordenen Reichtumszeichen, die auf die Zugehörigkeit zur herrschenden Klasse hinweisen, anhäuft.» [SI2: 9]. Dieser verdummenden brutalen Banalität der Warenquantität[388] als Anteil der Lohnarbeit an der Tauschwerteproduktion des Kapitals setzt die SI ebenso «banal» die Praxisformen «der Extremisten – zu denen wir gehören», verstanden als alle diejenigen, die in Gesten und Revolten nach Ausdrucksformen nichtentfremdeter, communer menschlicher Assoziation suchen, wodurch die extreme Segmentierung des US-Proletariats überwunden werden könnte: «Werden alle Gesellschaftsgruppen durch die Barbarei des Überflusses zur Selbstverteidigung genötigt, müssen nur hier und da die Werte und die zu verteidigende Lebensweise neu definiert werden.» [SI2: 210]. Die SI knüpft hiermit, die Situation der USA erfassend, an den Topos Nietzsches von einer «Umwertung aller Werte» [Nietzsche1993: 16] an, jedoch negatorisch mit der Wendung von Marx: «Mit der *Verwertung* der Sachenwelt nimmt die Entwertung der Menschenwelt in direktem Verhältnis zu.» [MEW40: 511]

Damit könnte der «American way of life», der nur eine spektakulär-kapitalistische Sackgasse global-gesellschaftlicher Reichtumsproduktion darstellt, gekippt werden. Diese Wende markiert ein bewusstes gesamtgesellschaftliches Vorantreiben der Auflösung der bürgerlichen Gesellschaft der USA, ohne ihre historische Avanciertheit, ihre produktiven Potenzen und ihre ur-demokratischen

---

sums», etwa im Namen «der Umwelt» und irgendeiner «Mother Nature», das Wort. Siehe: Anm190.

388 Als einen Traumatisierungsfaktor benennt die SI v.a. angesichts der Vietnamkriegsopposition in den USA «die Konfusion in einer Arbeiterklasse, die schon der schlimmsten Verdummung und Mystifizierung unterworfen wird und [...] in diesem reaktionären Zustand [...] erhalten, der als Argument gegen sie benutzt wird.» [SI2: 259,211]. Dieses gern benutzte «Argument», nämlich dass man sie als Klasse vergessen könne, erfährt immer wieder eine besonders anti-amerikanistische chauvinistische Erweiterung gegen «*die* Amis», «die Yankees» und «Coca-Cola-Kultur». Auch die «linke» Argumentation geht hier fließend in eine offen rechte über.

Zivilisationswerte zu hinterschreiten. Diese Errungenschaften könnten in die so nahe liegende communistische Produktion und Verteilung aufgehoben werden. Nur durch einen kollektiven Zugriff, Experimente und Spiele der Aneignung könnten die Proletarisierten aus ihrer schein-bürgerlichen Fixierung auf den «tokenism»[389] der «Gadgets» ausbrechen, ihrer Begierde nach Gebrauch des Lebens und des gesellschaftlichen Reichtums endlich wirklich nachkommen (da sie durch den Kauf der Waren-Bilder nie befriedigt werden kann). Damit könnten sie ihre Vereinzelung als LohnarbeiterkonkurrentInnen und KonsumentInnen überwinden, indem sie die «Verschiebung der sozialen Bedürfnisse» [SI2: 382f.] und ihrer Befriedigung auf Kaufakte und Lohnarbeitshierarchie zu überwinden lernen. Wo Menschen dies zusammen beginnen, heben sie ihr Dasein als Masse der Einsamen (d.h. Privaten, ihrer Gesellschaftlichkeit Beraubten), dieser wechselseitigen Bedingung für die spektakuläre Kapitalproduktion, in solchen Situationen momentan auf.

Aus dem Topos «die reichste Gesellschaft der Welt überschreitet ihren Zenit» – in der situationistischen Begrifflichkeit das «diffuse Spektakel» und «die Armut im Reichtum» – leitete die SI drei Ansatzpunkte und Perspektiven für die proletarische Revolution in den USA ab.[390] Erstens ist dies der Antikapitalismus, der sich aus der antirassistischen Bewegung heraus in den Aufständen in den Gettos und Communities der African Americans artikuliert hatte und von der Jugend- und StudentInnenbewegung aufgegriffen wurde.[391] Ausgehend von der darin entwickelten Militanz wies die SI zweitens darauf hin, «welche Möglichkeiten in den hochindustriellen Ländern für Guerillas bestehen». [SI2: 210].[392] Die Rebellion der StudentInnen- und Jugendbewegung, der Frauenbewegung und anderer Emanzipationsformen sollte in Richtung einer kohärenten Kritik des spektakulär-kapitalistischen Alltagslebens in seiner Totalität weitergetrieben werden (diese schloss den Kampf gegen den Vietnam-Krieg mit ein).[393] Sie würde die allseitige

---

389 «token» bedeutet Zeichen, Spielmarke, auch Schein (zum Vorzeigen) und Alibi, etwas, das man «raushängt»...
390 Wir können sie hier nur als Stichworte aufführen, sie sind im einzelnen ausgeführt: ▣ Ex.: USA: Explosionspunkt des diffusen Spektakels.
391 Anm191.
392 Siehe auch SI2: 410ff. und ▣ Ex.: USA: Explosionspunkt des diffusen Spektakels.
393 Die SI machte sich schon ab 1963 in den USA bekannt mit der Übersetzung der geschichtstheoretischen Spektakel-Kritik «Basisbanalitäten» von Raoul Vaneigem [BE: 122-148/SI1: 285-297 u. SI2: 42-58], die dort als Broschüre verbreitet wurde unter dem Titel «The Totality for Kids».

Auflösung des bestehenden Wertesystems des diffus-spektakulären «way of life», eine radikale Umwertung aller Werte, vorantreiben durch «Verbesserung der Sitten» in Richtung communistischer Emanzipation: «Freedom Now heißt die Parole aller Revolutionen der Geschichte; aber zum ersten Mal ist nicht mehr die Armut, sondern der materielle Überfluß nach neuen Gesetzen zu bewältigen. Des Überflusses Herr zu werden, heißt also nicht nur, seine Verteilung zu ändern, sondern alle seine oberflächlichen und tiefen Orientierungen neu zu bestimmen. Es ist der erste Schritt eines ungeheuren, unermeßlich tiefgreifenden Kampfes.» [BE: 178/SI2: 149].

Exkurs zu den Aufständen der African-American-Communities

Der Aufbruch der AfroamerikanerInnen in den über 300 GettoAufständen der 1960er Jahre stellte für die SI den Fokus ihrer Analyse vom Explosionspunkt des diffusen Spektakels dar. Die SI reagierte sofort auf diesen Durchbruch der «schwarzen Dimension» (Raya Dunayevskaya) des US-Proletariats, weil er mit einem Schlag den rassistischen und prokapitalistischen Konsens innerhalb des US-Proletariats und der ganzen Gesellschaft aufsprengte. Dies zeigte sich sogleich an dem gesellschaftlichen Echo: «Die Schwarzen sind in ihrem Kampf nicht isoliert, weil *ein neues proletarisches Bewußtsein* – das Bewußtsein, in keinem Bereich Herr über die eigene Tätigkeit, das eigene Leben zu sein – in den amerikanischen Schichten entsteht, die den modernen Kapitalismus ablehnen und die folglich den Schwarzen gleichen. Gerade die erste Phase des Kampfes der Schwarzen wurde zum Signal eines sich ausbreitenden Protestes. Als im Dezember 1964 die Studenten von Berkeley wegen ihrer Beteiligung an der Bürgerrechtsbewegung schikaniert wurden, haben sie mit einem Streik begonnen, der das Funktionieren dieser ‹Multiversität› Kaliforniens und darüber hinaus die gesamte Organisation der amerikanischen Gesellschaft und die passive Rolle, die ihnen darin zugedacht ist, in Frage stellte. Man kann in der studentischen Jugend sofort dieselben Sauf- oder Drogenorgien und die Auflösung der sexuellen Moral, die den Schwarzen vorgeworfen wurden, entdecken. Seitdem hat diese Studentengeneration eine erste Kampfform gegen das Spektakel – das *teach-in* – erfunden.» [BE: 178f./SI2: 149f.].

Ebenso hat die SI den Schwarzen Aufstand 1965 in Watts bei Los Angeles als Zeichen gegen die spektakuläre Warenproduktion gedeutet. «Hollywood, der Drehpunkt des Weltspektakels, liegt in ihrer unmittelbaren Nähe. Man hat ihnen versprochen, daß sie einmal – nur Geduld! – am amerikanischen Wohlstand teilhaben werden; sie sehen aber, daß dieser Wohlstand keine feste Größe, sondern eine endlose Stufenleiter ist: Je höher sie hinaufsteigen, desto entfernter sind sie vom Ende, weil sie von Anfang an benachteiligt sind, weil sie weniger qualifiziert sind und weil es folglich bei ihnen mehr Arbeitslose gibt. Zuguterletzt ist die Hierarchie, die sie aufreibt, nicht nur diejenige der Kaufkraft als eine rein ökonomische Tatsache; es ist eine grundsätzliche Unterlegenheit, die ihnen in allen Aspekten des täglichen Lebens die Verhaltensweisen und Vorurteile einer Gesellschaft aufzwingen, in der jede menschliche Kraft auf die Kaufkraft ausgerichtet ist. Ebenso wie der menschliche Reichtum der amerikanischen Schwarzen nur Haß findet und als Verbrechen betrachtet wird, kann der materielle Reichtum ihnen in der amerikanischen Entfremdung niemals die völlige Anerkennung bringen.» [BE: 178/ SI2: 149].

Dem US-Bürger und Pop-Theoretiker Greil Marcus fiel bei dieser Deutung der SI vor allem der überraschende Aspekt auf, dass sie die Getto-Aufstände keineswegs auf das Schema von Armutsrevolten Zukurzgekommener (was sie natürlich auch waren) reduziert, sondern sie als Aufstand gegen den Alltag und das Überleben im Wertesystem des reichsten Kapitalismus überhaupt erklärt: der Aufstand von Watts sei «die erste Revolte der Geschichte», so zitiert Greil Marcus zunächst noch die SI-Analyse, «die sich mit dem Argument rechtfertigte, daß während der Hitzewelle keine Klimaanlagen zur Verfügung standen». Und Marcus fährt selber fort: «Die meisten fragten sich, warum die weitaus ärmeren Schwarzen von Harlem oder Newark sich ruhig verhielten, während die unter recht annehmlichen Bedingungen lebenden Schwarzen von Los Angeles brandschatzten und plünderten, viele voller Stolz und Freude. Die Situationisten [...] verstanden sehr wohl. ‹Die Bequemlichkeit› , so schrieben sie, ‹wird nie bequem genug sein, um diejenigen zufriedenzustellen, die das suchen, was auf dem Markt nicht vorhanden ist.› [...] Die Schrift ‹Niedergang und Fall der spektakulären Warenökonomie› sollte Bestandteil des in ihr analysierten Ereignisses sein. Sie war in Paris auf französisch verfaßt worden, wurde aber ins Englische übertragen und in Amerika veröffentlicht, bevor sie in Europa erschien. Die von der SI aufgeworfene Frage wäre 1965 einigen in den USA bekannt vorgekommen. ‹Wie› , so fragten die Situationisten in einer Sprache, die sich kaum von derjenigen des Port Huron Statement unterschied, dem Gründungspapier der Students for a Democratic Society (SDS) von 1962, ‹machen Menschen Geschichte, wenn sie von Bedingungen ausgehen, die sie von vornherein davon abhalten, in die Geschichte einzugreifen?› » [Marcus 1996: 170f.].

Die Antwort der Aufständischen war laut SI eine praktische: die direkte Aneignung der Gebrauchsdinge, Verhöhnung und Zerstörung ihrer Warenform – zunächst als proletarische Geste. Das «Freiheit-und-Glück»-Versprechen im Land der unbegrenzten Möglichkeiten wurde nun von denen, die in ihrer Sklaverei und Lohnsklaverei diese reiche Gesellschaft ermöglicht hatten, für die ganze Gesellschaft und die ganze Menschheit eingefordert.

Angesichts dieses universal-revolutionären Anfangs, den «die Revolution der Schwarzen» aus ihrer besonderen Situation heraus für alle gemacht habe, erklärte die SI in ihrer Analyse immer wieder die rassistischen Züge und ihre Bedingtheit in den USA durch die Hierarchie und Widersprüche der kapitalistischen Warenproduktion. Sie widerlegte damit zugleich den angeblichen Charakter als «Rassenkampf». So schloss sie zwei Jahre später: «Der Aufstand der Schwarzen in Newark und Detroit scheint uns die Analyse auch für skeptische Geister bestätigt zu haben, die wir 1965 über die Revolte im Watts-Viertel gemacht hatten. Besonders die Beteiligung zahlreicher Weißer an der Plünderung beweist, dass die Watts-Geschichte in ihrem tiefsten Sinn tatsächlich ‹eine Revolte gegen die Ware› und die erste, dürftige Antwort auf ‹den Warenüberfluss› gewesen ist.» [SI2: 311].

Den Weg der Auflösung der Traumatisierung im diffusen Spektakulären zeigen die Aufständischen der SI zufolge durch ihr eigenes Handeln, wenn auch noch relativ vorbewusst, auf. Sie beginnen damit die Grenze der Armut-im-Reichtum auf seinem Zenit, die Passivität des bloßen Überlebens zu überschreiten: «Das Überleben der schwarzen Amerikaner wird nicht global bedroht, solange sie sich ruhig verhalten; der Kapitalismus ist heute konzentriert genug und soweit mit dem Staat verwoben, um an die Ärmsten ‹Hilfeleistungen› auszuteilen. Aber da sie im sich ausweitenden sozial organisierten Überleben *am Ende* stehen, stellen die Schwarzen die Probleme des Lebens auf die Tagesordnung, sie fordern einfach das Leben ein. […] Sie erscheinen als das, was sie tatsächlich sind: die unversöhnlichen Feinde, sicherlich nicht der großen Mehrheit der Amerikaner, sondern der entfremdeten Lebensweise der gesamten modernen Gesellschaft. Das industriell am weitesten entwickelte Land zeigt uns nur den Weg, der überall gegangen wird, wenn das System nicht umgestürzt wird.» [BE: 182/ SI2: 153].

4.5 Europa vor und nach 1968[394]

Traumata: «Die vom Krieg zerstörte Landschaft,
die Katastrophe in Europa»
Topos: «Das Proletariat als die Wiederkehr
des Verdrängten des 20. Jahrhunderts»

Die «Nachkriegsordnung» war das, was der Zweite Weltkrieg der Bevölkerung als Überlebensterrain hinterlassen hatte: eine Trümmerlandschaft in jeder Beziehung. Die von Deutschland angerichtete Katastrophe war eine doppelte gewesen. Den begonnenen «totalen Krieg» verhüllte das «Großdeutsche Reich» in einer biedermeierlich-totalitären Wunschkonzertatmosphäre, in den totalen Schein der Harmlosigkeit. Mit dieser Verwandlung der Alltagskultur («Unterhaltungskultur») in einen Teppich der Verlogenheit wurde mit der «Zerstörung der Vernunft» (Lukács) eine Zerstörung der Kultur eingeleitet, die mit der Kapitulation Deutschlands nicht endete.[395]

Seit der Eröffnung des «Kalten Krieges» gehört permanent offen geführter Krieg *außerhalb* Europas und die Banalisierung der Kultur als Krieg «unter Einmischung anderer Mittel» (Clausewitz) *in* Europa zusammen, wurden aber vom europäischen Alltagsbewusstsein als «europäischer Wiederaufbau» wahrgenommen.[396] Alles, was in der europäischen Kultur – ob «Volkskultur» oder Avantgarde der europäischen Moderne – an revolutionärem und gattungsgeschichtlichem Erbe[397] objektiviert war, wurde von nun an weiter zertrümmert. Diese Umwälzung der Alltagskultur wurde in kapitalistischer Form als neuer Schub der Vereinheitlichung

---

394 Ausführlicher und v.a. genauer eingehend auf die Besonderheiten der Länder Spanien vor 1968, Frankreich 1968, Italien nach 1968 und England vor und nach 1968: 🖳 Ex.: Europa vor und nach 1968: Spanien, Frankreich, Italien, England.

395 Dieses Kippen der europäischen Alltags-Atmosphäre in eine Kultur der Verfälschung wird von Roberto Ohrt eindrücklich veranschaulicht. [Ohrt1990: 275ff.]. Ihr entgegen organisierten aus dem Untergrund heraus spätere Situationisten wie Jørgen Nash und Asger Jorn mit ihren bescheidenen Mitteln damals schon die kulturelle Subversion, die zutiefst antinazistisch war und sich z.T. auch im Rahmen des communistischen Widerstands bewegte.

396 Das TV-Gerät ging in die Alltagskultur über, worüber man sich allabendlich den «Krieg auf dritten Feldern» (Helmut Schmidt) anschauen konnte.

397 Damals «etablierte sich eine aufgeräumte Provinz der Verharmlosung und Moralisierung aller Lebensäußerungen, als hätte es die 20er Jahre nie gegeben. Der Krieg hatte die neue geschichtliche Situation fermentiert» und durch die «unvollständige Befreiung» (Debord) von der Okkupation und Rekuperation «sollten die Gefahren des Lebens, sollten der Tod, die Lust und die Gewalt vergessen werden». [Ohrt1990: 276]

durchgesetzt, der «zugleich ein extensiver und intensiver Prozeß der Banalisierung» war. [GdS§165].

In diesem Klima der totalen Negation wuchsen die LettristInnen und späteren SituationistInnen auf. Der militärische Begriff der Rekuperation besaß für sie den Gehalt des negativ Erlebten. Nur in den Bunkern, Höhlen und Tunneln einer unabsehbaren kulturellen Trümmerlandschaft erlebten sie direkte Kommunikation, gemeinsames Organisieren des Überlebens, Träumen und Hinaustreten aus dem Albtraum der Alltagswirklichkeit. Hier regte sich in der unmittelbaren Nachkriegszeit das geistige Leben. In diesen Exklaven des sogenannten Wiederaufbaus bildete sich ihr Lebensstil der unbedingten Negation dessen, was sie in ihrer ganzen Existenz von Grund auf schon immer als vernichtende Negation ihres Seins erfahren hatten.[398] Und der europäische Wiederaufbau war bloß die Fortsetzung dieser herrschenden Negation als kalter Krieg gegen alle Produkte und Keime lebendiger ästhetischer Subversion und in der lebensweltlichen Sphäre gegen das weiter existierende Proletariat. Dessen Befriedung mittels gewerkschaftlichem Ordnungsfaktor und Konsumkrümel-Gadgets ermöglichte in den nächsten zwei Jahrzehnten die nie gekannten Ausbeutungsraten der Wirtschaftswunder-Konkurrenten. Als Blockkonfrontation aber war der Kalte Krieg die spektakuläre tagespolitische Zwickmühle – bei weitergehender realer Weltkriegsgefahr allemal –, in der scheinbar jede positive Wahl «des Kommunismus» gefangen saß. So schien gerade die revolutionär gesonnene, aber politisch durch den Stalinismus und seine Konkurrenten an die Kandare genommene Linke ausweglos in die Defensive gedrängt, wenn nicht für immer geschlagen.[399]

Im Schatten eines katastrophalen Krieges, der in Wirklichkeit nie aufgehört hatte und in Korea, Indochina, Algerien etc. als *Heißer Krieg* immer noch auf der Tagesordnung stand, ging in Europa die kapitalistische Rekonstruktionsperiode weiter. Diese stellte sich in Form einer umfassenden Verbunkerung der Lebensmöglichkeiten im Alltagsleben dar, in Form des kapitalistischen Urbanismus, Freizeitbetriebs und Massentourismus, in welche die Lohnarbeit neu eingefasst wurde. Dies nannte die SI eine «Geopolitik der Schlaftherapie». [BE: 106/SI1: 253]. Die Systemerpressung im Europa zwischen den Blöcken und zwischen den Kriegen funktionierte als Wahl der Überlebensvarianten, so wie in jedem Krieg die herrschende Klasse die Individuen, die sie verheizt, durch die bloße binäre Logik des Überlebens – entweder der andere tötet mich oder ich töte den anderen

398 Anm192.
399 Anm193.

– in Stellung bringt. Hier ist das System der kapitalistischen Konkurrenz in seinem «natürlichen» Lebenselement.[400]

Bei weitgehend leergefegten Arbeitsmärkten in den Nachkriegsjahrzehnten europäischer Wirtschaftseinheiten, die ihre Produktionsmittelbasis (fixes Kapital) äußerst vorteilhaft gleich auf allermodernstem Standard der Arbeitskrafteinsaugung wiederaufbauten,[401] konnte die Konkurrenz unter den LohnarbeiterInnen immer maßgeblicher nur durch die Statushierarchie entlang Konsumgadgets (Automarke usw.) stimuliert werden. Das machte das Überleben durch Lohnarbeit – verschärft durch Akkord und Überstunden – nicht leichter, sondern härter und bedurfte um so mehr der «lächerlichen» (SI) Freizeit-Kompensation (TV, Massen-Billigtourismus etc.). Man wollte doch nun auch ein bisschen was «vom Leben haben» und äußerte ein wiedergewonnenes Selbstwertgefühl vermittelt über materielle Dinge.

Das situationistische «Büro für einen unitären Urbanismus» resümierte 1964: «Die neuen Städte sind die Laboratorien dieser erdrückenden Gesellschaft.» [SI2: 97]. Mit ihrer parkhausgerechten Architekturplanung «setzt sich ein klarer, fröhlicher, eintöniger und allen Gesellschaftsklassen gemeinsamer Lebensstil durch» [ebd.], zitierte die SI die Frauenzeitschrift «Elle». Wie Walter Benjamin in seinem «Passagenwerk» für Paris die städtebauliche Konterrevolution des Architekten Haussmann zur Sanierung der «Hauptstadt des 19. Jahrhunderts» (Benjamin), so beschrieb die SI am «Urbanismus als Wille und Vorstellung» [SI2: 97][402] nach dem Zweiten Weltkrieg diese kapitalistische Selbstauslöschung der Moderne. Mit ihr «geht das Verschwinden dessen weiter, was dieser ‹Dschungel der Städte› – sowohl in der Unbequemlichkeit und im Luxus als auch im Abenteuer – gewesen ist, der dem Kapitalismus der freien Konkurrenz entsprach.» [Ebd.]. Unter dieser schönen neuen Betondecke war die neue Proletarität zunächst auf jugendliche Gesten des Vandalismus, auf die «Stummheit der Gattung» (Marx) zurückgeworfen. Dies veranlasste die SI im selben Zusammenhang mit der Kritik des Urbanismus zu «Betrachtungen über die Gewalt» (1964): «Überall bricht die Revolte gegen die bestehenden Verhältnisse aus. Sie besitzt immer noch weder ein ausdrückliches Projekt,

---

400 So schon Marx: «Die Bedingung des Kapitals ist die Lohnarbeit. Die Lohnarbeit beruht ausschließlich auf der Konkurrenz der Arbeiter unter sich.» [MEW4: 473]. Existenzialistisch ausgedrückt: «Die Hölle, das sind die andern.» (Jean Paul Sartre, «Geschlossene Gesellschaft»).

401 Dies machte die BRD mehr und mehr zum heimlichen Kriegsgewinner, zunächst schon in den 1960ern als «ökonomischer Riese und politischer Zwerg». (Franz Josef Strauß)

402 Anm194.

noch eine Organisation, da der *Raum* zur Zeit immer noch [...] besetzt wird.» [SI2: 98].

1962 zeigte sich für die SI anlässlich des Bunkerbauprogramms namens «Doomsday System»: «Trotz seines ganzen kapitalistischen Reichtums bedeutet das Konzept des Überlebens nur einen bis zum Ende der Erschöpfung *verschobenen Selbstmord*, einen *täglichen* Verzicht auf das Leben. Das Atombunkernetz – das nicht erst in Kriegszeiten sondern sofort seinen Dienst erweisen soll – entwirft vor unseren Augen das jetzt noch übertriebene und groteske Bild einer Existenz unter dem zur Vollkommenheit getriebenen bürokratischen Kapitalismus.» [BE: 109/SI1: 256].[403]

Dies alles war aber als eine ebenso umfassende Entwendung der europäischen, scheinbar so ferienmäßig durchsonnten Nachkriegs-Wirtschaftswunderlandschaft angelegt: Die Chiffre «Club Méditerranée»[404] stand in Wirklichkeit für die Verbunkerung des Lebens.[405]

Ins Unterirdische war das wirkliche Leben verbannt, verbunkert, gestaut; der Blick der SI drehte diese Perspektive wieder um. Vor allem die revolutionäre Geschichte Europas, seine eigentliche vergangene und zukünftige Wirklichkeit, die Lebensmöglichkeiten, nichtentfremdete, attraktive Arbeit und Muße, Abenteuer, Labyrinthe, zu konstruierende Situationen für die ProduzentInnen selbst, mussten aus ihrer Verdrängung geholt werden. Schon als LettristInnen wussten sie: Um Abenteuer zu erleben, mussten sie in die «Katakomben», die Pariser Kanalisation hinuntersteigen – so hatten sie die Dérives neu entdeckt. [Vgl. Kaufmann2004: 145ff.]. Dagegen herrscht sichtbar und unsichtbar «der auf der Oberfläche geltende Urbanismus der Verzweiflung» [SI1: 258/BE: 110], der sich nicht besser kennzeichnen lässt als mit einem Satz von Gilles Ivain (Ivan Chtchegloff): «Allen Städten haftet etwas Geologisches an, und bei jedem Schritt begegnet man bewaffneten Gespenstern [...]. Wir bewegen uns in einer *geschlossenen* Landschaft, deren Markierungen uns ständig zur Vergangenheit hinziehen.» [SI1: 20/BE: 52].

Diese Landschaftsoberfläche wurde von der SI als *war theatre* (Kriegsschauplatz) der Verdrängung wahrgenommen und die proletarische Subversion dagegen als die «Wiederkehr des Verdrängten».[406] Das literarische Bild vom unterirdisch weiterwühlenden

---

403 Näheres zur Anti-Bunkersystem-Kampagne der SI (v.a. auch mittels künstlerischer Ausdrucksformen), siehe: Anm195.

404 «Club Méditerranée» (Ferienclub mit Animationsprogramm) figuriert für die SI als Chiffre für die «Arbeit an der Freizeit», weil er seine Konzeption selbst so definiert hat [vgl. SI2: 91].

405 Anm196.

406 Diese Entwendung der Freudschen Formel wird von der SI leitmotivisch

«alten Maulwurf» steht der SI für eine unausweichliche, in ihrem Boden selber die herrschenden Verhältnisse unterminierende «blinde» (i.S. v. unbewusste) Tätigkeit eines gutartigen, zum Wühlen verdammten Wesens. Dessen das positiv Bestehende untergrabende negatorische Arbeit wirkt sich als unmerkliche Vorbereitung einer plötzlich zu Tage tretenden Revolution aus.[407] Als im französischen Mai 1968 diese Subversion kurz und wirkmächtig ans Licht gekommen war und ebenso schnell wieder von der Oberfläche verschwand, setzte die SI um so «extremistischer»[408] auf Länder wie Italien, Spanien, aber auch England mit ihrem gewaltigen Aufbruch neuer proletarischer Kämpfe.[409] Diese Subversion in alten (z.B. als Besetzungsstreiks) aber vor allem auch neuen Formen, die der neuen Klassenzusammensetzung entsprachen, war um 1967-1969 überall an die Oberfläche der Gesellschaft gedrungen und suchte ihren Weg diffus als «die Revolte».

Die SI wollte zwar nicht «eurozentristisch» sein, kam jedoch trotz einiger außereuropäischer Mitglieder über den europäischen Tellerrand kaum je hinaus. Noch dazu war ihr Gesichtskreis weitgehend auf Westeuropa beschränkt, und auch hierbei hat sie kaum einen Blick auf die deutschen Zustände geworfen. Die SI scheint gar die deutsche Geschichte und die Katastrophe, die «das Reich» über Europa und die ganze Welt gebracht hatte, unmittelbar verdrängt zu haben. Diese Verdrängungsleistung kann zum Teil aus der psychischen Selbstschutzreaktion erklärt werden, die auf das unsagbare Trauma der Shoah hin eintrat, wenn dieser Betäubungseffekt deren Ausblenden auch nicht entschuldigt.[410] Die «Shoah» (hebr.: «die Katastrophe») ist einerseits als die Kulmination und andererseits als historisch aus der bisherigen Geschichte völlig herausbrechende, ungekannte Übersteigerung der Konterrevolutionen und gesellschaftlichen Katastrophen des 20. Jahrhunderts zu sehen. Für die besiegten Überlebenden des Klassenkrieges war diese Verdrängung

---

benutzt, immer für die Rückkehr des revolutionären Proletariats gegen Ende des 20. Jahrhunderts. [Vgl. z.B. BE: 193/SI2: 200].

407 Dieses Bild zieht sich in der alteuropäischen Metaphorik von Shakespeare [«Hamlet» I,4] über Hegel und Marx («Brav gewühlt, alter Maulwurf!» [MEW8: 196]) bis zur SI. Mit diesem Symbol weist die SI immer wieder darauf hin, worauf sie unbeirrbar setzt: «die proletarische Subversion». [Vgl. MEW12: S.3ff.; BE: 113/SI1: 261].

408 Über ihre achte Konferenz von Venedig im Oktober 1969 schrieb die SI, dass sie «sicherlich die extremistischste und am besten informierte Gruppe am Werk zeigte, die es damals in der Welt gab» [DwS: 104].

409 Siehe ausführliche Skizzen dieser Klassenkämpfe: 🖳 Ex.: Europa vor und nach 1968: Spanien, Frankreich, Italien, England.

410 Dies soll auf keinen Fall einer psychologisierenden Entlastung dienen, sondern allein dem historischen Begreifen. 🖳 Ex.: Traumatisierung, Abwehr, Verdrängung.

ein unmittelbarer Effekt mit seiner psychischen Überlebensfunktion. Die Hand voll LettristInnen und späteren SituationistInnen waren teils selbst in ihrer Kindheit den NS-Verfolgungen entgangen (z.B. Michèle Bernstein), teils Zeugen des «Verschwindens» von Angehörigen und Bekannten (so J.-M. Mension), teils im Widerstand gegen die deutschen Okkupanten aktiv gewesen (so die Brüder Jørgensen bekannt als Jørgen Nash und Asger Jorn), oder sie hatten es als junge Nachkriegs-RevolutionärInnen einfach mit der niederschmetternden Tatsache zu tun, dass die revolutionären Kräfte gegenüber der organisierten Katastrophe total versagt hatten. [Vgl. Mension2002 u. Marcus1996]. Gerade weil diese letztere Verdrängungsursache – die schwere Kränkung des Selbstgefühls der RevolutionärInnen – für diese am wenigsten historisch «mildernde Umstände» liefert, wirkt sie zunächst psychisch um so «zwingender».[411] Deshalb bleibt es zutiefst zwiespältig und hat seinen regressiven Schatten,[412] wenn die SI gegenüber dem, was unmittelbar vor ihrer Zeit im 20. Jahrhundert geschehen konnte, entschieden in die Zukunft und in die Vergangenheit ausweichen möchte: zum einen so schnell wie möglich «das 20. Jahrhundert verlassen!» – zum anderen als «Zentralpunkt» festzuhalten, dass «wir uns schmeicheln, verbissen eine ‹Gesinnung des 19. Jahrhunderts› zu behalten.» [SI2: 320]. Genau daran hängt auch die ihnen unbewusst gebliebene Seite der zentralen Auskunft ihres Proletariats-Topos: «Trotz unseres ganzen ‹Avantgardismus› und *ihm zum Dank* ist das die einzige Bewegung, deren Rückkehr wir wünschen». [Ebd.].

4.6 Die deutsche Misere[413]

Trauma: «Beerdigung der Freiheit»
Topos: «Krieg den deutschen Zuständen!»[414]

Schon Moses Hess[415] sprach 1847 davon, dass die verzögerte bürgerliche Entwicklung in Deutschland «dazu verdammt zu sein

---

411 J.-P. Sartre war der erste, der 1946 das Schweigen in Frankreich über die Shoah brach. Anm197.
412 In diese offene Flanke stoßend konnten sich später sogar im postsituationistischen Milieu um den Pariser Buchladen «La vieille Taupe» («Der alte Maulwurf») herum der Geschichtsrevisionismus und die Holocaustleugnung breit machen: Anm198.
413 Ausführlicher: 🖥 Ex.: Permanente Revolution (1848) und 🖥 Ex.: «Die deutsche Misere».
414 Marx urteilt realistisch-zynisch über die deutsche Misere: «Wir [die Deutschen], unsere Hirten an der Spitze, befanden uns immer nur einmal in der Gesellschaft der Freiheit, am Tag ihrer Beerdigung.» [MEW1: 379f.]. Und er schließt im gleichen Text kompromisslos: «Krieg den deutschen Zuständen!» [MEW1: 380].

[scheint], auf dem Stillen Ozean der deutschen Misere zwischen Furcht und Hoffnung so lange hin und her zu lavieren, bis *der Sturm vom Westen* losbricht und *die Wogen des Proletariats aus der Tiefe herauf*» die bloß bürgerliche Revolution überschwemmen müssen [zit. n. HKW3: 641].[416] Im Unterschied zum kapitalistischen *nation building* des Westens (England, Frankreich, USA) verschleppt das deutsche Bürgertum die bürgerlich-demokratische Revolution und unterwirft sich der preußischen Knute. Es hat mehr Angst vor dem sich formierenden Proletariat (Weberaufstand 1844), als es Mut gegen den Feudalabsolutismus aufbringt. Kurz: Es wird *konterrevolutionär, bevor es revolutionär geworden ist.*

Seine polit-ökonomische Miserabilität kompensiert das deutsche Bürgertum durch die «geistigen Höhenflüge» des deutschen Idealismus und indem es sich zum Lehrer der Menschheit aufzuwerfen versucht. Denn daraus ging die zweite, verblüffende Eigentümlichkeit der «deutschen Zustände» hervor: «Die Abstraktion von der miserablen Wirklichkeit – Basis der späteren theoretischen Überlegenheit der Deutschen von Leibniz bis Hegel.» [MEW18: 590]. Zeitlebens versuchten Engels und Marx – im 20. Jahrhundert dann vor allem Lukács, Adorno et al. – dieses geschichtliche, insbesondere mentalitätsgeschichtliche Phänomen historisch-materialistisch zu erklären.

Als durchgehenden Grundzug der deutschen Zustände bis heute gilt es festzuhalten: «Diesen kleinlichen Lokalinteressen entsprach einerseits die wirkliche lokale und provinzielle Borniertheit, andererseits die kosmopolitische Aufgeblähtheit der deutschen Bürger» [MEW3: 177], in Entwendung der heutigen Ausdrucksweise: lokal denken – global handeln!

Aus der Aussichtslosigkeit, sich aus der deutschen Misere «am eigenen Schopf» herauszuziehen, konnte Marx schon für das entstehende moderne Proletariat nur schließen: In Deutschland muss «die Unmöglichkeit der *stufenweisen* Befreiung die *ganze* Freiheit gebären». [MEW1: 390]. Jede partielle Emanzipation kann in den deutschen Zuständen nur erst aufgrund einer universellen Emanzipation Wirklichkeit werden, als «Verwandlung der pfäffischen Deutschen in Menschen» [MEW1: 386]. Dies sei laut Marx und Engels die einzige realistische Perspektive für das Proletariat, das in dem «Dunghaufen Deutschland» steckt [MEW2: 566]. Wegen seiner kulturellen Spießbürgerlichkeit sei selbst die Option einer nachholenden bürgerlichen Revolution und der bloß politischen nicht mehr hinreichend, denn sie lasse «die Pfeiler des Hauses

---

415 Zur Person Moses Hess (1812-1875): Anm199.
416 Anm200.

stehen». [MEW1: 388]. Das Proletariat, das nicht nur in den deutschen Zuständen überleben muss, sondern endlich ohne diese Zustände leben will, muss also Marx zufolge hier besonders maximalistisch und extremistisch direkt auf die communistische Revolution ausgehen. Denn nur die aufs Ganze gehende Revolution sei realistisch, während die bloß bürgerlich-demokratische Revolution in der Tat für Deutschland utopisch sei. Nicht irgendeine «deutsche Arbeiterklasse», sondern nur das internationale Proletariat auf deutschem Terrain kann das verfehlte nationale Projekt hochgehen lassen. Die Emanzipation kann in Deutschland also nur cosmopolitisch und universalistisch durchgesetzt werden.[417] Deshalb erklärt Marx kategorisch als erste und letzte Bedingung für die Befreiung der Arbeiterklasse: «*Krieg* den deutschen Zuständen! Allerdings! Sie stehn *unter dem Niveau der Geschichte*, sie sind *unter aller Kritik*, aber sie bleiben ein Gegenstand der Kritik, wie der Verbrecher, der unter dem Niveau der Humanität steht, ein Gegenstand des *Scharfrichters* bleibt. […] Ihr Gegenstand ist ihr *Feind*, den sie nicht widerlegen, sondern *vernichten* will.» [MEW1: 380].

Die Hauptschwierigkeit, die deutsche Misere zu begreifen, liegt vor allem darin, die mentalitätshistorische Eigentümlichkeit und den polit-ökonomischen Sonderweg Deutschlands in ihrer sprunghaft-disparaten Wechselbedingtheit historisch zusammenzusehen. Auf diesem widersprüchlichen Zusammenspiel zwischen untertäniger Modernisierung[418] und industriell hochorganisierter Barbarei beruht die Realisierung der «Machtphantasie Deutschland» [Herrmann1996].

Darin kommt dem etablierten Regelsystem «Theoriebildung» eine besonders bedeutende Rolle zu.[419] Sie ist eine entscheidende Komponente der deutschen Ideologie. Schon für den klassischen deutschen Idealismus war kennzeichnend: «Drang zu unendlicher Herrschaft begleitete die Unendlichkeit der Idee, das eine war nicht ohne das andere.» [Adorno1969: 105]. Denn die Vorherrschaft der Kantschen Erkenntnistheorie im etablierten deutschen Denken «entspricht vollständig […] der Misère der deutschen Bürger, deren kleinliche[n] Interessen» [MEW3: 177], das damit unter der preußisch-deutschen Knute fachidiotisch der deutschen Servilität frönen konnte.

---

417 Diese totale Negation der mentalitätshistorischen und kulturellen Misere wird in «Die Gesellschaft des Spektakels» als Präambel zum Kulturkritikkapitel (8. Kapitel) aufgegriffen; vgl. GdS: 155 und zitiert in Anm201.
418 «Ein Herrenvolk von Untertanen» (Heinrich Mann).
419 Anm202.

Hegel dagegen wurde nach der abgebrochenen demokratischen Revolution von 1848 als «toter Hund» behandelt, von jenem deutschen Bürgertum «welches jetzt im gebildeten Deutschland das große Wort führt». [MEW23: 27].[420] Aus panischer Angst vor dem aufkommenden revolutionären Proletariat zog es das Bürgertum 1848/49 vor, mit dem preußisch-deutschen Regime der Junker (ost-elbischen Großgrundbesitzer) zusammenzugehen und Kurs zu nehmen auf die Gründung des Bismarckschen Deutschen Reiches mit «Blut und Eisen». Mit der industriellen «Gründerzeit» ab 1871 konnte nun der «Machtphantasie Deutschland» eine reale polit-ökonomische Fundierung gegeben werden.

Die dialektische «Arbeit des Begriffs» (Hegel), die vom bürgerlichen Denken aufgegeben worden war, wurde in dieser Situation von der stürmisch sich organisierenden, bildungshungrigen jungen Arbeiterbewegung aufgegriffen (in Arbeiterbildungsvereinen)[421] und stellte jetzt einen Trumpf der revolutionären Kräfte in Deutschland dar: «Ohne Vorausgang der deutschen Philosophie, namentlich Hegels, wäre der deutsche wissenschaftliche Sozialismus – der einzige wissenschaftliche Sozialismus, der je existiert hat – nie zustande gekommen» [MEW18: 516], meinte Engels sogar, auch wenn er relativieren musste, diese Entwicklung sei «kein ausschließlich deutsches, sondern ebensosehr ein internationales Produkt». [MEW19: 187]. Mentalitätsgeschichtlich drückte jedoch bald das tote Gewicht der deutschen Zustände auf diesen theoretischen Sinn: «Ein Land kann nicht 200 Jahre erleben, wie es die von 1648-1848 für Deutschland waren, ohne daß diese ein gewisses Philistertum auch bei der Arbeiterklasse hinterlassen», musste sich der sonst so optimistische Engels 1892 eingestehen [MEW38: 545].

Der Auflösungsprozess des Hegelianismus – in staatstreue Rechts- und diffus anarchistische Linkshegelianer – vollzog sich spiegelbildlich. Als Bestandteil der Reaktion gegen die Arbeiterbewegung setzte die Schulungsbürokratie der Sozialdemokratie allmählich von oben die parteisoldatische Erlösungsvorstellung einer kantianischen Pflichtethik durch, die der deutschen Knechtseligkeit entspricht. Walter Benjamin beschreibt diesen Prozess folgendermaßen: «Das Unheil setzt damit ein, daß die Sozialdemokratie diese Vorstellung zum ‹Ideal› erhob. Das Ideal wurde in der neukantischen Lehre als eine ‹unendliche Aufgabe› definiert. Und diese Lehre war die Schulphilosophie der sozialdemokratischen Partei»,

---

420 Hegels dialektisches Denken zeichnete sich allerdings selbst durch eine Zwiespältigkeit zwischen Staatskonformismus und emanzipatorischer Subversion aus.

421 Anm203.

die den Attentismus der Vorkriegs-Sozialdemokratie ideologisch begründete. [BenjaminWerkeBd.1: 1231]. Der Neokantianismus wurde zur Leit-Ideologie der deutschen Sozialdemokratie und ging einher mit der staatssozialistischen Etablierung des «Kathedersozialismus» im Bismarckstaat (das sogenannte «Mandarinat» an den deutschen Universitäten).

Seit der Zeit der Bismarckschen Sozialistengesetze 1878-1890 entfaltete sich die subversive diffuse Alltagsideologie des Linkshegelianismus als Langzeitwirkung von Max Stirners «Der Einzige und sein Eigentum» (1845); und gegen 1900 trat eine erstaunliche Tiefen- und Breitenwirkung dieses Kernstücks der «Deutschen Ideologie» ein,[422] welches Marx schon in seiner Entstehungsphase (1845-1846) gründlich auseinandergenommen hatte (eine Kritik, die allerdings bis heute ignoriert worden ist[423]). Hatte diese Spielart der deutschen Ideologie zunächst eine spontan-untergründige Wirkungsgeschichte, so wurde diese nun von den Ideologen der deutschen Sozialdemokratie, Eduard Bernstein, Hermann Duncker, aber auch Gustav Landauer u.a. aufgenommen.[424] «‹Werdet Egoisten!› so lautet der kategorische Imperativ Stirners. Es entspräche nur dem eigentlichen Sinn seines Buches, hieße es: ‹Millionen Einzige und ihr Eigentum›» [Max Adler zit. n. Helms1966: 361]. Diesem deutsch-ideologischen Geist entsprangen der proletarische Schrebergarten-Anarch und der sozialdemokratische Parteisoldat *in einem*. Bis zum Ersten Weltkrieg konnte diese Mentalität in eine «Lizenz zum Morden» für die «Weltherrschaft des Ich», eines aufgeblähten Subjekts, umschlagen. Sie ermöglichte eingesperrt und gezüchtet im Reich des preußisch-deutschen Hungerregimes von Fabrik und Kaserne mit seinem enormen Ausbeutungsgrad, dass bis zum Wilhelminismus die imperialistische Konkurrenz auf dem Weltmarkt eingeholt werden konnte.

Die Ungleichmäßigkeit dieser besonderen deutschen ökonomisch-sozialen Spätentwicklung gegenüber den Kolonialmächten und den USA begründete den besonders gefährlichen, abenteuer-

---

422 «Max Stirner» (Johann Caspar Schmidt 1806-1856) ging aus der linken junghegelianischen Schule hervor, mit der sich Marx und Engels in «Die Heilige Familie» und «Die deutsche Ideologie» intensiv auseinandersetzten, und schuf eine «Religion der Eigenheit» [vgl. Volpi: 202]. Sein Hauptwerk «Der Einzige und sein Eigentum» von 1845 [vgl.: Stirner1986] gilt als Gründungsdokument des Individualanarchismus, wurde aber auch weit darüber hinaus in der deutschen und austromarxistischen Sozialdemokratie (Max Adler) bis zu den russischen Marxisten (Plechanow) und der Linken Japans sowie der USA wirkmächtig [siehe dazu Helms1966].
423 Anm204.
424 Vgl. Helms1966.

lichen Charakter des Deutschen Reichs: 1914 riskierte die deutsche Bourgeoisie zum ersten Mal den Griff nach der Weltmacht. Deutschland bildete damit seine immer schon konterrevolutionäre Rolle [vgl. MEW1: 379f.] weiter aus und erhob sich endgültig zur *Zentralmacht der Konterrevolution* in Europa.[425]

Seit dem 19. Jahrhundert war diese deutsche Misere stets ein entscheidender Faktor gegen alle revolutionären Anläufe. So arbeitete auch die SI vier historische Konstellationen des Klassenkampfes in den deutschen Zuständen heraus.

Die *erste Konstellation* bestand bis 1914: «Wenn er auch in höchstem Maße bewußtseinsbildend war, bewies der Augenblick tiefgreifender gesellschaftlicher Umwälzung, der mit dem ersten Weltkrieg eintrat, zweimal[426], daß die sozialdemokratische Hierarchie die deutschen Arbeiter nicht revolutionär erzogen hatte, sie in keiner Weise *zu Theoretikern gemacht* hatte: zuerst, als sich die große Mehrheit der Partei dem imperialistischen Krieg anschloß, und dann, als sie in der Niederlage die spartakistischen Revolutionäre zermalmte.» [GdS§97].[427]

Die *zweite Konstellation* reichte von 1918 bis 1933: Abermals trat die große Mehrheit der deutschen ArbeiterInnen (um die SPD herum) auf die Seite der Konterrevolution. In Deutschland, indem sie hinter den Gardinen stehend zusahen, wie die Sozialdemokratie um Ebert, Noske e.a.[428] den Spartacus-Aufstand und die Ansätze zur Räteherrschaft von Reichswehr und Freikorps niederschlagen ließ. Gegenüber dem Weltproletariat, indem sie die von den russischen Arbeiter- und Soldatenräten sowie Bauernsowjets begonnene proletarische Weltrevolution, die auf die Revolution in Deutschland gesetzt hatte, hängenließen bzw. offen bekämpften. Debord sieht hier äußerst klar den entscheidenden psychomentalen Faktor: eingefleischte deutsche *Knechtseligkeit* und staatskapitalistisch-lutherische *Arbeitsmentalität*. «Der Exarbeiter Ebert glaubte noch an die Sünde, denn er gab zu, die Revolution ‹wie die Sünde› zu hassen. Und dieser gleiche Arbeiterführer erwies sich als guter Vorläufer *der sozialistischen Repräsentation*, die sich wenig später dem Proletariat in Rußland und sonstwo als absoluter Feind entgegenstellen sollte, indem er das genaue Programm dieser neuen Entfremdung formulierte: ‹Sozialismus heißt viel arbeiten›.» [GdS§97].

---

425 Hintergründe dazu: Anm205.
426 August 1914 und November bis Januar 1918/19.
427 Literaturtipps zur Geschichte des Spartacusbundes, dem revolutionärcommunistischen Flügel des Proletariats in Deutschland: Anm206.
428 Zu Friedrich Ebert und Gustav Noske und ihren «Hass auf die Revolution»: Anm207.

Mit dieser grundlegenden Verkehrung der Beziehung von Proletariat und «sozialistischer» Ideologie, mit der Repräsentation der ArbeiterInnen, setzt die deutsche Sozialdemokratie zuerst die Wende zur Herrschaft des Spektakulären im 20. Jahrhundert durch, nämlich «die vollendete Entstehung einer Ordnung der Dinge, welche im Mittelpunkt der Herrschaft des modernen Spektakels steht: die *Repräsentation* der Arbeiter hat sich radikal der Klasse entgegengesetzt.» [GdS§100].

Es handelt sich also um eine gesellschaftliche Struktur der verallgemeinerten Inversion oder Perversion, in der sich der *Kapitalismus als Sozialismus* darstellt, die *Konterrevolution als die Revolution*, der *Staat als die Klasse*, das *Kapital als die befreite Arbeit* [vgl. MEW19: 22] etc. Debord zitiert die zu späte Erkenntnis Rosa Luxemburgs,[429] ihre Entdeckung der Funktionsweise der spektakulären Arbeiter*repräsentation*, wo sich die Reaktion als Revolution verkleidet: «[...] ‹Würde die Kardinalfrage der Revolution offen und ehrlich: Kapitalismus oder Sozialismus lauten, ein Zweifel, ein Schwanken wäre in der großen Masse des Proletariats heute unmöglich.› [...] Wenige Tage vor ihrer Zerstörung entdeckte die radikale Strömung des deutschen Proletariats so das Geheimnis der neuen Bedingungen [...]: die spektakuläre Organisation der Verteidigung der bestehenden Ordnung, das gesellschaftliche Reich des Scheins» [GdS§101].

Jene spektakuläre Verkehrungsstruktur konnte sogar die vom Proletariat in seinen Kämpfen selbst geschaffenen Organe, nämlich die Arbeiterräte, erfassen und jederzeit in eine «Räte-Ideologie» entfremden. So analysierte die SI die spärlichen Ansätze und Versuche, eine authentische communistische Räte-Keimform als autonome, nicht entfremdete Organisationsform der revolutionären ArbeiterInnen zu entwickeln. Dabei stellte sie fest, dass auch diese winzigen Initiativen «in Deutschland viel zu spät» kamen, wenn sie nicht schon in der geschlagenen Arbeiterbewegung der Weimarer Republik zwischen SPD und KPD und ihren organisatorischen Ablegern[430] zerrieben worden waren: «1931 war dort die revolutionäre Bewegung schon seit fast zehn Jahren tot.» [SI2: 403f.].

Die Zwischenkriegszeit bis zum Hitler Stalin-Pakt markiert die *dritte Konstellation*. Soweit wir sehen würdigt die SI die Geschichte der KPD und die sozialdemokratisch-kommunistischen Aktionseinheitsbestrebungen an der Basis der deutschen Arbeiterbewegung keines Blickes.[431] Wie schon Walter Benjamin, Adorno u a.

---

429 Zu Rosa Luxemburg (1871-1919) und der SI: Anm208.
430 Anm209.

Zeitgenossen, die ursprünglich auf das revolutionäre Proletariat gesetzt hatten, starrte die SI wie gebannt auf das Zusammenspiel der nationalsozialistischen und stalinistischen Konterrevolution. So lenkt die SI das Augenmerk auf die Wesenszeichen und das Zusammenwirken zweier hochgradig «staatskapitalistischer» Herrschaftssysteme, die beide als national-staatssozialistisch auftreten. Sie bezeichnet beide als «*konzentriertes* Spektakel»,[432] als Aufstiegs- bzw. Wachstumskrisen-Systeme bei der globalen Herausbildung der Gesellschaft des Spektakels. «Die revolutionäre Arbeiterbewegung zwischen den beiden Kriegen wurde vernichtet durch das vereinte Wirken der stalinistischen Bürokratie und des faschistischen Totalitarismus.» [GdS§109].[433] Nach der deutschen Sozialdemokratie trieb – der SI zufolge – nun der deutsche Nationalsozialismus die Konterrevolution voran und veranlasste die SU zur Kollaboration bei der Vernichtung der proletarischen Revolutionsansätze überall. Jedoch ist ihre Analyse so sehr auf dieses spektakuläre Zusammenspiel fixiert, dass sie kein einziges Wort über den Vernichtungskrieg Deutschlands gegen die SU verliert und sogar auf die Vernichtung der Jüdinnen und Juden, die in der territorialen Reichweite NS-Deutschlands lebten, nirgends eingeht.

Nach dem Zweiten Weltkrieg mit der territorial-staatlichen Aufteilung in BRD und DDR stellte sich die *vierte Konstellation* ein. In dieser untersucht die SI die Ansätze von Revolten im westlichen und östlichen Nachkriegseuropa nach ihren darin verborgenen revolutionären Begehren. Doch die Zwiespältigkeit von Revolten in Deutschland, die nicht von vornherein offen gegen sämtliche deutschen Staaten «die ganze Freiheit gebären» (Marx) wollten, hat die SI verkannt. So überhöhte sie im Nachhinein den Aufstand vom 17. Juni 1953 in der DDR: «Als Ausgangspunkt der neuen revolutionären Bewegung in den industrialisierten Ländern, die im Brennpunkt der ganzen modernen Geschichte stehen, kann der Arbeiteraufstand in Ostberlin 1953, der den bürokratischen Schwindlern an der Macht die Forderung nach einer ‹Regierung der Metallarbeiter› entgegensetzte, betrachtet werden.» [WuS: 13].[434]

---

431 Allerdings wird dadurch auch eine ganze Dimension der Geschichte der nun einmal besonders in den deutschen Zuständen charakteristisch durch- und überorganisierten Arbeiterbewegung ausgeblendet. Näheres dazu: Anm210.
432 Zur Faschismustheorie der SI siehe Exkurs im Anschluss.
433 Unbeeindruckt vom Totalitarismusbegriff Hannah Arendts benutzt die SI ihren eigenen Totalitarismusbegriff.
434 Siehe auch Debord GdS§111 und zitiert in Anm211.

Gewiss war dieser ein internationales Signal gegen den Stalinismus und zum ersten Mal nach langer Zeit wieder eine proletarische Revolte in Deutschland, doch blieb auch er in der deutschen Misere stecken. Hatte doch gerade Stalin mit zynischem «Realismus» die fatale deutsche Volksstaatlichkeit festgeklopft: «Die Hitler kommen und gehen, das deutsche Volk, der deutsche Staat bleibt.» Gegen die deutschen Zustände war die spontane proletarische Erhebung kurz nach dem Tod Stalins gerade nicht revolutionär gerichtet. Schon gar nicht haben die deutschen ArbeiterInnen diesen Zuständen endlich den Krieg erklärt, den Marx hundert Jahre zuvor als unerlässliche Bedingung für die Revolution in dieser Region bezeichnet hatte. (Die «deutsche Einheit», die von den ArbeiterInnen und «Volksaufständischen» des 17. Juni 1953 gefordert wurde, haben sie 1990 schließlich bekommen.) All das übersah die SI.

Im Westteil Deutschlands wurden in jener Zeit die Anfänge der sogenannten Neuen Linken sichtbar. Der spektakuläre Aktionismus der BRD-Linken war Anfang der 1960er Jahre in zwei Prototypen verkörpert, die beide Varianten eines missverstandenen Situationismus[435] in Deutschland darstellen: Dieter Kunzelmann und Rudi Dutschke. Katalysator war die «Subversive Aktion»[436].

Dieter Kunzelmann hatte im Umfeld der «Gruppe SPUR» mit der SI direkt zu tun.[437] Er steht für Teiletappen des geistigen Weges dieser Neuen Linken der BRD in den 1960ern, der von der «Subversiven Aktion» über die Kommune 1 und 2 bis zur sogenannten Metropolenguerilla reicht. Die Schwabinger «Gruppe SPUR» hatte Anfang der 1960er Jahre eine deutsche Sektion der SI bilden wollen, wurde aber schon bald im Februar 1962 «wegen theoretischer Unfähigkeit» (Marcus) und «Nationalsituationismus» ausgeschlossen.[438] Kunzelmann ist der Protagonist des spontaneistischen und idealistischen Voluntarismus[439] des «antiautoritären» bis «autonomen» Flügels der BRD-Linken. In ihr feiert die Politik der Ersten Person Singular und Plural von Max Stirner fröhliche Urständ. In *Erster Person Singular* ist Kunzelmann zur Charakter-

---

435 Zum Unwort «Situationismus» vgl. Kapitel 2.2.
436 Zu «Subversive Aktion», SPUR, Kunzelmann und Dutschke: Anm212.
437 Vgl. Kapitel 2.2.
438 Im Bericht «Die kontersituationistische Operation in verschiedenen Ländern» der Revue der SI ist damals von einem «von gewissen Deutschen ausgebrüteten ‹Nationalsituationismus›» zu lesen [SI2: 34]. Die offizielle Begründung war ihr Verstoß gegen die von ihnen selbst mitgefassten Beschlüsse [vgl. SI1: 280-284,303,312 und weitläufig bei Ohrt1990: 262ff.].
439 Zum Begriff «idealistischer Voluntarismus» vgl. 3.7.1.

maske der spektakulären Spaßguerilla deutscher Provenienz und zum «Gesamtkunstwerk Kunzelmann» geworden. Vom «Einzigen Kunzelmann» zur *Ersten Person Plural* verlief der Weg über die Kommune 1 und 2, nachdem Berlin als spektakuläre Drehscheibe zwischen Ost und West zum Schauplatz der *Gaudi* gewählt wurde. In drei Leitsprüchen lässt sich die SPUR des BRD-linken Populismus und der Geist Max Stirners präzise zusammenfassen: «Eine Revolution ohne Gaudi ist keine Revolution» – «Es gibt keine künstlerische Freiheit ohne die Macht der Gaudi» – «Wir engagieren die ganze Welt für unsere Gaudi!» [SPUR1991: 44].

Ihre krasse *Theorieverachtung* zeigte sich v.a. darin, wie dieser Aktionismus in den gar nicht mehr lustigen «Antiimperialismus» überging. Auf der Strecke zur sogenannten Metropolenguerilla lagen die «provokativen» Aktionen vom Puddingattentat 1967 auf den US-Vize-Präsidenten zu den Flugblättern für «Warenhausbrandstiftungen», weil man ja *irgendwie* «gegen die Ware» war.[440] Wohin das Ersetzen von Theoriebildung durch Populismus in den deutschen Zuständen führt, zeigte sich unmissverständlich, als dieser antiamerikanische «Antiimperialismus» zum «Antizionismus» eskalierte. Dieser wurde zum Scharnier zwischen deutscher Linker und Rechter, was Karrieren wie die des mittlerweile zum spektakulären Naziideologen-Star avancierten Horst Mahler möglich machte. Damals brachte Kunzelmann eine breite (klammheimliche) Stimmung der BRD-Linken zum Ausdruck, als er nach dem fehlgeschlagenen Bombenanschlag der «Schwarzen Ratten TW» (Tupamaros Westberlin) auf das jüdische Gemeindezentrum am 9. November 1969, zum Jahrestag des Pogroms von 1938, schrieb: «Daß die Politmasken vom Palästina-Komitee die Bombenchance nicht genutzt haben, um eine Kampagne zu starten, zeigt nur [...] die Vorherrschaft des Judenkomplexes.» [zit. n. Koenen2001: 177].

In den Erinnerungen «Wie alles anfing» des «umherschweifenden Haschrebellen» Bommi Baumann ist auch die entlarvend-verkehrte Pointe dokumentiert, ausgerechnet an diesem Punkt das Theorie-Defizit zu beklagen: «Das bisherige Verharren der Linken in theoretischer Lähmung bei der Bearbeitung des Nahostkonflikts ist Produkt des deutschen Schuldbewußtseins [...]. Die neurotisch-historizistische Aufarbeitung der geschichtlichen Nichtberechtigung eines israelischen Staates überwindet nicht diesen hilflosen Antifaschismus. Der wahre Antifaschismus ist die klare und einfa-

---

440 Einige Flugblätter der Kommune 1 zu diesen Aktionen sind bei Josef (Moe) Hierlmeier im Kapitel «Das knisternde Vietnamgefühl» wiedergegeben [siehe Hierlmeier2002: 53-58]. Er geht näher auf Umstände und Auswirkungen dieser Art von deutschem «Internationalismus» ein.

che Solidarisierung mit den kämpfenden Fedayin [...]. Aus den vom Faschismus vertriebenen Juden sind selbst Faschisten geworden, die [...] das palästinensische Volk ausradieren wollen.» [ebd.S.178].

Die andere Ausprägung des deutschen Nationalsituationismus zeigt die Verkrüppelung des theoretischen Sinnes in dem anderen Protagonisten der «Subversiven Aktion», Rudi Dutschke. Während er sich als Marcuseanist vom Medienspektakel zum «Führer der Studentenbewegung» mit dem Image des wilden Revoluzzers machen ließ, gab er gleichzeitig die Losung vom «Marsch durch die Institutionen» aus. Das tote Gewicht des Nationalsituationismus ist bei Dutschke v.a. in seinem national-bolschewistischen Hang deutlich geworden, den er allerdings versucht hat, theoretisch in seinem Lenin-Buch (das zugleich ein Lukács-Buch ist) abzuarbeiten.

Obgleich u. E. noch zu erforschen wäre, inwieweit Dutschkes theoretischer Sinn gänzlich von den deutschen Zuständen absorbiert wurde, so besteht kein Zweifel, dass seine Weggefährten rechts von ihm bald endgültig den Halt verloren; und folgten auf die eine oder andere Art den Pfaden Horst Mahlers. Die Rekuperationsversuche der situationistischen Theorie und Praxis von seiten des linken und des rechten Nationalsituationismus sind dabei nie abgerissen.[441]

Links von Dutschke wurde der Funke des theoretischen Sinns in den deutschen Zuständen am ehesten von Leuten wie Hans-Jürgen Krahl[442] entfacht, und zwar in enger Anlehnung an Adorno und an den «Westlichen Marxismus».[443] Obwohl Krahl unserer Kenntnis nach ebensowenig jemals von der SI Notiz nahm wie diese von ihm, ist die Konvergenz in den theoretischen Leitmotiven und sind die Berührungsflächen unübersehbar. Dies zeigt sich z.B. überdeutlich in den kurz vor seinem Tode entstandenen Thesen «Zum allgemeinen Verhältnis von wissenschaftlicher Intelligenz und proletarischem Klassenbewusstsein»: «In der Theorienbildung der Neuen Linken muss die Erfahrung des Faschismus als eines organisierten Naturzustandes eingehen, der zwar insgesamt mit den Kategorien der Kritik der politischen Ökonomie, dem Akku-

---

441 Anm213.
442 Der einzige wirklich revolutionäre Theoretiker jener Generation der BRD-Linken, Hans-Jürgen Krahl (1944-1970), kam schon 1970 ums Leben und die posthume Sammlung seiner Papiere und Referate «Konstitution und Klassenkampf» ist bis heute ausgerechnet von der BRD-Linken völlig übergangen worden. Beachtenswerte Ausnahme ist seit 2003 das Internetprojekt www.krahlstudien.de. Siehe: 🖳 Ex.: Berührungspunkte von Krahls «Konstitution und Klassenkampf» mit der situationistischen Revolutionstheorie.
443 Zu diesem Themenkomplex, auch in der Reihe theorie.org, siehe: Behrens, Diethard: «Westlicher Marxismus».

mulationsprozess und Krisenzusammenhang des Kapitals erklärbar ist, dessen Terror im einzelnen aber sich solcher begrifflichen Subsumtion sträubt. Auschwitz ist kontingent auch noch den überlieferten Kategorien einer Kritik der politischen Ökonomie gegenüber. Auf dem Hintergrund dieser skizzierten Bewusstseinsverfassung stellen sich die revolutionstheoretisch entscheidenden Probleme der historischen Genesis des Klassenbewusstseins, und zwar 1. als Problem einer Rekonstruktion revolutionärer Theorie als einer Lehre, deren Aussagen die Gesellschaft unter dem Aspekt radikaler Veränderbarkeit begreifen, 2. der Wiedergewinnung einer Dimension materialistischer Empirie von Bedürfnisbefriedigung und Interessenserzeugung, 3. das Problem der Umsetzung der Theorie ins Bewusstsein des Proletariats.» [Krahl1971: 343]. Diese Aufgabenstellung wurde von den RevolutionärInnen in der BRD bis heute nicht in Angriff genommen.

Der erste und letzte Funken, der von der SI selbst in den «Dunghaufen Deutschland» gebracht wurde, verglomm. Uwe Lausen, nach dem Ausschluss der NationalsituationistInnen das einzige verbliebene SI-Mitglied in der BRD, ein Künstler, der 1970 ebenfalls an den deutschen Zuständen zugrundeging, brachte 1963 die erste und letzte Nummer einer deutschen SI-Zeitschrift zustande: «Der deutsche Gedanke». Irritierend ist dieser Zeitschriftentitel nur dann, wenn die Entwendung von Marx' Urtext zum «Krieg den deutschen Zuständen!» nicht erkannt wird: dort ist «der Gedanke» in den deutschen Zuständen identisch mit der Metapher vom «Blitz» der universalen, cosmopolitischen, communistischen Revolution, der «einschlagen» und zünden kann, wenn Theorie und Proletariat revolutionär zusammenfinden, um sich selbst und die «Misere Deutschland» endlich aufzuheben. [Vgl. MEW1: 386,391].

Die situationistische Initiative, der «deutsche Gedanke», hatte in den «deutschen Zuständen» keine Chance.[444]

Exkurs: «Die Faschismustheorie» der SI

Jeder Erklärungs- oder Deutungsversuch des deutschen Nationalsozialismus wird von der SI durch die Bezeichnung «der Faschismus» abgedeckt, also verdeckt. Die genuin deutsche Besonderheit und nationalsozialistische Einzigartigkeit werden kaum gestreift. Nur das Foto vom «Arbeit macht frei»-Portal zum Vernichtungslager Auschwitz[445] erscheint unter dem Text von Vaneigems «Basis-

---

444 Zu dem bemerkenswerten Versuch in der BRD der 1970er Jahre eine post-situationistische Initiative zu starten, dem der «SubrealistInnen» um die Zeitschrift «Revolte!»: Anm214.

banalitäten» (1963) in der SI-Revue. Dort ist es an einer Stelle abgedruckt, die von einer fundamentalen Kritik an «einer Welt, in der die Arbeit eine Erpressung des Überlebens ist» [BE: 140/SI2: 49], handelt.[446] Die Vernichtung-durch-Arbeit, die «gründliche deutsche Arbeit» der Vernichtung des Lebens der Jüdinnen und Juden, Sinti und Roma etc., d.h. aller, die von der NS-Vorstellung von «deutscher Arbeit» als parasitäre Nicht-Arbeit gegenprojiziert werden [vgl. Pilack1999], diese Wahnvorstellung wird nicht benannt, sondern durch das Foto nur angedeutet. In dem Vaneigemschen Text kommt die mythoskritische geschichtstheoretische Herleitung des Spektakels auf eine Bestimmung «des Faschismus» als «die Revolte der Privilegierten», der spezialisierten politischen «Schauspieler» in der Bedeutung von kapitalistischen Charaktermaskendarstellern, die plötzlich, in einer Krise der opernhaft gewordenen modernen Gesellschaft,[447] die Hauptrollen, die Herrschaft verlangten. [Vgl. BE: 133ff./SI2: 49ff.]. Die Faschismusdefinition als moderne mythische Rollenverteilung in Täter und Opfer weitet Vaneigem sogleich auf die normale kapitalistische Welt der demokratischen Gegenwart, auf ihren Urbanismus aus – anstatt nun auf die Besonderheit und Einzigartigkeit des NS zu kommen: «In diesem KZ-Universum, in dem Opfer und Folterknechte dieselbe Maske tragen, ist allein die Wirklichkeit der Folter authentisch.» [BE: 147/SI2: 57]. Es ist «die Welt der Verdinglichung», in der zum Schluss in Vaneigems Theorie alle Kühe schwarz sind.

Konkreter historisch, aber ebenfalls historisierend, klingt die Faschismusdefinition bei Debord: «Der Faschismus war eine extremistische Verteidigung der von der Krise und der proletarischen Subversion bedrohten bürgerlichen Wirtschaft; *der Belagerungszustand* [besser: *Ausnahmezustand,* Anm. BBZN][448] in der kapitalistischen Gesellschaft, durch den sich diese rettet und sich eine erste Notrationalisierung gibt, indem sie den Staat in ihre Verwal-

---

445 Der Auschwitzprozess fand in Frankfurt a. M. vom 20. Dezember 1963 bis zum 20. August 1965 mit großer Öffentlichkeit statt. Es ist unverständlich, dass die SI in diesen zweieinhalb Jahren offenbar den Blick in diesen Abgrund der Geschichte vermied, der erstmals das Verdrängte der deutschen Misere in Europa so massiv an den Tag brachte

446 Vaneigem versucht hier den ganzen Zynismus der doppelten Rekuperation zu kennzeichnen, der in der kapitalistischen Anwendung der communistischen Devise für die Regelung der erst noch aufzuhebenden Ökonomie besteht. Näheres: Anm215.

447 Siehe schon Nietzsches Kritik an Richard Wagner, auf die sich Vaneigem auch beruft. Vom Antisemiten Richard Wagner stammt auch der Spruch: «Deutschsein heißt, eine Arbeit um ihrer selbst willen zu tun.»

448 Wir halten die Übersetzung «Ausnahmezustand» für richtiger. Begründung, siehe Anm216.

tung massiv eingreifen läßt. Aber eine solche Rationalisierung ist selbst mit der ungeheuren Irrationalität ihres Mittels belastet.» [GdS§109]. Um diese Irrationalität wieder rational zu erklären, geht Debord ebenfalls auf den Mythos zurück und liefert eine zweite Definition: Der Faschismus «gibt sich als das, was er ist: eine gewaltsame Auferstehung des *Mythos*, der die Teilnahme an einer Gemeinschaft verlangt, die durch archaische Pseudowerte definiert wird: die Rasse, das Blut, den Führer. Der Faschismus ist *der technisch ausgerüstete Archaismus*. Sein verfaulter *Ersatz* des Mythos wird im spektakulären Zusammenhang der modernsten Konditionierungs- und Täuschungsmittel wieder aufgenommen. Dergestalt, daß er einer der Faktoren bei der Herausbildung des modernen Spektakulären ist, so wie ihn sein Anteil an der Zerstörung der alten Arbeiterbewegung zu einer der Gründermächte der gegenwärtigen Gesellschaft macht; aber da der Faschismus auch *die kostspieligste* Form der Aufrechterhaltung der kapitalistischen Ordnung ist, war es normal, daß er vom Vordergrund der Bühne abtreten mußte, die die Hauptrollen der kapitalistischen Staaten einnehmen, und durch rationellere und stärkere Formen dieser Ordnung beseitigt wurde.» [GdS§109].

Diese extrem historisch relativierende (und selbst in ihrem Ökonomismus noch verzerrend missdeutende) Bestimmung dessen, was «Faschismus» sei, abstrahiert völlig von der Singularität des deutschen Nationalsozialismus. Es genügt, diese Abstraktion vor Augen zu führen, um den Betäubungseffekt des Traumas der Katastrophe auf die SI zu zeigen: Auch von ihr forderte die deutsche epochale Konterrevolution in Gestalt des NS ihren Tribut an Verdrängungsleistung, obwohl doch gerade die SI den Topos «Wiederkehr des Verdrängten der proletarischen Geschichte» geltend machte. Dies war nur möglich durch das Überblenden des Kulminationspunkts der deutschen Katastrophe, der konkreten «Chiffre Auschwitz» (Adorno), durch die abstrakte Chiffre «die Arbeiter».

5 Die Kritik der SI und die Möglichkeiten einer Überwindung der Verhältnisse

«Das Warenspektakel kolonisiert das Mögliche, indem es den theoretischen und praktischen Horizont der Epoche polizeilich absteckt. So wie im Mittelalter der religiöse Rahmen als der unüberschreitbare Horizont erschien, in dem die Klassenkämpfe ausgetragen werden mussten, so tendiert die spektakuläre Warenform dahin, sich einen solchen Rahmen zu schaffen, innerhalb dessen alle von vornherein für die totale Emanzipation verlorenen Kämpfe geführt werden sollen. [...] Die Ware produziert aber auch ihre eigenen Totengräber, welche sich auf keinen Fall mit dem Spektakel ihrer Zerstörung begnügen können, da sie sich die Zerstörung der Spielregeln zum Ziel gesetzt haben. Existenzbedingungen kann man nicht widerlegen, man kann sich nur von ihnen befreien.»

[SI2: 185]

Trotz diverser Proklamationen vom «Ende der Geschichte» (Hegel, Gehlen, Fukuyama) nach 1968 und spätestens nach 1989[449] muss mit Hegel zugegeben werden, «daß alles weitergeht» [zit. n. SI2: 108]. Seit der Auflösung der SI 1972 haben sich die Machtkonstellationen in der von ihr bekämpften Welt stark verändert. Im Folgenden werden wir versuchen, die derzeitige «Systemkonfrontation», welche in modernisierter Form viele Züge eines wesentlich älteren Konfliktes in sich trägt, in groben Zügen als aktuellen Höhepunkt des Spektakels darzustellen.

Mit dem Zusammenbruch der staatssozialistischen Illusion entstand in der aus dem Sieg über den Nationalsozialismus hergestellten Nachkriegsordnung Europas ein Vakuum. Hatte sich die BRD als «Rechtsnachfolger des Dritten Reiches» in den Jahrzehnten, nachdem es glücklicherweise zerschlagen worden war, mit den aus Europa zusammengeraubten Werten und der darauf beruhenden Modernisierung des Ausbeutungsregimes schon wieder ökonomisch aufgerappelt, so trat mit der wiedererlangten politischen Souveränität ab 1990, wie bereits 1871 das damalige Deutsche

---

449 Anm217.

Reich, aus dem staatssouveränen Nichts eine Macht auf den Plan, welche sich so schnell wie der in ihrem nationalstaatlichen Projekt nun einmal selbst gesetzten Bestimmung zu widmen gedachte: erste in der Welt zu werden.[450]

Das Projekt Europa wurde in den 1950er Jahren taktisch in neuer Form aufgenommen. Diesmal aber, um die deutschen Großmachtsambitionen vermeintlich einzubinden und im Sinne Frankreichs ein Gegengewicht zu den USA zu bilden. Tatsächlich hat Deutschland nachträglich den Zweiten Weltkrieg auf der ökonomisch-politischen wie der ideologischen Ebene gewonnen, weil es ihm gelungen ist, dieses Projekt umzudrehen, um damit Europa «friedlich» zu durchdringen. Zentral hierbei ist, dass es der deutschen Ideologie gelang, den «Holokaust» (Guido Knopp)[451] zu rekuperieren und ihn auch noch als Waffe gegen ehemalige Gegner und Opfer wie Jugoslawien, Polen, Tschechien, die USA oder Israel zu missbrauchen .[452]

Um das von der SI erreichte Bewusstsein an ihrem Zeithorizont als nicht zu hintergehende Voraussetzung für die Jetztzeit retten zu können, wird zunächst der Verfall kritischen Bewusstseins nach 1968, die Rekuperationen einstmals revolutionärer Topoi skizziert werden. Um eine Aktualisierung zu ermöglichen, sind die beiden blinden Flecken der SI in den Blick zu nehmen: *Geschlechterverhältnisse* und *Shoah*. Erst dann kann reflektiert werden, inwieweit die Partei der Negation, die «destruktive Partei» [MEW2: 37], gegenwärtig die situationistische Revolutionstheorie in Gebrauch nehmen könnte.

---

450 ⊟ Ex.: «Die deutsche Misere» und ⊟ Ex.: Herausforderung Israels.

451 «Holocaust» heißt ursprünglich in seiner hebräischen Bedeutung «gottgewolltes Brandopfer». Deshalb benutzen wir diesen Ausdruck nicht. «Shoah» dagegen bedeutet: «*die* Katastrophe». *Die* Katastrophe weist auf eine Singularität hin. Da wir nicht jedes Mal mit der eigentlich korrekten Formel: «die Vernichtung der Juden in Eurasien und dem Mittelmeerraum durch das nationalsozialialistische Deutschland» sprechen möchten [vgl. Gilbert1982], benutzen wir die Bezeichnung *Shoah*, um erstens die erinnerungspolitische Sakralisierung im Wort Holocaust zu vermeiden, zweitens der Verwechslung mit der instrumentell eingedeutschten Form «Holokaust» (mit *k*, wie Guido Knopp e.a. sie durchsetzen konnten) zu entkommen, drittens das Moment der Katastrophe als gattungsgeschichtlichem Bruch festzuhalten sowie viertens das über die Denotation der Vokabel Hinausgehende, begrifflich nicht Subsumierbare daran offenzuhalten, das nicht rationalistisch zu verkürzen ist.

452 Ausführlich im Exkurs: ⊟ Ex.: Das Spektakel des Antiimperialismus: Europa gegen Amerika.

5.1 Der Niedergang der Ideologie: die Feier des Fragments

*B*ereits 1961 beschrieb die SI die Bedingungen für ein Wiederauftauchen der proletarischen Revolution, welches nur wenige Jahre später möglich werden sollte: «Überall kann die Revolte gegen die bestehenden Verhältnisse ausbrechen. Sie wird weder ein ausdrückliches Projekt noch eine Organisation besitzen, solange der Raum immer noch durch die alte mystifizierte und trügerische revolutionäre Politik besetzt wird. Diese ist misslungen – und in ihren unterdrückerischen Gegensatz umgeschlagen –, weil es ihr nicht gelungen ist, das Unannehmbare und das Mögliche in ihrer Totalität zu begreifen. Genauso ist sie unfähig gewesen – und ihre Überbleibsel sind es immer noch – sowohl das Unannehmbare als auch das Mögliche zu definieren, weil ihre Praxis misslang und zur Lüge wurde. Nur mit Übermass kann das revolutionäre Projekt wieder anfangen; es braucht einen neuen Maximalismus, der alles von der Umwälzung der Gesellschaft verlangt.» [SI2: 98f.].

Diese vernünftig-abstrakten Einsichten retteten die SI-Theorie aber nicht davor, gemäß ihrem Verständnis der Dialektik von Revolution und Konterrevolution selbst rekuperiert zu werden. Ihr kohärenter Versuch einer Antwort hierauf war die Selbstauflösung, der Versuch zu verschwinden, in einer außerhalb ihrer Reihen von ihr schon als sehr viel weiter entwickelt vermuteten revolutionären Bewegung aufzugehen.[453]

«Le vieux monde va disparaitre – après Paris, le monde entier»[454] war 1968 in Paris gesungen worden, Jaques Dutroncs «Il est cinq heures» entwendend, einen der letzten großen Hits in Frankreich vor der Unterbrechung des Alltagslebens durch den wilden Generalstreik – doch sollte diese Hoffnung, von Frankreich aus über Italien und England nach Portugal wandernd, innerhalb von wenigen Jahren ihren Glanz immer mehr verlieren, in dem Maße wie sich neue Maximal*ismen* auf das Terrain drängten.

Jedoch losgelöst vom Projekt der umfassenden Aneignung zur Realisierung der mit ihnen formulierten radikalen Bedürfnisse und in diverse Kämpfe zersplittert, wurden diese neuen Maximalismen zerrieben und zunehmend als Schmiermittel der alten Welt rekuperiert: das «Wir wollen Alles!» war in «Teilbereichskämpfe» zerfallen. Die Theorie hierzu lieferten erklärte Feinde des Denkens

---

453 Vgl. Kapitel 2.
454 «Die alte Welt wird verschwinden – nach Paris die ganze Welt.» Nachzuhören auf: Chansons du prolétariat révolutionnaire: Pour en finir avec le travail. EPM 1998.

der Totalität sowie ihrer Dialektik;[455] sie konnten in jedem Trümmerstück des revolutionären Aufbruchs nur das Partikulare entdecken und damit nur einen weiteren Beweis für die Unmöglichkeit der Kohärenz. In der Niederlage der Revolution sonnten sich die «Neuen Sozialen Bewegungen» – unfähig und auch gar nicht willens, verstümmelte Fragmente anders denn als isoliert, abstrakt und selbstzweckhaft zu verteidigen.

5.1.1 Selbstverwaltung

Nach nur wenigen Wochen der Selbsttätigkeit im *Pariser Mai* 1968 hatten sich die ArbeiterInnen in Frankreich einigermaßen geschlossen zurückgezogen, wissend, dass sie den vom Staat in aller Offenheit vorbereiteten Bürgerkrieg nicht aus dem Stand würden aufnehmen können. Sie hatten es also zugelassen, wieder von genau jenen FunktionärInnen repräsentiert zu werden, die als einzige in der Lage gewesen waren, den Staat zu retten. Den RepräsentantInnen war es gelungen, eine heraufdämmernde revolutionäre Situation zu zerstäuben, indem sie die sich artikulierenden radikalen Bedürfnisse in rein immanente, meist ökonomistische Forderungen hatten fehlübersetzen können. Die Kritik der Verhältnisse, von der SI über Jahre auf die praktische Kritik hin vorangetrieben, war noch nicht gut genug verbreitet gewesen. Sie hatte sich über wenige Gruppen hinaus nicht in eine Organisierung zur *Klasse des Bewusstseins* umgesetzt, welche ein breit angelegtes Experimentieren möglich gemacht hätte. Der Glaube an die Naturhaftigkeit des Bestehenden war zwar für kurze Zeit erschüttert, aber noch nicht allgemein gesellschaftlich unmöglich gemacht worden. Dessen Zerstörung als unabdingbare Grundlage der eigenen Emanzipation war noch nicht allgemein (an-)erkannt. So strandete die Forderung nach der «generalisierten Selbstverwaltung» ohne Erfüllung deren notwendiger Voraussetzungen, der Aneignung aller gesellschaftlichen Produktionsmittel und zugleich der Abschaffung des Staates, in den folgenden Jahrzehnten als «verbesserte» Selbstzurichtung der Ware Arbeitskraft für ihre Ausbeutung. Wenn 1968 französische Unternehmerverbände Studienreisen nach Jugoslawien organisierten, so weniger, um den Forderungen nach mehr Selbstbestimmung in den Betrieben scheinbar entgegenzukommen, sondern vor allem auch um zu lernen, wie in einem staatssozialistischen Land unter dem Label «Selbstverwaltung» die lebendige Arbeit noch intensiver als jemals zuvor zu konsumieren sei – und stets waren es stalinistische bzw. sozialde-

---

455 ⌨ Ex.: Dialektik und offene Totalität.

mokratische FunktionärInnen, die eine Modernisierung der Ausbeutung mittels «Mitbestimmung» und sogenannter «Arbeiterkontrolle» als «Sieg der Arbeiterklasse» zu bejubeln wussten.[456] Ähnlich verhielt es sich mit dem rekuperierten Konzept der Räte,[457] welches in der modernen Gruppenarbeit den Verwertungszwang internalisiert, zur Sache «aller» macht und die Kontrolle der Verwertung der Arbeitskraft somit *demokratisch* nach unten delegiert.

Hierbei funktionierten die in den Siebziger Jahren entstandenen «Neuen Sozialen Bewegungen» als Transmissionsriemen, indem sie bestimmte Begriffshülsen, die nach dem kurzen revolutionären Moment übrig geblieben waren, «konkret lebten», – allerdings ohne jede Ambition, sie jemals wieder in einer umfassenden Gesellschaftskritik denken zu wollen. Begleitet wurde das pragmatische Ausprobieren und Abschleifen des einstmals Gewussten oder «irgendwie» Geahnten vom kleingärtnerischen Psychoterror aus Moralin und «Unmittelbarismus» (vgl. 3.7.1). Aus dem Kollektiv des Alternativbetriebs als Blaupause für das Sichselbsteinbringen mit Haut und Haar erwuchs der Schrittmacher einer negativen Flexibilisierung und *Selbstverwirklichung* im Job. Politischer Ausdruck dieses neuen Mittelstandes, der in Rekuperation gemacht hatte, wurden vor allem in der BRD «Die Grünen».

5.1.2 Umweltzerstörung

*1*972, als die SI sich auflöste, entwickelte sich gerade ein Bewusstsein von den Schädigungen, welche die spektakuläre Warenproduktion, sei es in ihrer diffusen oder in ihrer konzentrierten Ausformung, an den natürlichen Lebensgrundlagen anrichtete. Während der Club of Rome[458] in seiner Kritik «des Wachstums» noch nicht kalkulierbare Kostenfaktoren für die Reproduktion des Kapi-

---

456 Auch der westlichen Begeisterungswelle für das maoistische China in den Jahren «nach der Kulturrevolution» als «konkreter Utopie» scheinbar antihierarchisch rotierender Produktionskollektive lagen solche unreinlichen Motive zugrunde. Siehe 🖳 Ex.: Revolution in China und Maoismus: die «Kulturrevolution» als Explosionspunkt.

457 Die Räte waren bereits in der Novemberrevolution durch die Sozialdemokratie und in Folge der Oktoberrevolution durch die Bolsheviki rekuperiert worden. 🖳 Ex.: «Die deutsche Misere» und 🖳 Ex.: Räte-Revolution und «Sowjetmacht»: die russische Revolution und was daraus wurde.

458 Der 1969 im Rom gegründete «Club of Rome» (eine internationale Vereinigung von Geschäftsleuten, Politikern und WissenschaftlerInnen) gab Anfang der 1970er Jahre Wissenschaftlern vom Massachusetts Institute of Technology (MIT) in Cambridge, USA denn Auftrag, anhand vorliegender Daten zukünftige Auswirkungen der Umweltzerstörung zu simulieren.

tals befürchtete, konstatierten Debord und Sanguinetti 1972: «Die Umweltverschmutzung und das Proletariat sind heute die beiden konkreten Seiten der Kritik der politischen Ökonomie. Die universelle Entwicklung der Ware hat sich ganz und gar als Vollendung der politischen Ökonomie erwiesen, d.h. als Verzicht auf das Leben. In dem Moment, wo alles in die Sphäre der Wirtschaftsgüter geraten ist, sogar das Quellwasser und die städtische Luft, ist alles das ökonomische Übel geworden. Bereits die bloße unmittelbare Empfindung der Beeinträchtigungen und der Gefahren, die jedes Vierteljahr bedrückender werden, und die zunächst und hauptsächlich die große Mehrheit, das heißt die Armen attackieren, bildet einen ungeheuren Faktor der Revolte, eine vitale Forderung der Ausgebeuteten, die ebenso materialistisch ist, wie es der Kampf der Arbeiter des 19. Jahrhunderts für die Möglichkeit zu essen war. Schon sind die Heilmittel für die Gesamtheit der Krankheiten, die die Produktion auf dieser Stufe ihres Warenreichtums erzeugt, zu teuer für sie. Die Produktionsbeziehungen und die Produktivkräfte haben schließlich einen Punkt radikaler Unvereinbarkeit erreicht, denn das bestehende Gesellschaftssystem hat sein Schicksal mit der Fortsetzung einer buchstäblich unerträglichen Verschlechterung aller Lebensbedingungen verknüpft.» [DwS§17].

Der Preis für das individuelle Überleben unter der Herrschaft des Kapitals besteht somit darin, der Menschheit ihre Zukunft zu beschneiden. Die Peitsche des Kapitals, weitgehend gleichgültig gegenüber jedem stofflichen Inhalt der es vermehrenden Arbeit, erzeugt somit noch die neue Qualität einer weiteren Entfremdung. Jeder qualvolle, aber für die individuelle Reproduktion unerlässliche Arbeitstag verwandelt die Erde in einen noch unwirtlicheren Platz, eine Wüste. Entsprechend dieser zunehmenden Verkehrung der kapitalistischen Produktivkräfte in Destruktivkräfte kann die «getrennte technisch-wissenschaftliche Entwicklung» zwar mit «mathematisch unzweifelhafter Vorausberechnung» die absehbaren Folgen der Naturzerstörung «exakt bestimmen» aber vor der Eigendynamik der kapitalistischen «Produktion um der Produktion willen» (Marx) dankt sie ab, obschon die «Produktivkraft Wissenschaft und Technologie» [vgl. MEW42: 602] «über alle Mittel der Kontrolle» verfügt [DwS§15]: «Eine solche Wissenschaft, wie sie der Produktionsweise und den von ihr produzierten Aporien des Denkens dient, kann sich jedoch keine wirkliche Umkehrung des Laufs der Dinge vorstellen. Sie kann nicht strategisch denken, was im übrigen niemand von ihr verlangt; und sie besitzt auch nicht die praktischen Mittel zur Intervention. Sie kann daher lediglich den Fristablauf diskutieren, und die besten Linderungsmittel, die, würden sie streng angewandt, diesen Fristablauf verzögern würden. Diese Wissenschaft zeigt so auf höchst karikaturenhafte Weise die Nutzlosigkeit des unbrauchbaren Denkens und die Nichtigkeit des nicht dialektischen Denkens in einer Epoche, die von der Bewegung der geschichtlichen Zeit davongetragen wird. Das alte Schlagwort ‹Revolution oder Tod› ist daher nicht mehr der lyrische Ausdruck des revoltierenden Bewußtseins, sondern das letzte Wort des wissenschaftlichen Denkens unseres Jahrhunderts. Aber dieses Wort kann nur von anderen gesagt werden und nicht von diesem alten Denken der Ware, das die ungenügend rationalen Grundlagen seiner Entwicklung in dem Moment enthüllt, wo sich alle Anwendungsweisen in der Macht der sozialen Praxis entfalten, die vollständig irrational ist. Das Denken der Trennung ist es, das unsere materielle Beherrschung nur auf den methodologischen Wegen der Trennung vergrößern konnte, und das am Ende diese vollendete Trennung in der Gesellschaft des Spektakels und in ihrer Selbstzerstörung findet.» [Ebd.][459].

Das spektakulär-kapitalistische System der Trennungen mit der Klassentrennung als zentraler Achse wird von der staatstragenden ökologischen Ideologie, deren Spitze «die Grünen» bildet, fundamental ausgeblendet, tabuisiert. Stattdessen liefert sie die neue Ware der Pseudokritik an der Naturzerstörung: indem alles hinausläuft auf Einschränkung des Systems der Bedürfnisse des Menschen, v.a. ihrer Gesellschaftlichkeit. Damit wird die Möglichkeit einer humanen und naturverträglichen «Regulierung des Stoffwechselprozesses zwischen Mensch und Natur» [vgl. MEW23: 192], das emanzipative «Zurückweichen der Naturschranken» mit gleichzeitigem «immer gesellschaftlicher Werden des Menschen» verstellt. Stattdessen verkehrt sich diese ökologische Pseudokritik der «Umweltzerstörung» in Maßregelung der menschlichen Bedürfnisse und mündet letztlich in Menschenverachtung und *Menschenfeindlichkeit*, während die kapitalistische Zerstörung der natürlichen Lebensgrundlagen menschlicher Gesellschaft ungehemmt weitergeht. Schon Ende der 1970er Jahre stellten die SubrealistInnen in ihrer «Kritik der politischen Ökologie» fest: «Die Belastbarkeit des Planeten ist ihre Sorge, die Menschen sind ihre Last.» [Subrealist 1980: 29].

Die Ausblendung der kapitalistischen Formbestimmtheit hat die Zerstörung durch eine neue Warensorte und Bilderproduktion verdoppelt: Vor dem permanenten Hintergrund der Katastrophenberichterstattung in den Aktivismus sogenannter «Umweltpolitik» und

---

459 Vgl. MEW3. 66f und zitiert in Anm218.

-reparatur von den UN-Konferenzen bis zu Greenpeace einerseits,[460] den diversen Lebensreform-Angeboten unter dem Regime einer fetischisierten Naturvorstellung von «Gaia»[461] andererseits. «Weil der Ökologe die grundlegende Bewegung der Warenproduktion nicht versteht, möchte er sie retten, indem er ihr Natürlichkeit verleiht.» [Subrealist.1980: 31]. Eine derartige «Ökologiebewegung» kam den Verwertungsbedürfnissen des Kapitals deshalb wie gerufen, weil sie in letzter Instanz auf zweierlei hinausläuft: die Kosten der Reproduktion der Arbeitskraft zu senken und die Menschen in ihrer Gesellschaftlichkeit zu beschränken auf den Zweck der Selbstzurichtung ebenso bedürfnisloser wie leistungsfähiger ArbeitskraftkonkurrentInnen. Außerdem überhöht die ökologische Ideologie besonders effektiv die subsistenzwirtschaftlichen und müllökonomischen Überlebensgemeinschaften «kleiner Kreisläufe» von den Tauschringen bis zu proudhonistischen Produktionskommunen.[462]

Vor allem in der BRD entwickelt sich dieses Phänomen schnell zur Kenntlichkeit und zu ideologischer Dominanz.[463] Der Aufstieg der deutschen «Grünen» machte diese zum Vorreiter des «Modells Deutschland» bei der Erstellung *kreativer Konzepte* für die Deregulierung – bei gleichzeitigem starkem Staat, welcher in Exekution des *gesellschaftlichen* Naturzwangs entscheidet, wer es wert ist, noch alimentiert zu werden. Hierbei gelang es den Grünen meisterhaft, den alten deutschen Naturmythos vom gesunden Leben gegen Genuss und Verschwendung bedienend, die TrägerInnen der Ware Arbeitskraft für deren zeitgemäße Leistungsoptimierung in die Selbstzurichtung zu zwingen.[464]

---

460 Von veganischen Sektengemeinschaften bis zu suprastaatlichen Weltbürokratien läuft nun alles im Namen «der Natur» auf Menschenfeindlichkeit hinaus: «Entscheidende Ursachen der zunehmenden Belastung und Zerstörung der natürlichen Ressourcen sind das rapide Bevölkerungswachstum und der rasch ansteigende Bedarf an Nahrungsmitteln, Energie und Rohstoffen in der Dritten Welt.» (UN Weltbevölkerungsbericht1989) [zit. n. Strobl1992: 22].
461 Gaia (griechische Mythologie): Erd- und Muttergöttin aller Götter, Allmutter aller Lebewesen. Die moderne Gaia-Ideologie versteht die Erde als ein bewusstseinsbegabtes großes Lebewesen.
462 Zur Kritik und Aktualität der Utopien von Pierre-Joseph Proudhon (1809-1865), siehe Rakowitz2000 und Anm219.
463 Anm220.
464 Vgl.: «Zur krisenhaften Entwicklung der kapitalistischen Agrikultur und zu einigen Problemstellungen ihrer kommunistischen Aufhebung. Nachhall des BSE-Spektakels BRD 2001» auf den Webpages: www.mxks.de, sowie: http: //sozialistische-studienvereinigung.frankfurt.org.

5.2 Blinde Flecken

*W*enn die situationistischen Einsichten nicht unter dem von ihnen erreichten Niveau für den nächsten Anlauf zur Überwindung der menschlichen Vorgeschichte im Sinne einer «Aufbewahrung» erhalten werden sollen, wird «grausam-gründlich» und «ohne jede tröstende Illusion» (Marx, SI) zu konstatieren sein, was die blinden Flecken der SI bei ihrem doch ansonsten so geglückten Ausbruch aus dem linken Elend ihrer Zeit waren. Zwei ihrer zentralen Verstellungen sollen im Folgenden herausgearbeitet werden.

5.2.1 Geschlechterverhältnis

*E*ine Kritik des Alltagslebens und der Subjektkonstitution kommt sicher nicht umhin, der SI nicht nur die komplette Ignoranz gegenüber den «Geschlecht» konstituierenden Zuschreibungen in der modernen warenproduzierenden Gesellschaft zu bescheinigen, sondern auch die Weiterführung der sexistischen Arbeitsteilung in ihrer eigenen Assoziation.[465]

Im Gefolge der weltweiten Rebellion von 1968 musste auch die SI die Widerstände gegen geschlechtliche Rollenzuschreibungen inmitten der verschiedensten Kämpfe anerkennen: «Die Sitten verbessern sich. Die Bedeutung der Worte nimmt daran teil.[466] Überall ist der Respekt vor der Entfremdung verlorengegangen. Die Jugend, die Arbeiter, die Farbigen, die Homosexuellen, die Frauen und die Kinder kommen darauf, alles zu wollen, was ihnen verboten war; gleichzeitig mit der Ablehnung des Hauptteils der erbärmlichen Resultate, die ihnen die alte Organisation der Klassengesellschaft zu erreichen und zu ertragen gestattete. Sie wollen keine Chefs mehr, keine Familie, keinen Staat.» [DwS§12]. Gerade weil die SI dies in ihrer Auflösungsbroschüre schrieb, ist vor allem festzustellen, dass während der gesamten Periode ihres eigenen Wirkens davor und in den Schriften Debords danach so gut wie keine Aufmerksamkeit gegenüber diesen Auseinandersetzungen zu finden ist. Auch ein Blick auf zeitgenössische Fotos z.B. situationistischer Treffen in ihrer Revue lässt bemerken, dass Männern

---

465 An dieser Stelle ist eine Aufarbeitung des maskulinistischen Stils, Gestus, Sprachduktus usw. der SI nicht möglich, ebensowenig wie eine prinzipielle Diskussion von Kategorien wie Natur, Pseudonatur des Gesellschaftlichen, Verschränkung von «Naturwüchsigkeit im Gesellschaftlichen» und «kultureller Naturbeherrschung», «Körperlichkeit als Sprachlichkeit» etc., die für die Einschätzung der SI längst fällig wäre. Wir verweisen daher auf die Website www.theorie.org: 💻 Ex.: Die Kategorien «Natur» und «Geschlecht» und die Sprachkritik.
466 Anm221.

immer Namen zugeordnet werden, während viele der abgebilde-
ten Frauen als «unbekannt» vorkommen – ihrer insofern nur als
zufällig eingeordneten Anwesenheit keine große Bedeutung bei-
gemessen wird bzw. später nicht viel Mühe auf die Recherche ihrer
Namen verwendet wird.[467] Aber auch die Wahrnehmung der namentlich bekannten Frauen folgte einem sexistischen Blick. Unwei-
gerlich bleibt der oberflächliche Eindruck: «Klar es gab Michèle
Bernstein und sie schrieb mit ironischem Witz Texte wie ‹In Praise
of Pinot-Gallizio›, aber üblicherweise sprach man von ihr als
Freundin Guy Debords, was mal eine privilegierte Position gewesen
zu sein scheint. Wie hat sie sich wohl gefühlt? Von Guy Debord
sprach niemand als der Freund von Michèle Bernstein, oder lege
ich da zuviel hinein?» [Renée Green in: J.U.P.: 68]. Sicherlich nicht,
denn aus genügend Filmen, Textstellen und Collagen der SI
schwitzt die Kraftmeierei unbezwingbarer phallisch zentrierter He-
terosexualität heraus.[468] Das Feld der «sexuellen Befreiung», auf
dem die SI wie kaum auf einem anderen Gebiet die radikalen
Bedürfnisse vermutete, ist in einer für die SI wohl unvorstellbaren
Weise rekuperiert worden – wobei dahingestellt sei, was sich die
Männer der SI von jener «Revolution» versprochen haben mögen.
Gelegentlich wurde zur Verteidigung ihrer Bildsprache angeführt,
dass es sich hierbei doch nur um ein detournierendes Spiel mit der
spektakulären Bilderproduktion handele. Wie schwach dieser Einwand ist, zeigt ein Blick auf die gelebte Praxis innerhalb der LI und
der SI, worin die wenigen aktiven Frauen nicht der sexistischen
Arbeits(zu-)teilung entkamen: «Michèle [Bernstein] als Sekretärin,
Jaqueline [de Jong] hat übersetzt; das sieht dann so aus, als ob
eben die Frauen eher reproduzierende Arbeit leisten, während die
Männer Pläne schmieden und die Gruppe nach außen repräsentieren.» [J.U.P.: 48].
   Die Entwicklung einer feministischen Kritik fand definitiv außerhalb der SI statt. Inzwischen ist auch deren Rekuperation weit
vorangeschritten. Die radikalen Teile wurden zwischen Repression
und staatlicher Förderung zermalmt, Universitäten und Gewerk-

---

467 Vgl. J.U.P.2001: 45ff. Bei dem Büchlein «Situationistinnen und andere...» handelt es sich so ziemlich um den einzigen Beitrag, der versucht,
sich von künstlerischer Seite dieser Leerstelle zu nähern, indem Jaqueline de Jong, Mitglied in der SI von 1959-1962, über ihre Erfahrungen
befragt wird. Vgl. auch das Interview mit ihr in dem Ausstellungskatalog: Situationistische Internationale 1957-1972. Stiftung Ludwig Wien
1998: 68-71.
468 Vgl. die entsprechenden Bilder: BE: 173/SI2: 109,127,129 und karos-
hi5: S.39. Siehe auch den Film Debords «Die Gesellschaft des Spektakels» (1973).

schaften saugten den Rest auf, welcher nun den gezähmten Nachwuchs produzieren sollte. Trotzdem wurden über den normalisierten «selbstbestimmten» Karrierismus als *gender mainstreaming*[469] hinaus einige wesentliche Fortschritte erzielt: So kann die Selbstwahrnehmung des modernen Proletariats sich nicht mehr ausschließlich auf (heterosexuelle) Männer beschränken, genausowenig, wie Veränderungen der weltweiten Arbeitsorganisation und die Verschiebungen in der Ausbeutung sich ohne die feministische Kritik adäquat beschreiben lassen. Die Affirmation geschlechtlicher Zuschreibungen und damit die Macht der Gewohnheit arbeitet am Erhalt der Macht der spektakulären Warenwelt.

So muss die Kritik der Entfremdung und des Alltagslebens reduziert und blind bleiben, wenn nicht «das erste Produktionsverhältnis»[470] umfassend auch als solches gegen den Idealismus der deutschen Ideologie begriffen wird: nämlich die Arbeitsteilung der Geschlechterrollen als vermeintliches Naturverhältnis, welche geschichtlich in den Bereich der gesellschaftlichen Konstruktion rükken. Dass die Geschlechterverhältnisse alltäglich reproduziert werden, verweist auf die Möglichkeit der Unterbrechung und des nüchternen Blicks auf die jeweiligen individuellen Praxen, die zur Herstellung, Erweiterung oder Aufhebung des Gender-Machtverhältnisses beitragen. Diese Einsicht nicht sofort als Experimentierfeld für die Kritik des Alltagslebens zu begreifen und als Chance für die Frage der revolutionären Assoziation zu nutzen, verschenkt große Teile jenes Terrains an die alte Welt, welches zu besetzen doch genau die situationistische Kritik theoretisch immer eingefordert hatte.

5.2.2 Bruch der Geschichte: Shoah

*W*ie bereits in den vorherigen Kapiteln angedeutet, sparte die situationistische Kritik eine ganze Dimension jener Niederlage aus, deren andere Momente in Bezug auf den revolutionären Anlauf in den 1920er und 1930er Jahren sie ansonsten so scharf herauszuarbeiten verstanden hatte, als sie einforderte, «die Niederlage des gesamten revolutionären Projektes im ersten Drittel unseres Jahrhunderts» müsse «in ihrem gesamten Ausmaß und ohne irgendeine tröstende Illusion» erkannt werden. [SI2: 191/BE: 186].

Es zeigt sich, wie die sonst so genaue Wahrnehmung der SI an einer Stelle ausfällt, wie ihr hier etwas «entfällt», das doch erst

---

469 Eine ausführliche Kritik der Rekuperation des Feminismus ist zu finden bei: Trumann2002.
470 Vgl. z.B.: MEW3: 20f.,29-32ff.

durch den Niedergang des revolutionären Projektes möglich geworden war, in ihm aber nicht aufgeht: der nationalsozialistische Mord an den europäischen Jüdinnen und Juden. Jedenfalls hatte die SI diesen nicht im Blick, wenn sie ihr ansonsten nüchternes Fazit zog: «Wir bewegen uns in einer vom Krieg zerstörten Landschaft, den eine Gesellschaft gegen sich und ihre eigenen Möglichkeiten führt.» [Debord1985: 98].

Die gesamte Topographie dieser Landschaft in jenem erbarmungslos gleißenden Licht auszuleuchten, dessen es bedurft hätte, um sich dort revolutionär «neu aufzustellen» – daran versagte auch die SI. Für sie, wie den gesamten Linkskommunismus, markiert die Shoah einen Bruchpunkt, ab dem die Welt nicht mehr entziffert wird. Das analytische Instrumentarium des Linkskommunismus, mittels dessen er die Konterrevolution zu beschreiben wusste, funktioniert nicht mehr einfach weiter. Dies ist so, obwohl dieses Instrumentarium doch in den Kämpfen gegen die Verstaatlichung der Arbeiterbewegung und die Zerschlagung der Räte, gegen den Leninismus und seine Diktatur über das Proletariat ermöglicht hatte, sich auf die richtige Seite zu schlagen (anstatt auf die «Geschichte der Sieger»). Schlimmer noch: das verzweifelte und bisweilen trotzige Weiterverwenden der angesichts der Shoah abstrakt bleibenden Begriffscontainer[471] führte überwiegend zu Schlüssen, welche die Wahrnehmung noch weiter eintrüben halfen. Der linke Kommunismus, der von der Shoah nichts wissen wollte oder zumindest nichts, was er nicht immer schon «gewusst» hätte, besiegelte die historische Niederlage einer revolutionären ArbeiterInnenbewegung, von welcher der Antisemitismus nur in den seltensten Fällen angemessen bekämpft worden war. Um weiterhin das bleiben zu können was er war, musste der linke Kommunismus verdrängen, was nicht in sein Geschichtsbild passen wollte: die Shoah war und ist für ihn «kein Thema». Damit verunmöglichte er sich, das gesamte Ausmaß der Niederlage der Revolution in der ersten Hälfte des 20. Jahrhunderts wahrzunehmen. Ab diesem Punkt ist er selbst Teil der Verfallsgeschichte des Geschichtsbewusstseins geworden; seine einstigen Erkenntnisse müssen für zukünftige revolutionäre Anläufe gegen ihn gerettet werden. Der Communismus als wirkliche Bewegung geht über ihn hinweg und sucht nach Theorie, welche den bestehenden Totalzustand realistischer, konkreter, wahrhaftiger auszudrücken vermag.

---

471 Begriffscontainer: verstanden als zunächst vernünftige Abstraktion, die sich in leere Abstraktion verwandelt, wenn die Konkretisierungsarbeit unterbleibt.

Dabei war der Antisemitismus überall der bösartigste Todfeind der proletarischen Revolution, wo er sich erneuerte und Boden fasste: sei es im niedergehenden Bauerntum, sonstigem materiellen und ideellen Kleinbürgertum, unter Lumpenintellektuellen und last but not least im gesamten Proletariat. Diese historische Erfahrung drang leider nur selten so weit in jener notwendigen Klarheit ins Bewusstsein der RevolutionärInnen, die sie zum aktiven Kampf gegen alle Erscheinungsformen des modernen Antisemitismus angetrieben hätte.

Viel zu oft verfolgte das vermeintliche *Klassenbewusstsein*, ob «sozialrevolutionär» oder «marxistisch» geprägt, von seinem bornierten verdinglichten «Arbeiterstandpunkt» aus mit Gleichgültigkeit, wie die antisemitische Konterrevolution zu triumphieren drohte: ob es die so genannten Hep-Hep-Aufstände vor und während der 1848er Revolution waren oder die Umfälschung einer revolutionären gegen den Bürgerkönig Louis Philippe gerichteten Polemik in eine Blaupause der «Protokolle der Weisen von Zion» durch die politische Geheimpolizei in Frankreich und später in Russland,[472] ob die antisemitische Front der «Libre parole»[473] in Frankreich exemplarisch an Dreyfus mobilmachte[474] oder je nach Bedarf Antisemitisches in der «Roten Fahne» der KPD gelesen werden konnte.[475] So gut wie nie nahm jene historische Gestalt des «Klassenbewusstsein» den Antisemitismus als Angriff auf sich selbst und damit auf die Möglichkeit der proletarischen Revolution wahr. Schon die Unempfindlichkeit, jene Kälte der modernen ArbeiterInnenbewegung gegenüber den Opfern der zeitgleich mit ihr im 19. Jahrhundert aufkommenden modernisierten Form der Judenfeindschaft verweist schmerzhaft auf das noch folgende komplette Versagen vor dem Nationalsozialismus im 20. Jahrhundert.

Jedes Bemühen, das Projekt der Überwindung unbewusster Vergesellschaftung überhaupt wieder aufnehmen zu können, muss aber «grausam-gründlich die Halbheiten, Schwächen und Erbärmlichkeiten ihrer ersten Versuche» (Marx) kritisieren, wohl wissend, dass alle nicht erledigten Illusionen hinter dem Rücken und in den Reihen der RevolutionärInnen nur wieder «den ganzen alten Dreck», «die ganze alte Scheisse sich herstellen» [MEW3: 70,35] lassen werden.

---

472 Vgl. Ben-Itto1998.
473 Näheres zur Dreyfus-Affäre 1897: Anm222.
474 «Als der Mob sich außerparlamentarisch organisierte, fand er die Straße frei. Der Pariser Arbeiter [...] hatte sich an der Frage desinteressiert gezeigt. Seine Interessen schienen in einem Streit zwischen verschiedenen Fraktionen der Bourgeoisie nicht berührt.» [Arendt: 196ff.]
475 Näheres dazu: Anm223.

Dies muss vor allem für den «kollektiven Narzissmus» (Adorno) gelten, welcher die alte ArbeiterInnenbewegung, gerade auch in ihrer linkskommunistischen Gestalt, so verblendet und in die für sie ebenso unvorstellbare wie vollständige Niederlage geführt hat, die sie sich bis heute nicht eingestehen will. Als Walter Benjamin sich 1940 in seinen «Thesen zum Begriff der Geschichte» unter dem geschlossenen Himmel des Hitler-Stalin-Paktes verzweifelt bewusst machte, dass zu allererst mit der Geschichtsteleologie[476] der 2. und 3. Internationalen zu brechen sei, um überhaupt wieder revolutionär werden zu können [Benjamin1996: 672,XII], zeichnete sich bereits ab, was nach der Shoah zur Gewissheit werden musste: *Der Vorhang der Kohärenz ist zerrissen.* Was einmal *eine* Geschichte des Fortschritts gewesen schien, welche durch die Klassenkämpfe früher oder später zum guten Ende, der quasi unabwendbaren Überwindung des Kapitalismus vorangetrieben werde, existiert nicht mehr. Aufgrund der Niederlage des communistischen Anlaufs, auf dem historischen Trümmerfeld der doppelten Konterrevolution, wurde die Vernichtung der europäischen Jüdinnen und Juden möglich. Aber beide Ereignisse fallen auseinander; es kann nicht ohne weiteres gelingen, sie zusammenzudenken. Ebenfalls 1940 stellte Adorno bereits eine gigantische historische *Verschiebung* fest, als er an Horkheimer schrieb: «Oftmals kommt es mir vor, als wäre all das, was wir unterm Aspekt des Proletariats zu sehen gewohnt waren, heute in furchtbarer Konzentration auf die Juden übergegangen. Ich frage mich, ob wir nicht [...] die Dinge, die wir eigentlich sagen wollten, im Zusammenhang mit den Juden sagen sollten, die den Gegenpunkt zur Konzentration der Macht darstellen.» [Brief vom 5.8.1940, zit. n. Simmel1993: 180].

Die Verschiebung der ganzen Wucht der Konterrevolution und der Barbarei «aller bisherigen Gesellschaftsordnung» [MEW4: 493] vom revolutionären Proletariat (nach dem Ersten Weltkrieg) als «dem Weltfeind» auf die Juden (im Zweiten Weltkrieg) als «den Weltfeind» gelang NS-Deutschland in der Tat mit einer «deutschen Gründlichkeit» ohnegleichen, indem es «das Judentum» als Phantasma für die proletarische Weltrevolution und Subversion ebenso wie für die bürgerliche Weltzivilisation und kapitalistische Moderne einsetzte und physisch zu vernichten begann. Die Katastrophe, mit der Deutschland die Gattungsgeschichte zerriss, ist somit nicht allein die der proletarischen Revolution und auch nicht allein die der bürgerlichen Zivilisation, sondern sie ist «überdeterminiert», so

---

476 Geschichtsteleologie: Sinngebung der Geschichte mit einem von vornherein als Zwecksetzung und Notwendigkeit projizierten glücklichen Ausgang.

wie der deutsche eliminatorische Antisemitismus in seinem wahnhaft verkürzten «Antikapitalismus» und «Antikommunismus» zugleich «die Juden» überdeterminiert. Mit dieser Feststellung ist jedoch der Fetischismus, den die Projektion und Fixierung auf «das Judentum» darstellt, noch keineswegs enträtselt: sprechen Marx und Adorno von einer «Alltagsreligion», so ist damit die Aufgabe für die Kritik der mörderischsten, bösartigsten pathologischen Massen-Fetischform erst gestellt. Die narzisstische Kälte, die bürgerliche Unempfindlichkeit und das spießbürgerliche «Zuschauer/Wegschauer»-Verhalten haben auch Proletarisierte ebenso zu «TäterInnen und MitmacherInnen». In diesem, von Adorno aufgewiesenen, Koordinatensystem von «Auschwitz und ähnlichem», wurden auch Linke und sich als «Revolutionäre» über Antisemitismus erhaben Dünkende immer wieder zu selbstgerechten «AntizionistInnen» und KämpferInnen gegen Israel, wenn sie es als «der Judenstaat» (Theodor Herzl) identifizieren. Die Struktur der Spiegelverkehrung aber, die der kapitalistischen Warenproduktion zu eigen ist, hat im Spektakel eine Perfektion erreicht, die es auf blutigste, vernichtendste Weise fertigbrachte, im Bild «der Juden» alle wirklichen Widersprüche der modernen Welt, zutiefst aber den «mehr oder minder versteckten Bürgerkrieg innerhalb der bestehenden Gesellschaft» [MEW4: 473] in verkehrter, wahnhaft projizierter Form auf etwas anderes zu konzentrieren – als «den Gegenpunkt zur Konzentration der Macht», der «eigentlich» das Proletariat sein sollte, das sich selbst aufhebt, indem es diese fremde Macht (Ware, Geld, Kapital und Staat) aufhebt. So aber wird «die Macht des Geldes» usw. auf «die Juden» und ihren Staat («USrael») als immer wieder endlich zu schlachtendem Sündenbock projiziert.[477]

Der erste, deutsche Versuch, den antisemitischen Vernichtungskrieg zur «Endlösung» zu treiben, hat die ganze bis dahin «geltende» Geschichtsauffassung, vor allem die von Marx und Engels vorformulierte bewussteste und anspruchsvollste, radikal zur Disposition gestellt, denn nach ihr hätte die Shoah nicht «passieren» dürfen. Während die einen (Linke, «MarxistInnen» etc.) seither über diese verstörende Einsicht hinweggehen, d.h. sie verdrängen und im linken «Antizionismus» und Anti-Israel-Affekt ihre neurotisch verzerrte, zwangsrituelle Wiederkehr-des-Verdrängten reproduzieren müssen, bleibt jenen, die sich diesem bisherigen katastrophalen Resultat der Gattungsgeschichte stellen und die schlechte Kontinuität «des Fortschritts» radikal in Frage stellen, nur die

---

477 Siehe dazu: 🖳 Ex.: Herausforderung Israel.

Wahrnehmung der offenen Wunde in der Geschichte. Von hier aus kann der Kampf gegen ihr erneutes spektakuläres Zudecken und «Bewältigen», Beschweigen und «erinnerungspolitisches» Verwalten («unter der Obhut» des Täterstaats!) vielleicht beginnen, indem «das dialektische Bild» der Stillstellung [Benjamin1984: 146-156] kollektiv erarbeitet wird. Entgegen dem verkehrenden, bannenden und «vergangenheitsbewältigenden», «versöhnenden» Spiegelbild des Spektakulären kann die von Benjamin begründete revolutionäre «Aktualisierung» nur heißen: «Bild ist die Dialektik im Stillstand. [...] Nur dialektische Bilder sind echte [d.h.: nicht-archaische] Bilder; und der Ort, an dem man sie antrifft, ist die Sprache.» [Ebd.: 147f.].

Das Trauma, dass ein Teil der modernen menschlichen Gattung einen anderen Teil in industriellen Tötungsfabriken in kürzester Zeit massenhaft vernichtet hat, lässt sich nicht in diesen paar denotativen Worten erfassen oder gar «bewältigen», ebensowenig in spektakulären Bildern (wie dem Fernsehfilm «Holocaust»). Ob die Arbeit an der eine Destruktion bedingenden Konstruktion des dialektischen Bildes[478] und die «Arbeit des Begriffs» die Wirklichkeit dieser Katastrophe noch «erfassen» können, ist fraglich. Denn, so Walter Benjamin: «das dialektische Bild [...] ist die Zäsur in der Denkbewegung. Ihre Stelle ist natürlich keine beliebige. Sie ist, mit einem Wort, da zu suchen, wo die Spannung zwischen den dialektischen Gegensätzen am größten ist. Demnach ist der in der materialistischen Geschichtsdarstellung konstruierte Gegenstand selber das dialektische Bild. Es ist identisch mit dem historischen Gegenstand; es rechtfertigt seine Absprengung aus dem kontinuierlichen Geschichtsverlauf.» [Ebd.: 153]. Aber mit der Shoah wurde eine Konstellation hergestellt, die den ganzen bisherigen Geschichtsverlauf gesprengt hat und eine Identität irgendeines Bildes und Begriffs mit dem «Gegenstand» nicht mehr möglich zu machen scheint.[479]

Bisher haben jedenfalls die unternommenen Versuche, die Niederlage der *praktischen* Kritik der politischen Ökonomie und die Shoah, als deren inkommensurabler Einspruch zusammenzudenken, nur zu Kurzschlüssen geführt.[480] Solange keine schlüssige Theorie das Gegenteil beweist, bleibt erst einmal nur, auf den beiden Terrains die jeweiligen Kritiken von einander getrennt so

---

478 «Die Konstruktion setzt die Destruktion voraus.» [Benjamin1984: 149].
479 Darauf hat vor allem Adorno aufmerksam gemacht, nachdem Benjamin schon knapp vor der Shoah ein Opfer des Deutschen Reiches geworden war.
480 Konkreter dazu: Anm224.

gut wie möglich voranzutreiben. Auf dem einen ist in der Dialektik von Elend und Möglichkeit die spektakuläre Warenökonomie feindlich auf ihre revolutionäre Aneignung und Überwindung hin zu untersuchen und die staaten- und klassenlose Weltgesellschaft anzustreben; auf dem anderen Terrain bleibt der Umschlag in die technisch ausgerüstete Katastrophe der Barbarei stets gegenwärtig. In Perspektive auf einen Fluchtpunkt hin muss die steigende Spannung ausgehalten werden, dass die beiden Terrains – wenn überhaupt – nicht ohne verstärkte Vermittlungsleistung zusammen denkbar sind. Was in seinem unmittelbaren Dasein brutal getrennt ist, lässt sich nicht ebenso brutal – zwanghaft – voluntaristisch zusammenbinden.

Wie in der Perseus-Mythe[481] bleibt angesichts der Katastrophe nichts anderes übrig, als sich jenes Spiegels zu bemächtigen, d.h. das Reflektieren in eine *kritische Kraft der Reflexion* zu wenden, um damit die Annäherung an das Ungeheure zu wagen. Und es zeigt sich gerade hierbei, dass die «Theorie die Domäne der Gefahr» ist. Denn wie Perseus sich der Medusa nur indirekt annähern konnte, ist auch die Katastrophe nicht in direkt begrifflicher Weise zu erklären. Die durch den Bruch der Geschichte verloren gegangene Kohärenz lässt sich nur anstreben als Reflexion des Ausdrucks der nicht auf den Begriff zu bringenden Katastrophe einerseits und der rational begriffssprachlichen Kritik andererseits, die als wechselseitige Korrektive sich in sich reflektieren müssten, damit der Bann gebrochen werden kann. Diese beiden Zugänge haben durchaus verschiedene praktische Implikationen: die der «Dialektik von Revolution und Konterrevolution» verpflichtete Kritik zielt darauf ab, bewaffnet mit Bewusstsein aus den bisherigen Niederlagen des communistischen Projektes, den nächsten Anlauf der proletarischen Revolution vorzubereiten. Sie will die wirkliche Bewegung aufspüren, welche den elenden bestehenden Zustand endlich aufhebt, und diese mit dem Bewusstsein ihrer eigenen Möglichkeiten ausrüsten; diese Kritik will somit praktisch werden, um sich historisch als Negation der Klassengesellschaften überflüssig machen zu können. Demgegenüber ergibt sich von dem anderen Terrain her: «Hitler hat den Menschen im Stande ihrer Unfreiheit einen neuen kategorischen Imperativ aufgezwungen: ihr Denken und Handeln so einzurichten, daß Auschwitz nicht sich wiederhole, nichts Ähnliches geschehe.» [ND: 358]. Aus diesem Impe-

---

481 Wie im griechischen Mythos Perseus, um dem versteinernden Bann des Anblicks des Ungeheuers nicht zu verfallen, dessen Medusenfratze nur durch einen Spiegel anschauend, sich mit dem Rücken sich annähernd, man beizukommen wagen konnte.

rativ kann nur folgen, Barbarei zu verhindern, ohne Hoffnung darauf, aus sich heraus überflüssig werden zu können. Denn «im Stande ihrer Unfreiheit», d.h. unter den weiterexistierenden Bedingungen ihrer Lohnabhängigkeit und Konkurrenzunsicherheit ist die «Klasse des Bewusstseins» einerseits gezwungen, die Standards der bürgerlichen Zivilisation zu halten, so dass diese nicht *hinterschritten werden*. Mit der Shoah ist das ganze Ausmaß des historischen toten Gewichts der Barbarei im Kapitalismus schockartig deutlich geworden. In der Situation «nach Auschwitz» stellt sich deshalb andererseits neu die Frage, wie die bürgerliche Zivilisation emanzipatorisch *überschritten* werden kann unter den Bedingungen, dass diese gerade selbst «Auschwitz und ähnliches» möglich macht. Auf den konkreten Kampfterrains finden sich die revolutionären Elemente deshalb immer wieder in der Situation eines Dilemmas zwischen Barbarei und Zivilisation in der bürgerlichen Form jeweils besonderer Staatlichkeit. Ob sie aus diesem Dilemma herauskommen, entscheidet sich jeweils darin, wie sie mit der Besonderheit der bürgerlichen Dialektik von Zivilisation und Barbarei umgehen können, in die sie gestellt sind.

Um die Besonderheit im Allgemeinen des Kapitalverhältnisses überhaupt begreifen zu können, ist vom historischen Resultat des Projektes Deutschland zu vergegenwärtigen, dass die einzige Konsequenz aus Auschwitz bisher die Gründung eines Staates war, der die Jüdinnen und Juden vor mörderischem Antisemitismus schützen soll.

Der Zionismus ist mit seiner praktischen Option, der Auswanderung aus Europa nach Palästina, übrig geblieben, weil die TrägerInnen der revolutionären jüdischen ArbeiterInnenbewegung, welche in Osteuropa für die eigene Emanzipation durch die Revolution und gegen den Zionismus stand, von den Deutschen vernichtet worden sind. Als einer der Wenigen, die dieses Auseinanderfallen von revolutionärer Ideologie und wirklicher Katastrophe ernst nahmen, bemerkte Isaac Deutscher 1954 rückblickend: «Meinen Antizionismus, der auf meinem Vertrauen in die europäische Arbeiterbewegung basierte oder, allgemeiner, auf meinem Vertrauen in die europäische Gesellschaft und Zivilisation, habe ich natürlich längst aufgegeben, denn diese Gesellschaft und diese Zivilisation haben es Lügen gestraft. Wenn ich in den zwanziger und dreißiger Jahren, statt gegen den Zionismus anzugehen, die europäischen Juden aufgefordert hätte, nach Palästina zu gehen, hätte ich womöglich geholfen, einige Menschenleben zu retten, die später in Hitlers Gaskammern ausgelöscht wurden.» [Deutscher: 73]. Mit diesem Urteil gehört Isaac Deutscher zu jenen

Klarsichtigeren, die nicht dem spektakulären Bild einer «Lösung» auf der einen oder anderen Seite des Dilemmas zum Opfer fielen.

Die SI dagegen folgt hier der Sichtweise des Linkskommunismus, der sich über dieses Problem einfach hinwegsetzen möchte und dadurch aber dem Bild der umstandslosen «proletarischen Phantomlösung» aufsitzt. Besonders deutlich kommt dies bei ihren inkohärenten Einschätzungen zum Staat Israel zum Ausdruck. Die erste kommt 1960 vom israelischen SI-Mitglied Jaques Ovadia [SI1: 137f.], die letzte 1967 vermutlich von dem tunesischen SI-Mitglied Mustapha Khayati [BE: 205/SI 2: 268]. Diese Statements zeigen eine Verschiebung: Noch 1960 wird wie selbstverständlich von einer modernen Gesellschaft gleichsam aus der Retorte auf dem Territorium des Staates Israel ausgegangen. Indem der angebliche, ursprüngliche sozialistische Anspruch[482] des zionistischen Projekts zunächst communistisch beim Wort genommen wurde, konnte von diesem Anspruch ausgehend sein stagnativer, bürgerlich-prosaischer und bürokratisch-staatssozialistischer Ist-Zustand immanent kritisiert werden. 1967 jedoch ging die situationistische Analyse des Sechstagekrieges mit gleicher Selbstverständlichkeit von der Notwendigkeit der «Auflösung» des Staates Israel aus. Zunächst ist festzustellen, dass die «Auflösung» des Staates Israel von der SI nur und zugleich mit der Auflösung aller Staaten in dieser Region (und auch sonst auf der Welt), mit ihrer Ersetzung durch eine direkte Rätedemokratie des Proletariats als einziger Lösung (insbesondere des sogenannten «Palästina-Problems») vor Augen geführt wird. Das Problem der vertriebenen und kolonisierten PalästinenserInnen könnten die arabischen Staaten niemals lösen, sondern missbrauchten es immer nur für ihre militaristisch-korrupte Legitimation unter der revanchistischen Losung «der Rückkehr». Der Krieg Israels mit den arabischen Staaten sei sogar «äußerst wichtig», so die SI, weil er zum einen «alle Schwächen und geheimen Fehler dessen enthüllt hat, was man als die arabische Revolution› präsentieren wollte.» [BE: 212/SI 2: 266]. Zum andern habe er schlagartig dem «Mythos Israel» den Rest gegeben, denn nun «ist Israel all das geworden, was die Araber ihm vor dem Krieg vorgeworfen hatten zu sein – ein imperialistischer Staat, der sich wie die klassischste Besatzungsmacht benimmt (Polizeiterror, Sprengung von Häusern, permanentes Standrecht usw.)» [BE: 213/SI 2: 266f.]. Alle inneren Widersprüche der israelischen Gesellschaft – moderne kapitalistische wie vormoderne traditionalistische – würden nun erst richtig hervorgetrieben. Andererseits gelte für

---

482 als geistiger, intellektueller, kultureller, künstlerischer Anspruch auf Neuaufbruch

alle diese Staaten: «Wie immer kann der Krieg – wenn er kein Bürgerkrieg ist – den Prozeß der sozialen Revolution nur einfrieren. [...] Die revolutionären Strömungen können sich nicht im geringsten darin wiedererkennen. Ihre Aufgabe liegt am anderen Ende der gegenwärtigen Bewegung, sie müssen deren absolute Negation sein.» [BE: 213/SI 2: 267]

Dass es sich bei der Existenznotwendigkeit des Staates Israel um einen historischen Sonderfall handelt, der von dem antisemitischen Charakter der kapitalistischen Welt permanent bedingt bleibt und seit der Shoah (die von der SI auch in diesem Zusammenhang nie direkt erwähnt wird) mehr als ein normalstaatlicher bloßer «Gründungs-Mythos» ist, fällt aus dieser «realpolitischen» Analyse der SI heraus. Allerdings schickt sie einen Blick auf die historische Genese der «Judenfrage» in Europa (wieder nicht speziell in Deutschland) bzw. überhaupt der kapitalistischen Gesellschaft voraus, um deren Versagen und Ausweglosigkeit in dieser «Frage» abstrakt festzustellen. «Von Anfang an war die zionistische Bewegung das Gegenteil einer revolutionären Lösung dessen, was man *die Judenfrage* nannte. Als ein unmittelbares Produkt des Kapitalismus ging es ihr nicht um die Umwälzung einer Gesellschaft, die die Verfolgung der Juden brauchte, sondern um die Schaffung einer nationalen jüdischen Entität, die vor dem antisemitischen Wahnsinn des dekadenten Kapitalismus geschützt sein würde – keine Abschaffung der Ungerechtigkeit also, sondern deren Verlagerung.» [BE: 210/SI2: 263].

Wo aber war jene «revolutionäre Lösung» geblieben, welche hier von der SI beschworen wird? Zunächst stellt es eine Art, psychoanalytisch gesprochen, «Verleugnung» dar, wenn ihr Blick 1967 auf eine nicht wiederherzustellende Vergangenheit ausweicht. Das Wissen um die tiefste Niederlage, welche die um Befreiung von den von ihr ständig selbst erzeugten Zwangsformen kämpfende Menschheit bisher erlitten hat, «will» bei vielen RevolutionärInnen nicht zugelassen werden; zu tief ist offensichtlich die kollektive narzisstische Kränkung. Die Vertracktheit dieses subjektiven Faktors (Traumatisierung) lässt sogar die avancierteste Spektakelkritikerin ihrer Zeit an diesem Punkt in die Falle gehen, dass sie das spektakuläre Bild einer Scheinlösung post festum hochhält: ein Stück *revolutionäre Ideologie* pur. Damit fällt sie zugleich objektiv-geschichtstheoretisch aus der Wahrnehmung der *konkreten* Geschichtstotalität heraus. In der Gleichsetzung der Situation der SU («Sozialismus in einem Lande») und der Situation des Projekts Israel wird deutlich, wie die SI hier historische Besonderheiten kurzschließt und dies auf ihre Einschätzung der Gesamtkon-

stellation zurückschlägt. Damit bleibt auch ihr nicht das augenblick-
liche Abgleiten ins fundamentale Kurzschließen von «Judentum»
und «Geldmenschentum» erspart: «Der Erfolg des Zionismus und
folglich die Bildung des israelischen Staates stellen nur Wechselfälle
des Triumphs der Weltkonterrevolution dar. Dem ‹Sozialismus in
einem einzigen Land› konnten das ‹Recht für ein einziges Volk›
und die ‹Gleichheit in einem einzigen Kibbuz› zurückschallen. Die
Kolonisation Palästinas wurde mit Rothschilds[483] Geldern organisiert und die ersten Kibbuzim durch europäischen Mehrwert initi-
iert. Damals haben die Juden für sich selbst alles das von neuem
geschaffen, dem sie zum Opfer fielen: den Fanatismus und die
Rassentrennung. Diejenigen, die darunter zu leiden hatten, in ihrer
Gesellschaft bloß geduldet zu werden, kämpften darum, anderswo
Besitzer zu werden, die über das Recht darauf verfügen, andere zu
dulden.» [Ebd.].

Eine derartige Verurteilung und Verirrung auf der Ebene der
«moralisierenden Kritik und der kritisierenden Moral» [MEW4:
331] soll gewöhnlich eine konkrethistorische Diagnose ersetzen,
setzt sich aber nur selbst zutiefst ins Unrecht (historisch und
moralisch). Auf der notwendigen realhistorischen Ebene aber klingt
eine solche Diagnose nur suggestiv plausibel, weil sie sich in ihrer
leeren Abstraktheit brutal über die Zäsur der Shoah hinwegsetzt.
Die SI versuchte sich der «Judenfrage» (als Verschiebung der
Antisemitismusfrage[484]) mit ein paar Formeln aus der umstrittenen
Arbeit des jungen Marx «zur Judenfrage» [MEW1: 347ff.] (also
hundert Jahre vor dem Vernichtungswerk durch «das gründliche
Deutschland» zu entledigen: «Die revolutionäre Arbeiterbewe-
gung sah in der proletarischen Gemeinschaft die Lösung der
Judenfrage, d.h. für sie war die Zerstörung des Kapitalismus mit-
samt ‹seiner Religion, des Judentums› [Marx, Anm. BBZN] und die
Emanzipation des Juden außerhalb der Emanzipation des Men-
schen undurchführbar. Der Zionismus ging von der umgekehrten
Hypothese aus.» [BE: 210/SI2: 263.] Obwohl die SI ansonsten die
Arbeiterbewegung (nicht das Proletariat!) als eine untergegangene
geschichtliche Phase betrachtete und es ihr im übrigen um die

---

483   Französische Bankiersdynastie, welche gemeinhin als Jeton für die
      antisemitische Projektion der Verbindung von »Jude und Geld« herhal-
      ten muss.
484   Der Essay von Sartre 1946 »Überlegungen zur Judenfrage« (gemeint
      ist die Antisemitismusfrage), der in Frankreich das Schweigen über die
      Shoah brach, hätte die SI längst zu einer Stellungnahme herausfordern
      müssen. (Dieser Essay liegt in einer seriösen deutschen Übersetzung
      erst in der Fassung von Vincent von Wroblewsky (1994) vor; vgl.
      Anm197.)

Selbstaufhebung des Proletariats und nicht gerade um arbeiteristische «Gemeinschaft» ging, wird hier plötzlich – eher unsituationistisch, unter Rückfall auf die famose alte Arbeiterbewegung in dieser Frage – dem konkret-historischen zionistisch-sozialistischen Projekt abstrakt die revolutionäre Emanzipation des Menschen entgegengehalten. Von der SI wird kaum angedeutet, was mit «die Judenfrage» gemeint sein könnte, während zugleich die Antisemitismusfrage lediglich unter dem Schlagwort «Verfolgungen» abgebucht wird.[485]

Hätten die Reste der revolutionären ArbeiterInnenbewegung die Shoah auch nur ansatzweise als *ihre eigene* Niederlage reflektiert, wären sie auch auf Walter Benjamins revolutionäre These der «rächenden Klasse», die bestimmt sei, «das Werk der Befreiung im Namen Generationen Geschlagener zu Ende zu führen», [Benjamin1996: 672,XII] gestoßen, und dann hätten sie fragen müssen, wie dies nach Auschwitz noch denk- und leistbar sei. Denn nach diesem Bruch kann das Projekt der ArbeiterInnenbewegung nicht einfach «zu Ende geführt» werden.

Unabdingbare Voraussetzung dafür, das revolutionäre Projekt wiederaufzunehmen, ist, die *deutsche Misere als besonderen Ort der immer wiederkehrenden Konterrevolution* zu begreifen, welche in der Shoah den vorläufig barbarischsten Kulminationspunkt fand und die damit zu einer historischen Einzigartigkeit in der Staatenbildung führte, dem Staat Israel. Aus dieser Einsicht heraus ist das «antideutsche Nadelöhr [...] unabdingbare Voraussetzung, um überhaupt noch einmal gegen» den *Postnazismus*[486] «das Projekt der totalen gesellschaftlichen Abschaffung, der kommunistischen Überwindung denken zu können». [Eaerthmiller/Pitcher: 36]. Zumindest in der BRD müsste die «Klasse des Bewusstseins» durch dieses Nadelöhr unerbittlich hindurch, um die alte Gestalt der Linken «abzuhäuten» (Marx), jener Restlinken, die nicht einmal die von Marx hundert Jahre vor der Katastrophe gesetzte «Voraussetzung aller Kritik», seinen «kategorischen Imperativ» und «Krieg den deutschen Zuständen», als *conditio sine qua non* des Communismus wahrnehmen will. Nach dieser Durchquerung der deut-

---

485 Die Problematik des zionistischen Projekts aber wäre *ab ovo* von dem Lehrer des jungen Marx anzugehen: Moses Hess, der den communistischen Zionismus begründet hat und mit der Überführung des jüdischen Messianismus in die historisch-materialistisch «säkularisierten» Maßstäbe setzte, worauf in Bezug auf Marx zuerst Walter Benjamin hingewiesen hat.

486 Unter Postnazismus ist die umfassende Vergesellschaftung der zugleich stummen Verdrängung und spektakulären erinnerungspolitischen «Bewältigung» zu verstehen.

schen Misere muss jedoch der notwendig verengte communistische Faden cosmopolitisch wieder aufgesplittet werden, hin zur
umfassenden Kritik aller getrennten Erscheinungen der Totalität
spektakulärer Vergesellschaftung, hin zum Begreifen der Besonderheit der geschichtlichen Katastrophe und der kapitalistischen
Alltagsreligion, hin und her geworfen zwischen beiden Polen der
Reflexion.

5.3 Die Rückkehr der Negativität

*U*m sich von dem derzeit keineswegs ermutigenden Eindruck der
marginalen Kräfte, welche für die Überwindung kapitalistischer Vergesellschaftung stehen, und dem gewaltig tönenden Spektakel der
Opposition auf der anderen Seite nicht einlullen zu lassen, mag ein
Blick zurück tröstlich erscheinen, wo nämlich Debord – 1978 – Marx
in dessen ganzer materialistischer Skepsis aufsucht: «Es war bereits
die Morgendämmerung dieses ermüdenden Tages, den wir zu Ende
gehen sehen, als der junge Marx an Ruge schrieb: ‹Sie werden nicht
sagen, ich hielte die Gegenwart zu hoch, und wenn ich dennoch nicht
an ihr verzweifle, so ist es nur ihre eigene verzweifelte Lage, die mich
mit Hoffnung erfüllt.»» [Debord1985: 102].

Was aber hat sich geändert, seit Debord sich mit diesem Satz
noch einmal das Verhältnis von abzuschaffendem Elend und darunter leidenden KritikerInnen ins Gedächtnis rief? Das Trümmerfeld, welches der Staatsmarxismus hinterlassen hat, ist inzwischen
von staatlichen und nichtstaatlichen Organisationen umfassend
besetzt worden. Die DarstellerInnen haben sich dabei jeweils der
einzelnen ideologischen Brocken angenommen, welche einst die
spektakuläre verlogene Einheit des Marxismus-Leninismus gebildet
hatten. Sie sind mit der wieder erstarkten deutschen Ideologie
zusammen zur kerneuropäischen Konterrevolution politisch globa-
lisiert worden. Diese neue «Heilige Allianz» vereinigt Attac und
Chirac, Den Haag und Durban, «Empire» und Nouvelle Droite,
europäische Verteidigungsidentität und Schröderbilder auf Frie-
densdemonstrationen, Islamismus und Vatikan, Krieg wegen Auschwitz und «Nichteinmischung» in Ruanda, Sterbehilfe für die
Alten und Zwangsarbeit für die Jungen. Unter der Bedingung
totaler präventiver Konterrevolution mit ihren diversen «Diensten»
im Innern und schnellen Eingreifkontingenten rund um den Erdball
verbindet das Integrierte Spektakel die krisenhafte Entfesselung der
kapitalistischen Logik in Ökonomie und Staat, Medien und Wissenschaft, in jeder Sphäre und auf jeder Ebene als Konkurrenz um die
Oberhoheit der Macht, «die keine Widerrede duldet». (Debord)

Die bedeutungslosen Reste jener stalinistischen Parteiapparate, welche zu Zeiten der SI noch die Hauptarbeit bei der Bekämpfung der sozialen Revolution in den westeuropäischen kapitalistischen Ländern übernahmen, sind folgerichtig im Lager der Globalisierungsgegner Innen angekommen, wo sie, mit allen anderen Sekten und Überbleibsel der Neuen Sozialen Bewegungen, von denen sie einst erbittert bekämpft wurden, das Spektakel des Widerstands nun gemeinsam zelebrieren. Sie alle sind heute in der Mission vereint, als linke Avantgarde des Mainstream, als Schrittmacher von Enteignung und Krisenlösung den Siegeszug einer deutsch-europäischen Ideologie zu flankieren.

Ohne schonungslose Kritik aller verbreiteten Illusionen, ihrer institutionalistischen Träger und Agenturen, wird keine communistische Kritik auf der Höhe der Zeit zu haben sein. Denn sie bilden zu Beginn des 21. Jahrhunderts das Haupthindernis für die Konstitution des neuzusammengesetzten revolutionären Proletariats.

Revolutionäre Kritik sieht sich immer wieder vor das Problem gestellt, einerseits an dem höchsten bisher erreichten Niveau revolutionärer Theorie anzuknüpfen und diese andererseits zugleich anhand der offenkundigen Einsprüche ständig neu zu überprüfen. Von der SI lässt sich lernen, dass das Spiel von Detournement und Rekuperation auf allen Ebenen zentrales Kampffeld ist: «Die kommenden Revolutionen stehen vor der schweren Aufgabe, sich selbst zu verstehen. Sie müssen ihre Sprache völlig neu erfinden, und sich gegen alle Rekuperationsversuche verteidigen, die man für sie vorbereitet.» [BE: 188/SI2: 193].

In dieser Bürgerwelt, in der sich nur Kapital und Proletariat akkumulieren, verschlechtern sich die Bedingungen des Überlebens rapide: für alle relativ, gemessen an den objektiven Möglichkeiten, für einen Teil auch absolut, was die Verwüstung der Lebensbedingungen angeht. Die industrielle Reservearmee wird zwecks zukünftiger Einsatzmöglichkeiten in der Verwertungskonkurrenz in eine mobile Masse von *working poor* mittels Zwangsmaßnahmen und staatlich organisierter Verelendung aufgelöst, die Überlebensqualität der noch «normal» Ausgebeuteten vermindert. Wer «an der Aufrechterhaltung einer alten Ordnung» arbeitet, «kann höchstens das Geheimnis ihres polizeilichen Gebrauchs» in der gegenwärtigen Überakkumulation kennen. [BE: 231]. Entsprechend trägt ein umfassendes System aus SozialkontrolleurInnen und Durchleuchtungsmöglichkeiten Sorge, dass niemandem «zuviel» zugeteilt wird und alle sich für das Wenige ständig rechtfertigen müssen. So zwingt die gegenwärtig sich abzeichnende Organisation des gesellschaftlichen Lebens in die Kriminalität, einfach weil die eng gesponnenen Regeln, Gesetze und Kontrollen notwendig zu übertreten sind, um wenigstens das Überleben zu gewährleisten – eine Wirklichkeit, welche nun nicht mehr ausschließlich auf die illegalisierten MigrantInnen zutrifft, sondern zunehmend tendenziell die Mehrheit der ProletarierInnen erfasst. Dementsprechend müssen ständig Rollen eingeübt und gespielt werden, muss eine neue Sprache erfunden werden, um unter den Bedingungen umfassender und stets präsenter Überwachungsmöglichkeiten Verständigung herstellen zu können. Allerdings: «Dort, wo Kommunikation vorhanden ist, gibt es keinen Staat.» [BE: 161].

In diesem neuen Schub der Einschränkungen an Überlebensbedingungen findet man außer der nackten Gewalt und den Gewohnheiten keine Rechtfertigungen[487] mehr für die Aufrechterhaltung der Armut im Reichtum: «Existenzbedingungen kann man nicht widerlegen, man kann sich nur von ihnen befreien.» [SI2: 185].

In der Totalität gibt es jedoch keine unwichtigen Gebiete. In jedem Bereich der Entfremdung hängt es von der Entschlossenheit, List und Kühnheit der sich dagegen Assoziierenden ab, in welchem Grad sie zu dem Bewusstsein kommen, dass es unmöglich ist, auch nur einen einzigen der aktuellen Missstände ohne den Umsturz des Ganzen zu beheben. Die fetischistischen Formen und die Entfremdung werden alltäglich auf jedem Terrain hergestellt, sie bedingen und verstärken einander. Ihre Reproduktion kann nur dadurch vermieden werden, dass nicht nur alle ihre Formen als der sofortigen Abschaffung würdig erkannt, sondern auch sofort die Gesamtheit der Produktions- und Lebensmittel, der gesellschaftliche Raum und die gesellschaftliche Zeit von den assoziierten Individuen in Beschlag genommen werden – das ist die einzige Möglichkeit den Kapitalismus aufzuheben.[488]

Massenhaftes Bewusstsein hiervon zu erreichen mag das einzige Versprechen darauf sein, dass die Revolution einmal nicht mehr vor ihren ungeheuren Zwecken zurückschreckt und auf halbem

---

487 Seit der Jahrtausendwende gefallen sich die Herrschenden in der Inszenierung eines «Theaters der Grausamkeiten» beim Versuch einer «Blut, Schweiß und Tränen-»Mobilmachung für die sogenannten Reformen ihrer «Sozialstaats»demontage. Nach der Devise «Wir sagen Euch jetzt die Wahrheit!» verzichten sie erstmals wieder auf den gewohnten demokratischen Legitimationsdiskurs. Damit kommt das integrierte Spektakuläre in Europa mit der Auskunft zu sich: «So ist es eben!» [vgl. GdS: 302].

488 «Der Communismus ist empirisch nur [...] ‹auf einmal› und gleichzeitig möglich, was die universelle Entwicklung der Produktivkräfte u. den mit ihnen zusammenhängenden Weltverkehr voraussetzt.» [MFGA 1972: 60; MEW3: 35].

Wege stehenbleiben muss. Die Abschaffung der Herrschaft des Kapitals ist eine Arbeit, welche einer sehr genauen Konkretisierung in der Zwecksetzung bedarf, die aber niemals den Prozess der wirklichen Aufhebung des herrschenden elenden Zustandes vorwegzunehmen in der Lage ist. In diese Setzung muss die Gesamtheit der Geschichte eingehen, das volle Bewusstsein von den bisher gescheiterten Versuchen, ihren «Halbheiten, Schwächen und Illusionen» (Marx) bei der Aufhebung der unsteten krisenhaften Bewegung des Kapitals, welche bisher immer in eine Verstärkung und Modernisierung dieses gesellschaftlichen Verhältnisses mündeten. Es ist diese mögliche Aufhebung, in welcher eine unter der Herrschaft des Kapitals durch den Weltmarkt erst wirklich hergestellte Menschheit sich ihrer Möglichkeiten und Beziehungen bewusst werden kann, welche bisher stets in Form einer getrennten und unbewussten Macht über deren ProduzentInnen herrschten. Sicher lässt sich nur sagen, dass jegliche Anerkennung der bestehenden Form des gesellschaftlichen Überlebens die Chancen für deren Überwindung nicht verbessern wird: «Die kommenden Revolutionen finden nur dann in der Welt Hilfe, wenn sie die Welt in ihrer Totalität angreifen.» [BE: 187/SI2: 192].

Auf welchem Gebiet wird sich dann die Überlegenheit des neuen Negativen erweisen? In der Beschleunigung. In allen revolutionären Phasen ging es darum, ob die Expropriation der Expropriateure, also die enteignende Aneignung, sich schneller ausweiten konnte, als es der alten Welt gelang, diese Bewegung mit Gewalt, Integration oder repressiver Sublimation und Entsublimierung in der Bewegung der Rekuperation sich wieder einzuverleiben. Nur so kann die Kettenreaktionen auslösende Konstruktion einer Situation gelingen, hinter welche es keine Rückkehr mehr geben kann. Dies bedeutet, dass jegliche durch ihre Niederlagen belehrte Hoffnung auf den Erfolg einer Revolution in ihrer aneignenden, bewusst anti-rekuperatorischen Beschleunigung hin zu ihrer weltweiten Ausbreitung zu suchen ist. Die Möglichkeiten hierfür mit herzustellen, d.h. eine transnationale Klasse-des-Bewusstseins zu schaffen helfen, erfordert die Erfüllung etlicher Bedingungen, nüchterne Einsichten in die Geschichte der bisherigen revolutionären Anläufe und die Entwicklung von Fertigkeiten auf dem Gebiet der revolutionären Assoziation, der Bestimmung des Theorie-Praxis-Verhältnisses sowie neben der Entwicklung von revolutionären Gesten und Haltungen die Fähigkeit, solche erkennen und dechiffrieren zu können. Letztere werden immer besonders schnell in Gefahr geraten, rekuperiert zu werden, wenn sie getrennt vom Gesamtprojekt der Aufhebung absolut gesetzt werden und damit den diversen Bewegungsformen der bürgerlichen Konkurrenz zum Opfer fallen.

Detournement setzt vor allem die Fähigkeit voraus, spielen zu können. Es impliziert – im Sinne von Probehandeln (S. Freud) und als strategisches Spiel begriffen – die Aneignung der vorgefundenen Gegenstände, Techniken, Umgebungen in der Erprobung für neue Zwecke und die radikalen Bedürfnisse. In Spielen mit ihnen werden neue Anwendungen gefunden, die über die ursprünglich nur auf den Warenverkehr beschränkten Beziehungen (von Dingen) hinausgehen, und einen neuen Gebrauch für die Beziehungen der Menschen zugeführt, wobei seinerseits das Spiel seinen Charakter verändert. Dies ist der eigentliche Kern der *Aufhebung der Kunst*. So schreibt die SI: «Wir wollen das Experimentieren, weil wir neue Spiele wollen. Diejenigen, die Experimente im alltäglichen Leben machen, sind auch die revolutionäre Avantgarde. Ein Berufsplagiator kann nicht experimentieren. Ein Berufsrevolutionär kann nicht spielen. Derjenige der zum Spezialisten der neuen Spiele werden will, kann nichts spielen. [...] Heute kann eine Revolution nichts anderes sein als eine Kritik an der Revolution (als einer getrennten Spezialisierung). Diese Kritik an der Revolution muss den Sinn einer Verteidigung des Spiels haben. Ein Revolutionär, der spielt, verkörpert den dialektischen Widerspruch. Der Berufsrevolutionär blockiert diesen Widerspruch, indem er zur neuen getrennten Macht wird.» [SI2: 69].

Es geht also um die zentrale Rolle des Spiels bei jeglicher Ingebrauchnahme für die eigenen revolutionären Zwecke. Somit bedeutet Detournement vor allem, für die gesellschaftlichen Individuen auf der Höhe der Zeit anziehende Tätigkeiten (travail attractif, insbesondere den Eros revolutionärer Praxis der Theorie, der radikalen Kritik vermittelnd und das ästhetische Sensorium entfaltend) zu erfinden, diese zu propagieren, unzertrennlich mit ihnen zu experimentieren und in diesem Prozess die revolutionäre Organisierung herzustellen, welche vor allem lernen muss, dass sie Entfremdung nicht in entfremdeten Formen bekämpfen kann. Voraussetzung hierfür ist seit Marx die Kritik der Religion als Voraussetzung jeder Kritik. Denn die Religion ist immer, in jeder Gestalt die Auslieferung des eigenen Lebens an eine Instanz und bedeutet somit immer Duldsamkeit. «Der größte moralische Mangel aber bleibt die Duldsamkeit in allen ihren Formen» (SI). Auch als «Protestation gegen das wirkliche Elend» [MEW1: 378] wirkt die Duldung eines Höchsten Wesens außerhalb unserer selbst nur wie weitere Drogen. Seien es Staat, NGO, Partei oder Führer, Ideologien, Alltagsreligion, Fetisch der Pseudopraxis oder Politikgläubigkeit – jede Anerkennung einer Macht außerhalb der eigenen Macht des revolutionären Begehrens wird sich konterrevolutionär auswirken, da sie die ernüchternde Einsicht erneut vernebelt, dass Auschwitz und ähnliches sich wiederholen kann, solange die spektakuläre kapitalistische Produktionsweise weiter besteht. «Daß es ‹so weiter› geht, *ist* die Katastrophe.» [Benjamin 1984: 151] erst diese Einsicht ermöglicht die Assoziierung der Proletarisierten zur Selbstaufhebung als Klasse. Längst haben die Leute «sich in zwei Lager geteilt, von denen eines will, daß diese Gesellschaft verschwinde». [GdS: 304]. Der Wille reicht aber nicht hin, sondern die Leute, die aus diesem Alptraum der Geschichte erwachen wollen, können und müssen selbst zu einer kollektiven Arbeit des Bewusstseins und zur kollektiven Praxis des Experiments gelangen.

Niemand sonst wird es für sie tun.

6   Literatur[489]

Abkürzungsverzeichnis häufig zitierter Werke

BE   Beginn einer Epoche. Texte der Situationisten. Hamburg 1995.
DwS   Situationistische Internationale: Die wirkliche Spaltung der Internatio-
        nalen. Öffentliches Zirkular der Situationistischen Internationalen.
        Düsseldorf 1973.
EdÄ   Lukács, Georg: Die Eigenart des Ästhetischen. Band 1 u. 2. (Lukács-
        Werke Bd. 11 u. 12). Darmstadt u. Neuwied 1963.
FGW   Freud, Sigmund: Gesammelte Werke. Frankfurt a. M. 1999.
GdS   Debord, Guy: Die Gesellschaft des Spektakels. Berlin 1996.
GdS1978 Debord, Guy: Die Gesellschaft des Spektakels. Hamburg 1978.
GuK   Lukács, Georg: Geschichte und Klassenbewußtsein. (Lukács-Werke
        Bd. 2). Darmstadt u. Neuwied 1977.
HW   Hegel-Werke (in(20 Bänden mit Registerband von H. Reinicke), Frank-
        furt a. M. 1995.
HWP   Ritter, J. u. Gründer, K. (Hg.): Historisches Wörterbuch der Philosophie.
KGdS   Debord, Guy: Kommentare zur Gesellschaft des Spektakels. In: ders.:
        Die Gesellschaft des Spektakels. Berlin 1996.
MEW   Marx-Engels-Werke, Berlin.
MEGA   Marx-Engels-Gesamtausgabe, Berlin.
ND   Adorno, Theodor W.: Negative Dialektik. Gesammelte Werke Bd. 6.
        Frankfurt a. M. 1975.
OgS   Lukács, Georg: Zur Ontologie des gesellschaftlichen Seins. Band 1 u. 2
        (Lukács-Werke Bd. 13 u. 14). Darmstadt u. Neuwied 1984.
SI1/2   Situationistische Internationale 1958-1969. Gesammelte Ausgaben
        des Organs der Situationistischen Internationale, Band 1 bzw. Band
        2. Hamburg 1976 bzw. 1977.
WuS   Viénet, René: Wütende und Situationisten in der Bewegung der Beset-
        zungen. Hamburg 1977.

Weitere Literatur

Adorno, Th. W. und Horkheimer M.: Elemente des Antisemitismus. In dies.
    Dialektik der Aufklärung. Frankfurt a. M. 1992.
Adorno Theodor W.: Auf die Frage: Was ist deutsch. In dies.: Stichworte.
    Frankfurt a. M. 1969.
Adorno, Theodor W.: Ästhetische Theorie. Frankfurt a. M. 1973.
Adorno, Theodor W.: Kulturkritik und Gesellschaft. Bd. II. Frankfurt a. M.
    1997..
a.f.r.i.k.a gruppe et al.: Handbuch der Kommunikationsguerilla. Hamburg
    1997.
Agentur Bilwet: Der Datendandy. Über Medien, New Age, Technokultur.
    Mannheim 1994.
AG Spaß muß sein! (Hg.): SpassGuerilla. Münster 1994.
Andersen, Troels: Asger Jorn. Eine Biographie. (Org. 1994) Köln 2001.
Arendt, Hannah: Elemente und Ursprünge totaler Herrschaft. Berlin 1986.

---

489 Eine kommentierte Literaturliste mit weiteren Literaturhinweisen findet
     sich in «Situationistische Revolutionstheorie. Vol.II: Kleines Organon».»

Aristoteles: Nikomachische Ethik. Hamburg 1985.

Balestrini, N. u. Moroni, P.: Die goldene Horde. Arbeiterautonomie, Jugendrevolte und bewaffneter Kampf in Italien. Berlin 1994.

Ben-Itto, Hadassa: «Die Protokolle der Weisen von Zion» – Anatomie einer Fälschung. Berlin 1998.

Benjamin, Walter: Allegorien kultureller Erfahrung. Ausgewählte Schriften 1920-1940. Leipzig 1984.

Benjamin, Walter: Das Kunstwerk im Zeitalter seiner technischen Reproduzierbarkeit. Frankfurt a. M. 1963.

Benjamin, Walter: Das Passagenwerk (3 Bände) Ungekürzte Volksausgabe Frankfurt a. M. 1982.

Benjamin, Walter: Über den Begriff der Geschichte. In: Opitz, Michael (Hg.): Walter Benjamin. Ein Lesebuch. Frankfurt a. M. 1996.

Bergius, Hanne: Das Lachen Dadas. Gießen 1989.

Böckelmann, F. u. Nagel, H. (Hg.): Subversive Aktion. Der Sinn der Organisation ist ihr Scheitern, o.O. (Verlag Neue Kritik 2002).

Breton, A., Césaire, A. e.a.(Hg.): Das Geheimnis des Comte de Lautréamont. Untersuchungen und Essays. Berlin 1986.

Brinton, Maurice: Die Bolschewiki und die Arbeiterkontrolle. Hamburg 1976.

Buber, M. u. Rosenzweig , F.: «Die Schrift». Das Alte Testament übers. aus dem Hebräischen von Buber, Martin u. Rosenzweig, Franz. Heidelberg 1981.

Clausewitz, Carl von: Vom Kriege. München 2000 (Orig. 1853).

Dahmer, Helmut: Analytische Sozialpsychologie (2 Bände). Frankfurt a. M.1980.

Debord, Guy: In girum imus nocte et consumimur igni. Wir irren des Nachts im Kreis umher und werden vom Feuer verzehrt. Berlin 1985.

Deutscher, Isaac: Die ungelöste Judenfrage. Zur Dialektik von Antisemitismus und Zionismus. Berlin 1977.

Deutschmann, Christoph: Die Verheißung des absoluten Reichtums. Zur religiösen Natur des Kapitalismus. New York und Frankfurt a. M. 2001.

Dollars & Träume. Zeitschrift für USA-Forschung. Joseph Weydemeyer Gesellschaft. Hamburg ab 1978.

Dreßen, W., Kunzelmann, D. u. Siepmann, E. (Hg. i.A. Werkbund-Archiv): Nilpferd des höllischen Urwalds. Spuren in eine unbekannte Stadt – Situationisten, Gruppe SPUR, Kommune I. Berlin 1991.

Ducasse, Isidore (Lautréamont): Poesie. Vorwort von Guy E. Debord u. Gil J. Wolman. Hamburg 1979.

Dupuis, Jules Francois (Raoul Vaneigem): Der radioaktive Kadaver. Eine Geschichte des Surrealismus. Hamburg 1979.

Eaerthmiller, u. Pitcher, U: Gegen den Staat. In: Phase2, 04/2002.

Epiktet e.a.: Wege zum Glück. München 1991.

Erd, Rainer (Hg): Reform und Resignation. Gespräche über Franz Neumann. Frankfurt a. M.1985.

Fanon, Frantz: Die Verdammten dieser Erde. (Vorwort von J.P.Sartre 1961) Reinbek bei Hamburg 1969.

Fanon, Frantz: Das kolonisierte Ding wird Mensch. Leipzig 1986.

Fenichel, Otto: Aufsätze Bd. I u. II. Frankfurt a. M./Berlin/Wien 1985.

Fenichel, Otto: Psychoanalytische Neurosenlehre. Band I-III. (Orig.1945) Giessen 1997.

Gilbert, Martin: Endlösung. Die Vertreibung und Vernichtung der Juden. Ein Atlas. Reinbek bei Hamburg 1982.

Gramsci, A.: Amerikanismus und Fordismus. In: Gefängnishefte N°22/1934. Dt.: Gefängnishefte (H.1), Hamburg 1991.
Gruppe SPUR: Ein kultureller Putsch. Manifeste, Pamphlete und Provokationen der Gruppe SPUR. Hamburg 1991.
Heinrich, Michael: Kritik der politischen Ökonomie. Eine Einführung. Stuttgart 2004.
Heller, Agnes: Theorie der Bedürfnisse bei Marx. Hamburg 1980.
Helms, Hans G.: Die Ideologie der anonymen Gesellschaft. Max Stirners «Einziger» und der Fortschritt des demokratischen Selbstbewußtseins vom Vormärz bis zur Bundesrepublik. Köln 1966.
Herrmann, H. P. e. a. (Hg.): Machtphantasie Deutschland. Nationalismus, Männlichkeit und Fremdenhass im Vaterlandsdiskurs deutscher Schriftsteller des 18. Jahrhunderts. Frankfurt a. M. 1996.
Hierlmeier, Josef: Internationalismus. Eine Einführung in die Ideengeschichte des Internationalismus – von Vietnam bis Genua. Stuttgart 2002.
Huizinger, Johan: Homo Ludens. Vom Ursprung der Kultur im Spiel. Hamburg 1956
Jappe, Anselm: Sic transit gloria artis. Theorien über das Ende der Kunst bei Theodor W. Adorno und Guy Debord. In: KRISIS Nr. 15, 1995.
J.U.P: Situationistinnen und andere. Berlin 2001.
Kaufmann, Vincent: Guy Debord. Die Revolution im Dienste der Poesie. (Org. Paris) Berlin 2004.
Klein, Naomi: No Logo! München 2002.
Koenen, Gerd: Das rote Jahrzehnt. Unsere kleine deutsche Kulturrevolution 1967-1977. Köln 2001.
Kollektiv A / Traverzo: Alice ist der Teufel. Praxis der subversiven Kommunikation. Berlin 1977
Koordination der autonomen Gruppen Spaniens: Aufrufe aus dem Gefängnis von Segovia. Nürnberg 1981.
Krahl, Hans-Jürgen: Konstitution und Klassenkampf. Frankfurt a. M. 1971.
Küntzel, Matthias: Djihad und Judenhass. Freiburg 2002.
Laplanche, J. u. Pontalis, J.-B.: Das Vokabular der Psychoanalyse. Frankfurt a.M. 1973
Lefèbvre, Henri: Kritik des Alltagslebens, Bd.I-III. München 1974.
Lukács, Georg: Grand Hotel «Abgrund» (1933). In: Benseler, Frank (Hg.): Revolutionäres Denken – Georg Lukács. Eine Einführung in Leben und Werk. Darmstadt und Neuwied 1984.
Lyotard, Jean-François: Der Widerstreit. München 1986.
Marcus, Greil: Lipstick Traces. Von Dada bis Punk. Eine geheime Kulturgeschichte des 20. Jahrhunderts. (Org. 1989) Reinbek bei Hamburg 1996.
Marenssin, Emile: Stadtguerilla und soziale Revolution. Über den bewaffneten Kampf und die Rote Armee Fraktion. (Org. 1974); Freiburg 1998.
Marx, Karl (1953): Grundrisse. (Moskau u. Berlin 1953) Berlin 1974.
Marx, Karl: Das Kapital I (1867). Urausgabe. Hildesheim 1980.
Mension, Jean-Michel: Wir haben unsere unfertigen Abenteuer gelebt. Eine Jugend im Paris der fünfziger Jahre. Berlin 2002.
Metzger, Grete u. Hans: Über die Punks und Lettristen. Hamburg 1988.
Metzler Philosophie Lexikon. Stuttgart u. Weimar 1999.
Nietzsche, Friedrich: Die Geburt der Tragödie aus dem Geiste der Musik. München/Berlin/New York 1980.
Nietzsche, Friedrich: Zur Genealogie der Moral. Stuttgart 1993
Ohrt, Roberto (Hg.): Das große Spiel. Die Situationisten zwischen Politik und Kunst. Hamburg 2000.

Ohrt, Roberto: Der Herr des revolutionären Subjekts. Einige Passagen im Leben von Guy Debord. In: Situationistische Internationale 1957-1972. Museum Moderner Kunst Stiftung Ludwig Wien (Ausstellungskatalog) 1998.

Ohrt, Roberto: Phantom Avantgarde. Eine Geschichte der Situationistischen Internationale und der modernen Kunst. Hamburg 1990.

Opitz, M. u. Wizisla E. (Hg.): Benjamins Begriffe. Band I und II. Frankfurt a. M. 2000.

Pilack, René: Arbeit als Chiffre für Antisemitismus. In: Zum Problemkreis des Antisemitismus, o.O. 2000 (www.mxks.de).

Pontalis, J.-B.: Objekte des Fetischismus. Frankfurt a. M. 1972.

Postone, Moishe: Zeit, Arbeit und gesellschaftliche Herrschaft. Eine neue Interpretation der kritischen Theorie von Marx. Freiburg 2003.

Potlatch. Informationsbulletin der Lettristischen Internationale (1954-1957). Mit Dokumentenanhang. Berlin 2002.

Rakowitz, Nadja: Einfache Warenproduktion. Freiburg 2000

Raeithel, Gerd: Geschichte der nordamerikanischen Kultur in drei Bänden. Weinheim 1992.

Revolte! Organ der Subrealistischen Bewegung. Zeitschrift gegen das Leben im zwanzigsten Jahrhundert. Hamburg (1974-1982).

Rötzer, Florian: Soziale Phantasie – Künstlergruppen in München. In: Kunstforum International Bd.116/1991.

Rubel, Maximilien: Marx als Theoretiker des Anarchismus. In: Die Aktion, Heft 125/156. Hamburg 1996.

Sanguinetti, Gianfranco: Über den Terrorismus und den Staat. Die Theorie und Praxis des Terrorismus zum ersten Mal enthüllt. Hamburg 1981.

Schneider, Oliver: Wege aus dem Spektakel? Eine Untersuchung von Methoden von Situationisten und Culture Jammern. Berlin 2003. (www.si-archiv.tk.)

Schwanitz, Dietrich: Das Shylock-Syndrom oder Die Dramaturgie der Barbarei. München und Zürich 1997.

Serge, Victor: Erinnerungen eines Revolutionärs. Wiener Neustadt 1974.

Simmel, Ernst (Hg.): Antisemitismus. Frankfurt a. M. 1993.

Situationistische Internationale 1957-1972. Museum Moderner Kunst Stiftung Ludwig Wien (Ausstellungskatalog) 1998.

Situationistische Internationale: Über das Elend im Studentenmilieu. Hamburg 1977.

Stirner, Max: Der Einzige und sein Eigentum. (Reprint Strömfeld) Frankfurt a. M. 1986.

Strobl, Ingrid: Strange Fruit. Bevölkerungspolitik: Ideologien, Ziele, Methoden, Widerstand. Berlin 1992.

Subrealistische Bewegung: Jetzt! Ein subrealistisches Manifest. Hamburg 1979.

Subrealistische Bewegung: Zur Kritik der Politischen Ökologie. Hamburg 1980.

Sun Tse: Die Kunst des Krieges. (Orig. ca. 500 v. u. Z.) München 1998.

Trumann, Andrea: Feministische Theorie. Frauenbewegung und weibliche Subjektbildung im Spätkapitalismus. Stuttgart 2002.

Vaneigem, Raoul: An die Lebenden! Eine Streitschrift gegen die Welt der Ökonomie. (Orig. 1990) Hamburg 1997.

Vaneigem, Raoul: Das Buch der Lüste. (Orig. 1974) Hamburg 1984.

Vaneigem, Raoul: Handbuch der Lebenskunst für die jungen Generationen. (Orig. 1965) Hamburg 1980.

Volpi, Franco (Hg.): Lexikon der philosophischen Werke. Stuttgart 1988.